너희는 곧 나의 친구라
― 현대 영성지도의 세계적인 고전 ―

틸든 에드워즈 지음
신현복 옮김

Spiritual Friend

Reclaiming the Gift of Spiritual Direction

by Tilden H. Edwards
Published by Paulist Press, 1980
All Rights Reserved.

Korean Translation Copyright ⓒ 2012
by Achim Institute for Spiritual Direction

이 책은 아침영성지도연구원이 Paulist Press와 독점계약하여 펴낸 것으로서,
신저작권법에 따라 한국 안에서 보호를 받는 책이므로
무단전재와 무단복제를 금합니다.

너희는 곧 나의 친구라
− 현대 영성지도의 세계적인 고전 −

틸든 에드워즈 지음
신현복 옮김

"너희는 나의 명하는 대로 행하면
곧 나의 친구라"
(요한복음 15장 14절)

■ 차례

이 책을 펴내면서 • 7

제1부 걸어온 길 | 22

제1장 영성의 위기 • 25
제2장 영성지도의 전통 • 59
제3장 영성지도의 리듬 • 109
제4장 영성지도의 색깔 • 141

제2부 걸어갈 길 | 158

제5장 영적인 친구를 찾아서 • 161
제6장 영적인 친구가 되려면 • 191
제7장 집단 영성지도 • 267
제8장 총정리: 영성지도자를 위한 프로그램 • 297

참고문헌 • 352

이 책을 펴내면서

"영혼의 위기"(crisis of soul)를 최근에 겪은 사람을 만났다. 그가 나에게 이런 말을 털어놓았다. 의지할만한 사람이 아무도 없다는 사실에 그만 좌절을 느꼈다고. 그녀는 병원치료를 받고 있었다. 하지만 그것만으로 충분치 않았다. 그녀는 사회적 의식을 지닌 사회운동가였다. 하지만 내면의 끊임없는 고통은 줄어들지 않았다. 그녀에게는 멋진 가족이 있었다. 하지만 곁에서 도와줄만한 사람은 아무도 없었다. 그녀는 주일예배에 참석해 왔다. 하지만 예배가 그녀의 개인적인 상황을 직접적으로, 충분히 다루지는 못했다. 목사님을 찾아가볼까도 생각했다. 하지만 그녀는 교회의 비주류에 속했기 때문에, 대부분의 성직자들은 시간이 없던가, 또는 시간이 있다 할지라도 자신의 상황을 처리해 줄만한 특별한 은사나 훈련을 받지 못했을 것이라는 막연한 생각을 지니고 있었다. 그러니 도대체 누구를 의지할 수 있었겠는가?

그녀의 이야기는 오늘을 살고 있는 수백만 명의 선 자리를 대변한다. 긴박한 "영혼의 위기"(soul crisis)에 처한 사람들뿐만 아니라, 온 생애를 통하여 지속적인 "영혼-인식"(soul-awareness)을 추구하는 사람들까지 모두 계수하자면, 그 수는 훨씬 더 많아질 것이다. 물론 요즘에는 엄청나게 많은 정신건강 전문가들이, 정서생활의 일상적인 문제들에 좀 더 효과적으로 대처할 수 있도록 도와줄 준비를 갖추고 있다. 하지만 그들이 언제나 근본적이고도 실존적이며 가치-중심적인 삶의 방식과 목적에 초점을 맞춘 좀 더 심오한 탐색을 도와줄 수 있는 것은 아니다. 통상적으로 우리 문화권에서는 이러한 "종교적-철학적" 영역이 중심에 서지 못하기 때문이다.[1]

게다가 종교적 전문가들, 곧 "종교적-철학적" 영역에 가장 책임이 큰 사람들조차도, 정신건강 전문가와 똑같이 인간발달에 관한 훈련과 가정들을 점점 더 받아들이고 있는 실정이다. 그리고 이와 함께, 대체로 광범위한 추상적 개념에서 인간을 다루기 위한 신학적/철학적 준비도 진행되고 있다. 그렇게 되면 결국 역사적, 현대적 종교경험의 깊이와 해석을 인간의 고유한 상황과 구체적으로 연결시켜 줄 수 있는 다리는 완전히 사라져 버리는 셈이다.

최근 천주교 전통과 성공회 전통 속에서, 이 다리는 "영성지도"(spiritual direction)라는 이름으로 가장 널리 불리고 있으며, 그 이론적 학문은 "영성신학"(spiritual theology) 또는 "금욕신학 및 신비신학"(ascetical and mystical theology)이라고 불린다. 개혁교회 전통에서는 이 영역에 공통적으로 사용되는 명칭이 아직 없다; 아마도 "신앙발달"(faith development)이나 "경건생활"(devotional life)이 가장 가까울 것이다. 아니, 어쩌면 "목회신학"(pastoral theology) 차원에 속하는 것이라고 볼 수도 있겠다.

그런데 이 "지도"(direction)라는 용어는, 어떤 사람들에게는 권위주의적인 느낌을 안겨줄 수도 있다. 그렇기 때문에 좀 더 오래된 옛 용어들도 여전히 함께 사용되고 있다: 영적인 친구나 동료, 영혼의 친구(아일랜드의 옛 전통), 안내자, 영적인 아버지나 어머니, 또는 형제자매. 물론 그 어떤 용어도 모든 이들의 맘에 쏙 들지는 않을 것

---

1) 하지만 점점 더 많은 치료사들이 그 주변으로 몰려들었다: 실존주의 심리학이나 초개인심리학 분야.

이다. 그러므로 나는 이 명칭들을 자유로이 바꿔가면서 사용할 생각이다. 어쨌든 이 모든 용어들이 의미하는 관계의 영역은 오래된, 영속적인, 하지만 지금은 간과되고 있는 인간 욕구의 한 측면이다. 우리가 그것을 무엇이라고 부르던지, 이 사실에는 변함이 없다.

이 욕구는 오늘 우리의 개인적인 삶과, 이웃과, 사회 전체에 전반적으로 드러나고 있다. 어떻게 하면 우리가 이 욕구에 가장 잘 응답할 수 있을까? 어떻게 하면 이 욕구를 우리의 현대적인 심리적-종교적-문화적 상황과 관련지을 수 있을까? 오늘 교회가 우리 사회에서 맡고 있는 제도적 임무에 관하여 이 욕구는 무엇이라고 말하고 있는가? 일대일 상황뿐만 아니라 집단적인 상황에서도 이 욕구를 충족시켜 줄 수 있는 방법은 무엇인가? 더 나아가, 영성지도의 상이한 전통들 속에서 오늘 우리에게 가치 있는 것은 무엇일까? 어떻게 하면 사람들이 타인과 좀 더 나은 영적 동료가 되도록 준비시킬 수 있을 것인가?

나는 이 책에서 위의 질문들을 꼭 언급하고 싶다. 바라건대, 이 질문들이 여러분을 자극하여, 이 영역에 좀 더 많은 관심을 갖고, 좀 더 많이 생각하고, 좀 더 많이 참여하도록 만들었으면 좋겠다. 그리하여 우리 모두가 자신이 속한 공동체를 위해 영적인 우정이 지닌 전통의 힘을 선포하고, 그 힘을 자신이 처한 역사적 자리에 적용시킬 수 있었으면 좋겠다. 나는 확신한다. 영적인 우정을 제대로 사용하고 빛내기만 한다면 얼마든지 좀 더 깊이 있는 개인적 영성생활에 이바지할 수 있다. 그런 노력이 확산되기만 한다면 얼마든지 종교적 제도들을 공동으로 부흥시킬만한 추진력을 제공할 수 있다. 내부 구성원들뿐만 아니라 사회 전체를 위해서, 좀 더 분별력 있는 예배 도구가 되도록 도와줄 수 있는 것이다.

이러한 확신은 지난 6년 남짓 영적 우정을 탐험한 데서 비롯된 결과다. 그동안 나는 위에서 언급한 질문들을 하나하나 답하기 위해 애썼다. 때로는 혼자서, 때로는 많은 이들과 함께. 그리고 나는 영적 우정과 관련된 역사적, 현대적 문헌들을 연구 조사하였다. 워싱턴디시에 있는 샬렘영성지도연구원은 바로 이러한 노력이 빚은 결과물 가운데 하나다. 샬렘영성지도연구원은 영적인 우정의 여러 측면들과 현대의 영성에 관하여 탐험할 수 있는 기회를 마련해 준다.[2]

샬렘영성지도연구원의 새로운 프로젝트 – 다양한 배경을 지닌 영성지도자들을 좀 더 제대로 준비시키기 위한 2년간의 실험적 프로그램 진행[3] – 가 이 책을 쓰도록 직접적인 동기를 제공해 주었다: 이 프로그램을 계획하고 실행하는 과정에서, 샬렘영성지도연구원은 위에서 언급한 모든 문제들과 신선한 투쟁을 하게 되었다.

여기에서 내가 어떤 "답안"을 작성한다 할지라도 결국은 "과정 속 답안"에 불과하다는 사실을 나는 잘 안다. 나는 특정 시점에서 지식과 경험의 바다 속으로 뛰어들었고, 이 결과물들을 낚아 올렸다. 어떤 것이 진짜로 가치 있는 보물이고, 어떤 것이 그저 잡동사니에 불과한 것인지는, 향후 몇 년 동안 여러분과 나 자신이 테스트해 봐야 할 일이다.

이 책에서 나는 글의 흐름과 내용의 명확함을 위하여, 본문보다는 주석에다가 가장 중요한 인용문들과 상세한 설명들을 실었다. 그러므로 만일 여러분이 이 책의 총체적인 가치를 활용하고 싶다면 주석에도 주의를 기울여야 할 것이다. 만일 여러분의 주된 관심이 영성지도의 전후 배경과 이론, 역사에 있다면 이 책을 특별히 자세하게

---

2) 제랄드 메이, *Pilgrimage Home* (New York: Paulist Press, 1979)을 참고하라. 여기에는 지금까지 샬렘영성지도연구원이 이뤄온 연구와 학문이 요약되어 있다.
3) 워싱턴연합신학대학원에 기반을 둔 미국/캐나다신학대학협의회의 보호 아래, 그리고 록펠러형제재단의 보조금에 힘입어(제8장 참고).

읽어 봐야 한다. 또 만일 영성지도의 구체적인 실천이 여러분의 주된 관심사라면 다음에 이어서 저술할 책을 좀 더 자세히 들여다봐야 한다. 그러면 더 깊이 들어가기 전에, 우선 우리가 이 영역에서 부딪히게 될 언어 문제부터 짚고 넘어가기로 하자.

언어

한 보청기 회사가 최근에 광고방송을 통하여 다음과 같이 물었다: "소리는 들리는데, 단어가 안 들리시나요?" 무척이나 까다롭고 불명확한 영성의 영역에 접근하려 들 때 우리가 가장 먼저 부딪히게 되는 문제는 바로 대화의 장벽이다. 나는 끝도 없이 소리를 낼 수 있다. 하지만 그 소리들 속에 의미가 들어 있지 않다면 그저 무의미한 단어에 불과할 것이고, 최악의 경우에는 오해를 불러일으킬 수도 있을 것이다.

우리가 이 문제를 완전히 극복할 수는 없다. 그도 그럴 것이, 우리가 다루고 있는 영역은 지식이 아니라 주로 **견해**(apprehesion)의 영역이기 때문이다. 영성은 우리 인식의 가장 미묘한 차원을 다룬다. 그 차원에서 우리는 자신의 자아상[4]을 초월하여, 우리의 존재와 행동

---

[4] "자아"는 철학, 심리학, 정신분석학, 그리고 일상에서 상당히 다르게 사용된다. 내가 여기에서 이 단어를 사용할 때는 다음과 같은 의미가 내포되어 있다: 자아는 자기-구성적이어서 정신의 이차적 통제 기능을 수행한다. 자아는 특별한 영역의식을 보호하고자 자기 이미지에 집중하는, 그리고 이 자기-이미지 영역에 속하지 않는 것은 무엇이든 조작하는, 여분의 계획 층이다. 진정한 관상에서는 이 구성적인 자기-이미지 영역이 해체된다. 그리하여 좀 더 자발적이고 본능적인 의지가 되살아나게 된다. 신학적으로 말하자면, 이 의지가 적당한 수준으로 유지될 때 하나님이 우리를 통해 분별하시고 계획하신다. 그런 자아는 우리와 하나님에 대한 우리의 직접적 인식 사이에 존재한다. 또한 그 자아는 우리에게 하나님과 우리 존재에 관하여 알려준다. 하지만 그것은 어디까지나 그것들과의 분리 과정, 분리 의식을 통해서만 가능하다. 따라서 그러한 자아는 중요한 가치가 있다. 단지 직접적 인식에 흐려서만 상대적인 가치를 지니고 있는 것이다. 그러한 자아가 너무 강하거나 지나치게 구상화될 경우에는, 우리의 존재 자체나 인식으로 오해받을 수가 있다. 바로 그것이 우리가 두려워하는 일이다. 이러한 견해에서 나는 정신과 의사이자 샬렘영성지도연구원 동료인 제랄드 메이의 영향을 많이 받았다.

전반에 걸친, 좀 더 크고 가치 있는 실재의 차원에 속하는 자신을 의식하게 된다. 물론 이 실재의 범위를 "파악할" 수는 없다. 이것은 어디까지나 학문적인 도구나 설명 너머에 존재하기 때문이다. 하지만 역사적으로 이 실재를 다른 사람들보다 좀 더 확실히 "안다"고 주장하는 사람들은 많았다. 이렇게 직관적으로 얻은 지식을 가리켜 기독교 전통에서는 하나님에 대한 "경험적" 지식이라고 부른다. 우리의 평범한 정신과 의식을 갖고서는, 그저 추론과 신뢰를 통해 간접적으로밖에 얻을 수 없는 지식이다.[5]

그렇다고 해서 내가 사용하는 언어들이 여러분의 개인적인 지식과 경험이라는 스크린에 똑같은 모양으로 비칠 것이라고는 생각 안 한다. 예를 들면, 나는 "하나님"이라는 단어를 영성의 초점으로 사용한다. 하지만 이 단어는 사람마다 서로 다른 것, 심지어는 서로 모순적인 것을 의미할 수도 있다. 우리는 똑같은 실재에 관해 이야기

---

5) "지식(견해, 경험)은 학문(이해, 성찰)보다 더 광범위하고 심오하다. 우리는 실재를 알기에 부족함이 없는 존재, 곧 덜 자기-중심적인 존재가 될수록, 더 많은 실재를 알게 된다." 이러한 통찰은 19~20세기의 위대한 평신도 천주교 영성지도자였던 프리드리히 폰 헤겔의 것이다. 이것은 그의 광범위한 영성 정의에 따라 보완된다: "가장 심오한 사실에 대한 가장 심오한 경험." 그에 따르면, 우리의 건강과 균형과 종교에 꼭 필요한 비-영적 사실과 경험도 존재하기는 한다(신체적, 성적, 예술적, 사회적 등). 하지만 영성은 그 모든 것을 아우른다 – 유한하면서 무한한, 세속적이면서 신성한, 역사적이면서 영원한, 총체적인 실재 앞에서, 그 실재의 파트너로서 존재하는 총체적 인간의 위치에서 말이다. 영성생활은 역동적인 과정이며, 결단의 힘든 과정에는 (이분법이 아니라) 이원성이 가득하다. 영성의 다른 정의들도 있다: "가장 완전한 의미의 인간이 되는 과정"(존 맥쿼리, *Paths in Spirituality* (New York: Harper and Row, 1972); "신앙 가운데 인간 실존의 생생한 연합"(토마스 H. 게년과 조지 W. 트래웁, *The Desert and the City* (New York: Macmillan, 1969). 좀 더 포괄적으로는, 다음과 같이 "영성"과 "기독교 영성"을 구별할 수 있다: 영성은 무한한 존재에 대한 인간의 기본적이고도 신비로운 열망에 대한 탐구와 응답을 의미한다. 이것은 인간 본성의 초월적 완성을 위해 공개적으로 탐구하는 의식의 기본적 차원이다. 기독교 영성은 역사적, 현대적 기독교 경험과 신앙과 공동체의 맥락에서 이루어지는 그와 같은 탐구와 응답을 가리킨다. 그것은 다양한 형식을 취할 수 있다. 하지만 언제나 창조세계(특히 인간)에 대한 하나님의 본질적인 사랑을 진지하게 받아들인다. 그리고 전향, 곧 하나님의 형상대로 좀 더 심오한 시각과 삶을 향해 부름 받고 권한 받은, 상처받긴 했지만 부분적으로는 자유로운 인간 본성을 언제나 진지하게 받아들인다. 이렇게 지속적인 전향은 연민, 겸손, 치유, 자발적 창의성, 정의로운 화해, 평화, 그리고 기쁨 같은 열매를 맺는다.

하는 것 같지만, 정작 상대방이 무엇에 관해 이야기하는지 전혀 모를 때가 많다. 제아무리 자신의 용어들을 명확하게 정의하려고 애쓴다 할지라도 마찬가지다.

이런 딜레마에 대해 그동안 아주 다양한 해답들이 주어졌다. 이 해답들을 고전적이고도 서로 연관된 기독교 영성의 두 가지 유형으로 요약하자면 다음과 같다: "유념적인"(kataphatic) 유형과 "무념적인"(apophatic) 유형. 유념적인[6] 유형은 긍정적인 하나님 이미지에 역점을 두고, 이 이미지들을 명확히 밝히고 확언하기 위해 노력한다. 이러한 **긍정의 길**(via affirmation) 강조는, 창조세계와 이미지와 상징을 통하여 하나님께로 도달할 수 있는 인간의 힘을 강조하는 것이다. 이것은 서구사회의 종교에서 가장 우세한 유형이다.

한편 무념적인 유형은 **부정의 길**(via negativa)을 강조하며, 특정의 하나님 표현들 모두가 근본적으로 부적절한 것이라고 주장한다. 하나님은 "이것도 아니고, 저것도 아니다." 하나님은 모호한 인식 속에서라야 가장 잘 알 수 있다. 13세기에 마이스터 에크하르트는 이 유형에 속한 역설적 언어들에 관하여 다음과 같이 말했다: "너무 가난해서 하나님조차 가질 수 없는 사람도 있다."[7] 서구의 수많은 신비주의자들과 동방정교회, 아시아 종교의 좀 더 우세한 신비주의자들이 이 유형의 전형적인 예다.

이 두 가지 영성 전통은 하나님에 관한 세 번째 사고방식 곧 **유비의 길**(via analogia)과 겹친다. 이것은 은유, 유추, 유사와 더불어 영성생활을 인정하고 생기를 불어넣는다. 무념적인 유형은 하나님이

---

6) 때때로 "카타페틱"(kataphatic)은 그리스어 "cataphatic"으로 바꿔 쓰기도 한다.
7) 토마스 오메라, "Meister Eckhart's Destiny", *Spirituality Today*, 제30권 4호(1978년 12월)에서 인용함.

아닌 것들을 제거해내지만, 그럼에도 불구하고 "빛"이나 "거룩한 자" 같이 긍정적인 하나님 이름은 사용한다. 또한 무념적인 유형은 진실하신 하나님과 포괄적인 명료성에 대한 긍정적인 열망을 품고 있다.

최근 서구에서는 무념적인 유형이 이른바 르네상스 시대를 맞고 있다. 아마도 이것은 번지르르하고, 굶주리고, 영리적인 우리 문화 속에서 그동안 하나님의 이름이 사람들의 입에 너무나도 쉽사리 오르내리고 지나치게 친숙했던 데 대한 반발일 것이다. 동시에, 이러한 유형의 재출현은 아마도 어떤 종교적 언어의 배후에 결코 궁극적인 실재를 가정하지 않으려 드는 회의적이고도 냉소적인 철학적 대안에 대한 반작용일 것이다.

무념적인 접근은 하나의 선택사항일 뿐이다. 이것은 "거룩한 말씀"의 배후에 하나의 실재가 존재함을 인정하기는 하지만, 이 실재는 너무나도 다르고 너무나도 신비로워서 우리의 생각으로 정통하거나 우리의 느낌으로 직접 접촉하기가 불가능하다고 간주한다. 오늘, 이미지와 좀 더 규모가 큰 "실재의 이해"의 상관성을 강조하는 묵상훈련이 급부상하고 있는 현상은, 이러한 무념적인 유형의 행동신호라고 볼 수 있겠다.

일각에서는 유념적인 유형과 무념적인 유형간의 궁극적인 갈등을 강조한다. 특히 "부정적인" 언어와 "긍정적인" 언어를 상대적으로 중시하는 측면에서 그러하다. 하지만 나는 이 둘이 서로를 보완해 주고 교정해 준다고 생각한다. 부정적인 언어는 특정의 언어 이미지가 우상화되는 것을 막아주며, 우리의 삶을 좀 더 광범위하게 확대시켜 준다; 또한 긍정적인 언어는 일치와 확언과 행동유발에 특별히 중요한 접촉, 친밀감, 소명의 시점을 확언한다.[8] 유념적인 유형과 무념적인 유형은 둘 다 최상의 조건일 경우, 서로를 책임지며 서로를 필요로 한다. 이 둘 모두 은총으로 말미암아, 똑같이 나뉘어서 서로 끌어당기고 있는 우리 삶의 원천으로 우리를 이끌어 준다.

이 책에서 나는 본디 의미를 제대로 전해 줄만한 적절한 대체용어가 없다고 판단될 경우 "종교적인 언어"를 사용할 것이다. 우리 시대의 학문적, 세속적, 학자적, 인본주의적 언어들이 항상 영성이라는 신비스러운 차원에 적절한 단어들을 제공해 줄 수는 없기 때문이다. 오늘 그런 단어들은 자기-중심적인 인간 또는 육체적, 우주-중심적인 실재에 너무나도 큰 영향을 받은 나머지, 다른 어떤 실재감을 표현할 만한 능력이 거의 없다.

한편 우리의 "종교" 문화는 대개가 무비판적이고 감상적인 종교 언어의 영향을 많이 받는다. 이 종교 언어는 하나님의 무한한 지평을 비하하고, 고착시키고, 공상화한다. 심지어는 성령까지도 쉽사리 왜곡하고, 축소시키고, 애매하게 만들어 버릴 정도다.

훨씬 더 규모가 작은 고학력 종교지도자들은 즈금 다른, 좀 더 비판적인 신학언어, 곧 2천년에 걸친 기독교 사상의 유산을 사용한다. 이 언어는 신중하고, 분석적이고, 끊임없이 업데이트되는 정확성 차원에서, 다른 정착 학문의 언어와 마찬가지로, 굉장한 가치가 있다. 하지만 여기에는 이중적인 역사적 위험이 따른다: 한편으로는, 신학적 언어가 너무나도 추상적이고 전문적이고 복잡해서, 신학적인 교육을 많이 받은 사람들만 완전히 이해할 수 있는 언어가 될 수도 있

---

8) 좀 더 공식적으로 철학적인 관점에서 상보성에 관해 논의한 것은 존 D. 존스, "The Character of the Negative Theology for Pseudo-Dionysius Areopagite", *Proceedings of the American Catholic Philosophical Association*, 제51권(Washington, D.C.: Catholic University of America, 1977)에 실려 있다.

다는 것이다.

다른 한편, 대체로 중세기 후반부터 신학적 언어는 오랫동안 신학자의 "하나님에 대한 경험적 지식"에 깊이 박혀 있었던 뿌리를 잘라내 버렸다. 따라서 이제 더 이상 신학적 언어는 경험적으로 이해되는 신비나 그 신비에 이르는 길에 관한 설명 또는 해석이 아니다. 기껏해야 다른 누군가의 심오한 경험에 대하여 불완전한 아웃사이더가 개념적으로 사고한 것에 지나지 않는 것이다. 이제 신학자는 개인의 경험적 지식에 대한 언급이나 개인적인 수양이 전혀 필요 없는 학자가 되어 버렸다.[9]

오로지 국제공용어만이 (사물과 인간을 위한) 기술적 교육기관과 광고방송으로 간주되는 우리 문화에서는, 이른바 저마다 다른 "언어 지도력"이 있다: 학문적-인본주의적, 대중 종교적, 학자적-신학적 (그리고 이 셋은 서로를 의심하는 경향이 많다). 말로 표현하기 어려운 성령에 관하여 우리는 뭐라고 말할 수 있을까? 영적인 친구의 삶 속에서, **바로 지금**의 상황에서 이루어지는 성령의 신비스러운 발걸음에 관하여 우리는 뭐라고 말할 수 있을까?

확실한 대답은 딱 하나밖에 없다: 결코 쉬운 방법은 없다는 것이다. 그럼에도 불구하고 우리는 계속해서 밀고 나갈 수밖에 없다. 나는 도움이 될 만한 각종 "언어들"을 골고루 사용하고자 애쓸 것이다. 신학적인 언어만이 효과가 있을 것 같은 곳에서는 신학적인 언어를, 그리고 행동적-학문적 언어의 정확성이 분명하고 그것이 이해의 폭을 넓혀주는 곳에서는 행동적-학문적 언어를 사용할 것이다.

---

9) 여기에 특별한 예외가 있다는 것을 나는 안다. 그리고 대부분의 신학자들은 여전히 반지성적인 우리 문화 속에서 투쟁하고 있는, 아주 진지하고 성실한 사람들이다. 그들의 연구는 매우 중요하다. 나는 그저 정상적인 준비단계에서 통합적으로 배양된 직관적이고, 감정적이고, 분석적인 의식의 상실을 지적하고 싶을 뿐이다.

또한 비유와 이야기가 가장 잘 통하는 곳에서는 인본주의적 언어를, 가장 심오한 신비가 들어 있는 곳에서는 무념적인 역설과 직유를 사용할 것이다. 물론 이러한 이해의 영역에서 어느 정도의 미숙함, "신적인 것들에 관하여 말을 더듬는 현상"을 피할 수는 없다. 특히나 적당한 공통의 언어적 상징이 없는 경우에는 더더욱 그러하다.

이렇게 적절한 언어들을 다양하게 사용함으로써, 어쩌면 최근 급속히 번지고 있는 "혼합대화매체"라는 장르를 반영하는 것처럼 보일지도 모른다. 우리 삶의 초월적 차원에 관하여 이야기하는데도 불구하고 말이다. 이러한 혼합은, 최악의 경우, 천박한 절충주의를 초래할 수도 있다. 여러 종류의 음식을 시식할 수는 있지만, 특별한 맛이 좀처럼 사라지지 않고 남아 있어서, 쭉 코스를 돌다보면 어느 순간 모든 맛이 뒤섞여버리는 우리의 카페테리아 문화에서 비롯된 절충주의 말이다.

성공회 신부이자 에큐메니칼 교육자인 내 입에서 "좀처럼 사라지지 않고" 남아 있는 맛은 바로 종교적 언어다. 그 중에서도 특히 기독교의 문화와 언어다. 우리는 저마다 어떤 특별한 구조를 통하여 초월적인 것들에 접근한다. 내 경우는 종교적 언어가 바로 그런 구조다. 그렇지만 나는 코스를 쭉 돌다가 다른 지점에서도 진리가 드러나는 방법이 보이면, 그것에 개방적인 태도를 취하려고 노력해왔다. 또한 모든 진리는 궁극적으로 하나라는 사실을 신뢰하려고 노력하였다(비록 본질적으로는 모든 입장이 다 진실하거나 적절할 수 없지만 말이다). 그리하여 나만의 특징을 통해서, 또 동시에 나만의 특징을 초월해서, 온 인류가족과 그들이 인자하신 분으로부터 받은 은사의 보물에 점점 더 깊이 연관되었다.

시몬느 베이유는 다음과 같은 말을 했는데, 그야말로 나에게 딱 맞는 말이다: "그리스도께서는 우리가 당신보다도 진리를 더 좋아하게 되기를 바라신다. 그분은 그리스도이시기 전에 먼저 진리이시기 때문이다. 우리가 만일 그분으로부터 돌아서서 진리를 향해 나아간다면, 얼마 못 가서 그분의 팔에 안기게 될 것이다."[10] 초대교회의 순교자 저스틴 마터는, 모든 사람들 속에 들어 있는 씨앗이라는 의미의 그리스도-로고스를 이야기하면서, 위와 같은 시몬느 베이유의 말을 뒷받침해 주었다. 그에 따르면, "어디서든지 고귀하게 이야기 되어온 것들이 있다면, 모두 다 기독교 유산의 일부"라고 한다.[11]

이것은 모든 곳에 계시되어 있는 좀 더 충만한 초월적 진리를 제거하고, 노아를 통해 온 인류와 맺으신 하나님의 언약이 상징하는 진리를 제거해 버림으로써, 배타적인 기독교적 언어와 실제에만 진리를 국한시키는 편협한 기독교적 견해와 반대된다. 그런 식으로 지나치게 안전을 중시하고, 승리 지향적이며, 배타적인 편협주의는 좀 더 분열되고, 맹목적이고, 소외된 사람들에게만 도움이 된다. 인간적인 상호의존과 공동학습이 절실히 필요한 사람들 말이다. 이렇게 경직되고 어두운 기독교의 일면은, 이 세상에서 공정한 화해를 이룩하고 나아가 하나님께서 우리 가운데 펼치신 경이로운 역사를 겸손히 받아들여야만 하는 기독교의 위대한 임무를 저버린다.

하지만 나는 또한 믿는다. 어떤 면에선 모든 사람을 위한 보물이라고 할 수 있는 그리스도인의 경험을 통해서, 우리 모두가 공유할 수 있는 위대한 지혜가 있음을 확신한다. 기독교 전통에서 비롯된

---

10) 그녀의 영적인 자서전, *Waiting for God* (New York: Harper and Row, 1973)에서 인용함.
11) 리처드 드루먼드가 "Experience of God Outside Judeo-Christian Context," *Spirituality Today*, 제30권, 2호에서 인용함.

영성지도는 결코 편협한 "내부" 문제에 그치지 않는다(이제까지 그런 식의 취급을 받아온 적은 많지만 말이다). 오히려 영성지도는 모든 인간생활의 기초로 나아가기 위한 개별적 다리다. 이 다리는 그 기초의 경험과 해석에 대한 특정의 폭넓은 계보를 지니고 있다. 오로지 그러한 기초 위에서만 우리는 기독교가 진리를 제거하고 분열시키는 하나의 분파가 아니라 보편적인 방법이라고 주장할 수 있다.

나는 기독교 전통 속에서 영성지도를 높이 들어 올릴 것이다. 오로지 헌신적인 그리스도인들에게만 기여하는 것이 아니라, 그 기초에 좀 더 굳건히 매달리기를 열망하는 모든 사람들이 우리가 공유하고 있는 거룩한 기초에 도달할 수 있도록 도와줄만한 "길," 다리, 선물로서 말이다. 이러한 영성지도는 가장 폭넓은 의미의 교회와 마찬가지로, 모든 엄숙한 구도자들에게 큰 의미를 지닌다. 그러므로 영성지도의 언어는 조심스럽고도 광범위해야 한다. 그 누구도 배제해서는 안 된다. 하지만, 어차피 언어를 사용해야 하고 또 특정 계보의 경험을 공유해야만 하기에, 중간에서 방향을 잃고 다른 곳을 탐구하는 사람도 분명히 있을 것이다.

우리의 공통적인 조건

나는 우리가 공통적으로 지니고 있는 인간적 조건이야말로, 이 시점에서 여러분에게 의미를 안겨줄 수 있는 최고의 토대라고 확신한다. 여러분이 어떤 특정한 언어나 종교적-철학적 전통(또는 탈-전통)을 지니고 있다 할지라도 마찬가지다. 우리 모두는 근본적으로 성장의 신비로운 과정에 있는 어떤 존재 – 불안정한, 고통스러운/기뿐, 자유로운/강제적인, 갈망하는 존재 – 의 의미를 공유하고 있다. 이것이 의미하는 것과 이것을 현실화할 수 있는 방법을 알아내는 것, 그것이 바로 가장 오래된 존재론적 질문이다.[12]

우리가 이 질문에 대답할 수 있도록 도와주는 것은 가장 광범위한 의미의 영적 우정이다. 그러니까, 우리 속에서, 그리고 우리 주변에서 흐르는, 우리의 자아보다 좀 더 규모가 큰 원천을 감지할 수 있도록 도움을 주는 것이다. 좀 더 자세히 말하자면, 영적인 우정은 우리가 특정의 심오한 전통 맥락에서, 그리고 그 총체적인 생활방식 맥락에서, 이 원천에 대해 신실하고 분별 있는 응답을 할 수 있도록 도와준다.[13]

여기에서 우리는 다른 전통들과 현대의 지식에 따라 알려진 기독

---

12) 역사가 군트람 비쇼프는 이 "성숙"의 결과가 얼마나 광범위하게 생각되어 왔는가에 대해 유용하고도 간결하게 이야기한다: 인간은 성숙의 과정에 있다. 유일하게 확실한 것은, 현재의 인간이 당연히 그래야만 하는 존재, 그럴 수 있는 존재, 그러길 원하는 존재가 아니라는 것이다. 이것은 종교적인 주장이며, "신비주의적인" 문장(즉 성스럽고 진정한 실재에 대한 상징적인 표현이다). 진정한 인간은 "성스러운" 분과 일치한다. 목표는 하나님과의 연합, 동화, 그리고 일치, 신격화다. 인간은 오직 한 분(플로티노스) 안에서만, 그리스도(바울) 안에서만, 빛의 그림자 속에서만(에크하르트), 반대편과의 일치(쿠자의 니콜라스) 속에서만, 절대적인 영혼 속에서만(헤겔), 전형적인 자아(융) 속에서만, 진정한 인간의 전체성(마르크스) 속에서만, 심오한 종-의식(포이에르바하) 속에서만, "새로운 인간"의 환상(카스트로) 속에서만, 또는 라 베르나의 황홀경 속에서만 진정으로 완전한 인간이 될 수 있다. 이 모두가 상징은 저마다 다르지만, 신화의 구조에서는 결코 다르지 않다. "Dionysius the Pseudo-Areopagite: The Gnostic Myth," *The Spirituality of Western Christendom* (Kalamazoo Mich.: Cisrecian Publications, 1976).

13) 공산주의 이전의 티베트 문화에서는 방문객에게 어디에서 왔냐고 묻는 게 아니라 어떤 "심오한 전통"에서 비롯되었는지를 묻는 게 관습적이었다. 이 배후에 놓여 있는 심원한 가정은, 우리의 목적과 삶을 통한 해방의 길에 관한 경험과 해석의 검증된 혈통은 우리의 가장 심오한 존재와 남을 위한 희생을 형성하는 것이라는 가정이다. 비록 우리는 실험적인 과도기와 "중단된 개방"의 유산 속에서 살고 있지만, 특정 전통을 미래로 변화시키는 것은, 모든 전통을 포기하고 처음의 백지상태로 되돌아간다거나 또는 전혀 깊이 없는 온갖 문외한의 전통으로부터 끌어오려고 드는 것보다 더 가치 있는 일이다. 아마도 우리들 가운데 대부분은 오늘의 몇몇 배타적인 전통들에 대해 어느 정도 "문외한"일 수밖에 없을 것이다. 과거에 알려진 것들과는 다른 가능성에 대해서, 그리고 우리 시대의 개인주의에 대해서 굉장히 광범위한 인식을 갖고 있기 때문이다. 하지만 우리의 토대가 아무리 빈약할지라도, 우리는 한 번에 한 장소에만 설 수 있다. 그것이 바로 인간이다. 특정한 깊이로부터 성숙한 보편성으로의 이동은 인간적인 방식처럼 보인다. 사방에서 출발하여 지름길을 택하려 들면 메말라 버린 얕은 물구덩이에 도달하고 만다. 아무리 땀 흘리고 애써도 거기에서는 결코 숨겨진 깊이를 강화할만한 심오한 토대를 발견할 수 없을 것이다.

교 전통에 초점을 모을 것이다. 우리는 이 전통의 역사와 현대적 실제를 천천히 살펴볼 것이다. 그러면서 이것이 현대의 인간적, 실존적 영성지도에 공헌한 바를 밝혀내고, 인간이해와 영성지도에 대한 현대의 다른 접근방법들이 이것을 어떻게 뒷받침해 주는지, 또 그 방법들과 이것은 어떤 면에서 차이가 나는지 알아보고자 한다. 나아가 오늘 우리 시대에 걸맞게 개정되고 요구되는 그런 영성지도를 주고받고, 배울 수 있는 구체적인 방법은 무엇인지도 살펴볼 것이다.

하지만 무엇보다도 먼저 해야 할 일은 오늘 우리가 헤엄치고 있는 바다를 제대로 들여다보는 것이다. 새롭게 갱신되고 확대된 예배를 위하여 영적인 우정의 기술과 은사의 풍랑이 일고 있는 현대의 바다를 말이다.

제1부
걸어온 길

우리 내면세계에서는 충동적이고, 경쟁적이며, 혼란스러운 욕구와 두려움이 요동친다. 금방 고통스러웠다가, 금방 즐거워진다. 이 때문에 우리는 쉴 수가 없다. 계속해서 다른 곳들을 찾아 헤매지만, 좀처럼 지금 현재에 만족할 수가 없다. 존재가 없는 성장, 나침반이 없는 표류, 반항 속의 반란이 바로 우리 인간의 현실이다. 상승이라고 불리는 어둠 속에서, 또는 저주라고 불리는 암흑 속에서, 사실은 추락하고 있는 것이 바로 우리 인간이다.

제1장
영성의 위기

솟아오를 것만 같다. 새로운 형태의 옛 짐승이! 우리 시대의 음울하고 사나운 바다로부터! 가차 없이 확고하고, 막대한 장비를 갖춘, 전쟁과 기근과 질병과 지진과 홍수가 난무하는 바다, 그리고 정치적 억압과 사회적 억압, 열악한 직업과 실업 문제, 무책임하고 견고한 관료제도, 잔인함과 냉담함, 가족과 사회의 붕괴, 환경적 약탈, 지루하고 시시해서 죽을 지경인 소비자 오락 활동의 바다로부터!

"또 어떤 난폭한 짐승이 마침내 자기 때를 맞이하여, 곧 태어날 베들레헴을 향하여 몸을 트는가?"[14] 멀리, 멀리, 우리는 도망친다. 저 야비한 짐승에게서. 여러 개의 모습을 지닌, 군대라는 이름의 짐승에게서. 우리가 어디를 가든지, 바깥이든 안이든, 저 짐승이 출몰한다. 누가 저 짐승을 마주볼 수 있을까? 미쳐 쓰러지지 않고서야. 차라리 외면하고, 멀리 떨어져 있는 게 낫다. 네 상처를 돌봐라. 안전한

---

14) "The Second Coming," *The Collected Poems of W.B. Yeats* (New York: Macmillan, 1974), 184쪽에서 인용함.

네 보금자리를 꾸려라. 사물의 겉모습에 만족해라. 내부의 비탄과 행복에 만족해라. 우리가 뛰어넘기엔 너무나도 힘이 센 짐승이다. 하지만 우리는 두려움에 몸서리친다. 누군가가 우리를 구해줄 때까지, 저 짐승을 베어버릴 때까지, 아니면 저 짐승을 속여서 복종적인 우정을 쌓고, 우리에게 고삐를 쥐어줄 때까지, 그리하여 우리가 위축된 게으름뱅이에서 벗어나 희망 가운데 다시 일어설 수 있을 때까지. 우리 자신을 위하여 - 모두를 위하여.

우리 **내면세계에서는** 충동적이고, 경쟁적이며, 혼란스러운 욕구와 두려움이 요동친다. 금방 고통스러웠다가, 금방 즐거워진다. 이 때문에 우리는 쉴 수가 없다. 계속해서 다른 곳들을 찾아 헤매지만, 좀처럼 지금 현재에 만족할 수가 없다. 존재가 없는 성장, 나침반이 없는 표류, 반항 속의 반란이 바로 우리 인간의 현실이다. 상승이라고 불리는 어둠 속에서, 또는 저주라고 불리는 암흑 속에서, 사실은 추락하고 있는 것이 바로 우리 인간이다.

물론 밝은 측면도 존재한다: 죽어가는 사람들과 살아 있는 사람들을 위한 한결같은 돌봄, 우리의 이웃과 제도를 통해 벌어지는 사건들; 인간의 업무분야에서 끊임없이 이루어지고 있는 학문의 커다란 진보; 정의를 이룩하려는 수많은 노력들; 좀 더 심오한 영적 추구와 영성지도; 번창하는 가족과, 인간의 마음을 풍요롭게 해주는 개인; 그리고 유머와 보슬비.

하지만 그 짐승은 여전히 숨어서 기다리고 있다; 우리의 마음은 좀 더 충만한 본향을 원한다. 유전적인 방법의 안정성은 불길하게도 지구의 무서운 실패와 더불어 흔들리고 있다. 우리는 지금 특히나 불안정한 시대, 심지어는 지구의 종말을 연상시키는 시대를 살고 있다. 우리의 충혈된 눈은, 누군가가 와서, 어떤 방법으로든, 머리 여럿 달린 짐승으로부터 구해 줄만한 조짐이 보이기단을 간절히 기다리고 있다.

그러면 우리가 찾아갈만한 데는 어디인가? 과연 누구를 찾아갈 것인가?

박사. 의학박사, 법학박사, 역사학박사, 심리학박사, 사회학박사, 그 밖의 다른 학문분야 박사들. 분명 박사들은 옛날의 지식과 새로운 지식을 자유자재로 넘나들면서 뭔가 길을 제시해 줄 수 있다. 우리는 수없이 많은 문제들을 가지고 그들을 찾아간다. 하지만 그들의 이야기는 모두가 다르다; 우리는 이 사람 말을 따르다가, 또 저 사람 말을 따른다; 열광 뒤에는 실망만이 뒤따른다; 물론 아주 조금씩은 이것저것에 도움이 될 수도 있다; 하지만 한 가지를 치료하고 나면 또 다른 질병이 생겨나고, 한 가지를 치유하고 나면 또 다른 상처를 입게 되며, 한 가지를 완수하고 나면 또 다른 공허함이 뒤따른다; 또한 박사들 역시 우리와 똑같은 질병, 혼란, 부패에 빠지기 쉽다. 그들이 음식을 나눠 주지만, 우리는 얼마 못 가서 금세 배가 고파진다.

사회적 행위. 사실 모든 유형의 행위자들은 정의를 강화하는 일에 관심이 많은 사람들로 보인다. 이 정의 없이는 그 어떤 사회도 오랫동안 지속될 수 없으며, 또 그래서도 안 된다. 그런 행위에 우리가 동참하는 것은 곧 개인적 시민정신의 기본조건이다. 하지만 그 어떤 정치제도나 지도자집단도 아직까지 영속적인 정의를 확립하지는 못했다. 사람들 사이에 퍼져 있는 공포와 무기력, 피로 때문에 정의는 너무나도 멀리 떨어져 있다. 또한 사회적인 차원에서 정의가 아주 가까이 실현되고 있는 곳에서는, 불온한 지루함이 밑바닥에 흐르고 있다. 정의는 우리 모두의 책임이다; 하지만 정의는 상대적인 선이다; 정의는 최후의 결말이 아니다; 정의는 짐승을 잠재우기에는 역부족이다. 정의의 실현은 특별한 의미의 사랑이기도 하다; 정의는 인간의 삶에서 빈약한 발판보다 많은 것들을 교묘히 회피한다.

절정. 만일 우리가 "위를 향해" 올라갈 수 있다면, 모든 게 다 제자리를 찾고 올바르게 돌아갈 것이다. 하지만 수많은 선택들이 날개를 펼치지 못하도록 방해한다. 알코올, 마약, 폭력과 같이 그늘진 선택들; 운동이나 섹스나 "텔레비전", 다정한 가족놀이처럼 조금 더 밝은 선택들 – 이 모두가 일시적인 휴식을 약속해 준다. 일부는 고통을 무디게 해주고, 일부는 새로운 인식을 열어 준다. 좀 더 밝은 쪽의 선택들은 진정한 기쁨을 선사해 줄 수도 있다. 하지만 이런 종류의 절정은 결코 오랫동안 지속되지 않는다. 대부분은 자기만족에 불과한 공허감을 남기며, 종국에는 어쩌면 이 같은 절정이 다시는 돌아오지 않을지도 모른다는 두려움에 사로잡힌 막연한 "쇠퇴"가 뒤따른다. 또는 단조로운 업무/생활을 통한 나태한 사로잡힘의 열병이 걸릴 수도 있다. 앞으로 또 어떤 절정이 – 그것이 무엇이든지 상관없다 – 찾아올 것인가에만 온통 마음을 빼앗겨 버리는 것이다.

종교. 어쩌면 두려움과 열망 가운데 우리는 신앙의 유산을 찾아갈 수도 있다. 자기가 소유하고 있는 것처럼 여겨지는 것들을 상실할지도 모른다고 하는 두려움이 최고점에 이를 때, 우리는 신앙의 유산 속에서 안전함을 찾으려 들 것이다: 명확하고 엄격한 방법; 의심할 여지없는 정의와 악; 차이를 유지하고 있는 높은 벽; 어떤 것이 우리에게 방해가 되고 어떤 것이 우리를 변화시켜 줄지에 대해서는 일언반구도 없고, 다만 어떤 것이 편안하고 안전할 것인가에 대해서만 이야기하는 범죄에 연루된 공범들과의 우정. 이것은 길들여진 영성이다. 그런 몽상가들에게 충격을 주어 현실과 용기에 직면하게 할 때, 바로 예언이 일어난다; 하지만 두려움이라고 하는 짐승이 목을 조를 경우, 예언자는 추방되거나 살해를 당할 것이며, 그 짐승의 졸음 주문이 다시금 효력을 발휘하게 될 것이다.

만일 우리의 두려움보다 갈망이 더 크다면, 왕의 매혹적이고도 안전한 옷에 대해서 의심을 품기 시작할 것이다; 그리고 이렇게 되면 영혼의 벌거벗음을 추구할 것이다. 우리에게 길을 보여줄 실재 속으로 믿음 가운데 깊숙이 들어가는 신비로운 이동을 간절히 원할 것이다. 진실로 볼 수 있는 눈을 선물 받는다면, 우리의 삶이 완전히 변화될 것이다. 그동안 가려지고 압박당해왔던 것들이 이제는 초월적이고, 중요하고, 포괄적인 중심으로 밝혀진다. 그동안 중심에 자리 잡고 있었던 것 – 고군분투하는, 궁극적으로는 자기를 보호하는, 소유욕이 강한 자아 – 이 이제는 지도자가 아닌 **추종자**의 자리에 앉혀진다; 그 자아는 왕좌에 오를 권위 주장자가 아니라 **협력자**에 불과하다; 그 자아는 진리에 대해 좀 더 **자유로우며**, 자아의 자기 보호적인 망상에도 그리 많이 사로잡히지 않는다.

그러한 시각 변화와 마음의 전환은 우리 존재의 깊은 곳 여기저기로 서서히 침투해 들어간다. 우리들 대부분은 여전히 두려움과 갈망, 상실과 발견의 불안정한 시소를 타고 있다. 우리 모두는, 인간이기에, 왕의 옷을 직접 보고 만져봐야 한다. 그래야만 통제되지 않은 신비에 직면했을 때, 안전한 토대 위에 머무를 수 있다. 우리는 신비에 형태라는 옷을 입혀야 한다: 언어와 의식, 성례전, 상부상조, 그리고 훈련된 삶의 리듬.

두려움이 가장 큰 순간에, 우리는 이러한 형태들이 마치 신비 그 자체인 것처럼 매달리게 되며, 우리를 실패로 몰고 갈 우상들을 숭배하게 된다.

갈망이 가장 큰 순간에, 그리고 신비가 기꺼이 원하는 순간에, 우리는 그러한 형태들을 **통하여** 애매하게 신비로운 존재를 만난다. 그리고 우리의 경이로운 일체성을 맛보게 된다.

그렇게 순간적인 인식을 **소화**하는 것은 매우 중요한 일이다. 교회와 온갖 심오한 종교 전통들 속에서 총체적이고도 진정한 영성훈련의 역사는 신에 대한 인간의 이해를 돕기 위한 것이다. 우리가 1) 신의 양육을 거부하지 않도록, 2) 우리 내면에 신을 위한 자리를 없앰으로써 신을 버리지 않도록, 3) "인위적인 특성"을 진짜로 오인하지 않도록, 4) 신의 능력이 선물임을 인정하고 타인의 이익을 위해 다양한 형태로 공유하는 대신, 짐승의 머리인 자아의 제국을 세우는 데 신의 능력을 사용하는 일이 없도록.

그럼 지금부터 오늘의 교회 상황을 좀 더 자세히 살펴보기로 하자.

오늘의 교회

오늘의 기독교 교회는 신의 매개물로서, 우리 사회의 짐승을 길들이는 데 도움을 주도록 훈련받았다. 그렇다면 이 교회가 지닌 잠재력과 한계는 무엇인가?[15] 이것은 아주 광범위한 질문이다. 때문에 나는

---

15) 물론 오늘의 서구인들에게는 유대-기독교 이외의 종교적 토대들도 점점 더 찾아보기가 쉽고 또 널리 통용되고 있다: 이슬람, 불교, 힌두교, 무속, 그 밖에도 다양한 통합집단들. 제6장에서 나는 기독교적 환경에서 이런 영성지도 전통 속에서 발달된 몇몇 분야들을 통합하는 것의 가치에 대해 언급할 것이다.

몇 가지 영역을 선택적으로 조명하여 이 질문에 대답하려고 한다.

양극화. 교회는 인간이 만들어 냈다. 따라서 교회는 우리 모두에게서 볼 수 있는 것과 똑같은 두려움, 갈망, 의심, 상실과 발견의 스펙트럼에 종속된다. 서구 사회, 특히 미국에서는 교회가 양극화의 유산을 떠맡았다. 이 양극화는 균형이 잡힌 상태에서 우리 시대를 위한 잠재적 선물을 빼앗고 말았다. 하지만 아마도 그 파괴적인 열매에 대한 인식이 점점 더 확산되면서부터, 그러한 양극화가 점점 감소하고 있는 것 같다.

양극화의 기본적 형태는 인간과 교회의 경험에서 아주 오랜 역사를 지니고 있다. 양극화는 지식의 한 가지 존재양식 – 지능, 감정, 직관, 또는 의지 – 만을 우위에 둠으로써, 실재를 보다 작은 것으로 축소하려는 시도다. 더 심각한 경우, 그러한 양극화는 실재를 저마다의 존재양식에 관한 유일하고 경직된 "올바른 견해"로 못박아 버릴 수 있다. 그 견해들("개념들")을 궁극적 진리로 오인함으로써 말이다. 그렇게 될 경우, 그 개념들은 일시적 조사도구나 상징, 지침으로서 나름대로 지니고 있었던 가치를 상실하고 말 것이다. 그리하여 짐승의 자기중심적인 머리가 그것들을 게걸스레 삼켜 버리고 말 것이다.

이러한 양극화의 현재 모습은 중세 후기, 특히 지능과 감정의 분리까지 거슬러 올라간다.[16] 중세 후기 스콜라 학자들의 냉정하고, 지

---

16) E. 로잔 엘더는 이것에 대해 좀 더 포괄적으로 이야기한다: "12세기 이후로 하나님을 향한 인간의 응답의 통전성이 깨지기 시작했다. 감정 대 합리성, 사랑 대 이성, 행동 대 생각, 존재 대 행위." "William of St. Thierry: Rational and Affective Spirituality," *The Spirituality of Western Christendom*. 돔 프랑소와즈 반덴브루크는 14세기 초반에 시작된 균열에 대해 다음과 같이 말한다: "신학자는 독자적인 지식 분야에서 전문가가 되었다. 자기 삶의 증거와 별개인 – 개인적인 신성이나 죄성과는 별개인 – 기술을 사용함으로써 그 분야에 들어갈 수 있다. 한편, 영적인 사람은 신학에 전혀 관심이 없는 '신앙인'이 되었다. 그의 경험은 본질적인 목표가 되었다. 그 속에서 어떤 교리적 내용을 찾아야 한다는 언급은 전혀 없었다." 루이스 보이어 편집, *A History of Christian Spirituality* (New York: Desclee, 1970), 제Ⅱ권, 제2부, "Laity and Clergy in the Thirteenth Century."

나치게 논리적이고, 복잡한 사상은 신에 관한 소중하고도 개인적인 감정적, 직관적 경험을 뒷받침해 줄만한 힘이 점점 더 약해졌다.

신비를 진실에 대한 올바른 인식의 기초로 인정하고 그 신비에 본질적으로 항복하다가 이렇게 세심한 지성적 "거리"를 두게 되자, 결국은 일대반란이 일어났다. "새로운 신심운동"이라는 이름은 그것의 주된 취지 – 개인적인 마음의 변화와 미덕, 그리고 그리스도를 향한 꾸밈없고 감정적인 헌신을 강조함으로써, 영성생활이 모든 이들에게 보다 쉽게 접근할 수 있도록 만들고 싶다는 욕구 – 를 숨기기 위해 붙여진 것이다. 이리하여 지성적인 것들을 위한 자리, 무념적인 신비주의적 직관을 위한 자리는 대폭 감소하게 되었다.

토마스 아 켐피스의 『그리스도를 본받아』(*Imitation of Christ*)는 이 초기의 상황을 가장 잘 묘사해주는 책이라 할 수 있다. 토마스 아 켐피스와 "새로운 신심운동"은 오늘까지도 종교개혁교회와 천주교의 영성지도자들에게 두루 영향을 미쳐왔으며,[17] 경건주의운동과 복음주의운동 등에 따라 더욱 더 강화되었다. 사실, 그 운동들의 독자적인 심리학적 초점, 곧 (좀 더 광범위한 실재의 맥락이나 그 대상이 아니라) 내면의 인간적인 경험 그 자체에 대한 강조점은, 지난 백 년 동안 미국 그리스도인들의 종교생활에서 아주 지배적인 자리를 차지해왔다. 이것은 금세기에 들어서 세속적 심리학이 부상하고 대중성을 띠게 된 것과도 연관이 있다. 결국 관심의 근원은 똑같은 것이다.

하지만 중세 후기의 철학적 유명론은 다른 방향으로 흘렀다. 여기에는 아무리 애써도 신과 접촉할 수 없다고 하는 인간능력에 대한

---

17) 위의 책 참고.

절망감이 깃들어 있었다. 이러한 생각은 "오직 신앙으로만 의인화할 수 있다"는 종교개혁사상의 길을 닦는 데 도움이 되었으며, 또한 최근의 기독교 역사에서 내면적인 경험이 곧 하나님께로 나아가는 길이라는 믿음을 방해하는 지속적인 의심의 요소가 되었다.

그 대신에, 영성에 정통한 신앙, 객관적인 예배, 그리고 합리적인 신학언어로 재해석된 훈련이 자리를 차지하게 되었다. 이러한 역사적 흐름에서 가장 널리 영향을 끼친 최근의 예를 들자면 바로 스위스의 위대한 신학자 칼 바르트를 꼽을 수 있을 것이다.

이 두 가지의 광범위한 지성적 "학파"와 감정적 "학파" 외에도 제3의 물결이 있는데, 그것은 바로 무념적인 신비주의다. 지성적 학파와 감정적 학파는 둘 다 이미지와 형태, 유념적인 방법을 강조한다;[18] 하지만 무념적인 유형은 모든 확언을 "무지의 구름"과 좀 더 단호하게 연관시킨다. 그곳에서는 감각도, 개념도, 자기 이미지도 정지한다. 신은 우리가 투사하는 게 아니라 있는 그대로를 분명히 보여줄 수 있는 자유를 지니게 된다.

그런 식으로 "직접적인 목격"을, 그리고 그것의 특별한 열매들을, 인간의 인식과 이해의 궁극적인 목표로서 강조하는 것은, 초기의 수많은 신학자들과 사막교부들, 그리고 교모들이 반복했던 주제다. 이것은 특히 14세기 후반에는 독일과 영국에서, 16세기에는 스페인의 신비주의자들에 따라 강조되었다. 개혁교회의 경우에는 퀘이커교 전통에서 가장 확실하게 찾아볼 수 있다. 이것은 언제나 동방정교회 영성의 중요한 주제가 되어왔으며, 초대교회의 신학적, 사막적, 금욕적 전통에도 영속적으로 중요한 영향을 미쳐왔다.

---

18) 이 두 가지 방식을 처음으로 설명해 놓은 도입부 참고.

이 신비주의적 흐름은 극동지역의 영성에 (뿐만 아니라 서구의 수피파 이슬람 신자와 하시드파 유대교 신자의 영성에도) 도달하기 위한 서구세계의 다리이다. 선은 달과 그 달을 가리키는 손가락(유념적인 유형)을 혼동해서는 안 된다고 경고한다. 그것이 가리키는 것은 기독교의 신비주의자가 쉽게 이해할 수 있는 말이다. 오늘 기독교와 동양종교들의 가장 활동적인 신개척지가 바로 관상적인 기독교 성직자들과 동방의 수도사들인 것도 결코 우연의 일치가 아니다. 동양의 명상 가운데 몇 가지 형태는 수많은 기독교 성직자들이, 그리고 점진적으로는 다른 그리스도인들까지도, 실제에 포함시키거나 적용시켜왔다.[19]

이러한 교류는 - 초월적 명상과 하타 요가, 무술, 그리고 대학교에 개설된 동양종교 관련 여러 가지 유용한 과정들을 통하여 좀 더 대중적으로 서양에 미친 동양의 영향력과 더불어 - 최근 기독교의 무념적인 신비주의 전통을 재발견할 수 있도록 거들었다. 이 전통은 수세기 동안 천주교와 개혁교회의 수많은 실천들 속에서 다른 두 가지 "학파"에 종속되어 있었다.

오늘 교회에는 이 세 가지의 정반대되는 역사적 흐름과 함께, 학문적 세속주의라고 하는 총체적인 흐름이 혼합되어 있다. 이것의 특징은 인간적 또는 자연-중심적 실재관이며, 이것을 지지해 주는 것은, 측정 불가능한 초월적 실재에 관한 논쟁의 소지가 많은 문제들과 무언의 문제들은 그대로 방치해 두는 방법론을 지닌 경험주의적 학문이다.

---

19) 몇 가지 특별한 용례에 대해서는 제6장 참고. 적응의 예는 다음과 같은 책들에서 찾아볼 수 있다: 허버트 슬레이드, *Exploration into Contemplative Prayer* (New York: Paulist Press, 1975), 에노미야 라잘레, *Zen Meditation for Christians* (Lasalle, Ill.: Open Court, 1974).

이렇게 세속적인 흐름은 우리 사회 속으로 밀물처럼 밀려들어왔다. 이 사회의 법정은 종교와 국가의 분리를 점점 더 다음과 같이 해석한다. 곧 학교나 그 밖의 공식적 후원 장소에서 종교적 견해를 똑같이 접근하고 공개하는 것이 아니라, 둘 다 서로에게 전혀 영향을 받지 않을 권리가 있다는 뜻으로 해석하는 것이다. 이것은 현대의 경험주의 학문이 정의하는 대로, 실재를 대중매체가 제공한 실재의 이미지들과 함께 공식적인 학문의 지배적, 공유적 수용을 중지한다: 이 이미지들은 매우 유혹적이고, 무척이나 세속적이며, 비도덕적인/부도덕한 것들이다. 또 "종교"가 연루된 곳에서는, 지나치게 감상적이거나 분파적인 이미지들이다.

(군목과 기관목사들을 제외하고) 공식적으로 급료를 받을 수 있는 유일한 "생활지도자"는 바로 상담가/치료사다. 이들은 심리학 전공 과정에서 기술을 연마한 사람으로서, 심리학/신학에 뻗어 있던 광범위한 뿌리를 잘라내어 버린 지 백 년이 넘었으며, 그와 더불어 모든 치료적 접근방법들 속에 내재해 있던 철학적/종교적 가치의 가정들을 배타적으로, 지속적으로 공개하고 중요시하는 총체적 맥락으로부터도 그동안 단절되어 있었다.

이러한 기술자적 인간지도라는 견해는, 기독교 각 교단의 신학대학과 목회상담에도 광범위한 영향을 미침으로써, 교회를 내면적 양극화와 혼동에 빠뜨리고 말았다.

그러면 이러한 역사적, 현대적 흐름이 오늘 교회에서 어떤 식으로 양극화되어 나타나는가? 아주 최근에 한 신학대학의 학장은 자신의 입장에서 아주 개인적인 방식으로 상황을 요약하면서, 다음과 같이 탄식하였다: "현명한 여러분이 대학원 공부를 하면서, 어떻게 여전히 기도를 하고 이 세상이 하나님의 것이라고 믿을 수 있단 말입니까?"

만일 여러분이 현명한 사람이라면, 특히나 신학대학원에서 순수 학과목들 가운데 하나를 강의하는 사람이라면, 앞으로 몇 해 동안은 합리적인 분석을 잘 조절할 수 있을 것이다. 하지만 스스로를 분석적 의식에 맡기는 실재의 우연성과 상관성, 복잡성에 관하여 점점 더 불순물이 섞인 인식을 갖게 될 것이다.

이 합리적인 명료성이 발전된 형태에 대한 집착이 (강하게나 약하게) 분명히 생겨날 것이다. 그 때가 되면 지적인 명료성을 파악하는 것이 가장 중요한 것처럼 생각될 것이다. 기도와 신앙의 타고난 모호성과 단순성은 수많은 지식인들에게 다소 퇴보적이고, 고지식하고, 단순하고, 절망스러운 냄새를 풍길 것이다. 분석적 의식은 우리를 심판의 자리에 앉혀둔다. 신앙과 기도는 어느 지점에서 분석적 의식의 중지를 요구한다.

성령에 대한 느낌들은 배나 의심스러워 보일 것이다. 특히나 지식인들이 스스로 정의내린 "영적인 느낌"과 진정한 초월적 접촉을 쉽사리 혼동해버리고 마는 문화적, 종교적 풍토에서는 더더욱 그럴 것이다. 심리학적 연구와 치료현장에서 감정적 작용과 단절을 취급하는 것은 괜찮다. 하지만 이것을 신학적 본질과 혼동해서는 안 된다.

또 하나의 관점은 "실천적인"(목회신학) 교수에 속한 것이다. 교수는 신학생, 평신도, 교회, 공동체가 처해 있는 심리적, 사회적, 경영적 위기를 포착한다. 그리고 응용행동과학으로부터 이런 것들에 효과적으로 접근할 수 있는 방법에 관하여 가능한 한 모든 것을 배운다. 신학적/철학적 관심은, 비록 지엽적으로 존재하기는 하지만,

너무나 추상적이고 보편적이어서 실제상황에서는 전혀 도움이 안 될 것처럼 보인다. 기도와 신앙은 어떤 특정한 실제상황에서 유용한 도구로 사용될 수 있으므로 좀 특별해 보인다. 인간과 제도를 다루는 것은 가치 있는 일이다. 실제적인 노하우를 많이 갖고 있기 때문이다.

교수진 가운데 목사나 영성발달지도자는 (만일 그런 사람이 있다면) 조금 다른 관점을 취할 것이다: 인간은 단지 채워야 할 지성이나 성장해야 할 자아나 수행해야 할 역할로서가 아니라 고유한 실존적 존재로서 통전적으로 다루어야 한다. 각 사람은 소명과 도덕적 발달, 신앙의 성장에 특별히 관심을 기울여야 하는 신비로운 존재다. 기도는 그 자체가 목적인 관계를 반영한다. 지성적 임무는 학자적인 노력이 아니라 이해를 위한 실존적 투쟁이다; "기술적" 지식보다는 "무아경의" 지식을 의미한다.[20]

이와 같이 지나치게 상투적인 교수진의 입장은 오늘 좀 더 폭넓은 교회 상황의 축소판이다. 모두가 종교지도자를 준비시키기 위한 팀의 일원으로 봉사하면서 함께 살아야 하는 신학대학 현장에서, 차이는 양극화보다도 많은 긴장을 자아내는 것 같다. 그렇지만 이 차이는 공개적으로 모든 이들의 상실과 대립하지 않는다. 궁극적인 결과는 혼란에 빠진 분열된 학생들, 충분한 도전의 결핍 때문에 편협해지고 허약해진 견해들이 나란히 공존하는 것일 수 있다.

그렇게 냉정하고 세련된 환경에 영향을 덜 받은 대규모 교회 현장에서는 이러한 차이가 하나의 운동으로 이어질 수 있다. 때로는 왜

---

20) 이성을 초월한(그러면서도 이성을 포함한), 그리고 기술적 이성을 통제하는 무아지경의 지식에 대한 상세한 설명은 폴 틸리히의 *Systematic Theology* (Chicago: University of Chicago Press, 1951), 제 I 권, 97쪽 이하를 참고하라.

곡이나 미완성 상태로 입장을 고수하는 운동, 그러면서도 부분적으로는 거기에 반발하는 "정반대" 입장의 지속적인 존재에 따라 유지되는 운동 말이다.

이러한 분류는 꽤 복잡하다: 은사주의, 복음주의, 고백주의, 해방주의, 성례전주의, 학문주의, 경건주의, 심리주의는 지성이나 의지, 감정, 또는 직관만을 너무 중시한 나머지 서로를 무시하거나 대립하는 경향이 있다.[21]

이 기본적인 지식 방법들은 마치 프리즘을 통하여 순백색의 빛이 투사되는 것 같다. 그 합일체가 궁극적인 합일을 망각한 채 프리즘 안에서 수많은 색깔들로 쪼개지는 것이다. 이 때 다른 사람들에 따라 억제되지 않은 감정의 붉은색은 퇴색하고 흐릿한, 감상적이고 주관적인 색깔로 왜곡된다. 그리고 지성의 초록색은 그 자체의 광택을 지닌, 교만하고 메마른, 너무나도 밝은 색깔이 된다. 직관의 푸른색은 주관적인 환상의 지점, 적어도 고립의 지점까지는 누그러진다. 그리고 의지의 노란색은 명확한 빛보다도 더 눈부신 열을 내는 행동 때문에 소모되어 버린다.

만일 교회가 진정한 "종교"라면, 그러니까 우리 사회를 통합해 주는 힘이라면, 이런 식의 지식 방법들의 합일을 반드시 기억하고 있어야 한다. 저마다는 우리가 공유한 신비에 대한 완전한 인간적 응답을 만들어 내는 데 필요한 선물이다. 저마다의 상호적 교훈으로부터 고립될 경우 그것들은 재앙이 되고 말 것이다. 이것이 우리의 자원으로 이루어진 "내적" 공동체다. 이 공동체는 하나가 되어 인간을 지도하기 위한 인식의 눈을 만들어 낸다. 다양한 개인적, 역사적 순

---

21) 이 집단화가 오래될수록, 약한 모서리가 점점 더 약화되어 훨씬 더 포괄적인 쪽으로 나아갈 것 같다. 자기 위치를 강화하려는 강력한 강요가 없으면 그 어떤 집단도 완벽하게 (오랫동안) 정적일 수는 없다.

간에 저마다의 개인과 집단은 하나의 길을 다른 길보다 더 강조할 수 있다(보통은 그것을 무시한 데 대한 반응으로, 또는 실제상황의 요청에 대한 응답으로). 하지만 하나됨의 가치를 부인하는 행동의 대가는 피할 수 없는 진리의 왜곡이다.[22]

무념적인 방법의 공헌

기독교의 무념적인 신비주의 전통이 오늘 다시 되살아나고 있다. 이것은 이 자원을 경쟁자에서 친구로 전환시키는 데 기여해야 할 특별한 사명을 띠고 있다. 그 지식학파의 범위를 넓혀 줄 수 있는 거대한 힘은 이 모든 자원들이 서로 친밀한 관계를 유지하도록 총망라할 수 있는 능력에 있다.[23] **지성**은 해석자, 탐험가, 전달자의 임무를 맡고서 다른 것들을 점검한다. **감정**은 우리 내부와 주변 삶의 관계들의 다양한 그림자와 접촉할 수 있는 에너지로서 확인된다. **직관**은 최고의 경우 우리의 평범한 감각으로는 전달할 수 없는 실재를 "직

---

22) 신학자인 어번 홈즈는 현대의 종교적 양극화와 다양한 언어의 조화를 이야기한다. 하지만 나는 같은 방향으로의 이동을 확신한다. 그는 이성적이고 냉소적이거나, 또는 비이성적이고 감성적인 경향이 있는 현대의 정신에 대해 말한다. 이 둘은 언제나 서로에 대한 반응이다. 그의 해결책은 그가 "감각적인" 정신(T.S. 엘리엇에게서 빌려온 것)이라고 일컫는 것, 곧 깊이 있게 인식할 수 있는 능력, 반대되는 것까지 모두 포함하여 총체적인 경험을 탐구할 수 있는 능력, 아무것도 버리거나 혼란을 감상적으로 다루거나 냉소주의를 통해 통제력을 유지하는 일 없이, 새로운 총체적 의미를 만들어낼 수 있는 능력에 달려 있다. 엘리엇은 17세기 형이상학적 시인들 이후로 서구문학, 특히 영국문학이 "감성으로부터 분리"된 것을 슬퍼한다. *The Priest in Community* (New York: Seabury Press, 1978), 70쪽 이하 참고.

23) 과거나 현재에 "무념적"이라는 용어를 한 번도 못 들어본 사람들 가운데 대다수가 이 학파에 속하거나 또는 이 학파와 부분적으로 일치한다. 내가 확실히 하고자 노력했던 것처럼, 유념적 방법과 무념적 방법의 경계는 매우 유동적이다. 그럼에도 불구하고 나는 "무념적"이라는 용어가 기독교 영성에서 그동안 무시당해 온 강조점을 부각시켜 준다고 생각한다. 여기에서 주목해야 할 점은, 기본적으로 유념적 방법인 것도 역시 지성과 감정, 직관, 결단력을 총망라할 수 있다는 것이다. 하지만 나는 그 길에서 그렇게 하는 것이 좀 더 어렵다는 생각을 종종 한다. 좀 더 비형식적인 직관적 "토대"야말로 좀 더 놓치기 쉽기 때문이다. 다른 차원들은 좀 더 쉽사리 범주를 초월하고, 고립되고, 구체화되고, 신비에 대한 긴밀한 관련성과 상대성을 미묘하게 상실해 버리도록 내버려 둠으로써 말이다.

접 목격할" 수 있는 능력으로 인정된다. 그리고 **의지**는 최고의 경우 직관의 자발적인 열매로서 지성과 감정에 따라 점검과 해석과 후원을 받는 것으로 확인된다.

따라서 지식의 자원들은 저마다의 임무를 띠고 있다. 하지만 서로에게, 그리고 하나님의 위대한 신비에 모두 연결되어 있다. 내용상 성서와 전통[24]과 이성은 교육적인 지도의 선물이라고 볼 수 있다. 하지만 그 목표는 진리의 직접적이고도 직관적인 인식이다; 그 목적은 영원히 추측만 하면서 바깥에 머무르는 것이 아니라(비록 현실의 "안팎" 리듬의 불가피성과 겸손을 인정한다 할지라도) 진리 "안에", 그리스도 "안에" 거하는 것이다.

무엇보다 중요한 것은, 아마도, 이 자유로운 학파가 우리가 정말로 "안에" 거하는지, 아니면 그렇게 생각하거나 느끼고 있을 뿐인지를 점검함으로써 명확한 우상타파주의를 유지하고 있다는 것이다. 특별히 좋은 느낌을 진실하고 직접적인 성령의 접촉으로 혼동하는 분방한 서구적 혼동은 제거된다. 인간이 창조세계의 경험을 창조주와 혼동함으로써, 그러니까 결과를 그 원천과 혼동함으로써, 감정적인 "높음"과 "낮음"에 매료되거나 빠지는 일이 없도록, 좋고 나쁜 느낌 같은 것은 "그대로 방치한다."[25]

동시에, 그런 경험은 오로지 "외부적인 요인", 교회의 우상타파를 위한 주요수단에 따라서만 비판받는 게 아니다. 예지적이고 직관적

---

24) 주로 무념적 전통에 속한 수많은 현대인들에게 "전통"은 점점 더 기독교적 경험 이상의 것들과 접촉한다. 선개념적 직관의 전통에서 그것이 차지하는 특별한 위치는 거룩한 분에 대한 인간 경험의 다른 전통에서 발견되는 선개념적 인식에 체계적으로 관련되도록 만들어 준다.

25) 17세기 프랑스의 위대한 영성지도자 프란시스드 살레는 상상력을 발휘하여 이렇게 말한다: "가능하다면 수많은 사람들이 사랑보다는 사랑하는 행위의 즐거움을 간직할 것이다. 빵 없이 꿀만 말이다." *The Love of God* (Westminster, Md.,: Newman, 1962), 382쪽.

인 조심성을 지닌 "내부적" 판별방법도 확인된다. 이 방법은 다양한 "실험적" 훈련들의 도움을 받는다: 금식, 기도, 단순하고 겸손한 돌봄의 생활방식 같은 고전적인 수양법.

그것의 개념적 형태와 생생한 형태에 들어 있는 사상은 확실하다. 하지만 널리 퍼져 있는 서구세계의 덫에 걸리지 않도록 언제나 주의를 기울여야 한다: 어떤 개념이나 이미지를 그것이 가리키는 실재와 혼동하는 것, 좀 더 미묘한 경우, 한 개념과 다른 개념의 섬세한 교환을 진리와의 좀 더 직접적인 접촉으로 혼동하는 것, 그저 진리에 관하여 좀 더 명확한 생각을 가지는 것뿐인데 그것을 객관적으로 인지된 이미지와는 질적으로 다른 진리 그 자체와 혼동하는 것.

이것은 (무념적인 방법과 분리된 상태의) 유념적인 방법이 지속적으로 안고 있는 위험이다. 여기에서는 특별한 형태의 확언이 그 형태를 최후의 상태로 고정시킬 수 있다. 무한히 역동적인 원천으로부터 차단해 버린 우상이 되고 마는 것이다. 그렇게 되면 인간은 바위로 변장한 인식적인 얼음덩어리로 남겨진다. 절대로 녹지 않을 것이며, 딱딱하고, 깨지기 쉽고, 뻣뻣한 상태로 유지될 것이다. 물이 아닌 형태로 구체화될 것이고, 자연 상태의 유동성은 완전히 상실하고 말 것이다. 신학적으로 이런 일이 발생할 경우, "신비의 시녀, 보호자, 해석자" 기능을 하는 신학은 그만 신비의 왕위를 빼앗고 짐승의 머리가 되며, 악마적인 운동과 마녀사냥의 선동자로 전락하고 말 것이다.[26]

---

26) 초대교회 교부인 포티케의 디아도쿠스는 신학자와 관상가의 관계와 차이점에 내재된 은총을 낙관적으로 지적하였다: "…겸손한 신학자는 관상가의 경험을 일부 맛보게 된다. 그리고 관상가는 영 분별 부분이 잘못을 저지르지 않도록 유지할 경우 사색의 힘을 아주 조금씩 알게 될 것이다. 하지만 두 가지 은사는 한 사람에게서 똑같은 정도로 발견되지 않는다. 저마다는 서로의 풍족함을 경이롭게 여기고, 따라서 겸손이 더더욱 커질 것이다." 앤드류 루스, *Theology and Spirituality* (Fairacres, 1978), 14쪽에서 알란 존스가 인용함.

무념적인 신비주의 방법은 중세후기부터 경험적으로 성령에 **관련된** 것과 성령에 **대해** 비판적으로 생각하는 것 사이에 점점 더 커져버린 양극화의 틈새를 메워 줄 수 있다. 선택은 무비판적인 감정과 비판적인 냉담 사이에만 있는 것이 아니다. 이 세 번째 방법은 감정과 지성을 직접적으로 주목한다. 하지만 화살처럼 아주 멀리의 신비까지 관통할 수 있다. 이것은 신비 그 자체가 우리의 무의식 속에 잠들어 있다고 본다. 거기에서 감정과 지성의 훨씬 더 느슨한 통치를 요구하고, 또 우리가 (아무런 반대도 없이) 주장하고 형성하는 모든 것을 가볍게 무지의 구름에 넘겨 줄 때 우리의 평화 배후에 숨어 있는 것을 좀 더 민감하게 알아채도록 요구한다는 것이다.[27]

기독교 전통 속에서 무념적인 방법은 종종 그 길을 설명하기 위하여 플라톤학파의 개념들을 차용하였다. 이것의 약점은 물질과 정신의 이원론과 계급주의다. 이외에도 최소한 육체와 역사의 잠재적 모욕이라는 약점이 있다.[28]

오늘 물질과 정신의 히브리적, 성서적, 기독교적 통합에 대한 우리의 이해는 이 이원론을 극복하고 그리스도인들이 역사적 과정과 육체-정신 협력에 훨씬 더 많은 관심을 기울이도록 허용해 준다. 성

---

27) 이러한 접근방법은 상징적 이성주의의 철학적-신학적 위치를 강화시켜준다고 나는 확신한다: 종교는 우리가 "주관적인" 것들과 "객관적인" 것들을 초월하여 양쪽에 모두 참여하는 통합을 상징한다. 마이클 폴라니의 주장대로, 우리는 "그것을 관찰하는 게 아니라 그 안에 거주함으로써" 알게 된다. 폴라니는 그런 "내재적인" 지식이 근본적이라는 사실을 우리가 잊고 있었다고 지적한다. 모든 "명시적인" 지식이 그것의 무의식적인 가정에 의존하기 때문이다. *Personal Knowledge* (New York: Harper and Row, 1965) 참고. 로버트 벨라에 따르면, 만일 신학자가 다른 많은 사람들처럼 상징적 이성의 가정에 종속된다면, "수백 년간 처음으로 신학자와 세속적 지성인이 동일한 언어를 사용할 수 있는 상황을 맞이하게 된 셈이다. 그들의 임무는 서로 다르지만, 개념적인 틀은 서로 공유하고 있다. 우리의 분열된 문화를 재통합하는 것에서 이것이 의미할 수 있는 것은 거의 계산이 불가능하다." *Beyond Belief* (New York: Harper and Row, 1970).

28) 예를 들면, 신비주의에 관한 이블린 언더힐의 고전적인 연구를 참고하라. 그동안 경시되어온 이 세 번째 방법에 대한 눈부신 보도에도 불구하고, 사실상 역사적 과정의 가치에 대해서는 한 마디 언급도 없다. 그리고 플라톤학파의 범주를 함축적으로 승인한 것에 대해서도 전혀 언급되어 있지 않다.

례전으로서, 공동창조의 고유한 가능성을 드러내고 주장하는 방법으로서, 그리고 창조의 열매를 공유하는 방법으로서 말이다. 예수 그리스도는 역사로부터의 구원자, 본향으로 돌아가는 길로 간주될 뿐만 아니라, 사실은 더 큰 우리의 본향에 속하는 새로운 집을 세움으로써 우리의 자리를 창조적인 역사의 관리자로 단언해 주신 분이기도 하다.

따라서 "의지"는 역사적 관심의 새로운 특징을 취한다. 우리는 본디 합일로 되돌아가는 길을 찾기 위해서 이 땅에 존재할 뿐만 아니라, 이제껏 우리가 안 보여줬던 것을 드러내는 해방의 과정을 향해 나아가기 위해서 여기에 있다. 에덴동산은 왕국이나, 완벽하게 실현된 하나님의 통치 같은 것이 결코 아니다.

과거에 무념적인 신비주의 방법과 플라톤학파의 해석이 서로 "결합"했던 것은 우연의 일치다. 좀 더 최근에 이 길에 오른 사람들(토마스 머튼, 더글러스 스티어러, 윌리엄 맥나마라, 캐서린 도허티 등)이 그런 것처럼, 다른 여러 가지 방법으로 표현될 수 있는 경험적 인식을 해석하기 위한 기본적이고도 유용한 언어적 수용이었던 것이다. 20세기의 수많은 신학자들, 특히 개혁교회 신학자들은 부적절한 해석언어들을 인식과 혼동함으로써, 더러운 목욕물과 함께 소중한 아기까지 내버렸으며, 그리하여 여러 세대에 걸쳐 개혁교회 성직자와 평신도들에게 커다란 손실을 안겨 주었다.[29]

새로운 인간성에 대한 역사적, 영속적, 환상적 소명과 우리 한가운데 존재하는 포괄적 전체의 환영 사이에는 잠재적인 양극화가 내

---

29) 마가렛 퍼스는 신-정통주의 신학자와 고전적, 현대적 무념적 신비주의자 간에 있을법한 화해를 보여주는 아주 유용한 기사를 쓴 적이 있다: "Mysticism: Classic Modern Interpreters and Their Premise of Continuity," *Anglican Theological Review* (1978년 4월).

포되어 있다. 이것이 양자택일의 문제일까?

　전혀 필요치 않은 선택을 강요할 경우 서구의 신학적/철학적 유산은 비극적인 일면을 보여주었다. 이것이 옳다면 저것은 반드시 틀려야 한다. 하지만 실제로는 좀 더 미묘한 경우가 많다(무념적인 방법의 지속적 발견). 표면적으로는 갈등관계인 것 같지만, 서로 맞보고 있는 빙산의 뾰족한 끝도 그 밑을 들여다보면 서로 연결되어 있을 수 있다. 그런 관계는 명예스럽게/수치스럽게 굉장히 많이 나타난다. 하지만 어떤 형태를 취하든지, 늘 존재하는 동일한 영속적 출처로부터 자라난다.

　하나님의 통치는 커져 간다. 동시에 하나님의 통치는 우리 한가운데서 영원히, 충만하게 현존한다. 목표는 이 거룩한 진리의 충만함으로 되돌아가는 것, 그리고 동시에 진보하는 것이다. 하나님은 (어거스틴의 추론처럼) 처음으로부터도, 중간으로부터도, 끝으로부터도 모두 같은 거리에 계신다. 하지만 밖으로 드러나는 것은 언제나 신선하고 고유한 형태와 가능성이다.

　심오한 합일의 인식을 수반할 경우, 갈등은 양측을 모두 수정하는 데 기여하며 그것들을 좀 더 진리에 가깝게 이끌어 준다.[30] "분파적" 갈등은 무슨 수를 써서라도 그 뾰족한 끝을 맹목적으로 옹호하려는 경향이 있다. 또 다른 교회적 이미지를 사용하는 "종파적 대화"는 말만 하는 게 아니라 듣기도 한다. 그리하여 모두가 품고 있는 희망은 더 커진다. 그렇게 되면 상이한 부분적 진리들을 포괄하는 진리의 폭넓은 "포용성"이 확언되고, 무한한 신비 속에서 조화를 향해

---

30) 헤겔과 칼 마르크스를 포함한 그의 계승자들은 관념적이거나 역사적인 변증법적 과정으로서 이것을 한층 더 다듬었다. 무념적 전통은 두 분야의 출처의 직관적이고 항시적인 역동적 통합을 중요시하였다. 비록 외면적으로는 그 둘이 서로 다른 형태를 취하고 있지만 말이다.

혼합될 것이다.

하나님의 신비[31] 속에서 "반대자들의 일치"를 기대할 수 있는 그런 능력은 오늘 미묘하게 상호의존적이고 다원론적인 우리 세계에서 매우 중요하다. 미국사회가 지니고 있는 가장 위대한 강점들 가운데 하나는 바로 양극화의 반란과 더불어 종교적 다원주의라는 놀라운 능력이었다. 다원주의는 우리의 차이를 상보성으로 받아들이는 초월적 실재를 인정한다.

현재 이 빈약하지만 결정적인 유대관계에 가해지는 위협은, 끊임없이 되살아나고 있는 분파적 승리주의 뿐만 아니라 독립적인 개인주의에서도 비롯된다.

그런 개인주의가 슬프게도 귀중한 실재를 개인주의적인 자기만족으로 오그라뜨린 결과, 자신에 대한 이기적 관심을 넘어서서 무관심의 분위기가 조성된다. 사회적 분쟁이 존재하는 곳에서 그것은 개인이나 소집단의 권리를 옹호하는 절망적인 갈등의 형태를 취한다 (이웃에 저소득층 주택을 들이지 않는 것처럼). 이러한 갈등이 **절망적일** 수밖에 없는 까닭은, **전체적으로나** 부분적으로나 책임과 정체성을 불러일으키는 초월적 합일에 대한 인식이 전혀 없기 때문이다. 종교제도는 사회 속에서 이 광범위하고 책임감 있는 정체성을 확립할 수 있는 특별한 기회와 의무를 지닌다.[32] 무념적 신비주의는 일체

---

31) 이것은 15세기 독일의 위대한 추기경 쿠자의 니콜라스의 중심적인 통찰이다. 그는 라인란트 신비주의자들의 상속인으로서, 그러한 일치를 부인하는 아리스토텔레스학파에 여전히 의지하고 있던 그 시대 철학자/신학자들의 바다에서 평화의 섬과도 같았다. 그의 사상은 우리 시대와 관련되어 있다.

32) 사회학자인 로버트 벨라는 그런 초월적 유대가 없이는 결코 공화국이 버텨낼 수 없다고 하는 미합중국 헌법제정자들의 견해에 대해 통찰력 있게 비평한다. 그는 미국 역사에서 성서적 언약의 중요성, 그리고 별개로 독립된 개인주의의 점점 더 파괴적인 모서리에 대한 방어 수단으로서 오늘 좀 더 개방적인 형태가 지니고 있는 중요성을 상세히 설명한다. "The Normative Framework for Pluralism in America," *Soundings*, 제61권, 3호. (1978년 가을).

성의 확고한 직관과 더불어 이 목적을 달성하도록 잘 뒷받침해 줄 수 있다.

좀 더 폭넓은 우리의 정체성을 그와 같이 재강화해 주는 것 외에도, 무념적인 방법은 또 하나의 잠재적 기여를 한다. 이 경우 오늘 세속사회의 또 다른 성향, 곧 권위주의적 성향에 대한 방어수단이며, 평화를 회복한 사람들의 온화한 집단이다.[33]

매튜 폭스는 **부정의 길**을 예리하게 설명한다. "하나님은 이것도 저것도 아니다"라는 말은 지극히 정치적인 수단, 곧 하나님의 이름을 밝히지 "않는" 것으로서, 종종 무념적인 전통에서 강조된다:

> 한 문화의 신들을 특징짓는 데 사용된 언어를 거부함으로써 그 신들을 거부하듯이, 신비주의자들은 전체적인 상징체계를 무조건적으로 거부한다. 그 체계를 그 문화의 제도에 투사한 것까지 모두 포함해서 …… 신비주의자들은 하나님과 문화를 위한 새로운 언어를 탐험하기 위하여 거부한다.[34]

폭스는 그 예를 단적으로 보여주는 마이스터 에크하르트의 위대한 대사를 인용한다. "나는 하나님께 기도한다. 나를 자유롭게 놓아달라고." 그런 다음 말씀의 신학이 오늘에는 부적절한 교수법이라고 비판한다:

> 인간은 병들었다. 그래서 말씀을 의심한다. 인간은 이제 무언, 침묵, 접촉, 춤, 음악을 원한다 – 다시 말해서 사회의 언어를 거부하는 신비주의자들이 사

---

33) 이러한 경향은 부분적으로 위에서 논의한 바로 그 개인주의와 관련되어 있다: 강제적인 사회질서에 따른 잠재적인 사회혼란에 대한 반응. 위의 책 참고.
34) "Spirituality for Protestants," *Christian Century* (1978년 8월 2일).

용할만한 좀 더 심오한 언어를 원하는 것이다.[35]

나는 폭스가 말한 언어 "거부"를 그대로 받아들이는 데 반대한다. 수많은 기독교 신비주의자들이 자신이 접하는 신비에, 자신이 설명할 수 없다고 여기는 것을 최대한 잘 설명해 줄 신선한 언어로 옷을 입히기 위해 고군분투해 왔다. 하지만 그렇다고 해서 그들이 모든 언어를 거부한 것은 아니다. 오히려 그들은 스스로 만들어낼 수 있는 새로운 표현들을 포함해서 모든 언어를 **상대화**한 것이다. 수많은 기독교 신비주의자들이 사실상 매우 전형적인 신학적, 성서적 언어를 통상적으로 사용한다. 언어를 바꾸는 대신에 그들은 자신의 직접적인 "경험적 지식"을 설명하고, 안내하고, 서로 관련시키기 위하여 그 언어를 사용한다.

어쨌든 무념적인 방법에서 실제로 특정한 정치적-문화적 체계나 또는 지나치게 폐쇄적인 종교제도에 "사로잡히기"란 어려운 일이다. 그것은 성령이 사회구조를 철저히 초월한다고 주장하며, 따라서 함축적으로는 실재에 관한 주장을 절대시하는 온갖 체계에 대한 예언자적 증거인 동시에 위협이 된다고 주장한다.[36]

또한 무념적인 방법은 그런 초월성을 내재성으로 보완한다: 인간과 주님이 무의식의 구름 속에서, 비록 모호하게나마, 직접 만나는 것이다. 전통적인 기독교의 무념적인 방법은 모든 형태 속에 신성하게, 간접적으로 존재한다는 의식을 유념적인 방법과 함께 공유한다. **하나님** 편에서 보면, 모든 인간과 모든 창조세계가 신성한 임재로 가득

---

35) 위의 책 참고.
36) 제3장에서 나는 무념적 방법의 또 다른 사회적 가치에 대해 언급할 것이다: 관상과 행위의 리듬을 돕는 것.

차 있다. 기독교 신앙에서 이 임재는 예수 그리스도 안에서 유일하게, 해방적으로 표명된다(그렇다고 해서 배타적인 것은 아니다).

하지만 **인간** 편에서 보면, 우리는 추리와 신뢰 없이는 성령에 대해 아무것도 진짜로 듣거나, 알거나, 보지 못한다. 그럼에도 불구하고 우리는 자신의 이해력을 초월하여 깨달을 수 있을 때, 모호한 인식 속에서 알 수 있다.

여기에서 우리는 유념적인 방법과 무념적인 방법의 혼합을 목격하게 된다. 저마다는 서로 상대방의 씨앗을 품고 있다. 초월과 내재는 하나의 실재가 지닌 서로 다른 차원들을 설명해 주는 것이다.[37]

모호하고 직관적인 무념적 인식의 자서전적인 기록과 다양한 특성, 실체가 없는 형태, 그리고 열매들은 역사적 교회의 "임상적 주제"로서 종종 무시당하고 만다. 비록 현대 심리학의 폭도 좁고 단어와 경험도 부족하긴 하지만, 이 주제는 사실상 아주 훌륭한 인간적 인식과 발달의 깊이를 묘사한다. 현대의 심리학적 주제들과 마찬가지로, 문제는 그것들이 근본적인 지도가 아니라 다른 것들을 위한 보충적 지도라는 사실이다. 근본적인 지도는 일정기간 동안 영성지도자와 개인적으로(일대일 또는 그룹으로) 이루어지게 되어 있다.[38]

---

37) 하비 이건 S.J.는 *Cloud of Unknowing*과 이그나티우스의 *Spiritual Exercises*를 유념적 방법과 무념적 방법의 상호적 긍정 차원에서 분명히 비교한다. 유념적 방법은 *Cloud*에서 무념적 방법으로 가기 위해 꼭 필요한 문이다. 또한 관상적이라 함은 유념적 순간, "사랑의 아이콘"이 되는 것을 뜻한다. 이그나티우스의 경우에도 역시 유념적 방법은 무념적 방법에 이르게 되어 있다. 물론 그는 "망각"이나 "무지"라는 용어를 분명히 언급하지는 않지만 말이다. 이건은 또 두 가지 방법의 잠재적 일탈에 대해 유용한 지적을 해준다. 그는 두 가지 모두 최선의 경우 신비적 여행의 진정한 방법이라고 보며, 기질과 상황과 소명을 토대로 하여 선택된다고 본다. "Christian Apophatic and Kataphatic Mysticisms," *Theological Studies* (1978년 가을), 399쪽 이하.

38) 아마도 그런 내적 발달의 지속적이고도 미묘한 취급의 절정은 십자가의 성 요한과 아빌라의 테레사의 저서에서 찾아볼 수 있을 것이다. 이블린 언더힐의 *Mysticism* 제2부는 위대한 서구 신비주의자들이 이 발달에 접근했던 방법, 그들이 각성과 정화와 계몽과 통합이라는 고전적 단계에 따라 범주화했던 방법의 개요를 보여준다. A. 폴린의 *The Graces of Interior Prayer*(1910)는 위대한 기독교 신비주의자들의 발달 경험에 집중하려는 좀 더 실질적인 시도다. 비록 그의 자신감 넘치고, 지나치게 범주화한, 프리모던 심리학적 언어는 오늘 다소 적합하지 않지만 말이다.

기독교의 무념적인 전통은 그러한 심오한 구전전통을 상실함으로써 많은 고통을 겪었다. 한번은 관상적인 그리스도인들과 인터뷰를 한 적이 있는데, 그들은 다양한 역사적 이유들 때문에 우리가 무념적인 구전지도의 사려 깊고 신비스럽고 한결같은 과정을 완전히 상실해 버렸다고 하는 나의 생각을 확증시켜 주었다. 우리는 과거 거장들이 남긴 책을 갖고 있다. 그 책들은 그러한 지도의 원리와 뼈대, 효과를 제공해 준다. 하지만 사막의 신앙공동체, **푸스티니아**(poustinia)와 안전상황에 존재했던 것 같은 밀접하고도 심오한 "교사-학생"간 양성은 이제 거의 찾아볼 수가 없는 실정이다.

현대의 관상적인 영성지도자 토마스 키팅[39]은 일전에 내게 말하기를, 지금 많은 사람들이 동양의 구루들에게 향하는 이유가 바로 이것 때문이라고 하였다. 그들은 두 가지 질문을 제기한다. "나는 무엇을 하는가?" 그리고 "나는 어떻게 존재하는가?" 동양의 구루들은 그토록 오래된 영성지도 문제들을 다루는 데 훨씬 더 익숙해져 있다. 우리보다 훨씬 더 주의 깊게 구전의 일대일 교육전통의 중요성을 강조해 왔던 것이다(때로는 포학한 권위에 따라 현대 서구세계로 휜 적도 있지만). 교회는 이제 무념적인 차원을 인정하는 좀 더 적절한 개인지도에 대한 요구가 증가하는 겸허한 상황에 처해 있다. 하지만 오랜 무시와 공포와 학대와 오해 때문에 그러한 지도의 구전 출처는 대부분 상실되고 말았다.

이 책에서 앞으로 설명하게 될 영성지도자들의 프로그램이 지니는 한 가지 목표는, 미약하게나마 영성-지도 실처에서 유념적인 지도와 무념적인 지도가 지니는 강점들이 재결합할 수 있도록 돕자는

---

39) 성 요셉의 애비, Spencer, Massachusetts.

것이다.

현대 심리학과 교회

영성지도가 무시를 당하고 있는 한 가지 이유는 금세기에 들어서서 인간 발달의 이해를 다루는 심리학 학파들이 급부상하였기 때문이다. 그 학파들은 신학적/철학적/윤리적 관심사에 대한 이전의 뿌리를 완전히 제거하고, 좀 더 자유롭고 충만한 자아의 기능에 대한 감정적 벽을 허무는 데 뛰어난 기술전문가들이었다. 그들은 심리적 과정에 관한 인간 지식의 축적에 크게 기여하였다. 나 역시 개인적으로는 이 지식에 아주 많은 빛을 지고 있다. 하지만 심리학은 가치 이론뿐만 아니라 공동체(정신-내부와 완전히 반대되는) 언약에서도 하나의 수양법으로서 깊이 뿌리를 내리지 못하고 있기에, 영성지도의 보충적 기술이 필요하다는 점에서 커다란 맹점을 지니고 있다. 심리학자인 켄드라 스미스조차도 근본적으로 부적절하다고 주장한다:

> 서구 심리학은, 모두가 합의할 수 있을만한 건강 모델을 찾기 위해 분투하고 있기는 하지만, 일상적인 실제에서는 오로지 부정적인 건강 정의만을 지닐 뿐이다: 총체적인 병리학 체계로부터의 자유. 개념적으로 서구의 개업의들은 건강을 거의 모른다 …… 비록 "자아 능력"의 평가가 입에 발린 말처럼 오르내리지만, 서구의 진단 절차와 도구는, 마치 외과의사의 메스처럼, 오로지 병을 파헤치기 위해서 만들어졌을 뿐이다.[40]

---

40) 타르탕 툴쿠 편집, *Reflections of Mind* (Emeryville, Calif.: Dhama, 1975)에서 "Wholesomeness: Approaches to Diagnostic Assessment."

확실히 이러한 설명은 (현대의 정신분석적 진찰을 포함한) 일부 절차들에는 부당할지도 모른다. 하지만 대부분의 경우에는 맞는 말이다. 어쩌면 오늘 만연해 있는 수많은 대안적 방법들의 결점은 바로 병과 힘 두 가지를 모두 드러내는 데 실패한 것이라고 말할 수도 있을 것이다. 그런 방법들은 충분히 분석적이지 못하기 때문이다.[41]

물론 모든 심리학적 접근과 모든 치료사들의 마음속에는 분명히 어떤 건강의 의미가 내재해 있다. 문제는 대부분의 심리학 이론에 매우 큰 영향을 미치고 있는 의학적 모델과 마찬가지로, 그 내재성이 명확한 검사를 통해 드러나지 않으며, 따라서 환자/내담자가 결코 드러나지 않은 치료사의 개인적 가치관과 치료방법을 신뢰하도록 내버려둔다는 데 있다.

치료사 훈련과정에서 명확하고 개방적인 가치관을 심화시킬 수 없기에, 치료사 자신도 당연히 가치관을 발견하지 못한다. 이것은 치료사와 환자를 감추어진 가치에 노출시키며, 심지어는 무의식적인 문화적 거울에 노출시킨다. 심오하게 그리고 꾸준히 가치를 폭로하고 도전하지 않을 경우, 치료사와 그들을 훈련시킨 사람들의 문화 또는 하위문화의 환경을 좀 더 많이 반영하게 된다. 이러한 주관적 가치가 표면화되는 곳에서는 때로 그것을 객관적인 경험적 지식과 혼동하게 될 것이다.

우리 사회에서 사실상 오랫동안 의심할 여지없이 우세한 자리를 차지해 온 대증요법 같은 정통의학과 인간건강에 대한 기계적이고, 비도덕적이고, 비정신적인 접근방법은 오늘 질병과 건강의 상이한 "전체론적" 모델에 관심을 지닌 사람들로부터 도전을 받고 있다. 심

---

41) 미시건대학교 테렌스 타이스 박사의 미발표 논평.

리학적 이론들 역시 똑같은 도전을 받고 있다. 좀 더 완전한 물리적-심리학적-사회적 환경의 가치-중심적 모델에 관심을 지닌 치료사들이 점점 더 증가하고 있기 때문이다.

이와 같은 최근의 도전들 가운데 많은 부분이 동양의 종교와 문화에 영향을 받은 것이라는 사실에 주목하는 것도 아주 흥미롭다. 예를 들면, 불교를 연구한 사람들은 심리학적, 영적 발달이 서로 단절된 게 아니라고 하는 사실을 발견한다. (서양에서는 한 때 진리로 통했던) 심리학은 계몽, 또는 서양의 경우 하나님 형상으로의 심오한 전향을 준비할 수 있도록, 마음을 이해하기 위한 수단으로 간주된다. 그것은 총체적인 생활방식으로 통합된다: 특히 강력한 신앙공동체에서 유지되는 도덕적, 신체적, 지성적, 예전적, 영성적 생활방식.[42]

건강전문가들이 그런 지식을 배우기 위해 서구종교로 향하는 일이 거의 드문 까닭은 무엇일까? 다른 목장이 항상 더 푸르고 낭만적인 것처럼 보이기 때문은 아니다. 비록 이런 일이 자주 일어나기는 하지만 말이다.[43] 내 생각에 좀 더 심각한 문제는 서구세계가 삶을 이해하는 통전적인 방법을 상실하고 말았다는 것이다. 나는 이런 비평을 기독교 전통에 제한시킬 것이다. 그것을 가장 많이 알고 있기 때

---

42) 불행히도, 이 종교-사회적 전체성을 갈망하고 있는 전체론적 심리학자들의 대부분이 아직도 기능적으로 개인주의적인 자신을 발견하게 된다. 그들은 "총체적인" 제휴 공동체의 생활방식에 속할 수 없으며, 그들을 돕기 위해 온 사람들에게도 그런 총체적 방법을 제공하거나 모범을 보여줄 수가 없다. 많은 요인들이 이 문제와 연관되어 있다. 심리학 자체의 개인주의적 조건부 중심으로부터, 스스로 등장하는 종교-사회적 방법의 감지된 불완전함이나 요구까지 분류할 수 있다.

43) 지리적으로나 시간적으로 좀 더 푸른 초장이다. 오늘에는 고전과 비교에 관한 폭넓은 연구와 무차별적인 낭만주의가 팽배해 있다. 나는 직관적인 인간의 역사 발견에 대한 잠재적 탐구를 신뢰한다. 분석적으로 지배적인 최근 몇 세기의 서구사회에서는 이것이 억압당할 수밖에 없었다. 서구 교회 역시 상당부분이 일치한다. 나는 점성학, 연금술, 비교적인 실제의 한 가닥, 그리고 심리적 현상 같은 주제들에 관하여 생각 중이다.

문이다.

앞에서 나는 기독교 역사상 정신과 감정과 직관의 역사적인 양극화를 언급하였다. 이러한 지식방법들 간의 협력이 아니라 경쟁 속에서, (호의적 또는 착취적 형태의) 분석적 정신은 가장 중심적인 서구 교회의 정책수립집단(종종 대중들과는 반대되는 집단)에서 대체로 "승리"를 거두었다. 이것은 감정과 직관이 분석적 이성에 종속됨을 의미했고, (어쩌면 점점 더 문화적 지배력을 잃어가고 있는 교회에서) 감정과 직관이 성서와 전통의 규범에 종속됨을 의미하였다.

진리에 관하여 편협하게 해석된, 선험적이고 합리적인 신학적 신념들이 역사적으로 우위를 차지할 동안에는 학문이 신학적 연구에 종속되었다. 이성 그 자체는 조사에 기초한 그런 선험명제와 경험주의로 분열되었다. 심리학(그리고 다른 학문들)은 이러한 환경에서 숨 쉴 틈을 찾지 못했고, 따라서 철저한 독립 또한 피할 수 없었다.

그 대가로 주어진 것은 진리를 결코 한 가지 옷감으로 짠 것처럼 보이지 않게 여러 조각으로 나누어 버린 비극적인 서구사회의 범주화였다. 예를 들면 주류 교회에서는 신학자들이 폭넓은 분석을 제공한다. 그렇지만 신학이 가리키는 진리의 통전적 전유를 돕는 일은 "실천적인" 사람들, 특히 목회자들에게 넘겨진다. 그들은 주로 경험적 학문에 도움을 청한다. 그들의 신학적 훈련을 개인적 위기라는 냉엄한 현실과 사람들이 요청하는 발달적 원조로 적절히 번역할 수 없기 때문이며, 도움을 요청하는 수많은 사람들 가운데 일부는 영적인 관심이 전혀 없기 때문이다("내가 이 위기를 헤쳐 나가도록 도와만 준다면 모든 게 다 잘 될 것이다 – 전향하고 싶은 마음은 없다"). 실제적인 인간지도의 측면에서 이것은 목회임상교육과 목회상담의 원인이 되었다.

이 사람은 신학적 배경과 자신의 맹목적인 신앙을 이론적으로 인간의 상황으로 가져온다. 그러므로 어쩌면 세속적인 치료사의 결함은 탐구와 검사를 거친 "가치 계보"(물론 이것 역시도 특정한 가치관의 강점과 한계를 지니고 있겠지만)의 측면에서 보충할 수 있을 것이다. 그렇지만 아무래도 이 결함을 적절히 보충할 수는 없을 것 같다.

나나 다른 사람들의 경험에 비추어 볼 때, 수많은 목회상담자들이 자신의 종교적 배경 때문에 실망을 한다: 자신이 거짓이라고 내던져버린 감정이면서도 완고한 근본주의, 또는 죽은 것처럼 보이는, 감정적으로 냉담하면서도 길들여진 영성, 또는 사람들의 위기와 발달 한가운데서 움직일 수 없었던 지성적 신학교육에 실망하는 것이다.

경험적인 세속적 심리학은 과거의 종교적 차원들이 무색해질 정도로 그 자체의 삶속에 엄청난 "전향"의 힘을 지닌 치료방법과 이론으로 종종 드러난다. 인간의 진정한 영적 갈망을 진지하게 다루고자 하는 개인적 동기는 거의 남아있지 않다. 설사 그런 동기가 남아있다 할지라도, 바로 도움이 될 만한 어떤 도구나 지속적이고 개인적인 영성훈련이 거의, 또는 전혀 없다.[44]

여기에서 문제가 되는 것은 신학교육에 "영성신학"이 결여되어

---

44) 아마도 이것이 "미국의 전문화된 목회상담과 심리치료는, 그러지 않으려고 무진 애를 쓰고 있음에도 불구하고, 좀 더 큰 교회의 도덕적, 영적 상황과의 접촉을 점점 더 상실하고 있다"고 한 돈 브라우닝의 비평의 토대인 것 같다. 케네스 리치의 『영혼의 친구』(London: Sheldon, 1977), 101쪽에서 인용함. 다른 곳에서도 브라우닝은 또 하나의 공헌 요소를 주목한다: 신-종교개혁 신학과 목회임상교육, 이로써 종교적 방법론은 부정적인 암시를 갖게 되지만, 목회임상교육(CPE) 방법론은 긍정적인 암시를 얻게 된다. 은총과 용서, 인정, 해방의 정화, 성숙의 실현에 이바지하는 방법으로서 말이다. "Method in Religious Living and Clinical Education," *Journal of Pastoral Care*, 제29권(1975).

있다는 것이다. 이 중재훈련은 아마도 항상 부적절하게 존재해 온 (그나마 존재하기라도 했다면) 신학교육의 일부였을 것이다. 특히 앞에서 설명한 역사적 양극화 이후로는 더더욱 그랬을 것이다. 하지만 최근 몇 년 동안에는 수많은 신학대학과 교회가 이 영역에 점점 더 많은 관심을 기울이고 있다.[45]

"영성신학"은 신학적/성서적 해석, 그리고 기독교적 영성전문가들의 경험주의적인 금욕적/신비적 경험을 한 사람이나 집단의 고유한 내적 발달에 구체적으로 적용한 것이다.[46]

이 영역을 무시한 결과, 교회의 종교지도자들은 거의 전적으로 세속적인 인간 성장 모델에 의존할 수밖에 없었다.[47] 이러한 모델들의 이론적 기초는 종종 실재와 가치, 심지어는 전형적인 기독교의 금욕적/신비적 경험과 목표에 관한 인식까지도 무조건적으로 부인한다.

역사적으로 교회는 항상 그 문화에서 통용되고 있는 심리학을 이용해 왔다. 하지만 무엇을 채용하든 간에, 언제나 그 자체의 전통에

---

45) 돈 브라우닝, 위의 책. 그는 지난 40년간 신학자들이, 한 번 은혜와 용서를 경험한 사람은 어떻게 행동해야 할지 잘 안다고, 잘못 가정해왔다고 지적한다. 그들이 하나님의 통치권과 주도권을 보호하기 위한 방법을 무시했다는 것이다.
46) 그리스어 askein에서 파생된 Ascetical은 연습을 통해 기술(특히 운동)을 습득한다는 의미를 지닌다. 이것은 인간이 사도바울의 서신(고린도전서 9장 24~27절; 빌립보서 3장 13~14절; 디모데후서 4장 7절; 사도행전 24장 16절; 그밖에 마태복음 5장 45절; 6장 33절; 마가복음 8장 34절도 참고)에 특별한 토대를 두고서 탐구와 준비를 통해 거룩함을 깨달을 수 있다는 의미로 초대교회가 고른 것이다. Von Hügel은 금욕주의를 "타자성과 내재성과 현실성과 약속이라는 완벽한 드라마 속에서 우리와 실재의 접촉이 이루어지지 못하도록 방해하는 것들에 대한 강력하고도 대체로 간접적인 공격"이라고 묘사한다. 조셉 P. 웰런, *The Spirituality of Friedrich Von Hügel* (New York: Newman, 1971), 209쪽. 신비적이라 함은 가장 간단히 말해서 거룩한 분과의 합일이나 일치에 대한 인식/경험, 그리고 좀 더 심오한 지혜와 연민의 열매를 뜻한다. 더 상세한 내용을 알고 싶으면 조셉 드 기버트, *The Theology of the Spiritual Life* (New York: Sheed and Ward, 1953), 5쪽 이하를 참조. 초대교회 교부들의 상이한 "신비적인" 용어 사용에 대해서는, 루이스 보이어 편집, *History of Christian Spirituality* (New York: Desclee, 1960), 제1권, 405쪽을 참고하라.
47) 동양 종교 모델로 향하지만 않는다면.

비추어 바꾸고 변화시켰다.[48] 그러나 만일 전통의 경험적, 발달적 인류학에 관한 심오한 인식이 없다면 실재의 변화 역시 있을 수 없다. 철저한 융합만이 있을 뿐이다. 융합이 일어날 경우 인계를 피할 수 없다. 그렇게 되면 조만간 교회는 사회를 위한 그 고유한 경험적 지혜를 상실하고 말 것이다; 그리고 그 자체는 스스로 자격을 잃은, 그 누군가의 "계시"를 위한 편법적인 토대로서 점점 더 흡수되고 말 것이다.

융합이 실패할 경우, 종종 근본주의적인 반응이 뒤따르기도 한다: 이질감은 던져버려야 한다. 우리에게 필요한 지도는 그저 철저히 "성서에 매달리는" 것뿐이다. 그 밖의 것은 모두 다 악하다.

내가 바라는 것은 교회의 경험적 전통을 훨씬 더 심오하게 탐구하자는 것이다. 그래야만 고유한 내적 정신을, 또는 완고한 근본주의자나 모호한 감상주의자의 움츠러든 정신을 자각할 수 있기 때문이다.

그 경험적 전통에 속한 것들 중에는 오늘의 우리에게 가치가 **없는** 것들이 많다. 하지만 그 반대의 경우도 많다. 비역사적이고 언제나 "최신유행"만 따지는 미국문화에서 우리는 너무나도 많은 것들을 너무나도 빨리 내던져 버리기 쉽다.

신학적 해석은 중요하다. 하지만 그것이 경험적 전통에 대한 인식의 대용품은 아니다. 사실 이 인식마저도 결코 충분치 않다. 기도, 금식, 그 밖의 고전적인 영성훈련의 선별적 실천에 대해 개인적, 경험적 탐구를 하기 위해서는 "내적인" 직접적 이해가 요구된다. 만일 이러한 지식의 통로를 무시한다면 우리는 성령과 연결되는, 그리고

---

48) 윌리엄 A. 클렙쉬와 찰스 R. 재클, *Pastoral Care in Historical Perspective* (New York: Aronson, 1964), 68쪽 이하를 참고하라.

우리 자신의 심오한 실재와 연결되는 방법을 잃고 말 것이다.

심리학은 독특한 경험적 훈련으로서 사회에 책임이 있다. 교회 역시 사회에 책임이 있다. 오늘 사람들이 필요로 하는 고유한 보물을 끌어올려야 하는 것이다. 그 보물은 무수히 많은 방법들을 통하여 융합되고 재형성될 수 있다. 그것은 현대사회에 적합한 많은 것들을 혼합시킨 새로운 혼합물이 될 수 있다.

하지만 사회에서 무엇이 옳고 무엇이 합치하는가 하는 교회의 분별은 그 자체의 "하위문화" 통합과 그 전통의 경험적 정신에 대한 심오한 인식에 달려 있을 것이다. 동양의 종교집단들은, 최소한 우리나라에서 받아들이기로는, 단편적인 서양문화에 통전적인 방법을 제공해 준다. 그 과정에서 사회에 중요한 것은, 문화와 지나치게 타협하고자 하는 극단적인 방법과 점점 더 강력해지고 있는 분파적 근본주의에서 발견되는 완고한 방법을 둘 다 회피함으로써, 교회가 동일한 것을 제공해 주는 것이다. 그것은 오늘 이 양극화의 극단 사이에서 모두가 놓치고 있는, 개방적이면서도 아주 뿌리 깊은 기독교적 방법이다.

무념적인 통찰을 포함하여, 개인적 영성지도의 구조를 다시금 전유하는 것은 이러한 발달을 돕기 위한 한 가지 방법이다. 이러한 재전유는 좀 더 광범위한 교회의 삶과 역사라는 맥락에서 이루어져야만 한다. 그리고 시대적 통찰과 사회적 필요를 인식해야만 한다. 이 과정에서 교회는 내적인 양극화를 좀 더 약화시킬 수 있으며, 인간의 사회발달을 위한 심리학적 또는 그 밖의 주안점들을 위한 고유하고 풍부하고 도전적인 보완물로서 가치를 좀 더 키울 수 있을 것이다.

오늘 개인적인 인간지도에서 중요한 역할을 담당하고 있는 기독교 전통으로부터 우리가 좀 더 특별하게 배울 수 있는 것은 무엇일까? 이제 그 역사로 눈을 돌려서 보물이 보여줄 수 있는 것들을 들여다보도록 하자.

제2장
영성지도의 전통

　기독교 전통! 그것은 예수 그리스도의 계보를 통하여 삶의 목적과 방법에 접근코자 헌신했던 여러 시대 여러 사람들의 생생하면서도 검증된 경험이요 성찰이다. 그 계보는 지난 2천 년간 무수히 많은 문화와 인물, 집단을 통해 다루어졌고 무수히 많은 형태를 취해 왔다: 분리, 재결합, 부패, 갱신, 도살, 치유, 완고한 정의로의 협소화, 다른 것을 방패삼아 성장한 새로운 통찰들을 통합함으로써 더욱 더 광범위해졌다. 그 전통으로부터 오늘의 인간지도에 대해 무엇을 배울 수 있을까?

　"전통은 죽은 이들의 민주주의다. 투표권을 우리 조상들에게까지 확대시켜 놓고서, 살아 있는 이들의 소수독재정치에 복종하기를 거부하는 것이다."[49]

　몇 년 전, 나는 평판이 높은 29명의 영성지도자들을 만나 다양한 논제들에 관하여 인터뷰를 한 적이 있다(대개는 미국인, 그리스도인

---

49) G. K. 체스터턴, "History of Spirituality - A Key to Self-Understanding," *Chicago Studies*, 제15권, 1호에서 Gervais Dumeige가 인용함.

이었다).⁵⁰ 그 가운데 한 가지 질문은 현대과학과 최근의 다른 학문들이 등장하기 전에 살았던 기독교 지도자들의 영성지도 이해에 뭔가 부적절한 게 있지 않았나 하는 것이었다.

영성지도에 **본질적으로** 새로운 뭔가를 배웠다고 느낀 사람은 거의 없었다. 하지만 대부분이 뭔가 새로운 발달이 **도움이 된다**고 느끼고 있었다. 여기에는 심리적 과정(예를 들면 분노나 공포, 죄책감)에 관한 좀 더 주의 깊은 이해도 포함된다; 그리고 우주적, 역동적, 발달적 세계관(예를 들면 법치주의의 부적절함에 관한 인식, 우주적이고 세계적인 표명과 민주화에 관한 감각, 그리고 한 종교지도자가 말한 것처럼 "오직 하나님만이 천주교 신자이고 그리스도인인 우주적 기독교로 끌고 가는" 우리의 상징과 이미지들을 타파하는 것)도 포함된다.

한편 다섯 명의 종교지도자는 우리의 현대문화가 과거보다는 영적인 깊이에 덜 개방적이라고 느꼈다. 특히 내가 무념적인 신비주의라고 일컬었던 것의 상실에 관하여 그들은 다음과 같은 비평을 하였다: "학문은 실재가 존재하는 방식에 관한 우리의 인식을 편협하고 흐리게 만든다." …… "우리는 자연의 비밀을 캐내고 심리학적 거리를 확립하는 일에만 너무나도 몰두한 나머지, 좀 더 심오하고 깊이 있는 실재와 접촉해야 할 필요성을 전혀 느끼지 못하게 되고 말았다." …… "우리는 훨씬 더 많은 정보를 수집하였지만, (과거 지도자들의) 천재적인 인식은 그런 지식보다 훨씬 더 광대했다. 만일 이 심오한 단계와 접촉하는 방법을 배우지 않는다면, 세계의 외부 상황을 개선하려는 우리의 시도는 오히려 더 많은 불균형과 타락, 전반적인

---

50) 이 견해들을 요약해 놓은 제랄드 메이의 *Pilgrimage Home* 제9장을 읽어보아라.

불행만 가져올 것이다."

이제 우리는 기독교 전통에서 오늘 우리를 위한 영성지도에 적용할만한 "심오한 인식"의 생명수를 살펴볼 것이다.

히브리 성서

"주의 교훈으로 나를 인도해 주시고, 마침내 나를 주의 영광에 참여시켜 주실 줄 믿습니다."(시편 73편 24절)

"주의 교훈이 나를 충고해 줍니다."(시편 119편 24절)

아마도 이 구절들은 히브리 전통의 변함없이 "심오한 인식"을 요약한 것이리라: 성인들과 야훼와 계시적인 토라(성서의 처음 다섯 권)로부터 시작되어 언약 공동체를 통해 맥을 이어온 직접적인 지도. 영적/도덕적 상담자(제사장, 예언자, 현자 - 후대의 랍비나 성직자)의 역할은 개인적인 신적 권위를 지닌 지도자에게 복종하기 때문이 아니라, 그 사람의 이성적인 가르침과 율법 해석, 또는 황홀경의 예언적 소명에 복종하기 때문에 주어지는 것이었다.[51]

무념적인 신비주의 기록은 시내산에서 모세가 토라 수여자의 이름을 요구한 데 대한 응답에서 좀 더 힘 있게 제시되는 것 같다(출애굽기 3장 14절). 그 대답은 인간의 투사로부터 비롯되는 신비를 보호하는, 번역이 불가능한 말이었다. 하지만 신비는 낮에는 구름기둥

---

51) 유대적, 그리스적, 기독교적 접근법들의 상세한 설명에 대해서는 존 T. 먹닐의 *A History of the Cure of Souls* (New York: Harper and Row, 1951)을 참고하라. 지혜문학(잠언, 욥기, 전도서 등)에 따른 후기의 지도는 경건한 태도와 도덕적 습관에 초점을 맞춘 것으로서, 여기에서는 따로 언급해야만 한다. 반드시 토라까지 거슬러 올라갈 필요는 없지만, 그래도 이것은 커다란 근동의 연못으로부터 끌어온 지혜의 한 줄기이기 때문이다. 예를 들면, 우정에 관해서 집회서 6장 5~17절을 참고하라. 여기에는 다음과 같은 격언이 실려 있다: "될 수 있는 대로 많은 사람들과 잘 사귀어라. 그러나 네 마음을 털어놓을 친구는 한 사람만 택하라."

으로, 밤에는 불기둥으로 인도해 주는 실체를 지닌다. 이렇게 궁극적인 이름은 없지만 신실하신 분, 인간과 신의 언약에서 삶의 방법에 대한 호의적인 지침에 따라 우리를 둘러싸고 계신 분은 여전히 유대인의 핵심이요 기독교 영성의 틀로 남아 있다. 이것은 점점 주문, 신탁, 제비뽑기로 대체되었다.

 율법은 보통 기독교 전통에서 신뢰 속에 떠오르고 있는 하나님의 새로운 통치시대로 상대화된다. 하지만 돈 브라우닝은 충동에 관한 제한적이면서도 긍정적인 견해와 순화에 대한 개방성을 포함한, 도덕적 행동의 공공연한 이유와 함께, 실천적 이성주의 체계의 아주 중대한 기독교 유산을 지적하였다. 이런 맥락이 아니라면 기독교는 애매모호와 문화적 혼동, 불안정한 자기-정의와 개인적/사회적 책임으로 퇴보하고 만다. 이러한 도덕적/영적 지도가 부족할 경우 사람들은 다른 데로 눈을 돌린다. 자기통제와 의사결정, 자기-초월의 수단을 모색하기 위하여 동양종교나 근본주의적 분파 같은 데로 향하게 되는 것이다.[52]

 율법을 지도의 수단으로 지나치게 엄격화하는 것에는 언제나 위험이 도사리고 있다. 수많은 유대인들이 정통파 유대교에 반항하고, 개혁교회 신자들과 제2회 바티칸공의회 이후의 천주교 신자들이 기독교 역사에서 변경되고 그레코로만형 율법과 통합된 기독교의 부분적 부패와 율법 경직화에 반항했던 것이 바로 그 증거다.

 하지만 미국의 경우 그 위험은 훨씬 더 심각해 보인다. 자칫 도덕적 지도가 국가의 법체계로 완전히 세속화되어, 우리가 할 수 있는

---

52) 브라우닝은 현대의 치료적 환경과 종교개혁교회를 비판한다. 이 통찰을 기본적인 인간적/사회적 욕구로 가치절하하거나 상실해 버린다는 것이다. 그는 정신건강이 가치 있는 결정을 내릴 수 있는 출처와 방법론을 가지고 있느냐에 달려 있다고 확신한다. 이것들이 없다면 가치 혼동과 정서적 갈등과 보편적인 불편함이 빚어질 것이다. 앞의 책.

일도 뭐든지 교묘히 모면하려는 공공연한 태도를 빈번히 불러일으킬지도 모르는 것이다. 이러한 태도 배후에는 짐승의 머리가 숨겨져 있다. 억제되지 않은 사적인 개인주의, 그리고 점점 더 증가하고 있는 사회적으로 퇴폐적이고 불안정한 이기주의의 완곡한 표현이 숨어 있다.[53]

또한 율법은 좀 더 **신비적인** 관점에서 볼 때, 적어도 1세기의 유력한 성서해석학자 필로 시대부터 간헐적으로 등장하는 강조점으로 볼 수 있다. 필로에 따르면, 율법 안에 생활함으로써 얻게 되는 도덕적인 정화는 오직 **하나님**에 따라서만 이루어진다. 도덕적 정화는 하나님의 초월적인 정신이 우리 안에 사실 수 있도록 공간을 마련하는 방법이다.[54] 율법은 "그저" 이성적인 게 아니라는 사실을 기억해야만 우리는 더 큰 풍요를 향해 문을 열 수 있다.

기독교 성서

예수님은 토라와 언약 공동체의 구조를 받아들였다. 커져가는 하나님의 통치에 대한 자신의 의식에 비추어 그것들을 해석하고 상대화하였다.

그가 말한 것처럼, 지혜롭고 사랑이 많으신 분의 통치는 인간과 신의 강한 친밀감을 수반하였다: 그는 하나님을 이례적이고 낯선 "아빠(abba)," "사랑하는 아버지(dear father)," "아빠(daddy)" 등

---

53) 오늘 서구의 모든 제도들 가운데 중심적인 실재로서 존재하는 고립된 개인, 사실상 자아의 종교에 대한 한 사회학자의 견해를 참고하려면, 토마스 룩맨의 *The Invisible Religion* (New York: Macmillan, 1967)을 읽어보아라.
54) 루이스 보이어, *The Spirituality of the New Testament and the Fathers* (New York: Desclee, 1960), 제1권, 30쪽을 읽어보아라.

의 칭호로 불렀다; 그는 하나님 **안에서** 자신을 보았다. 그는 제자들 **안에**, 제자들은 그 **안에** 있었다; 변형사건 때 그와 빛은 하나였다; 거룩한 이의 능력이 치유와 화해, 공의, 부활에 관한 복음기사들 속에서 그를 통하여 흘렀다. 예수님은 추종자들 안에 하나님이 성령으로 거하심을 통하여 거룩하고 신적인 틈을 영원히 메워줄 수 있다고 약속했다.

이런 식으로 예수님은 직접적인 지도와 친밀감의 직접적인 흐름을 히브리적 인식에서 발견한 중심적인 초점을 제기하였다. 그렇다고 해서 율법의 지도구조를 내버린 것은 아니었다. 오히려 그것의 내적인 의미와 맥락을 찾아냈다. 모세와 초월자의 직접적인 친밀감은 간접적인 율법의 사람들에게 성스러운 생활 "방식"이라는 선물의 직접적인 상황을 제공해 주었다. 그와 마찬가지로, 거룩한 이에 관한 예수님의 직접적인 인식과 소명 역시 구원이라는 간접적인 행위와 율법 해석, 그리고 내면의 옹호자, 성령이 우리 안에서, 새 시대가 도래해도 영원히 살아계시리라는 약속 선물의 직접적인 상황을 제공해 주었다.

따라서 변형사건 때 예수님은 빛에 휩싸여 모세와 대화하였고, 또 히브리 성서에서 그런 신적인 친밀감을 보여주는 중요한 본보기, 곧 엘리야(조용하게 속삭이는 하나님의 말씀을 들었던 사람, 성서에 죽지 않았다고 기록되어 있는 단 한 사람)와 대화를 나누었다.

하지만 그럼에도 불구하고 자기-신격화는 결코 일어나지 않는다. 초월자의 "번역할 수 없는 이름"은 동시에 특별한 친밀감과 은사가 표명된 것으로 유지된다. 예수님은 인간으로서 맞이할 자신의 유한성을 잘 안다: 그는 그의 추종자들을 포함해서, 비정하고 겁 많고 이해력이 없는 사람들과 대화하기 위해 날마다 투쟁해야 한다. 자주 실패하면서도 말이다. 겟세마네 동산에서와 같이, 그는 하나님의 의지와도, 자신의 의지와도 다퉈야 한다. 그는 자신에게 선하다고 말해준 남자를 책망한다. "어찌하여 너는 나를 선하다고 하느냐? 하나님 한 분밖에는 선한 분이 없다"(마가복음 10장 18절).

그러므로 예수님의 지도의 기초적인 맥락은 바로 이것이다: 하나님의 역설적인 초월성과 친밀성, 율법의 열매, 분별, 그리고 강화된 동정심. 그 안에는 유념적인 방법과 무념적인 방법 두 가지 모두의 근원과 조화가 들어 있다: 무념적 방법의 직접적이고 친밀한 신비와, 지정되고 형식적인 유념적 방법.

이 구조 안에서 예수님은 어떻게 다른 사람들을 위한 지도를 제공했을까?

복음서 전체를 읽을 때 우리가 직면하게 되는 문제는, 거기에 다양한 상황들의 잡동사니가 포함되어 있고(그 가운데 대부분은 아는 바가 너무나도 적어 확실히 해석하기가 힘들다), 저마다의 상황에서 예수님은 사람과 상황마다 독특한 방식으로, 마음과 개심의 질문들, 비평들, 그리고 상징적, 치유적 행동들로 응답한다는 것이다.

여기에서 예수님은 인간 지도에 관한 기독교 인식의 최고 형태를 보여준다: 우리들 저마다는 우리 생의 이 순간에 특별한 "구원의" 언어와 행위가 필요하다. 내가 필요로 하는 것이 다른 사람들이 필요로 하는 것과 상반될 수도 있다. 하지만 이것은 단순히 주관적인 개인주의가 아니다; 이것은 공유된 언약의 구조 안에서, 곧 친밀하고, 통치적인 미지의/알려진 생명력의 신실성에 관한 확언 안에서, 그리고 이 신실성의 화해적 목적에서 언약 공동체의 검증되고 발전적인 생활 경험을 위한 지침이다.

개인과 반대되는 집단을 지도할 때, 예수님은 본질적으로 이 커다란 틀 속에서 말씀을 선포함으로써 특별한 힘을 이끌어 냈다. 예수님은 자주 비유를 사용하였다.[55] 논리적으로 순차적인 주장들에 비해 이것이 더 구체적이고 제한이 없기 때문이다. 비유는 말로 표현할 수 없는 사랑의 신비를 우리에게 다른 식으로 중재해 준다. 우리가 들을 준비를 갖췄을 때, 언제나 나머지 작은 신비를 남겨 둠으로써.

예수님은 특별한 지도 훈련의 내적 순환을 선택하고, 유지하고, 발달시켰다. 그 훈련의 기록적인 결함은 겸손한 인간됨의 느낌, 그들 자신의 죄와 눈멂을 알기에 신의 관심을 포기하게 될 사람들을 위한 희망의 신호를 유지한다.

예수님은 제자들의 이해력 부족과 배반, 게으름, 권력투쟁 때문에 괴로웠다. 하지만 그들을 결코 버리지 않았다(유다만 제외하고. 유다는 사실 자기 자신을 버린 셈이다). 예수님은 끝까지 인내심을 가지고 제자들과 함께 일한 것으로 보인다. 결정적인 순간에 그는 다음과 같이 말한 것으로 기록되어 있다:

> 이제부터는 내가 너희를 종이라고 부르지 않겠다. 종은 주인이 무엇을 하는지 알지 못한다. 나는 너희를 친구라고 불렀다. 내가 아버지에게서 들은 모든 것을 너희에게 알려 주었기 때문이다. 너희가 나를 택한 것이 아니라, 내가 너희를 택하여 세운 것이다. 그것은 너희가 가서 열매를 맺어, 그 열매가 언제나 남아 있게 하려는 것이다. 그리하여 너희가 내 이름으로 아버지께 구하는 것은 무엇이나 받게 하려는 것이다. (요한복음 15장 15~16절)

---

55) 스토리텔링의 다양성은 모든 심원한 종교전통에서 자주 등장하는 영성지도 양식이다. 유대교와 수피교 전통은 이 분야에서 특히나 풍요로하다.

그러면 그들을 "친구"로 만들어 주는 것은 무엇인가? 그들은 서로를 용서하고 사랑해야 한다(하나님께서 그들을 용서하고 사랑하신 것처럼). 그리고 모두를 위해 가난하고 기뻐하는 종이어야 한다. 그들은 기도해야 한다.[56] 금식해야 한다. 그리고 예수님 말씀의 내적 의미를 이해하고 선포해야 한다 – 실재에 관하여 예수께서 뭐라고 말씀하시는지: 은사, 신비롭고 발전적이고 신실한 의의 통치, 죄와 악의 세력, 궁극적으로는 지배할 수 없는 세력 안에 있는 실재의 "어두운" 면과의 투쟁.

또한 실재는 걱정이 없고 신뢰할만하고, 공유되고, 공정하고, 참을성 있고, 권한을 부여받은 예수와 토라와 예언자, 그리고 창조세계에서 드러난 빛에 대한 응답으로의 부르심이다. 옛 생활을 버리고 예수님의 길을 무조건적으로, 심지어는 죽기까지, 기꺼이 따르는 것이다.

예수님은 이러한 "내적 순환"에 자신을 제한시키지 않았다. 그가 친해진 사람들, 신뢰와 회개로 반응했던 사람들의 모임이 따로 있었다. 대개는 사회적으로 지위가 낮은 각양각색의 사람들(그들과의 우정 때문에 예수님은 때로 정평 있는 종교지도자들의 비난을 받았다): 세리, 도적, 창녀와 그 밖의 죄인들, 어린이, 주부, 외국인, 군인, 환자들, 그리고 장애인들, 임시 종교지도자들까지.

이들 너머에는 익명의 군중이 있었다. 예수님은 그들에게 권고하기를, 그들을 부르고 계시는 자비로우신 아버지로부터의 죄스러운 분리를 극복하라고 하였다. 그 군중들에게 예수님은 내적, 외적 **평화**와 의의 통치라는 비전을 제시해 주었다. 권한부여의 투쟁을 통

---

56) 기도에 관한 예수님의 실제와 가르침의 유용한 설명에 대해서는, 요아킴 예레미아스, *The Prayers of Jesus* (Naperville, Ill.: Alec Allenson, 1967)을 참고하라.

해, 그 투쟁을 넘어서서, 그리고 그것의 완성을 기다림으로써.

따라서 우리는 예수님의 지도 내용과 방법의 윤곽을 보게 된다. 거기에는 개인과 집단과 군중을 다루는 리듬이 있었다. 서로가 거룩한 분 안에서 좀 더 포괄적인 삶 속으로 가장 잘 조화시킬 수 있는 것들을 말하고 행함으로써.

그리고 이 리듬에는 다른 차원이 하나 더 있었다: 고독. 예수님은 사역을 궁극적으로 준비할 때에도 홀로였다. 광야에서, 주의를 딴 데로 돌리고 타락하게 만드는 어둡고 사악한 세력을 견디는 동안에도 그는 혼자였다. 그 세력들과 대결하고 그들의 힘이 오그라들 때에도 혼자였다. 예수님은 불굴의 소명의식과 더불어 권한을 부여받은 것처럼, 용기를 얻은 것처럼 보인다.[57] 그 후로도 예수님은 시시때때로 기도하기 위해서 계속해서 홀로 떠난다.

인간 지도의 이러한 "계속성"이 오늘 우리에게까지 2천년 동안이나 생명수로 흐르고 있다고 나는 믿는다. 그 생명수가 부족할 경우 인간과 사회는 고통을 겪는다. 하지만 생명수가 흐르는 곳에서도, 우리의 상처 입은 인간 본성은 지도에서나, 지도 받은 사람들의 반응에서나, 현실적으로 고르게 남지 않는다. 기독교의 문제는 "결코 시험을 거치지 않았다는 것"이라고 한 G. K. 체스터턴의 오래된 명언은 절반만 사실이다. 이것은 모든 심오한 전통의 추종자들에게 해당되는 말이다. 그럼에도 불구하고, 이 계속성은 기나긴 계보를 통해 유지되는 선물이다. 이것은 좀 더 책임감 있게 풀어 헤쳐지고 응용되기를 언제나 기다리고 있다.

---

57) 광야에서 그렇게 홀로 준비하는 것이 온 세계적으로 위대한 종교적 인물들에게 얼마나 자주 나타나는 현상인지 살펴보면 아주 흥미롭다.

사도 바울

다소의 바울은 예수와 인간적인 대면을 한 적이 없지만 심오한 내적 접촉을 경험한 사람이었다. 그는 신약성서에서 영성지도의 기본적 출처가 되어 준다.[58]

바울은 사역하는 동안 "계속적인 영성지도"를 받았다. 그리고 그것을 자신이 사역하고 있는 교회들의 특별한 상황에 적용하였다. 예수처럼 그도 자주 여행을 했다. 새로운 전향 중심지를 설정하고 방문하였다. 그는 인간 영성에 관하여 발달론적 견해를 지니고 있었다. 그는 napioi, 곧 우유만 먹을 준비가 되어 있는 초보자들과 teleoi, 곧 단단한 음식을 먹을 수 있고, 영적으로 충만한 지식을 지닌 성인들(고린도전서 3:2, 2:13~16, 에베소서 4:13~15, 골로새서 1:10)에 관하여 이야기한다.

teleoi는 "육"의 길, 곧 맹목적인 인간의 파괴적 열정에 예속되는 노예의 길로부터, "영"의 길, 곧 이 열정이 연민으로 변하고, 율법이 강화된 은총의 자각, 과분한 은사의 자각으로 변형되는 길로 훨씬 더 단호하게 움직인다. teleoi는 하나님의 충만한 계시, 고난 가운데 인내를 격려하는 소망을 갈망한다. teleoi는 "그리스도 안에서" 신비롭게도 공통된 몸의 상보적 부분임을 자각한다. 그런 것들은 "죄에 빠져 죽은" 사람들, "옛 사람"의 열매이며, 새로운 인간성을 지니고 하나님께 부끄럽지 않은 생활을 한다.

바울은 이방세계로 가는 예수님의 길에 다리를 놓아드렸다. 육체적인 유대인의 후예로부터 예수 그리스도에 대한 신앙으로, 그리고

---
58) 영성지도의 분별력과 관련된 요한일서의 중요성 역시 여기에서 언급해야만 한다. 나중에 또 이 주제를 짧게나마 다룰 예정이다.

회당과 신전으로부터 그리스도인의 우정으로, 관계의 기초를 변경시킬 수 있도록 도와주었던 것이다. 바울은 유대교 전통의 일반적 조건 형성과 안내가 부족한, 투쟁중인 이 친구들에게 서로를 위해 영성지도와 교정을 제공하라고 권고하였다. 이것은 영성지도의 역사 속에서 "상호적 교훈"과 "우애의 교정"으로 전해 내려온 강조점이다.

역사의 긴박한 종말과 영광 가운데 오실 그리스도 재림에 대한 바울의 명백한 인식은 그의 충고에 큰 영향을 미친다. 곧 사회적 구조와는 아주 빈약한 관계로 이끈다. 어떤 의미에서 이것은 사회 구조의 창조적, 역사적 책임에 대한 우리의 절대적인 요구와 더불어, 우리 시대에 가장 방해가 되는 충고다. 만일 여러분이 종말을 그저 기다리고 앉아만 있다면 구조의 개혁에 대해 그리 신경 쓰지도 않을 것이다.

한편 이 "시간의 끝"이라는 종말론적 구조에는 우리를 위한 간접적 가치가 존재한다. 비록 예수님은 우리가 죽음을 안다 해도 그저 "먹고, 마시고, 결혼할" 수 있을 것이라고 경고했지만, 그리고 사회 운동가들은 이 세계 너머를 바라보는 것이 우리를 사회적 투쟁 밖으로 밀어낼 수 있다고 경고했지만, 정반대의 가능성도 역시 존재한다: "저 너머의 삶"을 바라보는 것은 여러분에게 이 생애에 대한 관점을 제공할 수 있다. 마치 여러분을 죽음으로부터 보호해 줄 것처럼 강박적으로 "나방과 녹에 따라 부패될 곳에 보물을 저장하는" 대신, 여러분은 이것들을 버리고(또는 결코 뒤쫓지 않고) 이 죽을 운명의 부귀와 책임을 공유할 수 있다.

여성 영성지도자

바울은 또한 여성에 대한 자신의 관점에서 서로 상반되는 지도의 유산을 남겨준다. 그는 자기 시대의 문화적 태도를 너무나도 자주 반영한다. 그리스도 안에서 "남자도 여자도" 없다는 그의 선언은 평등을 촉구하는데, 그럼에도 불구하고 교회에서 침묵해라, 창조세계에서 "두 번째 자리"를 차지한다는 표시로 머리를 가려라, 남편에게 복종하라는 명령 때문에 역사적으로 빛을 잃고 말았다. 이것은 확실히 기독교 역사에서 남자를 중요한 주도적 영성지도자로 지목한 것에 영향을 미쳤고, 나중에 남자들이 여자를 요부로 회피, 박해한 데에도 기여했다.

그렇지만 한편에서는, 마리아를 점점 더 신적인 어머니와 지도자로 인식하는 전통이 초대교회로부터 생겨났으며, 이것은 결국 마리아가 하늘로 승천했다는 최근의 천주교 선포, 그리고 그리스도와 더불어 마리아를 공동의 구원자로 지정하는 신학적 성찰에서 절정에 이른다.

교회 역사상 초기부터 계속해서 기독교 여성 영성지도자들에 관한 기록이 존재하였다. 여기에는 남성지도자들도 포함되고, 그들과의 상호적인 영성 교제도 포함된다(아마도 가장 널리 알려진 것은 십자가의 성 요한과 아빌라 테레사의 관계일 것이다).

아무리 억압해도 억누를 수 없는 영적인 지혜에는 억제할 수 없는 양성평등과 상보성이 존재하는 것 같다(이것은 사변적인 신학과 교리 발달에서 훨씬 더 획일적인 남성 지배와 대조된다).[59]

---

59) 제5장에서는 영적인 친구를 선택하는 데서 이러한 남성/여성의 상보성이 얼마나 중요한가를 언급할 것이다.

그리스의 공헌

소크라테스는 "영혼의 치유자"(healer of the soul)라는 그리스 단어를 사용하여 지도자에 대한 비전을 나타내었다[똑같은 그리스 음절이 후에는 "정신과 의사"(psychiatrist)라는 단어를 만들기 위해 변형된다]. 아마도 그가 현대의 지도에 가장 크게 공헌한 점은 자유로운 탐구, 삶의 경건하고 면밀한 의미와 그 속의 진실한 장소를, 무지한 삶과 문화적 자궁 속에서 행동하는 것보다 좀 더 중요하게 강조했던 것이리라. 여기에서 소크라테스는 기독교 지도의 초월적이면서도 구체화된 초점을 지닌 간접적 협력자다.

그의 영혼지도 방법은 검토 받지 않은 삶의 안전성을 포기하고 한 사람을 혼란과 자기-불신으로 몰고 가는 것이다. 이러한 과정은 존 맥닐이 지적한 것처럼, 선에 이르는 길을 가리키는 유대-기독교의 "죄의 확신"과 반대된다.[60]

그의 죄론은 대부분의 그리스 사상에서 볼 수 있는 하나님에 대한 능동적 인간의 **적대감**보다는 **무지**에 훨씬 더 가깝다.[61] 그럼에도 불구하고 그의 기본적인 **방법론**은 다른 것을 심각하게 문제 삼는 기술을 제시한다. 우리는 그렇게 인습타파적인 연구를 근본적인 공유 믿음의 틀을 지닌 개인적 가정들과 결합시킴으로써 오늘 이득을 취할 수 있었다. 그런 식의 접근은 맹목적인 가정과 지나치게 편안한 감상으로부터 영성지도를 구해낼 수 있었고, 동시에 기독교 전통에 알려진 진리의 개인적 깊이에 대한 관심을 유지할 수 있었다.

---

60) 그리스의 공헌에 관한 통찰에서 나는 맥닐 박사에게 빚지고 있다. 앞의 책을 읽어보아라.
61) 게르하르트 키텔 편집, *Bible Key Words* (New York: Harper, 1951)에 실린 "Sin and Guilt in Classical Greek and Hellenism"을 읽어보아라.

스토익 철학자 세네카도 이와 관련된 견해를 단도직입적으로 피력하였다. 그는 "모니터"(탐구자의 지침을 규정하는 상담자)의 업무를 옹호하였다. "도시 생활의 소음 한가운데에서 우리는 속인들의 가정을 반박해 줄만한 모니터가 필요하다"고 주장한 것이다(94번째 편지). 또한 그는 하나님이 고귀하고 공정한 상담을 해주시며 그 어떤 인간도 이것 없이는 충분하지 않다고 주장했다(12번째 편지).

개혁교회 종교개혁가 츠빙글리도 세네카의 편지 지도에 공감하였다. 그 밖의 기독교 영성지도자들은 그리스 철학자들이 기록한 여러 "위로" 편지들에 많은 영향을 받았다.

세네카와 피타고라스는 정신적 **음미**를 추천하였다. 날마다 하루를 마칠 때마다 선에 초점을 모으고, 후에 여러 명의 기독교 영성지도자들이 추천했던 변형된 형태들을 실천하라는 것이다. 오늘 많은 사람들이 이것을 유익하게 실천하고 있다.[62]

상호간의 우정

기독교 이전의 이 고대 유럽사회가 가장 크게 공헌한 점을 들라면 아마도 키케로의 대화록 『우정에 관하여』(*On Friendship*)를 손꼽을 수 있을 것이다. 사랑에 근거한 심오하고도 충실한 우정, 합당한 동기를 훼손하지 않고 지속적인 인간 지도의 커다란 잠재력을 지닌 우정, 이러한 우정은 방랑자처럼 쉴 틈 없고 경쟁적인 우리 문화에서는 찾아보기가 힘들다. 키케로의 작품은 우리에게 특별히 중요한 의

---

62) 맥닐(앞의 책, 35쪽)에 따르면, 12세기 수피교의 거장 알-가잘리는 매일 개인의 거룩함 발달의 성취와 실패에 관한 일기를 씀으로써 후기 청교도의 실제를 앞질렀다고 한다. 초대교회에서는 성 안토니, 성 크리소스톰, 성 바질, 그리고 존 클리마쿠스 같은 성인들이 정신적 시험을 추천하였다.

미가 있다.

이 책은 기독교 영성의 측면에서 12세기의 위대한 영국 시토수도회의 영성지도자인 리보의 엘레드에 따라 다시 쓰여졌다. 이 『영적인 우정에 관하여』(*On Spiritual Friendship*)는 로마 고취자의 형태와 본질에 매우 흡사하다.

엘레드는 친구간의 사랑이 하나님께로부터 직접 솟아나는 것이라고 믿었다. 그리고 다른 어떤 사랑들보다도 천국에 있는 성인들의 사랑에 더 가깝다고 믿었다. 진정한 우정은 자선과 선한 의지를 결합시키며, 그것을 파괴하는 죄와 탐욕을 거부하는 사람들 사이에서만 존재할 수 있다. 진정한 우정은 "자비심, 자선과 결합한 인간적, 신적 업무의 상호 조화"다. 진정한 우정은 악덕과의 상호 조화로부터 솟아나는 세속적 우정과 구별되며, 이득을 얻기 위해 타오르는 속세의 우정과도 구별된다.

친구는 모름지기 네 가지 특성을 시험해 보고 사귀어야 한다: 성실, 올바른 의도, 사려분별, 그리고 끈기. 엘레드는 이 네 가지를 재치가 넘치게 상세히 설명한다.

그는 성 암브로스의 통찰을 인용한다: 가난한 사람들 간의 우정은 보통 부자들 간의 우정보다 안전하다. 가난은 친구간의 사랑을 감소시키지 않고 오히려 증가시키는 방식으로 소유의 욕망을 제거하기 때문이다. 또한 그는 친구의 악덕을 고쳐주는 측면에서 암브로스를 호의적으로 한 번 더 인용한다: "친구에게서 입은 상처는 아첨꾼의 아첨보다 참을만한 것이다. 그러니 잘못을 저지르고 있는 친구를 고쳐 주어라."[63]

---

[63] 리보의 앨레드, *On Spiritual Friendship* (Washington, D.C.: Consortium Press, 1974).

하지만 이 친밀한 영적 우정은 수도원 사회에서 좀처럼 옹호 받지 못했고 오히려 당파심, 편애, 성적 표현의 위험에 노출되었다. 거짓되고 왜곡된 우정의 경험은 수도원의 규범이 사랑이 넘치는 우정을 희생시키고 하나님을 향한 배타적 욕구만을 강조하도록 만들었다. 하지만 우정은 11세기와 12세기에 전성기를 맞았다. 특히 캔터베리의 안셀모와 클레르보의 성 베르나르, 성 티에리의 윌리엄, 그리고 엘레드를 통해서. 하지만 중세 후기와 반종교개혁 때까지는 온갖 종류의 우정이 수도원 생활에서 금지되었으며, 지극히 평범한 개별적 접촉도 심각한 의심을 받았다.[64]

이러한 비인간화는 16세기 트렌트공의회 때부터 제2차 바티칸공의회 때까지 강력한 힘을 발휘했던 냉정하고도 추상적인 신학과 도덕적 율법주의의 지지를 받았다. 이런 맥락에서 영성지도는 종종 엘레드의 우정과 거리가 먼 "간격"을 의미하였다. 한편 영성지도는, 위대한 16~17세기 천주교 영성학파가 예증한 것처럼, 일종의 보상적이고 허용적인 친밀감을 의미할 수 있었다. 그런 지도는 특별히 사람들 간의 거리를 강요하는 환경에서 중요한 것 같다. 그것은 참회와 더불어, 인간의 삶에서 다른 사람과의 밀접한 친밀감으로 건너갈 수 있는 유일한 다리인 것이다.

비록 오늘의 천주교는 이러한 보편적 간격을 포기했지만, 어쩌면 이토록 비인간적인 시대에 영성지도의 중요성을 이해하는 데서 미묘한 긍정적 교훈을 안겨줄 수도 있을 것이다. 심각한 전체주의의 억압이 존재하는 국가들에서는, 사람들 간의 간격과 의심이 강화되고, 반대로 우정은 좀 더 힘겹고 팽팽해진다. 그런 억압적인 풍토에

---

64) "Aelred in the Tradition of Monastic Friendship," 위의 책, 36쪽 이하.

서 영성지도 관계의 확고하고도 비밀스런 친밀감이 지니는 중요성은 특히나 일상적인 인간의 생계유지와 희망에 중요한 요소다.

부부간의 우정

역사적인 수도원의 영적 우정을 오늘의 **부부관계**에 잠재적으로 적용하는 것은 케네스 러셀의 흥미로운 제안이다.[65] 오늘의 다른 "우정"과 마찬가지로, 부부관계 역시 너무도 깨지기 쉽고, 혼란스럽고, 향락적인 시대에, 이것은 탐구해 볼만한 가치가 있다.

러셀은 결혼생활의 요구 때문에 자기중심주의의 거친 면이 잘 다듬어질 때 부부가 점점 더 강렬한 우정 속에서 함께 발전할 수 있다고 주장한다. 그는 여기에서 엘레드의 우정관이 도움이 되는 모델이라고 본다. 엘레드는 진정한 우정이란 개인적인 이익을 추구하지 않고 오히려 상대방의 이익을 더 기뻐하는 상호적인 사랑의 유대감이라고 이해한다. 비록 자선이 모두에게 베풀어진다 하더라도, 이것은 특별한 유대감이다. 엘레드는 다음과 같이 주장한다: "두려움 없이 우리 마음과 모든 비밀을 믿어줄 수 있는 사람, 그리고 우리도 동일한 신뢰와 안전의 법칙에 따라 신뢰할 수 있는 사람을 가리켜 우리는 친구라고 부른다."[66]

우정(결혼)이 제대로 질서 잡힌 관계, 곧 중요한 것들을 진정으로 공유하는 관계라면, 그 우정이 우리를 우리 자신으로부터 끌어내어 진정한 선으로, 하나님께로 안내해줄 것이다.[67] 엘레드에게 진정한

---

65) "Marriage and the Contemplative Life," *Spiritual Life* 제24권, 1호(1978년 봄).
66) 위의 책, 56쪽.
67) 위의 책, 78~79쪽.

우정이란 우리를 하나님께로 이끌어줄 상호 동등과 친밀감에 이르는 길이다. 그리고 그것이 만들어 낼 수 있는 합일은 하늘의 기쁨과 하나님의 형상을 미리 맛보는 것이다.

엘레드의 저서는 오늘 우리에게 좀 더 소중한 가치가 있다. 하나님을 향한 초연한 조심성에 대한 고전적인 설교와 부부의 상호적인 애착, 성적 유대감을 통합시킬 만한 부부관계의 모델을 제시하는 영적인 저술이 우리에게는 턱없이 부족하기 때문이다. 러셀의 주장과 같이 부부는 "자기 역시 자아와 세계로부터 초연해야만 한다는 사실을 안다 – 하지만 자신의 길이 다르다는 것과, 결혼예식, 은총의 신호와 근원을 통해 그 근본까지 나아간다는 것도 잘 안다."

나는 러셀이 얘기하는 "초연함"이 세계와 그 욕구에 대한 적극적 책임을 배제하는 것이 아니며 또한 그래서도 안 된다고 덧붙이고 싶다. 하지만 이것은 빡빡하고, 방어적이고, 지속적이고, 소모적인, 고립된 자기만족 프로젝트로부터, 그리고 우상숭배와 부정을 조장하는 "세계"와의 동일시로부터 부부의 에너지가 비교적 초연해져 있을 때 좀 더 가능할 것 같다.

가정생활에서 그러한 초연함은 좀 더 큰 공동체의 행복을 위한 훈련 장소, 온상이 되어줄 수 있다. 그리고 좀 더 큰 선으로부터 우리의 관심을 돌려놓는 장벽으로서의 영향력을 줄일 수도 있다. 이러한 긍정적 잠재력은 강박적으로 애착을 갖고 있는 문화와 상처 입은 인간의 조건에서는 그리 쉽지가 않다. 그것은 도처의 후원을 필요로 한다. 특히 교회의 하위문화, 그리고 그것을 조장하는 삶의 개인적 리듬(다음 장에서 이 리듬에 관해 더 자세히 설명할 것이다)으로부터 후원을 받아야 한다.

비록 부부관계가 영적 우정에 아주 중요한 자연적 구조라 할지라도, 현실적인 한계는 존재한다. 여러 가지 역할과 기대가 연루되어 있으며, 이것들은 좀 더 친밀한 순간의 배경 속에 숨어 있다. 아이들이 아픈데, 예산안에도 동의해야 하고, 제인 아주머니가 방문할 예정인데, 개가 집안을 난장판으로 만들어 버렸다. 직장에는 걱정거리들이 산재해 있고, 그것들에 관해 이야기를 나누고 싶다. 게다가 무엇을 요리할 것인지, 누가 요리를 할 것인지에 관해서도 논쟁을 해야 한다. 그런 상황은, 특히나 자녀를 양육하는 시기에는, 상호적 기대의 소용돌이를 일으킨다. 이런 소용돌이가 밀어닥치면 부부간의 "전파"가 어지럽혀지고, 영적인 우정을 위한 명확하고도 직접적인 시간도 거의 남지 않는다.

최근에 나는 한 친구와 함께, 아주 심오한 영적 우정을 나눠온 부부들을 찾아보려고 했는데 그것은 정말 어려운 일이었다(우리가 찾아낸 부부들은 대체로 자녀가 없었다). 바로 앞에서 얘기했던 그런 일들 때문에 부부관계가 복잡해질 뿐만 아니라, 부부의 영적 성장 역시 엇나가는 경우가 많다: 서로 다른 속도로 서로 다른 방향을 향해(상보적인 방향이길 간절히 바라지만) 나아가는 것이다.

이것이 의미하는 것은, 개별적 부부들은 배우자가 충분한 영적 친구가 되어주길 기대하지 않는 게 너무나도 당연하다는 말이다. 결혼 외의 관계라면 비교적 "깨끗한" 관계 속에서, 다른 차원의 관계에 따라 전용되지 않은 채, 영적 발달에 초점을 모을 수가 있다(외부 치료사와의 "깨끗한" 관계가 때로는 더 도움이 될 수 있는 것처럼).[68]

그러한 결혼 외의 영적 우정은 기독교 역사에서도 종종 눈에 띤

---

68) 그런 외부의 영적인 친구를 찾기 위한 기준에 대해서는 제5장을 참고하라.

다. 잘 발달된 여러 종교 전통들 속 영성의 역사가 **독신생활**을 높이 평가하는 것도 결코 우연이 아니다. 예를 들면, 전통적인 힌두교 문화에서 "가장"의 생활무대는 가족, 직업, 공동체의 특별한 요구에 따라 정해지는 것으로 간주되었다. 가장 완전한 영적 발달의 기회는 자녀가 다 성장한 후, 종종 금욕적인 영적 문제가 주어질 때라고 생각되었다. 기독교 전통에도 이와 유사한 점이 있다.

그 밖에도 독신자의 길은 보통 어릴 때부터 서약을 한다. 이 상태의 특별한 자유는 특별히 강렬한 실험적 영적 탐구를 허용한다. 우리는 독신 상태가 결혼생활을 무가치한 것으로 손상시킨다고 생각할 필요가 없다(그러한 손상은 교회사 초기에 공식적으로 비난을 받았다). 사실 린다 사바스는 결혼이 오직 독신생활을 존중하는 기독교 전통에서만 성사로 여겨졌다고 주장한다. 둘은 서로를 후원해 주는 상보적인 영적 상태라는 것이다.[69]

결혼한 사람들이 역사적으로 영적인 상담을 위해 추구했던 것이 바로 그 독신생활이다. 기독교 전통에서 널리 인정받았던 위대한 영성지도자들은 대부분 독신생활을 해왔다. 이런 상태를 점점 무시하거나 이해하지 못하는 것처럼 보이는 역사적 시기에는, 엄청난 비교 문화적, 역사적 무게를 지닌 삶을 위한 선택으로서 그것을 일으키는 게 중요했다.

결혼생활도 **독신생활**도 "천부적인" 것은 아니다. 둘 다 종잡을 수 없는 성적 충동의 변형이 필요한 의도적 성실을 서약한 상태이기 때문이다. 결혼생활과 독신생활은 둘 다 좀 더 심오한 사랑과 진실의 바다에 대한 우리의 책임의식을 감추거나 어지럽히거나 흐너뜨리는

---

69) "Sex as a Sacrament East and West." (미발간 논문)

외부적 충동에 대한 노예상태를 끊어버리는 훈련의 토대가 될 수 있다.

생식기의 성적 표현은 사랑의 관계와 언약의 단련된 범위 안에서 그 바다로 가는 다리가 될 수 있다. 그렇게 성스러운 성의 목적은 아마도 불교 탄트라의 전통에서 역사적 절정에 달한 것 같다. 탄트라 전통은 남녀의 육체적 관계가 초월 인식에 직접적으로 도움을 준다고 주장한다.[70]

이제 기독교 역사에서 위대한 독신주의 영성지도자들을 몇 명 살펴보기로 하자. 그들의 인식으로부터 우리에게 생명수가 넘쳐흐를 것이다.

사막의 샘

유럽인들 몇 명과 함께 자동차를 타고 미국을 동해안에서 서해안까지 일주했던 일이 떠오른다. 그들은 여행 내내 무척이나 수다스러웠다. 주변 환경에는 별다른 감흥을 받지 못한 것처럼 슬쩍 훑어볼 뿐이었다 – 서남지역의 사막에 도달할 때까지는 그랬다. 그런데 갑자기 조용해졌다. 말로 표현할 수 없는 어떤 경외감이 느껴졌다. 유럽에는 그렇게 확 트인 공간이 전혀 없다. 미국 동부에도 역시 없다. 위대한 침묵은 내적 침묵을 통해서만 만날 수 있었다.

그런 광활함 속에서는 말이라는 게 보잘 것 없고 편협해 보인다. 저마다의 생물들은 삶의 결핍 한가운데서 특별한 소중함을 지닌다. 예리하고 깨끗한 햇빛 아래서 좀 더 순전하게 드러난다. 지나가는

---

70) 이것은 책을 통해서는 배울 수 없는 좀 더 고상한 실제에 관한 구전이다. 존 블로필드의 *The Tantric Mysticism of Tibet* (New York: Dutton, 1970), 226쪽 이하를 참고하라.

새의 귀청을 찢는 듯한 울음소리는 오히려 침묵을 더 깊이 열어주는 것 같다. 마치 물속에 바위를 던져 그 깊이를 조사하는 것처럼.

그런 공간은 삶의 근본적인 원칙에 귀를 기울이라고 우리를 초대한다. 얽히고설킨 채 끊임없이 움직이는 표면은 맹렬한 모래투성이 바람에 따라 옷을 벗는다. 여러분은 완전히 노출되어 상처입기 쉬운 상태가 된다; 고요하고 작은 음성이 들리지 않게 된다; 신비스럽고 오묘한 그 심장은 소리 없이 고동친다. 만물을 통해 노출된 채로 고동침으로써 우리를 훨씬 더 심오한 노출과 확신과 참여로 꾀어낸다.

3세기 말, 폭발적으로는 4~5세기 무렵, 그리스도인들은 이집트와 팔레스타인, 시리아의 사막으로 흘러 들어갔다. 절정에 달했을 때에는 무려 2만 명가량이 사막에 홀로 머물거나 수도원 집단에 머물렀고, 상담을 받기 위해 그들을 찾아오는 사람들은 셀 수도 없이 많았다.

그들의 추진력은, 현대에 사막이나 시골을 찾아 일종의 "반문화"를 만들어 내는 사람들의 추진력과 별다르지 않았다. 이 반문화는 가난과 고독을 통해 현실과 대립할 수 있는 인간의 과격한 가능성을 증명해 준다.

성서는 유력한 사회구조의 세력을 초월하는 그러한 삶의 정화적 가치를 강조하였다: 히브리 광야 전통, 세례요한과 예수와 바울의 전통. 예수님은 세속적인 자기와 야망, 지위, 자기만족, 물질적 부 대신에 하나님의 나라를 구하라고 격려하였다. 바울은 데살로니가 교인들에게 쉬지 말고 기도하라고 권고하였다(데살로니가전서 5장 17절).

그런 충고는, 콘스탄티누스 "제정" 이후의 무차별적 성장과 더불어, 교회의 경계 안에서 진지하게 받아들이기가 점점 더 어려워졌다. 교회는 점점 더 길들여졌고, 모두를 포함하는 외부 형태를 띠게 되었다. 충만한 마음을 발견하고 싶은 열망은 사람들을 교회 밖으로, 특히나 사막으로 불러들였다.

영성지도가 성숙한 카리스마, 특히나 심오한 개인적 경험과 통찰력의 선물로 태어난 것도 바로 이 사막이다.

제정 이전의 초대교회에서는 개인이 공동체의 엄격한 생활에 참여함으로써 지도를 받았다. 그런 교육은 주교와 장로들에 따라 처음 주어지며, 그 다음에는 비공식적인 훈계를 통해, 부모와 배우자와 친구와 동료 그리스도인들에 따라 주어진다.[71]

교회의 제정이 일단 이루어진 다음에는, 교회 공동체가 공식적이고 합당한 수많은 그리스도인들과 혼합되었다. 그리고 세속적인 로마 문화의 세력은 그 강렬함을 완화시킨 방식으로 교회의 삶 속으로 유입되었다. 육체적 순교는 더 이상 요구되지 않았다. 대신 영적인 순교가 요구될 수는 있었지만, 통상적으로 길들여진 도시 교회에서는 아니었다.

그런 상황에서 여러분이 어떻게 "생명을 바칠" 수 있었을까, 곧 여러분을 정화할 수 있었을까? 사막의 고독은 이것을 약속해 주는 것처럼 보였다: 사막의 고독은 철저한 헌신과, 거짓 자아의 순교와, 영적 싸움을 위한 생생한 기회를 제공해 주었다. 기독교적 실제에 잘 알려져 있었던 것보다 "실험적인" 영성생활을 좀 더 완전히(그리고 어쩌면 이제까지 알려져 왔던 것처럼 완전하게) 실천하도록 해주었다.

---

71) 토마스 머튼의 "Notes on Spiritual Direction", *Sponsa Regis*, 제31권을 참고하라.

이 새로운 강렬함은 처음 단계에서 유지해야 할 공동체의 핵심이나 생생한 영성지도자들의 계보가 없었다. 그러므로 최초의 사막 "아빠"(교부)는 다른 사람들을 위해 토대를 만들어 줄 수 있을만한 용감하고, 거칠고, 카리스마적인 영의 선구자여야만 했다.

5세기 이집트의 성 안토니가 이들의 처음은 아니었다. 하지만 그는 초기 선구자들 가운데 한 명이며, 우리가 가장 잘 알고 있는 사람에 속한다.[72] 그는 여러 해를 기도와 금식, 단순노동, 고독 속에서 보냈다. 그러자 다른 사막 구도자들은 그가 자포자기의 요새 안에 틀어박혀 있으면 안 된다고, 자신들을 지도해 주어야 한다고 요구하였다.

그 요새로부터 그가 모습을 드러냈을 때, 그의 영혼은 순전했다: 슬픔 때문에 찌푸리지도 않았고, 기쁨 때문에 방탕하지도 않았으며, 즐거움이나 낙담이 가득 넘치지도 않았다. 그는 완벽하게 자신을 통제하고 있었으며, 이성에 따라 지도를 받고 있었다 …… 그는 치유와 귀신축출과 위로와 화해를 수행하였다 …… 모두에게 그는 아버지이자 지도자였다.[73]

바로 거기에서 우리는 사막교부의 탄생을 보게 된다. 그리고 사막의 영적 싸움으로 이루어진 힘들고, 위험하고, 전도유망하고, 매력적인 삶의 한가운데서 분별력을 필요로 하는 사람들이 그를 찾는 모습을 보게 된다. 안토니 같은 이의 추종자들은 영성지도의 체계적인 구전을 형성하였다.

---

72) 성 아타나시우스의 고대 기독교 작가 시리즈, *The Life of St. Antony* (Westminster, Md.: Newman, 1950) 덕분이다.
73) 위의 책, 25쪽 이하.

"영적인 아버지"(그 밖에도 "영적인 어머니"로 기록된 사람이 네 명 있다)가 주교와 장로의 자리를 대신했으며, 가부장적인 의미가 아니라 카리스마적인 의미에서 그리스도의 상속인이 되었다. 영적인 아버지의 지도는 아주 개인적이어서 때로는 같은 방에서 제자의 생활을 간섭하는 일도 많았다. 말 뿐만 아니라 아버지의 총체적인 존재 방식을 통하여 가르침을 주었던 것이다.

그들의 생활은 오늘 대부분의 사람들이 불필요한 기행이라고 생각하는 고행을 반영한다. 하지만 그들의 경험을 통하여 종종 심오한 직관적 현실 인식, 그리고 그들의 지도 방법과 본질을 형성하는 직접적 인식에 도달할 수 있다.[74]

예를 들면, 안토니가 자신을 찾아온 몇몇 철학자들에게 던진 것으로 보이는 질문과 비평들을 한 번 들여다보자:

정신과 문자 중에서 무엇이 먼저인가? 무엇이 무엇의 원인인가? …… 정신이 먼저고, 문자의 창시자다; 건전한 정신을 지닌 사람은 문자가 전혀 필요 없다.

성서해석계의 뛰어난 거장, 아빠 테오도르는 다음과 같이 강조하였다:

깨끗한 정신의 결과물로서 순수한 마음을 소유한 사람은 성서의 신비를 이해하는 데 필요한 모든 것들을 다 지니고 있다 …… 적극적인 신앙을 지닌 사람들은 언어적인 논쟁이 전혀 필요 없다. 우리가 지니고 있는 것은 언어적 기술이 아니다. 다만 그리스도를 향한 사랑의 믿음뿐이다.

---

74) 그 실제들은 아마도 현존하는 기독교 전통들 가운데 불교와 힌두교의 금욕주의 전통과 가장 유사점이 많을 것이다. 비록 아빠들은 그리스도와 성서에 절대적으로 집중하였지만 말이다.

아빠 모세는 이와 같이 덧붙인다. "여러분의 방이 이 모든 것을 가르쳐 줄 것이다."[75]

비록 이런 비평들은 반지성적인 것으로 볼 수 있지만(선 이야기들처럼), 나는 이것들이 그저 직접적인 영적 인식의 탁월함과 영성 생활의 겸손하고 정화된 사랑을 주장할 뿐이라고 생각한다. 그 어떤 지적 우월성도 그것을 대신할 수 없기 때문이다. 수많은 아빠와 수도사들은 교육을 거의 받지 않은 순수한 콥트 그리스도인이었다. 하지만 에바그리우스 폰티코[76] 같은 아빠들의 지적인 신비는, 초대교회의 수많은 지식인들에게 호소력을 지니고 있었던 아빠들의 조언과 더불어(안토니에 대한 아타나시우스의 과찬이 그 대표적인 예다), 그들의 지적인 노력이 행동과 일치했음을 보여준다.

안토니는 오늘 우리에게도 효력이 있을 법한 아빠들의 다양한 조언들을 아주 폭넓게 제공해 준다(물론 단어들을 조금 변경할 필요는 있겠지만):

날마다 죽음을 예측하라. 그러면 가난해질 것이고, 용서할 것이고, 죄가 없어질 것이다.

행동과 영혼의 충동을 기록하라. 다른 사람에게 보고하는 것처럼.
자만을 피하라.

계속해서 기도해라. [반복적인 "예수기도"는 사막에서 비로소 만개하였다.]

---

75) 성 아타나시우스, 앞의 책, 50쪽 이하.
76) *The Praktikos*와 *Chapters on Prayer* (Spencer, Mass.: Cistercian Publications, 1970)를 참고하라.

치유의 기도를 드릴 때에는 언제나 감사를 올려라. 기도를 들어 주셨다고 뽐내서도 안 되고, 안 들어 주셨다고 불평해서도 안 된다.

[묵상 중에] 유령이 나타나면 두려워하지 말고 물어봐라. "너는 어디에서 온 누구냐?" 환상이 좋으면 너는 안심할 것이고, 좋지 않으면 너의 확고하고 고요한 마음이 그것을 약화시킬 것이다.

네가 주님의 일을 계속해서 생각하고 너의 영혼이 소망 가운데 기뻐한다면, 귀신들도 마치 연기처럼 하찮다는 사실을 알게 될 것이다 …… 귀신들은 위협하는 것 말고는 아무것도 할 수 없다.

배가 부를 정도로 많이 먹지 말라.

잠자리에 들기 전과 일어난 후에는 시편을 노래하여라.

성인들의 행동을 떠올려라.

남을 판단하지 말라. 동정심을 갖고 서로의 짐을 나눠라.

만일 네 영혼이 순전하고 타고난 상태 그대로라면(곧 태어났을 때와 똑같다면) 선견지명이 생길 것이다.

두려움의 두 가지 출처[를 우리는 식별해야만 한다]: (소용돌이치는) 영혼의 소심함, 그리고 좀 더 고귀한 존재의 임재에 대한 인식. [후자의] 환상은 고요

하고, 온화하고, 기쁨과 즐거움과 용기를 끊임없이 안겨준다.[77]

제자들이 아빠에게 **순종**할 때, 비록 아빠의 비중이, 가장 민주주의적인 조건 아래서 인정할 만한 수준을 넘어섰다 할지라도, 신뢰할 만하고 경험이 풍부한 지도자, 후기의 서구적 경험뿐만 아니라 동양의 경험 속에서도 입증되고 있는 지도자에게 자발적, 일시적으로 순종하는 것에는 어떤 가치, 오늘에는 무시당하고 오해 받고 있는 가치 요인이 존재한다.

진정한 아빠의 목적은 맹목적인 노예상태가 아니라 진리, 곧 "무/창조적 가능성의 중심에서 무한한 사실과의 만남에 대한 진리 의식"이다.[78] 아빠는 제자들이 거짓되고 실체가 없는 자아로부터, 그리고 가식적이고 맹신적이고 방어적인 자기-이미지로부터 벗어나, 좀 더 폭넓고 자유롭고 "겸허하게 확신하는" 신뢰와 실현으로 서서히 변화할 수 있도록 돕기 위하여 일종의 자아충격요법을 실시하였다.

이것은 그저 조언이 아니라 강요에 해당된다. 제자들은 자기 방의 "타는 듯한 가마" 속에 머물면서, 믿음과 기도 가운데, 있는 그대로의 진리를 직접 접함으로서, 스스로 배워야 한다(안토니). 돌봐주는 경험 많은 아빠에 대한 신뢰와 복종은 여러분이 모든 길에 "접할 수

---

77) 성 아타나시우스, 앞의 책, 37~68쪽을 참고하라. 성 아타나시우스의 사상이 여기에 얼마나 많이 반영되어 있는지는 아무도 모른다. 하지만 그 사상은 그 아빠의 다른 명언들과 함께 보존되고 있다. 잘 선정된 개요에 대해서는, 토마스 머튼의 *Wisdom of the Desert* (New York: New Directions, 1960)를 참고하라. 좀 카시안의 *Conferences*에 대해서는, *The Nicene and Ante-Nicene Fathers*, second series (New York: Christian Literature Company, 1984), 제11권을 읽어 보아라. *The Sayings of the Fathers*에 대해서는, Budge의 *The Paradise of the Fathers* 또는 Benedicta Ward의 *Sayings...*(Oxford: Mowbrays, 1975)를 참고하라. 윌리엄 월쉬는 사막 교부들의 절차와 현실요법의 절차 사이에 흥미로운 유사점이 있음을 지적한다. 둘 다 열성적인 개인의 헌신, 무책임한(부도덕한) 행동 거부, 책임감 있는 행동 학습에 초점을 맞춘다는 것이다. "Reality therapy and Spiritual Direction," *Review for Religious*, 제35권(1976), 372~385쪽.

78) 머튼, 앞의 책, 281, 286쪽.

있도록" 도와줄 것이다.[79]

유명한 예를 하나 들자면, 모래 속에 마른 나뭇가지를 심고 날마다 물을 주라는 지시를 받은 한 수도사의 이야기가 있다.

그의 방에서 샘은 너무나도 멀었다. 물을 길어오려면 저녁에 출발해야만 다음 날 아침 겨우 도착할 수 있었다. 3년 동안이나 그는 아빠의 명령을 끈기 있게 수행했다. 그 기간이 끝나자, 나뭇가지에서 갑자기 잎이 나오고 열매가 맺었다. 아빠는 열매를 따서 교회로 가져갔다. 그리고는 수도사들을 초대하였다. "와서 순종의 열매를 맛보아라."[80]

순종은 기꺼이 자발적이고 성숙한 자녀가 되는 것을 의미한다. 그런 관계야말로 우리가 성숙한 영적 부모가 되지 못하도록 방해하는 욕망과 행동들을 포기할 수 있게 도와줄 것이라는 직관을 가지고. 점점 더 형제자매만을 믿는 것처럼 보이는 우리 문화에서 그런 직관은 아주 낯선 것이다. 나는 강력한 "부모자녀" 관계의 상실이 종종 우리가 세상의 "부모 역할을 하는" 데 아무런 책임감도 느끼지 못하고 오로지 유치한 형제자매 놀이에만 머물게 한다고 생각한다. 물론

---

[79] 머튼, "The Spiritual Father in the Desert Tradition," *Contemplation in a World of Action* (New York: Doubleday, 1965), 281쪽 이하. 당대의 위대한 정교회 대주교 안토니 블룸은 모든 동양 교회들이 사막전통에 지속적으로 밀접하게 연결되어 있다고 주장하며, 나아가 영적 성장을 위해 순종이 얼마나 중요한가를 강력히 주장한다: "당신의 이해를 초월한 것들을 받아들이는 순간, 당신의 의지가 자유롭게 받아들일 수 있는 범위를 초월한 것들을 받아들이는 순간, 순종은 시작된다. 만일 당신이 이해할 수 있다면, 그것은 순종이 아니다. 그저 당신의 의지와 다른 사람의 의지가 일치하는 순간, 당신 자신의 의지대로 행동하는 방식일 뿐이다. 이것은 다른 사람의 의지를 초월하거나 경청하는 방법을 익히는 것이 아니다. 만일 당신이 사소한 일에도 순종할 수 없다면, 온갖 상식과 논리에 반대되는 복음에 순종하기란 불가능한 일일 것이다. 하나님의 길은 우리의 길을 초월한다. 하나님이 요구하시는 것은 인간의 지혜에 비추어 볼 때 늘 불합리하다." "My Monastic Life," *Cistercian Studies*, 제8권, 3호(1973~1974).
[80] *Cross Current* 제24권, 2~3호(1974년 여름-가을)에 실린 알파벳순의 모음집 *Apophthegmata Patrum*에서 Kallistos Ware가 인용함. 306쪽.

부모 같은 지도자와 함께 하더라도 의존적인 상태에 머무르거나 영영 성장하지 않을 수도 있다. 하지만 만일 지도자가 진실하다면, 분명히 자신의 자리를 대신할 수 있도록 도와줄 것이다.

아마도 오늘 우리는 부모와 형제자매의 관계를 새롭게 혼합해야 할지도 모른다. 자칫 둘 다 내던지는 덫에 빠져서는 안 된다. 만일 진정한 "부모"를 내버린다면, 그에 대한 인간적인 욕구가 그 틈을 메울 만한 전체주의적 정권과 분파를 불러올 것이다. 또 만일 형제자매의 평등을 내버린다면, 상호관계의 반란과 진압을 불러올 것이다. 역사적인 사막 경험은 우리가 그런 실재를 기억할 수 있도록 도와준다.

사막의 유산

4~5세기, 이 아빠들이 우세했던 동안에, 종신의 사막 수도사들뿐만 아니라 로마제국 전역의 도시와 시골 평신도들까지, 수천 명이 그들을 찾았다. 그들은 저마다 자신을 위한 특별한 "구원의 말씀"을 찾아 헤맸다. 머튼이 지적한 것처럼, 그들은 "과거 거장들의 책과 강연과 구전 교훈들도, 살아 있는 스승, 내 가장 깊숙한 곳의 생각들을 모두 아는 스승과의 직접적인 접촉을 대신할 수는 없다"는 사실을 잘 알고 있었다.[81] 아빠의 고독한 "영적 전투"(spiritual combat)로부터 생겨나는 그런 "영혼의 솔직함"(transparency of soul)이 지닌 힘은 영 분별(discrnment of spirits)이라고 하는 지속적인 전통을 키워냈다.

---

81) 머튼, *Contemplation in a World of Action*, 286쪽.

사막 전통은 동서양 교회의 수도원 공동체를 통해 좀 더 길들여지고 체계적인 방식으로 지속되었다. "아빠"(abba)는 "수도원장"(abbot) 또는 "수녀원장"(abbess)이 되었고, 사막 교부/교모의 분별 기능과 통치자의 조직적인 권위에 집중하였다.[82]

동시에, 고독 속에서 은사를 중시하는 삶의 전통은 교회 역사를 통틀어 군데군데 유지되었다. 가장 최후의 중요한 예는 9세기와 12세기 초의 러시아 **뿌스띠니끼**(poustinikki)였다. 일부는 구소련의 숲 속에서 아직도 생활하고 있다는 소문이 돌고 있다.

이들은 삶의 모든 분야에서 남을 위한 가난과 고독을 향했다. 그들은 보통 마을이나 도시를 멀리 떠나 오두막, **뿌스띠니아**(poustinia, 사막)로 이동했다. 여기에서 그들은 고독하게 생활하였다. 이것은 결코 고립이 아니었다. 고독에 해당하는 러시아어는 "모두와 함께 있음"이라는 의미를 지닌다. **뿌스띠니끼**는 고독하게 생활했지만, 사람들과 함께 중보기도를 했고, 쉬지 않고 기도하면서(예수기도) 종종 상담과 봉사를 실천하였다. 전통적으로, 현관의 빗장은 언제나 열려 있었다; **뿌스띠니끼**에게는 언제나 이웃의 요구가 먼저였다(그 요구는 기도와 상담을 넘어서서, 추수철 같은 때에는 육체적 노동에까지 이르렀다). 그들은 때때로 모두를 위하여 공식적인

---

82) 이렇게 역할을 뒤섞으려는 시도는 늘 어려움이 뒤따랐다. 그리고 좀 더 최근에는 그 역할들이 다양한 사람들에게 나누어졌다. 아마도 이 역사적 긴장으로부터 배울 수 있는 교훈 한 가지는, 영성지도자들을 가장자리의 수평적인 위치에 머물게 하는 일의 가치일 것이다. 앞의 결혼에 관한 논의에서처럼, 관계(특히 법적인 효력을 갖고 있는 관계)의 복잡성이 영적 우정에 중요한 서로의 단순한 존재를 무색케 하지 말아야 한다고 주장하는 사람들과 더불어 말이다. 이것은 13세기의 탁발 수도회, 프란체스코 수도회와 도미니크 수도회의 가치관에 속했다. 두 수도회는 수도사 전원이 (특히 도미니크 수도회) 자신의 "외부" 위치로부터 다른 사람들을 위한 영성지도자의 역할을 자주 담당하였다.

"주님의 말씀"도 선포해야만 했다.[83]

나는 이 **뿌스띠니끼** 전통에 늘 경탄한다. 그것은 서구사회가 분리하고 지나치게 제도화하는 경향이 있었던 것들을 한 데 모아 주었다: 영적인 상담의 카리스마적인 선물과 고독, 그리고 유효성. 아마도 서구사회에서 가장 유사한 예를 찾자면 중세 영국의 남녀 은둔자들일 것이다. 이들은 마을 교회에 소속되어 정관적인 고독 가운데 생활하였지만, 언제든지 상담을 해줄 수가 있었다.

나는 러시아의 전통이 현대의 교회가 공동체에 봉사할 수 있는 - 목회상담가들과는 다른 식의 봉사, 하지만 현대의 심리학적 통찰이 전혀 없지는 않은 봉사를 할 수 있는 - 중요한 잠재력을 지니고 있다고 믿는다. 이러한 방향으로 움직이고 있는 시도들 가운데 전혀 다른 두 가지를 나는 알고 있다. 하나는 애팔래치아의 한 여자 천주교 은둔자와 관련된 것인데, 그녀의 오두막집은 **뿌스띠니아**와 상담에 이용되었다. 그녀는 도움이 필요한 이웃들에게 도움을 주었으며, 근처에 사는 농부의 아내가 죽어갈 때에도 도움의 손길을 펼쳤다. 그녀는 가끔씩 은신처에서 나와 웨이트리스 일을 함으로써 단순한 삶을 꾸려나갔다.

두 번째 시도는 두 명의 천주교 수녀들에 따라 이루어졌다. 그들은 미시건의 한 교구교회 바로 옆집에 살고 있었다. 그들은 그 교구의 성인 교육 프로그램에서 매우 한정된 방식으로 일하였다. 비록 기본적으로는 다함께 기도생활을 하였지만, 그들은 누가 찾아오든지 언제나 상담과 기도를 베풀어 주었다. 그들은 실천주의 교구를

---

83) 캐더린 도허티의 *Poustinia* (Notre Dame, Ind.: Ave Maria Press, 1975)를 읽어 보아라. 그녀가 설립한 공동체는 캐나다의 마돈나 하우스를 중심으로, 정교회와 천주교의 영적 공동체 전통을(특별한 힘을 지닌 뿌스띠니아를 포함하여) 한 데 혼합하였다.

위해 정관적인 균형과 결정적인 상보성을 유지해 주었다. 이것에 관해서는 다음 장에서 다시 논의할 것이다.

그밖에도 단순한 시도들 – 우리 시대에도 해당되는 사막의 영속적인 진리를 밝혀내려는 직관적인 시도들 – 이 많이 있으며, 아직도 여전히 이루어지고 있다.

영 분별

위에서 살펴본 것처럼, 사막의 아빠와 그 계승자들은 사람들의 영적 발달에 필요한 것을 "성취해 내려고" 노력하였다. 이 전통은 내적 정신운동의 진단에 적용되면서부터 **영 분별(diakrisis)**이라고 불리게 되었다.

현대의 심리학적 이해는 우리의 진단적, 규범적 지식에 많은 보탬이 된다. 하지만 개인적, 사회적 조건과 욕구 충족에 관하여 종종 순환하는 견해에 따라 정의되는 삶의 목적, 그리고 인간의 관계에 관한 온갖 가정들로부터의 사실상 표준적인 분리는, 실재의 신뢰와 경험이 곧 연결을 뜻하는 사람들의 경우, 틈이 생기게 된다. 기독교 전통에 비추어 볼 때, 영 분별은 이 틈을 메우는 데 공헌할 수 있다.

전통적인 기독교적 분별은 몇 가지 근본적인 가정을 안고 있다: 인간의 삶은 우연한 것이 아니다: 그것은 신비롭고 사랑 많으신 근원으로부터 받은 선물이다. 이 선물의 목적은 두 가지다: 하나는 그 **자체가 목적인** 사랑/즐거움/창조다. 이것은 우리 근원의 본성을 반영한다: 그리고 다른 하나는 **유도된** 목적인 사랑/인내/창조다. 이것은 상처입고 부분적으로 눈이 먼, 적대적인 본성에 따라 본질적인 사랑이 차단될 때마다 그 사랑을 표명하는 것을 목표로 한다.

　사랑 많으신 근원의 신비스러운 힘은 우리 안에, 그리고 우리 주변에 감춰져 있다. 그러다가 종종 깜짝 놀랄만한 방식으로, 깜짝 놀랄만한 순간에, 우리를 지도하기 위하여 다양한 형태로 등장한다: 여전히 작은 음성으로, 또는 격동적인 확신으로, 또는 우리 삶의 위안과 고독감을 통한 이성적 추론으로 등장한다. 이 모든 것들은 성서와 전통의 일반적인 틀 속에 들어 있다: 교회의 집합적 경험을 전수받은 것이다.

　이러한 에너지는 우리를 강요하지 않고 그저 초대해 줄 뿐인 멋진 운동들을 불러일으킨다. 여기에는 협동의 차원이 요구되지만, 천부적인 운동과 자유로운 반응이 서로 얽히는 것은 너무나도 미묘해서, 그것들의 통전적인 표명을 설명하기 위해 "조심성"이나 "허용" 같은 하나의 단어가 필요해진다.

　상처 입은 우리 창조세계의 경우, 우리들 안과 우리들 주변에는 "폐쇄된 영혼"이 존재한다. 이것도 궁극적으로는 똑같이 사랑 많으신 근원으로부터 비롯되었지만, 기독교 사상에 따르면 이미 타락한 존재고, 지금은 "개방된" 영혼과 경쟁을 하고 있는 존재다. 오늘 대부분의 서구인들은 이 폐쇄된 영혼이 곧 경쟁적인 자아의 실재를 개별적 또는 사회구조적 형태로 왜곡한 것이라고 간주한다. 전통적인 분별 전통은 또 하나의 출처를 포함시켰다: 자아의 투사가 아닌 세계, 주로 우리의 자아 왜곡(탐욕이나 불신 같은 형태)이 묵인해 주고 있는 세계에 떠다니는 낯설고 적대적인 영혼을 포함시킨 것이다.

　이 분별 전통에는, 여러 가지 성서적 출처에서 시작하여, 교회사의 교부시대와 중세시대, 그리고 현대에 이르기까지 세심한 역사가 흐르고 있다.[84] 되풀이되는 순환 주제는 내적 운동의 열매에 대한 관심 집중이다. 이것이 옳다면 내적 반응과 외적 결과 역시 좋을 것이다(반드시 고통이 없다는 보장은 없지만)! 성령의 열매에 관한 사도바울의 목록(갈라디아서 5장 22절)은 그 전통의 중심이다. 바울에게 진정한 은사란 공동체에게 베푸는 빛과 평화, 자선, 겸손의 특징을 띤다.

다른 곳에서도 바울은 과거 교회의 규범적인 경험들과의 연속성 기준을 마련한다: 진정한 관계는 이미 드러난 계시와 조화를 이루거나 또는 더 심오하게 만든다. 그런 기준은 지식 안에서 인간적 통일감을 지켜 주었다. 이 기준은 존스타운즈 같은 자칭 종교문화들에 매우 취약하게 만드는 지나치게 개인적인 계몽을 저지할 수 있다는 점에서 매우 가치가 있는 기준이다. 물론, 종종 있는 일처럼, "이미 드러난 계시"를 너무 협소하게 해석한다면, 헛된 조화를 지나치게 강요하는 정반대의 위험에 빠질 수 있다. 성령의 기름 부음이 인간의 온갖 가르침과 무관한 확신과 빛을 가져온다고 하는 요한일서의 주장은 이러한 위험을 저지하는 데 도움이 된다.[85]

영적 분별은 16세기에 이르러서 로욜라의 성 이그나티우스와 더불어 새로운 단계에 돌입하였다. 그는 분별 전통의 무게중심을 우리의 태도와 가치관, 죄, 일반적인 생활상으로부터 우리의 **행동**으로 옮기는 실제적인 방법과 해석을 제시하였다: 우리는 그저 존재하는 것이 아니라 어떤 행동을 취하도록 부름 받았다. 그것이 "하나님께 영광 돌리고 하나님을 찬미하기 위한" 구체적인 상황에서 우리 삶의 방향을 결정할 것이다.

---

84) *Dictionnaire de Spiritualite: Ascetique et Mystique*, 제3권(Collegeville, Minn.: Liturgical Press, 1970)을 이노첸티아 리처즈가 번역한 *Discernment of Spirits*를 참고하라.
85) 그런 성서적 토대에 대한 유용한 해석은 위의 책, 42쪽 이하를 참고하라.

아직까지도 실용성이 있는 성 이그나티우스의 수많은 공헌들 가운데 가장 중요한 것은, 소명 결정에 알맞은 세 가지 순간에 관한 그의 감각이다:

① 우리의 의지가 전혀 주저하지 않고 한 곳으로 모이는 때.

② 자신의 고독감(어둠, 혼란, 게으름, 미지근함 등)과 위안(믿음, 소망, 사랑, 평화 등을 향한 움직임)의 경험들을 성찰함으로써 빛과 정보를 발견한 때.

③ 고요한 시간에, 영혼이 다양한 영들에 따라 동요하지 않으며, 자유롭고 침착하게 천부적인 재능을 발휘할 때.

성 이그나티우스는 이 세 번째의 좀 더 이성적인 결정, 곧 죽음의 순간에 처한 것처럼 생각하거나, 또는 완벽함을 실천할만한 전혀 모르는 누군가를 그려봄으로써 - 그가 어떤 결정을 내려야 할까? - 소명을 결정하는 과정의 타당성을 강화하기 위한 방법들을 제시한다.[86]

성 이그나티우스의 분별과 영적 실천은 그가 죽은 후 천주교에 널리 퍼져나갔다. 수많은 신앙공동체들이 개인의 영적 실천의 기본 형태를 제공하였다. 제2차 바티칸공의회 이후로는 관심과 변경의 르네상스를 겪었다. 나는 영성지도에 관한 다른 모든 접근방법들도 무수히 많은 현대적 상황과 문제, 요구, 심리적 과정과 관련하여, 그것에 관해 아주 많이 기록해 두었으리라고 생각한다. 이런 의미에서, 그것은 기독교적 영성지도에 대해 가장 "분석적이고" 지속적인 실험적 접근이라고 할 수 있겠다.[87]

---

86) 루히스 풀, *The Spiritual Exercises of Ignatius Loyola* (Chicago: Loyola University, 1951), 175~187쪽. 또한 *Discernment of Spirits*, 84쪽 이하도 참고하라.

87) 예를 들면, 사실상 월간 *Review for Religious*의 모든 간행물에는 여러 해 동안 영성지도의 몇 가지 측면에 대한 기사가 실렸다. 보통은 이그나티우스의 영향을 받은 작가의 기사였다. 그 방법론의 중요한 "현대적" 적용과 확장은 존 잉글리쉬의 *Choosing Life* (New York: Paulist Press, 1978)에서 찾아볼 수 있다. 또한 더 세인트루이스의 정기간행물, *Studies in the Spirituality of the Jesuits*도 참고하라.

하지만 그렇다고 해서 이것만이 **유일한** 접근방법은 아니다. 나는 이것이 좀 더 단순한 무념적인 방법에 익숙한 사람에게 언제나 충분한 것은 아니라고 생각한다. 비록 이 방법이 구체적인 기독교적 신비에 뿌리를 박고 있도록 도와줄 수는 있지만 말이다. 특히 이그나티우스 후계자들 – 예를 들면 동방정교 작가들 – 의 수많은 필터들을 통해 해석될 때에는 사막으로부터 보존되어 온 좀 더 직접적이고, 직관적이고, 카리스마적인 "충격적" 형태와 아주 다른 특성을 지니고 있는 분석적, 개념적 무게중심이 종종 존재한다.[88]

아마도 우리는 중세 이후 서구사회의 친우회(퀘이커교)를 통하여 좀 더 단순한 이 분별 형태에 가장 가까이 다가선 것 같다. 이 17세기 영국 운동의 연합적, 개인적 분별 실천에는 순진한 단순성이 존재한다. 그것은 "내면의 계몽"에 대한 미묘한 적응과 함께, 그리고 공유된 침묵 속에서 솟아난 이 계몽 운동으로부터의 수많은 상호 교훈과 함께,[89] 가장 영국적인 영성의 온화하고 안정적인 가정생활을 반영한다.

퀘이커교는 오늘 우리에게 정관적 직관에 대한 통전적인 관심을 제공해준다. 그리고 좀 더 뚜렷하게 정관적인 동양의 교회와 좀 더 이성적, 감정적, 능동적인 서구 교회를 이어 주는 사회적으로 귀중한 열매를 안겨준다. 비록 성례전(세례, 성만찬 등) 같이 안정적이고 집중적인 유념적 요소들을 거부함으로써 많이 강화되기는 했지만, 오늘 여러 곳에서 퀘이커교의 계보가 너무 "느슨하고" "얇아졌기에", 점점 더 그 깊이를 상실하여 천박한 절충주의에 빠질 위험, 모

---

88) 예를 들면, 이그나티우스나 그의 해석가들과 안토니 블룸(인용문 하나를 앞에서 이미 인용했다)이나 칼리토스 웨어의 논문(즉 "The Spiritual Father in Orthodox Christianity," in *Cross Currents*, 제24권, 2~3호(1974년 여름-가을))을 비교해 보아라.
89) 예를 들면, 조지 폭스, 존 울먼, 루퍼스 존스 그리고 더글러스 스티어의 글을 참고하라.

든 하위문화가 우리의 획일적인 카페테리아 문화에 직면하게 될 위험에 처하게 되는 건 아닌지 염려스럽다.

공동체 지도

퀘이커교의 상호 교훈은 영성지도의 출처로서 **집합 공동체**의 가치를 강조해온 기나긴 역사의 절정에서 발달하였다. 콘스탄틴 황제가 기독교를 공인하기 이전의 교회가 상호 교훈을 강조했던 것은 평신도로 이루어진 수도원 공동체로 대체되었다. 이러한 삶은 전혀 새로운 방식이 아니라, 사실 사도들의 옛 방식들, 곧 콘스탄틴 공인 교회의 진짜 참신함을 부적절한 것이라 하여 거절하고,[90] 기도와 선 공동체에서 빵을 나누는(사도행전 2장 42절) 가운데 다함께 지켜온 방식들과 더불어 지속되어 왔다.

이 길고도 복잡한 공동체의 역사는 오늘 우리에게도 교훈을 준다. "규칙," 공동체의 생활 "방식"에 대한 헌신은 영적 시각과 열매의 성장을 위해 융통성 있게 준비할 수 있도록 우리 영혼의 땅을 오랫동안 일구어준다. 규칙은 다양해졌지만, 변함없는 요소가 많이 존재한다.[91] 여기에는 혼자서 기도하고, 또 다함께 기도하는 특별한 시간들이 포함되며, 공동체 유지를 위한 노동, 외부인들을 향한 무차별적인 자선, 개인적 소유의 빈곤, 의사결정 과정에 대한 복종, 그리고 공동체의 좀 더 큰 선에 대한 복종이 포함된다.

그런 방식에 대한 개인의 자발적인 헌신 행위는, 그 자체로서 이

---

90) 보이어, *The Spirituality of the New Testament and the Fathers* (New York: Desclee, 1960), 307쪽 이하를 참고하라.
91) 영성형성을 강조하는 공동체(특히 바질공동체와 베네딕트공동체)의 규칙에 대해서는 위의 책을 참고하라. 제2권과 제3권은 후기의 발달을 설명해 준다.

미 우리 삶의 광범위한 실재를 향한 발걸음이 될 수 있는 자아실현과 연관이 있다. 규칙의 리듬과 내용은 날마다 그 자체의 함축적인 지도를 동반한다. 규칙의 안정적인 반복을 통하여 우리는 탐욕스러운 이해와 변덕스러운 진리 탐구에 저항할 수 있다: 우리는 어느 정도 긴장을 푼 상태에서, 규칙이 생애 과정에서 드러나게 할 것이며, 그 규칙을 꾸준히 연마함으로써 자극을 받게 될 것이다.

그렇게 안정적이고 사회적인 방식은, 특히나 좀 더 광범위한 전체 속에서 개인적인 차이와 욕구를 변함없이 존중해 줄 경우, 현대 서구문화의 중심에 매력적인 그림 하나를 제시한다. 어떤 생활 리듬에 참여한 서구의 총체적 공동체가 유대교 또는 기독교의 예전적 달력, 관심사, 회개, 상호 교훈, 성만찬의 특징을 취했던 시기가 있었다.

오늘 이 "광범위한" 리듬은 상업적, 교육적, 편의적 정치 달력과 관심사의 영향을 점점 더 많이 받고 있다. 그들의 지도는 종종 종교적 공동체의 조건에 반대된다: 이득의 박탈 대신 축적의 자극이, 단순한 존재를 향한 가르침 대신 복잡한 야망을 위한 교육이 자리를 잡았고, 근본적인 사랑의 진리와 좀 더 깊이 접촉하기 위한 혼자만의 시간 대신 외로운 불안과 표면적인 오락 활동이 가득 채워졌다. 사회적 용서와 확신, 상호 교훈, 그리고 초월적 고착의 성만찬을 위해 함께 모이는 시간 대신 유리한 사업, 접대, 권력 구상이 팽배해졌다.

종교적 규칙을 따르며 살던 공동체들은 개개인에게 대안적인 "체계적 지도"를 제공한다. 또한 그들은 지배적인 규범이 아닌 다른 가능성을 추구하는 사회의 눈에 띄는 증거이자 상징이다.

이 공동체 언약은 독신자들과 가족공동체들 모두를 위해 발달해 왔다. 역사는 후자가 좀 더 많은 어려움을 겪었음을 증명해준다. 좀 더 광범위한 이 공동체들 속에 핵가족 소공동체들이 혼화된 것이다. 이 가족공동체들은 자유로운 회중으로서 가장 잘 지속되어왔던 것 같다. 비록 현대의 회중/지역교구에서처럼, 언약에 따른(또는 언약의 인정을 받은) 조작상의 지도가 거의 없는 지점까지 언약을 완화시킨 시기도 있었지만 말이다. 물론 핵가족들 자체도 종종 이 광범위한 구조 속에서 자신들만의 비공식적인 종교적 언약을 발달시킨다.

하지만 종교적 언약 공동체의 지도에 관하여 부정적인 시각도 존재한다. 첫째, **자칫 억압적일 수 있다**: 개인의 고유성과 욕구가 꺾일 수 있으며, 복종은 착취적인 압제의 핑계가 될 수 있다. 또 순응적인 창의성도 경직되고 헛된 조화로 대체될 수 있다.

둘째, **자칫 너무 안전할 수 있다**: 사막의 아빠들이 지니고 있던 개척정신을 잃어버릴 수 있다. 규칙이 자기 영혼에 대한 개인적 책임을 대신하고, (주의 깊은 기다림보다는) 어리석은 자기만족이 시작될 수 있다. 이것은 특히 공식적인 신앙공동체 생활이 충분한 존재의 "상태"로 대두되었던, 그리고 진리이신 분과의 좀 더 심오한 합일을 위한 길이자 수단으로서 강조되었던 사항들을 많이 상실해버린 중세시대에 심각한 문제로 대두되었다.[92] 그런 "상태"는 성령의 제도화와 교화에 어느 정도 기여하였다(또는 영향을 미쳤다).

셋째, **자칫 거짓될 수 있다**: 그런 역사적 발달은 언약이 어떻게 사람들로 하여금 마술적이고 탁월한 구원 방법, 전원을 넣으면 "만사가 형통하게 되는" 안전전기담요에 복종하도록 지도할 수 있는가를

---

92) 토마스 머튼과 사망 직전의 달라이 라마가 나눈 대화에서, 머튼은 서원 이후의 수도사 발달에 관한 달라이 라마의 질문에 관심을 표명하였다. 사실상 그는 다음과 같은 질문을 받았던 것 같다: 당신들 서구 수도사들은 "함께 시간을 보내기" 위해 서원을 합니까, 아니면 발달을 이루기 위해 서원합니까? 머튼의 *Asian Journal* (New York: New Directions, 1973), 124쪽을 읽어보아라.

보여준다. 놀랄 게 없다. 개인적인 분별의 여지도 전혀 안 남아 있다. 자유로운 진리의 영은 숨이 막혀 죽고 만다.

모든 것을 고려해 볼 때, 그럼에도 불구하고 나는 그런 언약 공동체가 오늘 우리에게 제공해 줄 수 있는 긍정적 지도에 관하여 우리가 두려워할 게 아니라 좀 더 많이 배워야 한다고 믿는다. 우리 생활의 조건이 개인주의적이고 별난 것일수록, 이 공동체 안에서 생활하기가 더 힘들어진다. 하지만 바로 그 조건이 우리가 좀 더 그것을 갈망하도록 만들어줄 수 있다.

그 갈망이 우리를 구해 줄 수 있다. 이러한 열망을 만족시키기 위해 노력함으로써, 전체주의적 정치 인물에 따른 삶의 우선 "순위"에 무조건 항복하는 데서 벗어날 수 있는 것이다. 그것은 소집단들의 보루일 수도 있고, 하위문화의 자발적이고 질서가 잡힌 삶일 수도 있다. 아마도 그것은 마르크스주의와 기독교 사상의 완전한 이행에 가까워지기 위한 유일한 실용적 무대일 것이다.[93]

이 모든 인간적 약점에도 불구하고, 그런 공동체들은 구성원들이 좀 더 큰 사회에 안정된 봉사를 하도록 만들어 줄 뿐만 아니라, 그 큰 집단의 임시 구성원들도 공동체의 길 안내를 음미하고 새로운 힘과 개인의 삶과 좀 더 규모가 큰 돌봄에 대한 새로운 견해를 제공하도록 만들어 줄 수 있다. 그런 "임시변통"은 또한 그들의 삶을 위한 변경된 "규칙"을 제공할 수 있다. 그들에게는 수많은 역사적 선배들이 존재하기 때문이다.

---

93) 머튼은 "저마다의 능력에 따라 일하고 저마다의 필요에 따라 받는다"고 하는 마르크스주의의 목표가 사실상 수도원 공동체의 정의라고 주장한다. 그리고 그는 그런 것을 실현할 수 있는 유일한 장소가 바로 수도원 공동체라고 확신한다(*Asian Journal*, 334쪽).

개인 지도

공동체생활 속에서 일대일 지도의 실제는 아주 이른 시기부터 알려져 있었으며, 권리와 의무는 종종 규칙 그 자체로 기록되었다. 그것은 다양한 형태의 그룹지도를 보완하였다. "사막 이전의" 교회, 그리고 후기의 개혁교회 공동체들 속에서, 이 일대일 지도는 분명 욕구에 기초한 비공식적, 임시적 만남 이상의 것이었다. 사막에서, 그리고 수도원공동체에서, 이러한 상담은 종종 좀 더 진지하고 규칙적인 성격을 띠고 있으며, 전체성/거룩함을 향한 진보에 방해가 되는 것들을 찾아 없앨 수 있도록,[94] 내적인 운동을 고백하고 설명함으로써 영혼을 발산할 수 있는 기회를 제공해 준다.

이렇게 지속적인 개인지도의 배경은 지도자와 피지도자가 삶의 토대로서 진리에 헌신할 수 있는 도덕적, 영적 가정들의 통전적인 체계다. 그들의 동역은 끊임없이 지도를 제공하는 삶의 강화법 가운데 일부일 뿐이다. 두드러진 주안점은 개인의 점차적인 변화다. 가장 심오한 원천과 친교를 나누게 되고, 자발적이며 소명에 따른 자선이 넘쳐흐르게 되는 것이다. 이 주안점은 개인 생활의 모든 차원에 해당된다. 전통적으로 지도자의 시야에서 벗어나는 것은 하나도 없다.

종종 고백도 여기에 포함되었다(때로는 영성지도의 기능과 동떨어진 것이었지만). 이 고백의 목적은, 진정한 고백일 경우, 자기 삶의 의무를 인정하고, 또 자신과 사랑 많으신 하나님의 실재 사이에,

---

94) 이 조직화된 목적의 일부 역시 종교개혁의 초기 좌파와 상호 교화와 교정을 위한 18세기 감리교의 소그룹 모임(그리고 그들의 다양한 종교개혁교회 계승자들)에서 찾아볼 수 있다. 영성지도의 그룹 상황에 접근하기 위한 방법은 제7장에서 논의하게 될 것이다.

이웃과 진정한 자아 사이에, 어떤 것이 있어도 그냥 눈감아주고 싶은 욕구를 인정하는 것이었다. 이것이 기대하는 결과는 회복, 치유, 정화, 평화, 그리고 새롭고 순결하게 존재할 수 있는 능력이었다.

이러한 관계는 현대의 치료적 관계와 명확하게 일치한다. 그럼에도 불구하고 이것은 현대의 요법과 다르다. 가치관과 공동체 생활의 통전적인 배경이 다르고, 이 배경 안에서도 매우 일상적인 친교를 나누는, 그리고 종종 평생토록 이어지기도 하는 사람에 관한 지도자의 지식이 다르다.[95] 이것은 그 사람을 전인간적으로 대할 수 있는 기회를 제공한다. 그리고 잘하면 신비, 은사, 의미 있는 고통, 삶의 목적의 기독교적 실현의 중심에 관한 심오한 구전 전승의 훨씬 더 미묘한 과정을 허용할 수도 있다.

영성지도는 이러한 전승에 아주 융통성 있게 접근할 수 있었다. 바질은 이것에 관하여 다음과 같이 설명한다. "겸손, 권위, 책망, 훈계, 연민, 연설의 자유, 친절, 엄격, 한 마디로 모든 것에는 적당한 때가 있다는 것을 알라."[96]

물론 기도와 기도하라는 훈계는 이 과정의 기본적인 특성이다. 장기간 연루되어 있으면 종종 지도자의 경험에서 솟아나는 기도와 내적 삶의 거친 감각이 느껴진다. 대개는 정화, 계몽, 합일이라는 용어로 일컬어지는데(회개, 성화, 합일에 관한 성서적 언급들과 유사하다), 저마다 경험 많은 지도자가 인정하는 특별한 욕구와 미묘한 차

---

95) 제7장에서 나는 치료와 영성지도의 차이점을 좀 더 상세히 다룰 것이다.
96) P. A. 소로킨이 *The Ways and the Power of Love* (Boston: Beacon Press, 1954)의 "Monastic Psychoanalysis, Counseling, and Therapy"에서 인용함.

이를 지니고 있다.[97]

문학작품들을 보면, 프로이드 훨씬 이전에도 무의식과 의식의 동기를 둘 다 자각하고 있었다는 걸 알 수 있다. 예를 들면, 5세기의 카시안은 꿈 이미지와 영혼의 무의식적 질병의 증거에 대한 욕구에 주의를 기울였다. 하지만 그 목적은 그것들을 해결하는 것뿐만 아니라 고결한 태도와 행위로 대체시키기 위함이기도 했다.

서투른 비전문가들의 손에 맡길 경우, 이 지도 과정은 부적절한 진단과 처방이 따르는 도덕주의, 법치주의, 그리고 영혼의 독재로 변할 수 있었다. 반대로 진정한 스승의 손을 거칠 경우, 이 과정은 해방을 안겨 주고, 위대한 인간의 마음과 사회적/영적 지도자들을 준비시킬 수 있었다.[98]

그렇게 기록에 남는 스승은 언제나 귀했던 것 같다. 하지만 그들의 지혜는 여러 가지 방식으로 오늘까지 전해 내려오고 있다. 만일 누군가가 실존의 내적 진리를 직관으로 알고 전수한다면, 결국 그것은 영원히 동일한 진리인 것이다. 비록 그 특별한 형태나, 표현, 만족은 개성과 상황에 따라 모두 다르다 할지라도, 그리하여 언제나 어

---

97) 위대한 스승들의 경험과 이 단계의 조언에 대한 설명은 이블린 언더힐의 *Mysticism* 제2부에 알기 쉽게 편집되어 있다. 케네스 리치의 『영혼의 친구』(*Soul Friend*), 157쪽 이하를 참고하라. 오늘 이러한 발달 견해가 지니는 중요성은 사람들이 음성이나 환상, 걷기 같은 특별한 내적 경험에 지나치게 빠져들거나 낙담하지 않도록 도와준다는 것이다. 또 다른 가치는 사람들이 자신에게 무슨 일이 일어나고 있는지, 그리고 어떻게 응답해야 하는지를 이해할 수 있도록 도와주는 것이다. 하지만 이 단계들은 각 사람마다 고유하게 소용돌이 모양으로 발달한다. 그리고 영성지도자의 직관과 경험이 가장 중요하다. 이것은 조심스러운 구전의 중요성을 불러일으키는데, 우리들 대부분은 이것을 상실해 버렸기 때문에 다시 한 번 노력해서 형성해야만 한다. 제8장에서 설명하게 될 프로그램은, 오늘 진행되고 있는 다른 모든 시작들처럼, 아주 겸허하게 시작된다.
98) 머튼은 이것에 관하여 다음과 같이 말한다. "영성지도자는, 영성생활에 꼭 필요한 게 아니라 해도, 실제로 성인들과 신비주의자들의 삶 속에서 중요한 부분을 차지했을 것으로 생각된다. 물론 몇 가지 눈에 띄는 예외는 있었지만 말이다. 〔위대한 영성지도자들은〕 개인의 삶뿐만 아니라 종교적 회중과 사회적 환경, 사실상 교회 그 자체의 삶에서도 섭리적인 역할을 담당했음이 틀림없다. *Contemplation in a World of Action*, 269쪽.

느 정도는 우리에게 부적절한 구석이 남아있다 할지라도 말이다.

앞에서 나는 사막교부들에 관해 이야기했다. 사막교부들, 그리고 그들과 밀접하게 연관되어 있었던 사람들(예를 들면 바질, 오리겐, 클레멘트, 제롬, 카시안, 그리고 누르시아의 베네딕트) 이후에도, 동양에서는 고백자 막시무스, 가자의 도로테우스, 존 클리마쿠스,[99] 위(僞) 디오니시우스, 포티케의 디아도쿠스, 신(新) 신학자 성 시므온, 그리고 시내산의 그레고리 같은 사람에게서, 그리고 서양에서는 어거스틴, 교황 그레고리 1세, 끌레르보의 버나드, 성 티에리의 윌리엄, 리보의 엘레드, 성 빅토르의 위그와 리차드, 아시시의 성 프란체스코, 폴리뇨의 안젤라, 시에나의 캐서린, 그리고 13~15세기의 독일과 영국 신비주의자들에게서 절정에 달하는 계보가 존재한다.

우리는 아빌라의 테레사, 십자가의 성 요한, 로욜라의 성 이그나티우스, 그리고 마르틴 루터와 더불어 16세기에 이미 지도라는 개인적 은사가 시작되었음을 좀 더 확신할 수 있게 된다. 17세기와 18세기에는 프란시스 드 살레와 어거스틴 베이커가 두각을 나타낸 것 같다. 이밖에도 영국의 니콜라스 파러, 조지 허버트, 제레미 테일러, 윌리엄 로, 리처드 벡스터, 프랑스의 베륄르, 요안나 프란치스까 드 샹탈, S.J.올린, 페늘롱, 빈센트 드 폴, 그리고 독일의 제이콥 스페너, 요한 아른트 같은 훌륭한 지도자들이 있다. 좀 더 최근의 지도자로는, 수많은 사람들 중에서도 특히 카디날 헨리 뉴만, 사로프의 세라핌, 그리고 은둔자 테오판 같은 이들이 있다.

---

99) 사회자자인 P. A. 소로킨은 요한의 "천국 사다리"가 "적어도 우리 시대의 치료체계와 교육제도처럼 효과적이고 사회적인 것"이었다고 간주한다. 소로킨은 "The Monastic System of Techniques"와 "Monastic Psychoanalysis, Counseling, and Therapy"에서 수도원 실제의 지속적인 가치에 대한 조심스러운 사례를 발달시킨다. 이것은 애비출판사(1973)가 그의 *The Ways and Power of Love*에서 발췌한 것이다.

하지만 통찰력이 있는 작가들과 개인적으로 계몽된 사람들 모두가 이 은사를 개인적 영성지도로 바꿀 수 있는 것은 아니었다. 따라서 이 목록에는 어림짐작이 무성하며, 지극히 불완전하고 암시적인 것들이 많다. 그럼에도 불구하고, 그런 사람들이 기록해 놓은 글에는 지금도 여전히 우리에게 필요한 지혜들이 고스란히 살아 있다. 사실, 교회사를 돌이켜보건대, 특히 르네상스 이전에는, 일대일 영성지도보다도 그룹지도가 더 우세했다. 그러므로 그들의 기록은 그룹지도의 한 가지 유형에 속한다고 볼 수 있을 것이다.[100]

20세기 초의 바론 프리드리히 폰 휴겔은 특별히 따로 언급할 만한 가치가 있는 사람이다. 그의 가치는, 통찰력이 있는 글과 개인지도에 대한 은사 외에도, 그의 평신도 지위에서 찾아볼 수 있다. 이것은 은사를 받은 평신도 영적 친구를 향한 초대교회와 개혁교회의 추진력을 다시금 되찾아야 하는 오늘의 평신도들에게 커다란 격려가 된다. "사막" 시대 이후로 언급되어 온 이름들은 대부분 신앙공동체의 설립자 또는 구성원이며, 그들은 대개가 성직자다.

남성의 지배 역시 분명한 실재다. 나는 기록에 남아있는 것보다 더 많은 숫자의 위대한 여성 영성지도자들이 존재할지도 모른다는 의혹을 품고 있다. 하지만 그들은 가시적인 리더십의 지위를 차지한 남성들의 규범적인 지배하에 모호한 상태로 남아 있었다. 바라건대, 교회사로부터의 이 "부정적 학습"이 우리 시대에는 제발 고쳐졌으면 좋겠다. 내 개인적 경험에 따르면, 영적 동료로서의 잠재적 재능을 남성보다 더 많이 지닌 여성들이 꽤 있다.

유명한 개혁교회 지도자들이 부족한 것은, 내 생각에, 개혁교회

---

100) 이 영성지도자들의 특별한 공헌과 저서에 관한 언급은 보이어에게서 찾아볼 수 있다. "영성지도자"(spiritual director)라는 명칭은 16세기까지는 적용되지 않았던 것처럼 보인다.

의 영적 깊이가 부족해서가 아니라, 만인의 사제직을 강조하기 때문인 것 같다. 역사적으로 상호적, 비공식적 지도 분야에는 익명의 인물들이 셀 수 없이 많다. 또한 아주 최근까지만 하더라도, 단 한 명의 지도자와 장기적으로 일대일 지도를 하는 것에는 거의 관심이 없었다. 개혁교회 지도의 주류는 설교와 개인적인 성서연구, 그리고 기도였다. 하지만 오늘의 개혁교회에서는, 제4장에서 논의하게 될 몇 가지 이유들 때문에, 지속적인 일대일 지도와 소그룹 지도에 대한 관심이 점점 더 커지고 있다.

결론

나는 오늘의 영성지도에 특별히 중요하다고 생각되는 기독교 전통의 중요한 공헌들을 지적하였다. 물론 다른 공헌들도 많다. 특히 기도나 금식, 예술의 이용, 성사, 순례 같이 금욕적인 훈련 **방법**들에 관련된 것들이 아주 많다. 어떤 의미에서는, 지금까지 기록되고 인위적으로 표현되고 행해진 교회의 모든 것이 오늘의 영성지도에 공헌할 수 있는 잠재력을 지니고 있다(부정적으로든 긍정적으로든!). 제4장에서 나는 지금 우리를 위해 어떻게 이용할 수 있는가 하는 차원에서. 이와 같은 "확장"에 관하여 좀 더 이야기할 것이다.

지금 우리를 통해 흐르고 있는 생명수는 과거의 이 반짝이는 보석을 실어 나르고 있지만, 구원사의 본질은 흐르는 내내 아주 많은 것들을 정화한다. 그리하여 많은 것들이 정의롭게 남게 된다. 그 순간은 우리에게 신선한 반응을 요구한다.

내가 과거의 보석에 매달리지 못하도록 막는 것은 바로 다음과 같

은 상상이다: 과거의 어느 위대한 영성지도자가 지금도 살아 있다고, 모든 세대와 세계 문화의 맥락에서 지금까지 자신의 이해를 발전시키고 우리 한가운데에 있는 "실재"와의 친교를 계속해서 발달시켜 왔다고 한 번 상상해 보자. 그렇게 광범위하게 확대된 경험을 보고서, 그 지도자는 자신이 우리에게 물려준 본디 유산에 관하여 과연 무엇이라고 말할까? 그 지도자는 여전히 진리의 핵심을 발견할 수도 있겠지만, 어쩌면 우리가 궁극적 지식으로 기록된 것에 진짜로 매달리고 있는지 의심스러울지도 모른다. 결국, 육체적인 죽음이 우리가 특정 인물 속에서 역동적으로 발전하는 의식이라고 간주한 것을 멈추게 했다. 그의 시각의 진정한 "완성"은 없었다 – 오로지 한정된 시간의 반응만 있었을 뿐이다.

우리는 다함께, 하나의 포괄적인 강을 이루고 있다. 그러면서도 우리는 저마다가 결코 한정적이지 않은 세대, 흘러가는 물 한 양동이에 속한다. 그럼에도 불구하고 기독교 신앙 밑바닥에는 성령임이 끊임없이 흐르고 있다. 그리고 우리의 천부적인 순간, 우리의 **카이로스**를 완성하는 데 필요한 특별한 사랑이 되어 우리 안에서 샘솟는다. 이 사랑은 다른 모든 사랑들과 연결되어 있다. 그리고 십자가 위에서 드러난 성령의 사랑의 고통과 영광 속에서, 서서히 다함께 변화되고 조화를 이룬다.

모든 것을 신비롭게 포용하는 거룩한 저류가 역사를 통해서, 그리고 역사를 초월하여, 우리를 본향으로 이끌어 준다. 어제도 오늘도 여러 가지로 암중모색 중인 영성지도는, 우리가 자기 내면과 주변에서 이 숨겨진 힘을 발견하고, 믿고, 허용하도록 도와준다.

제3장
영성지도의 리듬

한 기독교 고등학교에 종교를 가르치는 선생님이 있었다. 얼마 전, 그 선생님은 한 학급에 들어가서 침묵명상을 소개하기로 마음먹었다. 그는 학생들에게 침묵하는 동안 그저 "존재하기만" 하라고 가르쳤다: 편안한 마음으로 깨어 있으라고, 있는 그대로의 삶에 개방적인 자세를 취하라고, 아무것도 하지 말고 그저 일어나는 일을 인식하기만 하라고. 그리고 주마다 시간을 조금씩 늘려 최대 십 분까지 명상시간을 갖게 했다.

학생들의 반응은 매우 의미심장했다. 한 소년은 그 시간의 전반적인 느낌을 이렇게 요약하였다: "이렇게 뭔가를 해내지 않아도 되는 건 제 평생 처음이에요." 화가 난 일부 학부모들의 반응 역시 의미심장했다: "이건 기독교적인 게 못 돼요"라고 말하는 부모도 있었고, "우리 아이가 아무것도 안하고 그저 앉아만 있으라고 수업료를 내는 게 아니에요"라고 말하는 부모도 있었다.

이 십분 간의 침묵이 그렇게 특별하거나 위협적인 것이 될 수 있을까?

그 질문에 대한 답이 아무쪼록 우리가 개인과 사회의 행복에 필수적이며 영적 인식에도 매우 중요한 삶의 지도 리듬을 인식할 수 있게 해주기를 바란다. 앞으로 살펴보게 되겠지만, 영성지도는 이 배경 리듬을 훨씬 더 통전적으로 살릴 수 있도록 삶을 격려해 주는 통로가 될 수 있다.

그 리듬은 셀 수 없이 많은 이름을 지녔으며, 창조만큼이나 역사가 오래되었다.

우리는 조수의 간만에서, 우리 근육의 수축과 이완에서, 남과 밤에서, 온갖 종류의 휴식과 활동에서 그 리듬을 보게 된다. 또한 우리는 두 심실의 고유한 박동이 서로 접하는 순간 조화로운 박동으로 변하는 데서 그것을 본다.

인간 사회에서 그 리듬은 단체 활동과 축제, 계급제도와 평등, 대중적 역할과 일반적 군중, 다양성과 통일성, 영원에 관한 집합적 의식과 역사 사이를 흐른다.

개인들 내부에서 그 리듬은 수고와 휴식, 분석과 직관, 남성의 여성적 특성과 여성의 남성적 특성, 남녀구별과 양성소유, 약속과 취소, 건강과 질병, 예상과 실재, 공격과 안정, 활동과 수용, 조종과 인정, 행위와 존재, 문제와 신비, 동작과 정관 사이에서 고동친다.

이 리듬은 우리 안에 깊숙이 스며들어 있다. 전통사회에서 이것은 관습 속에 간직되어 왔으며, 대개는 의식적인 선택이 아니라 당연한 것으로 받아들여졌다.

복잡한 현대사회에서는 관습의 힘과 결점뿐만 아니라 무의식적인 지혜까지도 점점 더 사라지거나 약화되고 있다.

그것을 대체하는 것이 바로 개별적 선택과 결백한 새 사람이다: 관습의 자궁에서 태어났지만, 그것이 지지했던 인간 경험의 보물은 전혀 모르는, 지금 막 새로운 방법, 자수성가의 방법을 암중모색하고 있는, 오만과 절망이 엇갈리는, 그리고 자연과 초월자에 대한 존중이나 역사에 대한 언급은 최대한 멀리하는 새 사람.

1970년대 서구의 "밝은" 면들 가운데 하나는 역사, 자연, 초월자와 우리의 연관성을 다시금 들여다보기 위해 이런 무분별한 비약을 잠시 멈췄다는 것이다. 그리고 어쩌면 우리가 겉만 번지르르한 황철광과 함께 진짜 황금까지 내버린 건 아닌지, 어쩌면 에서처럼 허망한 죽 한 그릇을 위해 우리의 장자 상속권을 팔아 버린 건 아닌지 돌아보게 되었다는 것이다.

1970년대의 어두운 면은 사회적 용기의 고갈, 관심사의 진부화와 자만, 안전한 과거에 대해 지나치게 단순화된 향수였다.

1970년대의 이런 면들은 서로 연결되어 있다. 만일 어두운 면이 1980년대에 밝아질 수 있다면, 그 긍정적인 "정지"도 우리 상황에 대한 신선한 이해와 우리 삶을 위한 지침으로 바뀔 것이다. 우리가 막다른 골목에서 절망이라고 하는 꼴사나운 짐승의 폭력과 은밀한 좌절 때문에 굴복하는 일이 없도록.

이 리듬의 책임은 특별히 교회에게 있다. 사실. 다른 종교 단체들과 더불어, 기독교는 그것을 적절히 이해해주고 나아가 그것의 수행을 위한 리더십도 제공해 줄 수 있는 사회의 유일한 제도다. 앞으로 살펴보게 되겠지만, 어느 행동과학자들 집단은, 이 리듬의 경영을 보조하는 것이 교회의 주된 사회적 임무이며, 만일 그 임무를 수행하지 못할 경우 교회와 직접적으로 관련이 없는 사람들까지 사회 전체가 좀 더 많은 분열과 질병, 환각, 부정으로 고통당하게 된다고까지 말한다.

우리가 이 리듬을 이해하고 이것과 영성지도의 연관성을 이해하기 위해서는, 서구의 종교역사와 근동의 뿌리를 다시 한 번 되짚어 보아야 한다. 그런 다음 현재로 돌아와, 어느 인류학자와 어느 행동과학자들 집단이 연구한 리듬을 살펴볼 것이다. 그리고 마지막으로, 개인적인 영성지도가 수행할 수 있는 특별한 역할에 관해 살펴볼 계획이다.

안식일과 예배의 리듬

지난해 나는 안식일의 대부분을 필라델피아에서 내가 아주 존경하는 하시드파 랍비, 잘만 샤흐터와 함께 보낼 수 있는 특권을 누렸다. 그는 워싱턴에 있는 나를 특별히 "안식일"(Shabbos, Sabbath)[101]에 초대해 주었다. 유대교 공동체에겐 가장 중대한 날, 그러면서도 역설적으로 그 민족적 정체성을 초월하여 온 세계 사람들이 합일의 날로 삼아 모두 함께 하는 날에 말이다.

온갖 필요한 일들은 금요일 일몰(안식일의 시작)과 함께 허둥지둥 마감을 했고, 일요일 일출 때까지는 아무것도 할 수 없었다. 그 날의 전통적 구현인 "안식일 여왕"(Sabbath Queen)은 소규모 학생들의 참석 아래 환영을 받았다. 기도시간에는 겸손의 표시로 언제나 썼던 스컬캡(yarmulkes), 특별기도, 노래, 그리고 원하는 사람은 누구나 다 연주할 수 있었던 악기와 함께. 모든 사람들이 다 참여하도록 초

---

101) Shabbos는 이디시어다. Shabbat는 영어로 안식일이라고 번역되는 히브리어다.

대를 받으며, 심지어는 천사들까지도 초대된다.

저녁예배를 드리기 위해 우리 소그룹은 다른 랍비 아서 그린[102]의 집으로 걸어갔다. 팔에 아이를 안은 채로, 모든 사람들이 세대를 초월하여 "안식일 평화"(Sabbath Shalom)라는 전통적인 인사를 주고 받았다. 그런 다음 모두가 다함께 기도문을 낭독했는데, 이것은 과거와 현재와 미래의 성령의 구원 방법과 연결된 것이다.

우리는 잘만의 집으로 돌아가 일몰 전에 준비해 두었던 전통적인 안식일 음식을 먹었다. 식사 전에 두 손을 의식적으로 씻었다. 잘만의 아내는 먼 곳에 가고 없어서, 다른 여인이 전통적인 촛불을 준비해 주었다. 포도주와 "할라"(challah) 빵 위에 특별한 축복기도, 고대의 키두쉬(kiddush)가 베풀어졌다. 이것이 아마도 기독교 성만찬 예식의 모태일 것이다.

그 빵은 특별한 안식일 "할라 칼"로 잘랐다 – 이 칼이 특별한 이유는, 안식일에는 그 어떤 무기도 허용이 되지 않기 때문이다. 안식일은 평화와 평등의 날이며, 완벽한 하나님의 통치를 기대하는 날이니까. 즐거운 식사가 몇 시간동안 지속되었다. 서로의 삶에 대한 대화를 나눠가면서, 그리고 잘만이 우리들 저마다의 삶에 바라는 점들을 써준 특별한 메모에 관해 이야기를 나누면서.

토요일 아침이면 우리는 조금 멀리 있는 회당까지 걸어갔다. 정통파 유대교 전통에서는 안식일에 어떠한 기계도 이용해서는 안 된다. 기계도 우리를 위해, 모든 이들을 위해 뭔가를 하고 있기 때문에, 이 날에는 휴식을 취할 권리가 있다는 것이다. 사실 고대의 성서 율법에서는, 그 누구도, 심지어는 동물까지도, 안식일에 우리를 위해 일

---

102) 이 랍비들은 둘 다 대학교수이며 회당 책임자가 아니었다. 따라서 그들은 그 날 밤 회당 예배를 인도하지 않았다.

하게 하는 것은 치명적인 범죄다. 안식일에는 누구든지 아무런 간섭 없이 "평화롭게 지낼" **법적인** 권리가 있다.

우리는 좀 더 비공식적인 예배에도 두 번 참석했다. 공식적인 기도와 성서 낭독, 설교가 비공식적인 인사와 행복에 대한 탐구, 세계 복지에 대한 대중적 논의와 합해졌다.

정오경에 우리는 집으로 돌아와 차가운 음식을 먹고(안식일에는 불도 피우면 안 된다 – 그것도 일에 속하기 때문이다) 다정하게 대화를 나눴다. 오후에도 계속 머물 수 있을 때면, 혼자서 또는 함께, 삶에 대한 성찰을 하고, 성서와 다른 영성 도서를 읽고, 걷고, 쉬었으며, 그밖에도 나머지 엿새와는 다른 활동들로 오후 시간을 채웠다. 전통적으로 안식일은 일몰시 다시 한 번 특별한 기도예배를 드림으로써 끝을 맺는다.

안식일을 지키는 방법은 유대인 가정마다 다르다. 하지만 나머지 엿새와 차이가 난다는 것만은 모두 똑같다. 그 기원은 출애굽기 20장 8~11절에 실린 명령으로 거슬러 올라간다:

> 안식일을 기억하여 그 날을 거룩하게 지켜라. 너희는 엿새 동안 모든 일을 힘써 하여라. 그러나 이렛날은 주 너희 하나님의 안식일이니, 너희는 어떤 일도 해서는 안 된다. 너희와, 너희의 아들이나 딸이나, 너희의 남종이나 여종만이 아니라, 너희 집짐승이나, 너희의 집에 머무르는 나그네라도, 일을 해서는 안 된다. 이는, 내가 엿새 동안 하늘과 땅과 바다와 그 안에 있는 모든 것을 만들고, 이렛날에는 쉬었기 때문이다. 그러므로 나 주가 안식일을 복 주고, 그 날을 거룩하게 하였다.

신명기 5장 15절은 안식일의 다른 목적이 해방의 기억임을 알려준다: 이집트에서 종살이하던 히브리인들의 해방. 따라서 역사적 감수성과 정체성은 휴식과 예배, 그 자체가 목적인 날과 연결된다.

예레미야 시대부터 계속해서 예언자들은 안식일 준수를 기쁨으로, 정의의 법의 일부로, 그리고 언약에 대한 헌신의 표시로 강조한다. 그 때문에 시간이 하나님께 바쳐지고, 공동체와 땅이 힘과 원기를 회복하게 된다.[103]

안식일 준수에 관한 법률은 토라[104] 곳곳에서 발견되며, 수세기에 걸친 랍비들의 주석서에서도 발견된다. 예수 시대에는 그 법률이 아주 엄격했다. 예수도 안식일에 불법적인 치유를 행하고 옥수수를 땄지만 안식일의 특수성을 부인하지는 않았다. 오히려 그는 안식일을 전체성, **샬롬**(shalom)의 메시아적 질서의 도래와 연결시켰다. 안식일은 예수가 오심으로써 완성이 시작되었다는 표시이기 때문이다.[105]

안식일과 예수를 통한 초기 완성의 연결은, 부활한 예수 경험과 한 주의 첫 번째 날에 성령이 임한 일 때문에 더욱 강화되었다. 그리고 초대교회는 오늘 우리가 주일이라고 부르는 그 날의 특별한 기독교적 준수로 점점 더 변화되었다.[106]

한 주의 "특별한 날"이라고 하는 의미는 기독고 선교사들을 통해

---

103) 아모스 8장 4~6절; 호세아 2장 4절; 이사야 1장 13절, 56장 2~8절, 58장 13절 이하; 예레미야 17장 21~27절; 에스겔 20장 12~20절을 참고하라. 좀 더 상세한 주석과 참조사항에 대해서는 알란 리처드슨 편집, *A Theological Word Book of the Bible* (New York: Macmillan, 1959)을 참고하라.
104) 출애굽기 16장 22~30절, 31장 13~17절, 35장 3절; 레위기 23장 2절 이하; 민수기 28장 9절 이하를 참고하라.
105) 마가복음 1장 21, 29절; 2장 23절; 3장 6절; 마태복음 12장 11절; 누가복음 14장 5절, 13장 10~16절; 요한복음 5장 1~18절; 9장 10~16절; 그리고 골로새서 2장 16절을 참고하라(여기에서 바울은 안식일의 자유가 그리스도인들을 위한 예수님의 자유와 비슷하다고 주장한다). 좀 상세한 주석에 대해서는 위에서 인용한 리처드슨의 책을 참고하라.
106) 사도행전 20장 7절을 참고하라. 또 F.L. 크로스가 편집한 *Oxford Dictionary of the Christian Church* (London: Oxford, 1958)에서 "Sabbath"를 참고하라.

멀리, 더 멀리 퍼져나갔다. 이 날의 준수는 수세기에 걸쳐 매우 다양해졌지만, 그래도 예배와 휴식은 늘 포함되었다.

오늘, 특히 개혁교회가 지배적인 서구사회에서, 우리는 선의로 시작되었지만 가혹할 정도로 율법적이었던 기독교 안식일 준수 시대의 마지막 흔적으로부터 도망치고 있다. 안식일 법이 가장 편협하고 엄격한 해석으로 치닫게 된 것은 아마도 17세기 영국 청교도들의 율법주의적 행위일 것이다. 그들은 주일날 온갖 종류의 오락을 금지했으며, 심지어는 산책조차도 금했다.[107]

그러다가 미국의 "청교도적 금법"(Blue Laws)이 점진적으로 소멸하면서, 어느 정도 안정을 되찾았다. 그와 더불어 의미 있는 삶의 기본적인 리듬을 상징하던 것들 가운데 하나도 대중적인 의식으로부터 사라졌다. 하비 콕스가 말한 것처럼, 일요일은 성일임에도 불구하고, 점점 더 여가 활동으로 공허감을 메우는 날에 불과한 것이 되고 말았다.[108] 교회 자체도 흔적만 남은 안식일 모임의 바쁜 시간에만 한정되었다. 그 날 하루가 전부 삶의 다른 리듬이라는 인식이 사라져 버렸다. 관습을 지키지 않는 수많은 유대인들이 안식일을 다함께 무시하게 되었다. 진보적인 유대인들은, 대다수의 그리스도인들과 마찬가지로, 안식일을 그저 모자를 살짝 들어 올려 인사하는 날로 끌어내렸으며, 어떤 사람들에게 안식일은 아예 들어본 적도 없는 것이 되고 말았다.

안식일이 의미하는 이 상이한 시간의 지도를 무시함으로써 우리가 놓치고 있는 것은 무엇인가? 우리는 심오한 인간적 진리를 놓치

---

107) 위의 책에서 "Sabbatarianism"을 참고하라. 17세기 스코틀랜드에서는 엄격하게 종교적이지 않은 책이나 음악까지도 모두 금지되었다.

108) *Turing East: The Promise and Peril of the New Orientalism* (New York: Simon and Schuster, 1977), 제5장.

고 있다: 위대한 유대인 학자이자 신비주의자인 아브라함 조수아 헤셸이 "성소 – 시간의 대성당"이라고 불렀던 것의 필요성을 그만 놓치고 만 것이다.[109]

어쩌면 헤셸보다 더 이 성소의 내적 중심을 감동적으로 되살려낸 사람도 없을 것이다. 안식일 시대의 힘에 관한 그의 통찰들 가운데 몇 가지를 인용하자면 다음과 같다:

> 엿새 동안 우리는 세상과 싸우고, 땅으로부터 이득을 짜낸다; 그리고 안식일에는 영혼에 심어진 영원의 욕구를 특별히 돌본다. 세상은 우리의 손을 소유하지만, 우리의 영혼은 다른 분에게 속해 있다.[110]

> 엿새 동안 우리는 **공간**의 사물들의 폭정 아래 살아간다; 그리고 안식일에는 **시간**의 거룩함에 적응하려고 노력한다. 창조의 **결과**로부터 창조의 **신비**로, 창조세계로부터 세계창조로 전환하라고 …… 우리를 부르는 날.[111]

> 아리스토텔레스와 달리, 안식일은 좀 더 효과적으로 작업할 수 있는 힘을 얻기 위한 날이 아니다 – 인간은 짐 운반용 동물이 아니다 …… 안식일은 삶의 막간이 아니라 절정이다 …… 네 모든 일을 다 마친 것처럼 쉬어라 …… 안식일은 다가올 세계의 본보기다(R.아케이바).[112]

> 노동은 기술이다. 하지만 완벽한 휴식은 예술이다 – 돈과 마음과 상상력이 일

---

109) *The Sabbath: Its Meaning for Modern Man* (New York: Noonday Press, 1951).
110) 위의 책, 13쪽.
111) 위의 책, 10쪽.
112) 위의 책, 14, 32, 73쪽.

치된 결과다.[113]

안식일은 우리가 영혼과 기쁨과 침묵(수련과 절제)으로 세운 시간의 궁전이다 …… 소란스러운 행동들을 절제하는 침묵이 아니라면, 도대체 어떻게 영원하신 분 앞에 선 영광을 표현할 수 있겠는가?[114]

안식일은 외적인 의무로부터 독립하는 날이다. 그 날에는 기술 문명의 우상들을 섬기는 행위를 멈춘다; 더 이상 돈을 쓰지 않는다; 동료들이나 자연의 힘과도 더 이상 경제적인 투쟁을 하지 않고 휴전한다. 이것은 기술 문명의 **단념**이 아니라, 기술 문명으로부터 약간의 **독립**을 취하는 것이다.[115]

안식일을 기념할 때 우리가 예배하는 것은 바로 우리 눈에 보이지 않는 무엇이다. 그것에 여왕이라는 이름을 붙이고, 그것을 신부라고 부르는 것은, 단지 그것의 정신이 우리가 위안이나 회복을 위해 거절하기로 한 공허한 시간의 길이가 아니라, 우리가 접하는 실재라는 사실을 언급하기 위함이다.[116]

우리가 지속적으로 안고 있는 문제는, 사람들과 더불어 살면서 어떻게 자유로이 남을 것인가, 사물들과 함께 살면서 어떻게 독립적으로 머무를 것인가 하는 것이다 …… 안식일은 우리에게 이러한 내적 자유를 안겨 주며, 사물과 사람의 지배로부터 해방시켜 준다.[117]

---

113) 위의 책, 같은 곳.
114) 위의 책, 같은 곳.
115) 위의 책, 27쪽.
116) 위의 책, 59쪽.
117) 위의 책, 87, 91쪽.

안식일은 신성모독의 날들 속에서 혼자만 외로운 이방인으로 살아갈 수 없다 …… 일주일 전부가 그 최고의 날과 영적으로 연결되어야 한다. 우리의 모든 삶이 이레째 되는 날을 향한 순례여야 한다. 안식일은 삶의 대조적인 요소이며, 우리의 양심과 세계 속에 하나님이 임재하신다는 우리의 인식을 위협하는 온갖 동요와 변화에도 살아남는 멜로디다.[118]

위와 같이 생생한 헤셀의 말들은 인간 삶의 역설적인 진리 주변을 계속해서 맴돈다: 비록 우리 모두가 고향의 맛처럼 안식일 시대의 특성을 열망한다 할지라도, 그리고 그 "멜로디"가 다른 시대에 최고가 되도록 만들기 위해 애쓴다 할지라도, 우리 삶의 대부분이 안식일의 완성을 거부하는 구조와 상황, 내적 복잡성 속에서 소비되고 있다는 것만은 변함없는 사실이다.

평등, 합일, 평화의 강도에서 모든 날들이 안식일과 똑같도록 노력해온 종교적, 정치적 집단들은 이것이 도저히 불가능하다는 사실을 깨달았다. 역사적으로 그런 순수한 이상을 강요하려는 시도들은 결국 독재로 끝나거나, 사회구조와 인간 조건의 필연성과의 최종적인 타협으로 이어졌다.[119]

안식일 전통의 위대한 현실주의는 그것이 우리의 인간적 비전과 조건을 둘 다 인정하며, 그 비전이 온갖 조건에도 불구하고 유지될 수 있도록 방법을 제시해 준다는 것이다.[120] 인간은 단순한 생산의 동물로 환원되는 것을 면했다. 그와 동시에 인간적 사회구조와 봉사의

---

118) 위의 책, 89쪽.
119) 빅토 터너, *The Ritual Process* (Chicago: Aldine, 1969), 129쪽 이하를 참고하라.
120) 안식일 기간의 특징을 흥미롭고도 필사적으로 역사적 기독교가 사용한 시기는 바로는 중세다. 지속적인 번영의 시기에 주교들은 "하나님의 평화"의 시기를 정착시키려 했다. 특히 사순절처럼 예전적으로 중요한 절기에는 그 어떤 전투도 벌여서는 안 되었다.

긴장과 갈등 때문에 안식일을 영원히 철회하고픈 유혹도 이겨냈다.

마르크스주의자도, 세속화된 서구 민주주의 국가들도, 이러한 균형을 유지하는 방법은 잘 알고 있는 것 같다. 아마도 이 사회에서 믿을 만한 초월성에 관한 공동의, 조작상의 의식이 사라질 경우 균형을 유지하기가 힘들 것이다. 그리고 이러한 의식이 없다면 불안과 편집병이 난무할 것이다. 그렇게 되면 삶의 선물에 감사할 수 있는 특별한 시간도 아예 사라질 수 있다. 그것은 그저 우리의 노력과 후원에 전적으로 달려 있는, 이해하기 어려운 사건에 불과한 것이 되고 말기 때문이다.

우리는 지속적인 생산 활동이 없는 무로의 와해를 두려워한다. 우리의 활동과 동떨어진 곳에는 "아무것도" 없기 때문이다. 밖으로 나갈 수 있는 유일한 방법은 실제적인 탈출, 우리의 위협적인 지식으로부터 만취상태의 망각으로 도주하는 것뿐이다. 삶 그 자체, 활동과 나태함은, 만취의 특성을 지닌다. 그리고 실제로 존재하지 않는, 부단한 자기-정의와 노동, 고착 말고는 다른 의미가 전혀 없는 세계와 자아를 세운 다음 그것에서 도망치고 싶은 광적인 충동의 특성을 지닌다.

진리의 나머지, 유대-기독교 경험에 따라 단정된 안식일의 진리는, 우리가 계속 두 눈을 뜬 채로 쉬거나 활동할 수 있다는 것이다. 우리가 꽉 붙잡지 않은 순간까지도 붙잡혀 있다고 믿으면서. 그럴 경우 좀 더 분별 있는 삶의 리듬이 가능해진다. 절박한 성취나 도주가 아니라, 안식일과 교역실천을 왔다 갔다 하면서 서로 맞춰 주는 리듬. 이제 교회가 이 리듬을 조장했던 때를 다시 살펴보도록 하자.

교회의 과제

런던의 그러브 연구소[121] 소장인 브루스 리드에 따르면, 교회의 가장 중요한 임무는 바로 이 기본적인 삶의 리듬을 통해, 그리고 이 리듬을 향해 사람들을 지도하는 것이다.

20년에 걸친 교회 연구를 통하여 그 연구소는 이것이 교회의 규범적인 임무일 뿐만 아니라 사회 기구로서의 **경영상** 임무이기도 하다는 확신을 갖게 되었다. 곧 **다름 아닌** 사람들을 위한 기구라는 것이다. 비록 그 형태나 결과는 이상과 아주 멀리 떨어진 것이라 할지라도.[122]

몇 년 전 나는 교회의 기능과 임무에 관해 이 연구소의 직원진이 주최한 한 회의에 참석한 적이 있었다. 나는 그들의 해석 방법에 충격을 받았다. 그것은 회의 전과 후의 내 경험을 확실하고 명백하게 정리하는 데 큰 도움을 주었다. 그러브 연구소는 "안식일과 교역실천" 또는 "성취와 도주" 순간에 관해서 전혀 언급하지 않는다. 하지만 나는 그들의 연구 역시 나와 같은 방향을 향한 것이라고 확신한다.

그 연구소의 대변인인 브루스 리드는 인간 삶의 대안적인 경험 방식을 두 가지 제안한다. 둘 다 나름대로 타당성과 존재방식을 갖춘 것이다. 하나는 "내적 의존" 방식이다. 집중적이고 분석적인 순간에 우리는 환경을 지배하거나 환경에 적응하고자 애쓴다. 종교적 가치관은 기본적으로 이 방식에 내면화되어 있으며 눈에 띄지 않는다.

---

121) 교회를 포함하여 아주 많은 종류의 조직들과 함께 일하는, 체계적인 연구와 자문을 위한 연구소.
122) 리드는 최근 자신의 주제와 경험을 총망라한 저서 한 권을 썼다: *The Dynamics of Religion* (London: Darton, Longman and Todd, 1978). 조금 덜 발전시킨 짧은 글은 "The Task of the Church and the Role of its Members"(1975년 6월)이다. 이것은 the Alban Institute, Mount St. Alban, Washington, D.C., 20016에서 구입할 수 있다.

하지만, 리드의 주제는 인간 삶의 이 같은 존재방식이 부적절하다고 지적한다. 성인들은 어린 시절에 내적 의존 놀이와 "점검"을 위해 부모에게로 돌아가는 것 사이에서 느꼈던 망설임을 결코 떨쳐버리지 못한다. 이 점검은 그들이 위험을 무릅쓰고 모험할 수 있도록 활력을 주고 용기를 불어넣어 주는데도 말이다. 두 번째 존재방식은 "외적 의존"이다. 이것의 가장 큰 특징은 자아 밖의 신실한 근원을 향해 나아가는 긍정적인 퇴보, 예술 활동과 종교 활동의 특징을 좀 더 많이 지닌, 초점이 맞지 않고 상징적인 의식을 향해 나아가는 퇴보다.[123]

성인기에 이 과정은 의존할 만한 어떤 사람 또는 사물의 추구, 잦은 두려움, 저항과 철회, 절망의 인정, 그리고 철회 기간에 발생하는 새로운 이념의 출현, 자아와 세계의 개념 출현으로 나타난다.[124]

개인은 자신의 연약함과 취약성을 인정할 수 있고 새로운 자아관과 세계관을 재정립할 수 있는 무대를 제공하기 위해 다른 사람의 존재, 실질적 존재나 또는 상상적 존재를 이용한다.

그런 식의 후퇴가 반드시 유아기의 원시적인 사고방식으로 돌아가는 것이라고 볼 수는 없다. 그것은 어린 시절의 밝은 비전에 개방적인 것으로 이해할 수 있다(성인에게는 둘 다 혼란스러울 수 있다).[125] 공동예배가 그 좋은 예다: 그런 행위를 통하여 우리의 생각과 느낌은 우리 일이나 사회적 삶에 관한 것이 아니라 세계 또는 경험의 영역에 관한 이야기, 심상, 개념에 몰두하게 된다.[126] 예배가 변화

---

123) 위의 책, 22쪽.
124) 위의 책, 15쪽.
125) 리드는 위니캇, 크리스, 하트만, 비온, 밸린트, 칸 같은 현대 심리치료사들의 긍정적인 퇴행 (regression) 의미를 아주 많이 인용하고 있다(위의 책, 22, 36쪽을 참고하라).
126) 위의 책, 23쪽.

하는 초월적 신뢰감을 포함하여, 외적 의존 방식으로 충만하게, 능동적으로 경험될 때, 사람들은 좀 더 용감하게 위험을 무릅쓰고, 프로젝트를 변화시키고, 미지의 세계를 탐험할 수 있는 힘을 지닌 내적 의존으로 나아갈 수 있다.[127]

리드의 경험은 예배와 세상 일 사이에서 실제로 이 개인적인 망설임에 사로잡힌 사람들이 사실은 공동체의 다른 많은 사람들을 **위하여** 그렇게 하고 있다는 결론을 이끌어낸다. 어떤 이들은 자기도 모르는 새에 자신을 **위해서** 다른 사람들을 예배에 보내며, 사실 아무도 가지 않을 경우 불안해하게 된다. 또 어떤 이들은 남을 **대신하여** 망설임에 빠지기도 한다: 이들은 개별적인 예배자를 확인하지 않는다. 그들에게 중요한 것은 교회 건물이 눈에 보인다는 것, 교회 종소리가 울린다는 것, 그리고 교회에 가는 사람들이 보인다는 것이다.[128]

리드는 주로 영국 교회 연구에 비추어 말하고 있다. 미국의 상황에서는 그런 주장이 다소 맞지 않을 수도 있다. 미국 교회는 조직적인 종교생활이 형식상 국가와 분리되어 있으며, 따라서 **대중적인** 의식과 정체성이 좀 더 약하기 때문이다. 하지만, 비록 미국의 상황에 좀 맞지 않는다손 치더라도, 이것은 아주 의미가 큰 가설이라 할 수 있다. 교회 예배가 실제로 참여하는 사람들보다 더 많은 사람들의 필연적인 망설임 과정을 일으킬 수 있다는 걸 내포하고 있기 때문이다. 이것은 교회의 능동적인 구성원을 훨씬 뛰어넘는 광범위한 사회적 지도 기능을 암시한다.

이 기능은 서구문화의 "외적 의존" 측면의 점차적인 민영화에 비추어볼 때 특히나 더 중요해진다. 대중적인 예배는 인간, 그리고 사

---

127) 위의 책, 52쪽.
128) 위의 책, 54~57쪽.

실은 모든 피조물의 광범위한 정체성을 강화시켜 주며, 공통된 근원 속에서의 합일감, 신실하고 감추인 지도자 안에서의 합일감을 가져다준다. 그러한 실재감은 실재를 개인적인 자아와 그 욕구로만 축소시키고 싶은 유혹에 저항할 수 있도록 해준다. 이 유혹에 지고 말 경우, 외적 의존의 시기는 "내적 의존" 시기에 인간 가족의 창조적이고 책임적인 구성원이 될 수 있는 관점과 힘을 부여하지 못하게 된다.

이 과정이 예배에 효과적일 거라는 보장은 전혀 없다. 개인의 심리적 배경 때문에 성령의 내면화와 새로운 힘과 비전에 충분할 정도로 깊이 뉘우칠만한 신뢰가 안 생길 수도 있다. 그런 사람은 "사산아"가 되어 예배를 떠난다. 충분히 내적 의존 상태가 될 수 없기 때문이다.

예배를 드리는 방법 역시 그 과정을 방해할 수 있다. 만일 예배 인도자가 이 시간의 특성이 일상적인 업무 시간과 달라야 한다는 사실, 심오하고 적극적인 후퇴와 변화의 힘이 일어야 한다는 사실을 깨닫지 못한다면, 사람들이 정해진 대로 "성사적 권위자"가 되지 못하게 막을 수도 있다. 그들은 또한 예배의 구조와 내용이 꼭 필요한 표현들을 통해 사람들을 지도하지 못하도록 방해할 수도 있다.

이 표현들에는 자신의 삶에 대한 책임과, (고백이) 필요할 경우 의도적인 변상에 대한 책임; 용서; 타자와의 의존적이고 신실한 관계의 경험; 다른 사람들과 **함께**, 다른 사람들을 **위하여** 예배드린다는 인식; 상징 자체를 초월하여 신비를 가리키는(그리하여 근본주의를 회피하는), 그리고 변경되지 않은 문화의 상징을 초월하는(그리하여 민속종교를 회피하는) 가치관을 지닌 상징의 인식이 포함된다. 또한 이 표현들에는 힘과 선과 전체성으로부터의 분리감을 극복하고 이것들과의 합일로 넘어가는 것까지 포함된다. 이러한 **합일**은 힘, 전체성, 그리고 사랑의 태도로 일상세계에 점점 적응할 수 있게 해준다(떡과 포도주를 통해 성령을 소화시킴으로써 의식적으로 이 지점에 도달하게 된다).

마지막으로, 세계가 달라 보일 때 내적 의존으로 변화되는 경우가 있다. 이러한 다름은 흥미로울 수도 있고, 위협적이거나 슬플 수도 있다(예를 들면, 명확하고 전체적인 비전을 상실했을 경우의 슬픔이 있고, 물질/사회 세계의 "고치기 힘든 다름"에 직면했을 경우의 반응이 있다). 내적 의존 자세와 행동의 변화는 시간에 상관없이 요구되는 것 같다.[129]

리드는 지역교회의 근본적인 사회적 임무를 자신의 해석적 경험에 비추어 다음과 같이 요약한다:

> 개인과 제도가 그 사회적 집단의 생존과 복지를 좌우하는 임무를 수행해 낼 수 있도록 세속사회의 활동들과 연결된 다루기 쉬운 불안들을 받아들이거나 또는 넘겨줌으로써 망설임의 과정을 추적하는 것.[130]

이 임무는 공동예배, 교회력의 연례적 리듬, 그리고 내적 의존으로 이끄는 외적 의존을 허용해주는 목회적 기능을 통해 수행된다.[131]

---

129) 위의 책, 74~100쪽. 또 후퇴 과정에 대한 좀 더 상세한 통찰은 헨리 셀비의 "The Spiritual Experience: Speculations On Its Nature and Dynamics," *Journal of Pastoral Care*, 제31~32권(1977)를 참고하라. 예배의 차원에서 폴 필리버트는 예배에서 좀 더 "이원적인"(합리적이면서도 동시에 직관적이고 예측할 수 없는) 정신을 기르는 것을 이해하고 나아가 도와줄 수 있는 방법과 관련된 또 다른 통찰들을 제시한다. "The Mental Ecology of Worship and Spirituality," *Spirituality Today*, 제30권, 4호(1978년 12월).
130) 위의 책, 148쪽.
131) 위의 책, 149, 182~183쪽.

리드는 신학적으로 교회가 삶의 온갖 문제들을 해결해야 할 책임을 지고 있다고 믿는다. 하나님은 교회와 세상 양쪽에서 똑같이 능동적인 분으로 여겨진다. 오직 연결의 형태만 다를 뿐이다. 하지만 사람들을 위한 목회적 업무에서, 교회는 근본적으로 사람들이 개인적 실재뿐만 아니라 공동의 실재와도 연결되는 긍정적인 후퇴의 과정을 경험할 수 있도록 도와줄 책임이 있으며, 사람들이 돌봄과 인식의 새 힘을 얻어서 일상생활로 돌아올 수 있도록 도와주어야만 한다. 그가 주장하는 것처럼, "교회는 공동체가 하나의 전체로서 자유로이 인간 실존의 다른 측면들을 처리할 수 있도록, 공동생활의 의존적인 측면을 다루어야 한다."[132]

만일 교회가 이 임무를 제대로 수행한다면, 정의와 현실적인 대처와 단결을 위해 좀 더 많이 노력하는 공동체 생활에서 그 열매를 찾아볼 수 있을 것이다. 비록 교회가 이 특별한 공동체 임무들에서 **직접적인** 역할을 수행하지는 못한다 할지라도.[133]

리드는 자신의 폭넓은 심리적-체계적-과학적 배경을 교회에 대한 감수성과 결합시킨다. 우리에게 인간과 사회의 망설임 과정과 교회의 기능을 설명해 주기 위해서다. 이것은 안식일-선교 시대로부터 물려받은 유대-기독교 리듬을 정화하고 보강해준다. 좀 더 단호하면서도 정확한 언어를 통하여 리드는 좀 더 고상하고, 철저하고, 특별한 안식일 감각을 지닌 헤셸과 동반자의 위치에 놓이게 되었다고 나

---

132) 위의 책, 215쪽.
133) 사실상 리드는 교회가 한정된 힘을 모든 일을 해내려고 애쓰느라 낭비하지 말고 앞에서 말한 기본적인 임무, 실질적이고 고유한 사회봉사에만 집중시킬 필요가 있다고 확신한다. "정치적, 경제적 삶의 세계에서 교회는 하찮은 아마추어에 불과하다. 하지만 예배를 인도하고 삶의 위기와 과도기를 해결하는 데 있어서 교회는 가장 높은 수준의 능력과 기술을 소유하고 있다. 국가와 국민들이 가장 큰 혜택을 얻을 수 있는 것은 바로 그 능력을 사용하여 교회가 사회에 봉사하는 일이다." 위의 책.

는 확신한다.

그럼에도 불구하고 헤셸이 좀 더 앞서 있다. 철저하게 "기능적인" 리드의 접근방법에서는 명백하게 드러나지 않는 안식일 시간에 본질적인 가치를 부여했기 때문이다.

또한, 헤셸의 은유적인 언어는 종교 경험에 좀 더 적합할 것으로 보이는 신비를 고스란히 유지한다. 성령과 인간의 관계를 설명해 주는 "외적 의존"은 유대-기독교 경험에 있는 하나님의 역설적 내재성-초월성을 상실한다. "내적 의존"은 상호의존, 그리스도의 신비체에 관하여 적절히 설명해 주지 못한다. 리드가 강조한 "후퇴"라는 용어도 "순진함"이라는 낱말에 내포된 수많은 의미들을 상실해 버린다. 나는 대중적, 부정적 의미를 그렇게 많이 함유한 단어가 극소수의 전문가 청중들 외에도 폭넓게 기능을 발휘할 것이라고 확신할 수 없다.

심리학적 언어 자체는 은유적, 신학적 언어의 대용품이 아니다. 하지만 리드는 이 표현 양식들을 대신하려는 것이 아니다. 오히려 그는 연관된 사회적-심리적 과정을 제대로 설명하기 위해 애쓰고 있다.

리드는 교회의 근본적인 사회적 기능에 대해 계몽적인 의식을 제공해 준다. 또한 그는 순응적인 민속종교의 비예언자적 기능과 자신이 "사도의 종교"라고 부르는 것을 효과적으로 구별해준다. 곧 삶의 초월적 근원에 대한 통전적인 믿음에 초점을 둔, 망설임의 과정을 통해 위험을 무릅쓰고 삶의 변화를 향해 나아가는, 기독교 경험과 상징들의 실제적 깊이 말이다.[134]

---

[134] 위의 책, 제5~6장을 참고하라. 그는 기독교의 유월절 신비를 진정한 진동 과정에 비유한다: 죽음은 외적 의존으로의 후퇴이거나 또는 세상으로의 죽음이다. 부활은 내적 의존으로의 변형이며, 세상 속에서의 삶이다(132쪽).

내 생각에, 경험의 두 가지 양식 사이에서 엇갈리는 그의 인생관은 보완할 필요가 있다. 하지만 만일 완벽하게 사도적인 것이 되려면, 이 망설임이 하나의 목표, 방향을 지니고 있다는 - 완성을 향해 나아가는 공통적이고 우주적인 영적 여정의 일부라는 - 초월적인 신뢰가 있어야 한다.

지극히 크신 은혜를 입은 사람들을 위한 이 완성은 망설임이 거의 없는 지금의 삶 속에 미리 암시되어 있다. 전경과 배경이 너무나도 통전적이어서 존재와 행위, 후퇴와 대처가 동시에 존재하는 것처럼 보인다.

하지만 그런 사람은 극히 드물다. 그리고 대부분의 경우, 망설임에 관한 리드의 견해는 현실적이며 이 과정에서 지도를 필요로 하는 인간의 욕구를 이해하는 데 도움이 되는 것 같다.

그러면 이 광범위한 영성지도 과정이 특별한 개인적 영성지도에서 갖는 의미를 간단히 살펴보기로 하겠다. 하지만 그 전에 우선 영성지도 이해에 너무나도 기본적인 인간 삶의 이 보편적 리듬을 위한 경험적 후원과 정화의 새로운 출처를 하나 더 소개하고 싶다.

탈구조공동체와 사회구조

미국의 인류학자 빅토 터너는 자신이 "탈구조공동체"(communitas)라고 일컫는 것과 "사회구조" 사이의, 개인과 집단을 위한 보편적인 변증법적 과정에 관하여 설명한다. 이것은 안식일과 업무의 리듬, 외적 의존과 내적 의존의 리듬과 유사하다. 하지만 이것은 좀 더 통찰력이 있으며, 사회관계에 특별히 초점을 두고 있다

는 점에서 다르다.[135]

"탈구조공동체"의 특징은 자발성, 즉각성, 동등, 평등, 동지애, 인내, 그리고 신성함이다. 그것은 실존적인 특징을 지닌다: 전인간과 전인간의 관계인 것이다. 그것은 "인간적 상호관계의 중추," 노자가 말한 전차 수레바퀴의 "가운데 빈 곳"을 의미한다. 이것은 그 바퀴가 기능을 발휘하는 데 없어서는 안 된다.

탈구조공동체는 처음 구조(통과의례처럼 모호한 첫 경험들)의 **틈새**에서 발생한다. 또한 그것은 사회구조의 **가장자리**와 **변두리**에서, 구조의 **밑바닥**과 **아래**에서 나타난다. 그것은 거룩한 관계의 시간으로서, 사회적 규범을 무너뜨리고 위반하며, 커다란 잠재력의 경험을 제공하고, 나아가 실제와 관계의 재분류와 행동을 부추기는 모델이 된다. 최고의 예전은 탈구조공동체의 관계를 수반한다. 탈구조공동체는 사회구조의 단절과 축적된 죄악을 태워 없애거나 말끔히 씻어 줄 수 있다.

그것은 "나너"관계에 "전적으로 참여하는 총체적 〔개인〕"의 산물이다.[136] 사람들은 탈구조공동체-억압 때문에 미쳐버릴 수도 있고, 때로는 탈구조공동체를 향한 자신의 급박한 욕구를 저지해 줄 방어기제로서 강박적으로 구조화할 수도 있다.[137]

한편, 사회구조는 한 사회의 기능유지에 꼭 필요한, 또는 오랫동안 축적되어온 온갖 종류의 역할과 지위와 차이점에 따라 정해진다.

---

135) 터너는 특히 아놀드 반 제넵에게서 영감을 받은 인류학적 이론뿐만 아니라, 북서 잠비아 지역의 은뎀부 부족과 함께 경험한 것까지 끌어온다. 그의 기본적인 관련 교재는 *The Ritual Process*다(역자주: 한국에서는 박근원 교수가 『의례의 과정』이라는 제목으로 번역하였다). 그는 이 견해를 *Worship* 매거진 (제46권, 8~9호)이 2부로 출간한 기사에서 좀 더 심화시킨다. 그 기사의 제목은 "Passage, Margins, and Poverty: Religious Symbols of Communitas"다.
136) 터너의 *The Ritual Process*, 94, 127, 128, 132, 185쪽을 참고하라.
137) 위의 책, 111, 127, 176쪽을 참고하라.

그것은 과거에 뿌리를 둔 채, 언어와 법과 관습을 통하여 미래로 확대된다. 그것은 공공생활 질서 유지와 문화와 자연에 관한 사고를 위한 인지적 특성을 지닌다. 총체적 개인은 자신의 세분화된 위치, 지위, 신분, 역할 뒤에서 그저 모호하게만 파악될 뿐이다.[138]

역사는 구조의 과장과 왜곡이 법 바깥의, 또는 법에 어긋나는 병적인 탈구조공동체로 이끈다는 사실을 여실히 보여준다(예를 들면, 오늘 도시의 방탕한 생활, 마약, 대학의 봄 축제 등이 있다).[139]

한편, **탈구조공동체**의 과장에는 독재정치나 지나친 관료화, 또는 다른 경직성이 뒤따른다. (종교나 또는 "혁명 후" 마르크스주의자들의 주장처럼) 구조의 성향이나 대안적 구조의 성향을 모두 억제해 버리는 것이다.

또한 과장은 사회와 그 안에서 영향을 받는 개인들의 삶에 불안정한 동요를 일으킨다.[140]

터너는 역사적 지혜란 "시간과 공간의 **특정한** 상황 속에서 구조와 탈구조공동체 간의 올바른 관계를 밝혀내는 것, 그리고 저마다의 양상이 중요성을 띨 경우 서로 거부하지 않고 받아들이는 것, 하나의 추진력이 다 소진될 경우 굳이 그것에 매달리지 않는 것"이라고 확신한다. 그에 따르면, "탈구조공동체와 구조는 서로 결혼한 사이다. 둘이 대화를 나누면서, 함께 삶의 한 지류를 이루어가는 것이다."[141]

주요 종교들은(적어도 초반에는, 분파들과 달리) 늘 이러한 양극

---

138) 터너, "Passage, Margins, and Poverty: Religious Symbols of Communitas," 앞의 책, 492쪽.
139) 기술문화에 반기를 든 현대의 이 병리학에 대한 사회학자 리처드 스티버스의 예리한 분석을 참고하라. "A Festival of Sex, Violence, and Drugs: The Sacred and the Profane in our World," *Katallagete* (1979년 겨울).
140) 터너, *The Ritual Process*, 129, 139쪽.
141) 위의 책, 139쪽.

성에 주의를 기울였다. 터너는 이 사회적 차원들을 인정하고, 균형이 잡힌 관계 속에서 유지하려고 애썼다. 시간이 흐름에 따라 주요 종교들은 탈구조공동체의 고립된 조직을 어떻게 제도화된 구조 속에 혼합시킬 수 있는지 – 마치 부족종교들이 통과의례를 치르듯이 – 그리고 평생토록 탈구조공동체와 빈곤 속에서 살기 원하는 사람들을 위해 대책을 마련함으로써 어떻게 그리스도의 신비체, 곧 교회를 "산화시킬" 수 있는지 알게 되었다.[142]

터너는 안식일 "멜로디"가 일상생활 속으로 스며드는 것에 관한 헤셸의 비전이나 또는 리드의 외적 의존적 관점의 "내면화"를 반영하는 차원에서 이상적인 변증법에 관하여 이야기한다.

> 궁극적으로 꼭 필요한 것은, 구조적 역할을 수행하는 동안에도 탈구조공동체의 차원에서 행동하는 것이다. 그곳에서는 문화적인 행동도 단지 탈구조공동체를 획득하고 유지한다는 목적에 도움이 되는 것쯤으로만 여겨진다.[143]

이렇게 기본적인 인간생활의 리듬이 중요하다는 증거는 너무나도 많다.[144] 하지만 이만하면 개인적 영성지도가 이 리듬의 영향을 받는

---

142) "Passage, Margins, and Poverty: Religious Symbols of Communitas," 앞의 책, 492쪽. 여기에서 주목해야 할 것은 교회의 역사적 경험이, 정치적 사회들과 마찬가지로, 탈구조공동체와 구조의 관계를 둘러싼 갈등으로 가득 차 있다는 점이다. 교회의 수많은 분열이 이것을 반영해준다. 또한 상대적인 가치관, 관상과 행동의 관계, 무념적 방법과 유념적 방법의 관계, 영원한 것과 역사적인 것의 관계를 둘러싼 역사적 논쟁에서도 그것은 명백히 드러난다. 이러한 긴장은 게넌과 트래울의 *The Desert and the City* (London: Macmillan, 1969)의 기본적인 주제다.

143) *The Ritual Process*, 177쪽.

144) 탁월한 추가적 지원은 독일의 철학자 조셉 파이퍼의 뛰어난 논문, *Leisure, the Basis of Culture* (New York: Pantheon, 1964)이다. 여기에서 그는 "신성한 예배"와 제7일, 인간 삶의 나머지에 축약된 여가의 리듬을 설명한다. 또 하나의 중요한 지원은 로버트 벨라에게서 비롯된다. 그는 내부의 삶과 외부의 삶을 대조하며, 예배 속의 후퇴와 전형적인 방어적 자아 기능을 대조시킨다. 그리고 그는 "별세계의" 종교적 상징들의 기능을 통합시키는 것에 관해 설명한다. 그것의 사회적 중요성에 관한 그의 견해는 다음과 같은 주장들(*Beyond Belief*에서 발췌)을 통해 고스란히 드러난다:

다는 사실을 증명하기에 충분한 논의가 이루어진 것 같다. 이제부터는 그런 영성지도의 몇 가지 의의를 살펴보아야겠다.

영성지도의 의의

누군가가 여러분에게 하나님과의 관계를 좀 도와달라고 부탁한다면 그 사람은 이미 종교적인 것들과 세속적인 것들 사이의 문턱을 넘어선 것이나 다름없다. 그러므로 여러분은 종교적인 것들을 대표해야만 한다. "친구"나 치료사가 되려고 해서는 안 된다. 여러분의 상징적 지위에 따른 책임을 받아들여야 한다.

영적인 동료의 여러 가지 임무 가운데 하나는 외적 의존으로의 긍정적인 후퇴를 돕는 것이다. 그 말은 무엇보다도 상황을 문제-해결로 바꾸고픈 유혹에 맞서야 함을 의미한다. 문제-해결에는 내적 의존이 요구되기 때문이다: 할당된 임무, 해야 할 일, 이해해야 할 상황.[145]

"내적인 삶(함축적인 지식)을 경시한 대가는…피상적인 것들의 구체화, 현재의 대상과 구조의 세계에 빠지는 것이다"(253쪽). "예배는 내적 실재와 외적 실재에 좀 더 완전히 개방할 수 있도록 전형적인 방어적 자아 기능으로부터 부분적으로 후퇴하는 것이다"(211쪽). 그는 종교개혁교회 신학자 허버트 리처드슨을 공감적으로 인용한다. "역사를 초월한 상징주의는 언제나 '모호성'과 개념적 개방성을 보유한다. 인간이 그 어떤 성취도 기대할 수 없게 말이다. 오직 초월적인 종교적 상징주의만이 속도를 조절해가면서 사회의 무한한 발달을 뒷받침할 수 있다. 오직 '별세계의' 종교적 상징주의만이 그 시스템이 역사-내적 정체로 떨어지는 없게 막아줄 수가 있다." *Toward an American Theology* (New York: Harper and Row, 1967). 벨라는 이 종교적 상징이 관계적이라고 확신한다. 통상적인 개념화의 양분(예를 들면, 객관적인 대 주관적인, 우주론적인 대 심리학적인)을 극복하고, 모든 경험의 응집성을 합침으로써 말이다(앞의 책, 202쪽). 확언컨대, 이것은 영성지도에서 심리학적 언어나 정치적 언어를 대신 사용해고 아무런 순손실도 일어나지 않을 것처럼 그 언어들을 대신 사용하는 게 아니라, 종교적 상징의 언어를 그대로 유지하는 것이 매우 중요하다는 것을 의미한다. 멀치아 엘리아데는 훨씬 더 많은 지원을 제공한다. *Sacred and the Profane* (New York: Harper and Row, 1961)을 참고하여라. 또 가브리엘 마르셀의 *Being and Having* (Westminster: Dacre Press, 1949)도 참고하여라.

145) 어떤 사람들에게는 "두드러진" 문제가 너무 지배적이어서 얼마동안 직접적으로 그 문제들을 해결해야만 좀 더 외적 의존의 영성지도로 나아갈 수가 있다.

리드의 지적대로, 어떻게 해야 외적 의존으로 후퇴할 수 있는지 모르는 사람이 참 많다. "그들이 내적 의존으로부터의 전환에 도움이 된다고 알고 있었던 상징들은 모두 합리성 추구를 통해, 또는 몇 년 전의 나쁜 경험 때문에, 그 힘이 완전히 고갈되어버렸다. 의존에 관한 생각만 해도 이제는 굴욕적인 느낌이 들 정도다."[146]

영적인 친구는 이 배경 문제들을 인식하고 적절한 시점에서 직면하도록 도와줄 수 있다. 또한 영적인 친구는 안내인을 동반한 침묵과 기도의 기회를 제공해 줌으로써, "어린애 같이 순진한"(어린애처럼 유치한 것과는 달리) 개방을 직접적으로 도와줄 수 있다. 최상의 경우, 그런 경험의 특성은, 가벼워질 수 있는 근본적인 욕망과 공포와 죄책감, 그리고 원대해질 수 있는 희망의 제시 쪽으로 기운다. 나아가 그런 공유의 경험은, 영성지도가 사랑 많으신 진리의 하나님의 (대체물이 아니라) 투명화로서 좀 더 믿고 신뢰할만한 것이 되게 해주는 무소유적인 친밀감을 키워준다.[147]

관계는 종교적인 것들과 세속적인 것들을 이어주고자 한다. 종교적인 것들의 특성을 깨닫고, 세속적인 것에서 그 직업적, 내적 방향을 분별해내고자 한다. 따라서 영적인 동료는 인간 생활의 두 가지 기본 양식의 통합 사이에서 개인의 진정한 리듬을 점검하고 도와주는 열쇠가 될 수 있다.

아주 멋지고 매혹적인 종교적 차원은, 만남 속의 기도와 침묵 경험을 통하여 뿐만 아니라, 이 차원을 어떻게 관계 밖에서 맛보고 훈련할 것인가에 관한 성찰을 통해서도 촉진될 수 있다. 그 사람이 진

---

146) 앞의 책, 183쪽.
147) 개방성, 시간, 그리고 기술이 있는 곳이라면 어떤 예술도 긍정적인 순진함을 격려하기 위한 상담에 이용될 수 있다. 예를 들면 하나의 성화상이나 성화에 집중한다거나, 음악을 듣거나 할 수도 있다. 이 주제에 대해서는 제6장에서 다시 언급할 것이다.

정한 "안식일 기간"을 허용하는가? 매일의 작은 안식일을 허용하는가? 매주의 특별한 시간은? 휴가/영성수련 기간은? 이 시간의 특성이 그 자체가 목적인 안목이 있는 존재와, 일상생활을 위해 변형시키고 활력을 주는 관점을 둘 다 필요로 하는가?

일상생활이 대인관계와 공동체의 "사랑과 정의"에 대한 요구에 적극적으로 연루되어 나타나는가? 이것들이 관용과 혼란의 수용에 연루될 수 있는가? 아니면 그 사람은 진정한 안식일과 진정한 교역 실천 시간 사이의 림보게임으로 도망치는 경향이 있는가?

그런 관계는 공동예배의 중요한 보완물이 될 수 있다. 하지만 브루스 리드는 아주 무거운 외적 의존의 짐을 운반할 수 있는 그것의 능력을 지나치게 이상화하고 있는 게 확실하다. 나는 틀에 박힌 방법에서 효과적으로 벗어나려면 적어도 한 시간짜리 예배보다는 긴 **시간**이 필요하다고 생각한다(그것이 바로 안식의 날을 취하는 지혜다). 또한 나는 "주의 깊은 휴식"의 기술이 생소한 이 생산-지향적 문화에서 이 시간을 **어떻게** 취할 수 있는지를 알아보려면 개인적인 **도움**이 필요하다고 생각한다.

우리가 안식일 기간에 생길 수 있는 삶에 대한 "변화된" 시각과 함께 정신적 혼란과 위협을 느끼게 될 경우, **지속적인** 동료 관계가 굉장히 중요해진다. 내 일상생활의 의미는 무엇인가? 나의 관계와 일에서 지금 나는 어디로 인도되고 있는가? 지금 일어나고 있는 일들 중에서, 무엇이 환상이고 무엇이 진실인가? 기독교 전통에서 다른 사람들의 관련 경험은 무엇인가? 영적인 동료는 중요한 지속적 후원자가 될 수 있다. 민감한 용기와 삶의 방향을 발달시킬만한 여유를 제공하고, 공포와 무기력과 문화적 반대-압력에 지지 않도록 도와줄 수 있다.

만일 성직자와 평신도 영성지도자 자신이 후퇴의 기회를 얻게 된다면, 특별히 그들은 영적인 친구의 존재로부터 도움을 받을 수 있다. 다른 사람들의 후퇴를 돕는 존재, 그리고 거룩한 분의 대리인으로 생활해야만 하는 압박감 때문에라도 그들에게는 그런 관계가 절대적으로 필요하다.

영혼의 건강을 위해서, 특히 지위에 따른 "오로움" 때문에, 그들에게는 그런 관계가 꼭 필요하다. 또 그들을 찾아오는 사람들을 위해서도 그런 관계가 필요하다. 직접적인 경험을 제공해 줄 뿐만 아니라, 사람들이 그들의 권위적인 **지위** 때문에 **인격적으로도** 지나치게 특별한 존재로 존경하는 실수를 저지르지 못하게 점검하도록 도와준다. 그런 혼동은 성직자와 평신도 영성지도자들을 다음의 두 가지 위험에 빠뜨리기 쉽다: 부풀려진 자기-이미지에 기초한 오만과 권위주의에 빠지든가, 또는 정반대로, 종교적으로 널리 알려진 지위와 안 어울리게 개인적인 무가치 의식에 기초한 자기-비하나 극도로 기분 좋은 현상에 빠지든가.

첫 번째 위험은 **긍정적인** 특별함, 두 번째 위험은 **부정적인** 특별함의 과도한 젖떼기 의식을 의미한다. 둘 다 은총의 개방적 채널이 되는 것의 단순성을 간과하고 있다. 여기에서는 상황이 허락될 때 일이 벌어지도록 "내버려두는" 것이 아니라 "무슨 일이 벌어지게 만들려는" 자기 자신의 복잡한 노력을 점검하고 관심을 기울여야 한다. 이런 식으로 영성지도자들 스스로가 어린애처럼 순진한 차원에 도달한다. 그들은 그 사람과 함께 앉아서, 그들의 관리와 소유를 초월한 진리의 움직임에 귀를 기울이고 반응해야 한다.

성직자의 경우, 이 영적인 기능의 인식은 사람들과의 사회적 관계와 치료적 문제-해결에 초점을 맞춰야 한다는 잦은 압박감에 저항할 수 있도록 도와준다. 그런 임무는 자기-규정적 문제들의 관점과 결정적인 강화 상황을 제공하고 초월하는 실재의 대리인으로서 그들이 받은 **고유한** 은사를 해칠 수 있다.

그렇다고 현재의 문제들을 **무시하라는** 말이 아니다. 이것은 현재의 문제들과 관련된 영적 임무를 가리킨다. 문제를 어떻게 "해결하느냐"가 아니라, 은총의 신비가 어떻게 그 문제들을 통해 발생하느냐 하는 것이다. 이런 초점은 **안목이 있는** 반응을 이끌어낼 수 있다. 따라서 "문제"는 그리 사적인 자아의 투쟁이 아니라, 좀 더 큰 반응을 허용하는 좀 더 규모가 큰 돌봄 구조의 일부다. 자신의 재능을 가지고 삶의 책임과 축하에 참여하는 것이다.

그런 반응이 철저하게 차단되는 곳에서는 분노나 두려움이 개인을 자기-폐쇄적인 존재로 만들며, 그런 경우에는 아주 특별한 치료사가 필요하다. 그 사람의 인식과 반응을 방해하는 축적된 심리적 장애물들을 치워 버리도록 도와줄 수 있는 치료사가 필요한 것이다. 이것은 일반적으로 영적인 동료의 영성지도에 적합하지 않은 자아 임무다. 비록 그 효과는 그런 관계에서 인정되고 있지만 말이다.[148]

터너는 탈구조공동체와 사회구조가 둘 다 본질적이긴 하지만 동시에 "영원한 적수"라고 말한다. 영적인 우정은 우리들 저마다에게 들어있는 이 적들이 서로를 무시하거나 지배하기보다는 서로 이해하고 강화시켜줄 수 있도록 도와준다.

좀 더 규모가 큰 사회에서, 공동예배와 설교를 통한 영성지도는

---

148) 리드는 자신이 "목회적" 관계라고 부르는 것에서 치료사와는 달리 지니게 되는 특별한 임무와 관계를 매우 중요하게 생각한다. 앞의 책, 182~183쪽을 참고하라.

우리 삶의 개인적 차원들뿐만 아니라 이 사회적 차원까지도 친구를 알아차릴 수 있도록 도와준다. 그럴 경우 탈구조공동체의 평등과 초월적 관점은 사회구조의 경직성과 맹신을 변화시키고 완화시킬 수 있도록 허용해 준다. 그리고 역할과 법과 그 밖의 사회구조들은 어떤 형태로든 반드시 필요한 것으로 존중받을 수 있다.

결론

이렇게 이중적인 배경을 지닌 인간 생활의 이해는 특히 우리 시대를 위한 소중한 선물일 수 있다. 종교제도를 포함한 미국 문화는, 진정한 안식일과 노동시간의 대용품에 병적으로 열광하게 만들고, 사회구조를 파괴적일 정도로 중시하는 경향이 있었다. 토마스 머튼은, 심지어는 사회적으로 염려스러운 이상주의자까지 만들어내는 폭력적인 결과에 대해 다음과 같이 지적한다:

비폭력적인 방법들을 가지고 평화를 위해 싸우는 이상주의자가 가장 쉽게 굴복하고 마는 현대적 폭력이 만연해 있다. 바로 행동주의와 초과근무다. 현대적 삶의 쇄도와 압박은 본질적인 형태의 폭력이다. 어쩌면 가장 보편적인 형태의 본질적 폭력일 것이다. 스스로가 너무도 많은 모순적 관심사들에 넋을 잃고, 너무도 많은 요구들에 복종하고, 너무도 많은 프로젝트에 참여하고, 모든 일에서 모든 사람을 돕고 싶어 하는 것이 바로 폭력에 굴복하는 것이다. 행동주의자의 흥분은 평화를 위한 그의 노력을 중화시켜 버리며, 그의 노력이 맺은 열매들을 파괴시켜 버린다. 그의 노력이 열매를 맺게 만드는 내적 지혜

의 뿌리를 말라죽게 만들어 버리기 때문이다.[149]

교회는 이 특별한 제도적 책임과 이 "내적 지혜의 뿌리"에 양분을 공급해 주는 삶의 진정하고도 합동적인 리듬을 촉진시킬 수 있는 기회를 유산으로, 그리고 사명으로 인식할 필요가 있다. 이 지혜의 뿌리에는 삶이 하나의 일이라기보다는 선물이라는 신념이 들어 있다. 임무 외에도, 우리의 삶은 사랑 많으신 분의 사랑, 본질적인 사랑이며, 우리가 더 이상 자신의 정체성과 세계의 정체성을 "생산해 내지" 않을 경우 결국엔 무의 상태로 무너지고 말 것이라는 두려움 없이, 의존적인/양육/감상 시간을 자유롭게 **허용해 주는** 복음-기쁜 소식이라는 신념이 들어 있다.

그런 신념을 갖고서 우리는 가장 기본적인 우리 정체성의 신비로운 **선물**에 대한 감상 속에서 "휴식"을 취할 수 있다("내가 너를 지명하여 불렀으니, 너는 나의 것이다." 이사야 43장 1절).

선물로 받은 이 삶의 리듬은 다른 식으로도 묘사할 수 있다: 시간이나 관계의 양식, 형태치료(Gestalt)의 전경과 배경, 바퀴의 "텅 빈" 중심과 살, 세상 "밖"이 아니라 세상 "안"에 존재하는 것, 좌뇌 활동 대 우뇌 활동, 유영과 수영, 한결같은 존재와 불완전한 존재. 어떤 심상을 사용하든지 간에, 본질적인 실재는 영성지도를 제공하고 수용하는 데 결정적인 중요한 그릇이다.

교회 역사상 최초의 신학자들 가운데 한 명인 니사의 성 그레고리우스는 이 그릇을 하나님의 본성 그 자체라고 설명한다: 안정성과

---

149) 존 크로커가 "Switching Mentalities: From Campus to Parish," *Fellowship* (1979년 1~2월)에서 인용함(출처는 안 나와 있지만, 아마도 *Conjectures of a Guilty Bystander*에서 가져온 것 같다).

이동성, 사랑의 존재와 사랑의 행위.[150]

앞에서 이 장을 시작할 때 언급했던 그 고등학교 교실의 안목 있는 침묵과 일의 단순한 리듬 속에서 그 학생들이 느꼈던 것은 바로 이 본질적인 실재의 본성이었다. 그리고 그 부모들을 화나게 했던 것은 바로 이 리듬에 대한 우리 시대의 오해와 자아의 위협이었다.

---

150) 조지 맬로니 신부의 강의에서 인용함(성 안셀름의 애비, 1979년 겨울, 워싱턴, D.C.). 훨씬 후대인 14세기에, 존 루이스브뢱은 실재의 이러한 본질과 리듬을 감동적으로 설명한다: "하나님은 온전한 휴식과 풍부함이다...하나님의 영은 우리가 사랑할 수 있도록, 선한 일을 행할 수 있도록 휴식을 제공해 주며, 우리가 결과 가운데 설 수 있도록 그분께로 인도해 주신다. 이것은 바로 영생이다...행동과 결과는 결코 서로를 방해하지 않는다. 오히려 그 둘은 서로를 강화시켜 준다...행동과 결과는 두 개의 날개다...우리를 본향으로 데려다주는 날개." *Gradibus Amoris*에서 가져옴. 이블린 언더힐, *Mysticism*, 434~437쪽에서 인용함.

제4장
영성지도의 색깔

　동화의 세계에 홀딱 빠져보지 않은 사람이 누가 있을까! 어린 시절, 나에게도 한껏 매료된 동화들이 있었다. 특히 잃어버린 왕좌에 관한 이야기!

　그 동화들에는 기본적인 패턴이 있었다. 한 소년 또는 소녀가 어떤 모호한 장소에서 가난하게 자라난다. 하지만 그 아이는 사실 왕가의 혈통이다. 그런데 왕좌를 차지하고 싶었던 사악한 친척이, 진짜 왕자가 출생하자마자 먼 곳으로 쫓겨나도록 조치를 취해두었던 것이다.

　그 아이는 자라서, 특별한 은총의 순간에, 진실을 알고 있는 누군가의 갑작스런 계시를 통하여 자신의 진정한 유산을 발견하게 된다. 새롭게 발견된 자의 눈으로부터 비늘이 벗겨져 나가고, 새로운 위엄과 목적이 탄생한다.

　그리고 결국에는 (안팎의) 견고한 악의 세력과 투쟁할 때가 온다. 수많은 고난과 상실을 겪은 후에 비로소 왕가의 혈통은 정당한 왕좌에 오르고, 연민과 평등과 지혜로써 나라를 다스린다.

　이런 이야기들은 수많은 사람들의 직관과 경험을 반영한다. 이 이야기들은 여러 차원으로 해석할 수 있다. 내 경우, 영적인 차원에서 해석할 때, 이 이야기들은 우리들 저마다가 왕가의 혈통으로 그려진 기독교 문학의 도처에 산재해 있는 기본적인 통찰을 표명한다. 왕가의 혈통은 노력으로 얻을 수 없는, 오로지 타고난 지위만을 의미한다. 그것은 처음부터 선물로 받은 권리이자 의무이며, 끝에 가서 달성하게 되는 목표가 아니다. 비록 충만한 진리를 **실현하기** 위한 투쟁이 수반되기는 하지만 말이다.

　그런데 정작 자신의 왕국을 되찾아야만 하는 사람들은 그 선물을 무시하거나 또는 자신의 왕족 신분과 거기에 따른 폭넓은 책임을 인정하려 들지 않는다. 그런 사람들은 무분별과 고집 센 자기중심주의를 강력히 행사한다. 선물은 보이지 않는 곳에 숨겨져 있다. 하지만 결코 파괴될 수는 없다. 그것은 끊임없는 내적 고통으로 나타나고, 또 – 시간이 무르익어서 눈 있는 자들을 위하여 선물이 드러날 때까지 – 우리의 혼란스럽고 고집 센 노력으로는 결코 채울 수 없는 갈망으로 나타난다.

　기독교적 관점에서 보면, 거기에는 인간의 조건이 들어 있다. 온갖 형태의 기독교적 영성지도는 우리 안의 이 조건을 드러내고 우리가 왕족으로 변화할 수 있는 능력과의 화해를 조장하기 위해 존재한다. 그것의 숨겨진 영역은 관계와 연민의 영역이다. 기독교 신앙으로의 화해는 우리가 왕국을 물려받을 수 있는 통로, 왕자, 곧 예수 그리스도라는 하나님 선물의 신비 속에서 드러나게 된다.

　오늘 우리에게 유용한 지도의 영역은 어디인가? 만일 그것이 **영성**

지도라면, 지금은 비록 가려져 있다 해도, 우리의 해석을 초월하는 역동적인 근원, 곧 기독교 용어로 성령이라 불리는, 아주 자유로운 힘으로부터 비롯된 것이라 할 수 있다. "바람은 불고 싶은 대로 분다. 너는 그 소리는 듣지만, 어디에서 와서 어디르 가는지는 모른다. 성령으로 태어난 사람은 다 이와 같다."(요한복음 3장 8절)

따라서 우리가 다루고 있는 것은 통제 불가능한 신비다. 그것을 지도와 발달의 교묘한 체계를 통하여 길들일 수는 없다. 그러기에는 영은 너무나도 자유롭고 신비스럽다. 영은 모든 꼬리표와 새장을 거부한다. 만일 영이 자발적으로 그럴 의지가 생기고, (우리에게도 알려지지 않은) 우리 영혼이 그럴 준비를 갖춘다면, 그렇다면 선의 옛 속담에도 있듯이, 돌을 들여다보고도 깨달음을 얻을 것이다. 그 무엇이라도 우리의 영적 스승이 될 수 있는 것이다.

한편, 우리가 해마다 의식적으로 온갖 형태의 지도들을 경험한다 하더라도 보장되는 것은 하나도 없다. 온갖 기교도, 온갖 방법도, 온갖 조언도, 온갖 노력도, 인간 쪽에서는 결코 다리를 놓을 수 없다. 오직 영만이 알고 있다. 우리가 정말로 진리를 위해 준비된 때를. 그리고 우리가 견딜 수 없는 일은 결코 생기지 않을 것이다.

그리하여 우리가 남겨진 곳은 어디인가? 수많은 경청과 실험적 기다림이 있는 방이다! 우리는 진짜 영적인 것은 결코 깨달을 수 없다. 그것은 오로지 우리가 주의를 쏟고 신뢰만 할 수 있는 선물 – 은총 – 이다. 그러한 가정이 정통파 기독교의 모든 실재관에 근본적으로 깔려 있다. 그렇지만 우리가 "어떻게" 주의를 쏟그 신뢰를 키울 수 있는지, "어디에서" 지도를 찾을 수 있는지는 저마다의 기독교 전통마다 상당히 다르다.

대부분의 종교개혁교회 전통에서 지도의 형태는 (설교를 포함한) 공동예배, 성서연구, 신학, 위기와 통과의례를 위한 목회상담, 개인의 자발적인 기도에 한정되어 있으며, 무엇이든 간접적으로는 나머지와 활발하게 연결될 수 있다. 천주교와 성공회와 동방정교회는, 최근 들어 공동체 안에서 설교와 성서와 자유로운 개인적 발견을 새로이 중요시하고 있는 유력한 종교개혁교회 신자들과 더불어, 보통 오늘에도 이 형태들을 포함하고 있다.

천주교와 동방정교회의 전통은 최근 들어 수많은 개혁교회 신자들에게 영향력을 미쳐온 다른 형태의 지도들을 포함한다. 그런 형태는 예전적 형태의 지도, 교회력의 절기와 성자의 달력, 개인적인 고백(화해예식), 영성수련과 묵상, 그리고 영성지도를 좀 더 높이 평가한다. 이 형태들은 특히 제2차 바티칸공의회 이후로 개혁교회 신자들에 대한 영향력이 커졌다. 그 무렵 이 형태들이 오랜 타락에서 벗어나 정화되었으며, 때마침 개혁교회 신자들도 종교개혁 때 몰라볼 정도로 더러워진 소중한 보석을 상당량 내던져 버렸을지도 모른다고 생각하기 시작했던 것이다.[151]

이제 우리는 서로 다른 기독교 전통들이 서로의 선물에 지극히 개방적인 적절한 상황에 도달했다. 사실 많은 천주교 신자들이 제2차 바티칸공의회 이후 아주 귀찮다는 듯이 더러운 지도 보석을 상당량 내던져 버린 것처럼 보이는 것과, 요즘 들어 다시 위에서 언급한 전통적 종교개혁교회의 보석에 이끌리는 것 사이에는 분명 모순이 존재한다. 수많은 종교개혁교회 신자들도 이제는 자기들의 형태가 지

---

151) 제2차 바티칸공의회까지 역사적 종교개혁교회와 천주교의 영성지도 접근법에 관한 아주 알기 쉽고 간단명료한 평화적 설명은 "Common Frontiers in Catholic and Non-Catholic Spirituality," 더글러스 스티어의 *Worship* (1965년 겨울)을 참고하라.

닌 쓸데없는 한계점들을 자각하고 있으며, 종교개혁 때 잃어버린 것들을 되찾으려고 애쓰고 있다.

둘 다 지금은 동방정교회 전통에 보존되어 있는 심오한 신비를 경이롭게 바라볼 때가 많다. 그리고 동방정교회는(적어도 북아메리카에서는), 민족적인 경계선을 초월하여, 공통적인 언어로, 좀 더 광범위한 지도를 제공하려는 다른 집단들의 노력에 영향을 받고 있는 것 같다.

세 집단 모두, 그 중에서도 특히 천주교와 종교개혁교회가, 좀 더 규모가 큰 세속사회에 제공된 지도의 초점에 조용히 영향을 받고 있다. 영은 불고 싶은 대로 분다. 그러므로 현대의 심리학적, 정치적, 교육적 지도 형태에서 성령의 열매를 찾는 데에도 무척 개방적이다.[152]

그와 동시에, 세상(교회 안팎)에는 무분별과 고집 센 자기중심주의가 가득하다는 기독교의 전통적 인식에 대해서도, 이제는 의심과 분별력이 요구되고 있다.

그러한 개방성은 교회의 현대적 지도에 굉장히 많은 영향을 미쳤다. 교회 자체의 전통, 방법, 그리고 분별력에 다한 긍정적 인식이나 평가가 거의 없는 곳에서, 이 개방성은 최근의 정치적, 교육적, 치료적, 또는 인간적 잠재력을 지닌 대중이 제공한 것들에 매우 민감한 형태를 띨 수 있다.

한편, 의심이 지배적인 곳에서는, 과거 기독교의 명백한 경건에서 생겨난 것들도 성령의 열매로 받아들이기를 거부하고, 지도를 오직 성서 그리고/또는 전통에만 제한시키는 근본주의적, 분파주의적 반

---

152) 갈라디아서 5장 22~23절을 참고하라: "오직 성령의 열매는 사랑과 희락과 화평과 오래 참음과 자비와 양선과 충성과 온유와 절제니."

응이 있을 수 있다.

나는 우리 시대가 "중도"라고 부르는 것, 그러니까 기독교의 전통과 실제가 무시했던 지혜의 새로운 평가로부터 생겨났으면서도, 그 깊숙한 곳에서는 이처럼 현대적인 지식의 가르침에 개방되어 있는 것이야말로 "우리를 자유케 할 진리"를 좀 더 많이 드러내 주리라고 믿는다.

교회의 진정한 역사는, 실재에 관하여 물려받은 진리를 잘 전달하기 위한 끊임없는 투쟁의 역사다. 결코 우리 눈에 보이지 않는 바로 그 진리가 계속해서 개인과 대중의 인간 경험 속에서 표현되는 방식에 따라 해석되고, 정화되고, 강화됨으로써 전달되어 온 것이다. 교회가 이 진리와 연속성과 불연속성의 장소를 정확하게 분별해내지 못할 경우, 다음의 두 가지 위험에 빠지게 된다.

하나는 문화에 대한 지나친 타협이다. 그럴 경우, 교회는 비록 문화적으로 초월적인 그 자체의 출처로부터 지도를 베풀 수 있는 사람이 있더라도, 그 고유한 특성을 상실하고 만다. 그것은 문화의 가치만을 반영할 수 있으며, 그럴 경우 문화적 확언의 무차별적 도구가 되어 그만 민속종교에 흡수될 수 있다.

다른 하나는 분파주의적 단절이다. 그럴 경우, 비록 교회가 지도자로서 고유한 자의식을 갖고 있다 할지라도, 완고하고 편협하게 해석된 언어와 형식 속에 수용할 수 없는 진리를 억지로 수용하려 들게 된다. 그러면 진리의 합일은 놓치고 만다. 그릇이 가득차지 않도록 급히 덜어내야만 하는 것이다. 그런데도 사람들이 그것에 매력을 느끼는 이유는, 그것이 진리로 가는 길을 제시해 주기 때문이 아니라, 인간 생활에서 진리의 모호함과 광대함으로부터 안전해질 수 있는 길을 제시해 주기 때문인 것 같다.

앞에서도 시사했듯이, 미국의 기독교 역사에는 "개방된 전통"의 중도보다는 이 두 가지 함정이 더 많았던 것 같다. 결과적으로 교회의 지도 기능은 상실과 왜곡의 역사를 겪어야만 했다. 그리고 종교는 미국에 지배적인 영향력을 미쳤기에, 사회 역시 상실과 왜곡을 겪어야만 했다. 한편으로는 미국의 지나친 세속화가 슬픈 결과물로 등장했지만, 다른 한편으로는 국가적이고 공격적인 독단이 더욱 더 자라났다.

그렇지만, 이런 장애에도 불구하고 교회는 날마다 수백만 명의 행복과 사회복지에 기여하는 진정한 형태의 지도를 제공한다. 오늘 우리에게 유용한 이 형태 몇 가지를 좀 더 자세히 살펴보도록 하자.

화해예식은 공동예배에 속한 것이든, 또는 사적인 고백이나 소그룹 고백에서 좀 더 개인적으로, 좀 더 효과적으로 이루어지는 것이든, 가장 오래된 지도 형태 가운데 하나다. 이것은 개인적 행동과 그 결과에 대한 인식, 그리고 책임의식을 고취시킬 수 있으며, 죄책감을 씻어내고, 화해의식을 강화할 수 있다. 나아가 자신과 하나님과 이웃을 돌보게 해준다.

오늘 그런 고백은 점점 더 개인적 죄 뿐만 아니라 사회적 죄악, 나아가 심리적 규제까지 책임을 지고 있다. 좀 더 비공식적이고, 개인적이고, 덜 원칙적이고, 새로운 천주교 실제에서는, 고백 후 개인 상담이 과거보다 좀 더 개인의 상황에 초점을 맞춘 영성지도의 형태를 띨 수 있다. 이것은 사람들이 의례와 분리된, 좀 더 충만한 형태(그러니까 특별히 회개에만 초점을 맞추지 않은 형태)의 지도를 추구하

도록 만들 수 있다.[153]

세례와 대부모는 고유한 개인적 소속감과 소명감을 강화시켜 주고, 혈연가족과 국가를 초월하여 돌봄을 받는다는 의식을 고취시켜 준다. 세례(그리고 견신례)에 대한 지식은 수고 없이 얻은 "왕가 혈통"에 관한 지침이 되는 지식이다. 이 혈통은 "너 자신을 위해 이름을 지어야" 한다는 걱정에 사로잡히지 않아도 되게 해준다. 또한 그런 지식은 삶의 목적의식, 소명의식, "반응—능력" 의식의 부족 때문에 생기는 무감각과 무통으로부터 여러분을 구해 줄 수 있다.

앞장에서 나는 (설교를 포함한) 진정한 **공중예배**에 내재된 지도에 관해 말한 바 있다. 그런 참여는 우리의 고립된 자아를 넘어선 초월적인 공동의 정체성을 부활시킬 수 있다. 그것은 또한 실재와의 변화하는 연관성에 대한 인식을 키워주는 상이한 의식 쪽으로 우리를 기울게 한다. 예전의 언어와 행위는 하나님에 관한 그리스도인들의 주요 경험으로 예배자들을 재통합시켜 줌으로써 이 목적을 달성한다. 그런 예배, 특히 성만찬예식이 포함된 예배는 천주교, 성공회, 루터교, 동방정교회 전통의 지도에 특히 중요하며, 모든 기독교 전통에도 중요하다. 따라서 돌봄과 대처에 대한 우리의 관점과 힘도 새로워진다.

영성수련과 묵상의 날은 공동예배와 그것의 안식일 특성을 공동의 고독으로 확장시킬 수 있다. 그런 시간은 공동체에 대해 상이한 관점을 제공할 수 있으며, 친밀한 기분전환을 조장함과 동시에 우리 안에서, 그리고 우리 주변에서 분출하는 실재와의 투쟁을 촉구한다.

---

153) 영성지도와 관련하여 오늘의 화해예식에 대한 유용한 논의는 케네스 리치의 앞의 책, 194~225쪽에 실린 이 주제에 대한 부록을 참고하라. 영성지도로서의 이 예전의 역사는 존 T. 맥닐의 *History of the Cure of Souls*의 기본적인 주제다.

또 그런 시간은 문화와 자아의 숨 막히는 압박으로부터 한 숨 돌릴 수 있게 해준다. 그런 시간 구조는 본질적으로 인간적인 리더십뿐만 아니라 지도의 한 형태도 될 수 있다.

예술: 종교연극, 시, 소설, 음악, 회화, 조각, 무용, 스테인드글라스, 그리고 건축은 교회에서 기나긴 섬김의 역사를 지니고 있다. 이것들이 진짜로 영감을 받으면, 우리의 직관적 재능이 성령과 그분의 변화 능력을 감지하게 해주는 성례전이 될 수 있다.

성경읽기와 성경공부는 가장 심오한 진리로 이끄는 지침으로 알고 행할 경우 우리가 좀 더 주의 깊게 "귀를 기울이도록" 해준다. 그러면 우리 마음도 좀 더 순수해지고, 저돌적으로 "완전히 다른 책"을 선택할 경우 들을 수 없는 진리에 좀 더 민감해진다. 때때로 우리는 외부의 소리를 통하여 우리를 근원으로 부르는 한결같은 음성에 이끌리기도 한다. 우리는 자아가 보통 거절하는 것을 금세 떠맡지 않는다. 이러한 지도는 때때로 우리가 특별한 장면을 상상할 수 있도록 도와주고 성서의 특정 인물들과 동일시 또는 대화하도록 도와줄 수 있다.

다른 영성서적을 읽는 것도 우리를 똑같은 방향으로 이끌어줄 수 있다. 진리를 가리고 있는 감상과 지나친 안전에 대한 욕망의 착취만 아니라면 말이다. 그 욕망은 성서를 열린 창문보다는 안전창고로 잘못 사용하게 만들 수 있다.[154]

안수와 도유는 치유의 기도와 더불어 신체적, 정신적, 영적 완전함이라는 경이로운 선물을 받아들이게 해준다. 그런 행동을 취하는 것은 치유를 간구하는 개인의 욕구와 주도권을 강화시켜 준다. 이

---

154) 영적인 독서에 대한 유용한 가이드는 수잔 모토, *A Practical Guide to Spiritual Reading* (Denville, N.J.: Dimension Books, 1976)을 참고하라.

것은 성공에 매우 결정적인 요소다. 다른 사람의 중재기도는 개인을 인간 공동체의 좀 더 큰 원천과 견고하게 연결시켜준다. 그리고 치유의 초월적 능력은 예수 그리스도를 통해 매우 명백해진다. 그 능력을 지나치게 남용하는 것은 자유와 은총을 혼동할 경우다. 은총 - 강력하고, 천부적이고, 진리를 일깨우는 하나님의 능력 - 은 그런 특별한 치유를 동반하든 안 하든 늘 정통 기독교의 이해 속에 들어 있다.

또 하나의 기독교 원천은 **기도, 신앙, 그리고 분별을 위한 소그룹**에서 유용한 무언의 지도다. 오늘 이것들은 카리스마적인 방언과 예언을 포함하여 매우 다양한 형태를 취한다. 잘하면 이것은 영의 길, 개인적 후원, 다른 사람들의 관점, 고통과 불안과 감사를 나눌 수 있는 기회, 타인을 위한 기도, 그리고 믿음 안에서 하나님께 순종할 수 있는 공동의 개방을 위한 무대를 제공해 준다. 하지만 잘못하면 좀 더 심오하고 견고한 영성생활의 진리를 기피하고, 나아가 특별한 영적 방향이나 해석을 고집함으로써 불확실한 개인의 통전성과 진정한 목표까지 손상시킬 수 있다.

예언자 역시 지도를 제공할 수 있다. 예언자의 지도는 너무 불편하고 고통스러워서 결코 "제도화"될 수 없다. 하지만 기독교 전통은 예언의 중요성과 전형적인 유용성을 명확히 보여준다.

예언자는 우리가 서로 공모하여 자원과 사람들, 그리고 그것을 주신 분과의 신실한 관계를 공유하고 돌봐야 할 의무 이행을 기피하고 있다고 폭로한다. 예언자는 이러한 공모의 무서운 결과를 지적하고, 우리가 회개할 경우 용서를 받고 새로운 삶을 살게 될 것이라고 주장한다.

예언자의 행동이 주는 비판적이고, 단호하고, 속죄적인 충격은 우리가 (분노 때문에 예언자에게서 돌아서지만 않는다면) 스스로 민감하고 자발적인 행동을 취하도록 일깨워 줄 수 있다. 진정한 예언자의 헌신적 행위는 무기력한 생활을 청산할 수 있도록 격려해 준다. 그리고 영적 소명과 진리-선포에 관한 좀 더 심오한 의식을 고취시켜준다. 다른 모든 형태의 영적 지도는 이 추진력을 지닌 중재자 성령, 인간의 행복을 위해서 결코 진리가 오랫동안 묻혀 있도록 내버려두지 않으실 분의 영향을 받아 정화될 수 있다.

　성자의 달력은 은총의 증거와 성령께로 들어가는 "통로"로서 일단의 영웅들을 우리 앞에 모실 수 있는 기회를 제공해 준다. 하지만 이 성자들 중에서 평신도나 기혼자가 드물다는 것은 정말 유감스러운 일이다. 자칫 그들과 동일시하여, 이 같은 초기 생활상으로 돌아가고자 할 수도 있기 때문이다. 또한 그들의 일대기가 대부분 사라져버리거나 미사여구로 치장되었다는 것도 무척 슬픈 일이다. 하지만, 그럼에도 불구하고 그 일대기들은 인간적 육체화로부터 단절된 추상적인 신학사상보다는 훨씬 더 고무적이고 유익하고 생생한 지도를 제공해 준다. 그들은 오늘 교회와 사회에서 활동 중인 경험 많고 좀 더 거룩한 이들의 생생한 영향력에 따라 보완된다.

　교회력의 절기는 시험과 성만찬, 금식과 축제의 값진 리듬을 통하여 사람들을 지도한다. 교회력은 기독교 경험의 심오한 신비를 공동으로, 그리고 개인적으로 되풀이한다. 교회력은 세분화하고 사소한 것들에 집중하고픈 유혹과 맞서 싸우도록 도와줌으로써, 그리스도의 몸을 위해, 그리고 간접적으로는 사회를 위해 긴밀하고도 초월적인 초점을 제공한다. 때로는 절기들이 너무 인위적이어서 우리의 개인적인 리듬과 "맞지" 않는 것처럼 보이기도 한다. 하지만 절기는 늘 우리 것보다 더 큰 리듬을 상기시켜 주고 우리를 받아들여 준다.

지도는 또한 **가르침**을 통해서도 얻을 수 있다: 교리, 신학, 윤리, 성서, 역사, 기도와 훈련의 형태로 요약하고 해석한 교회의 경험을 배우는 것. 배우는 사람의 생활, 통전성과 이것들을 긍정적으로 연결시킬 경우, 인간 생활에 대한 총체적, 통전적 접근의 이해를 도울 수 있는 인식의 다리가 놓일 것이다. 하지만 그 둘을 제대로 연결시키지 못할 경우, 가르침은 처음부터 실패작이거나, 오해의 소지가 있거나, 위협적이거나, 이질적인 것이 될 수 있다.

지도는 **교인들의 일상적인 관계**를 통하여 다양한 방식으로 얻을 수 있다. 그리스도의 신비체와 만인 사제직은, 절실한 순간마다 영의 투명화라고 하는 수많은 상호적 은사를 포함한다. 이것은 **가족들** 간에 가장 오래 지속된다. 부모에게 특별한 지도 기회가 주어지며, 평생토록 상호 지도가 제공되기 때문이다.

목회자와 특별히 선정된 사람들이 베푸는 **목회상담과 지지**는 보통 특정 문제에 집중된 개인의 상황을 다룬다. 관심의 초점은 문제를 처리하거나 견뎌내고 삶을 지속해 나가는 데 있다(이를테면 부부문제와 가족문제, 실직, 질병 등을 이겨내거나 견디는 것). 오늘의 심리학적 이해는 주로 견디는 쪽으로 기울고 있다. 믿음의 원천도 여기에 포함될 수 있으며, 실제로 매우 중요할 때도 많다. 그렇지만 문제가 주는 압박은 (그리고 상담가의 훈련도 종종) 특별한 자기 대처에 집중하도록 격려해 준다.

이것은 좀 더 느슨하고, 솔직하고, 주로 은총이 내려지는 방법에 장기적으로 집중된, 그리고 기도와 행동으로 응답받는 **영성지도에**

관한 설명과 대조를 이룬다.[155] 위에서 살펴본 바와 같이, 그러한 방침은 아주 여러 가지 색깔이 혼합된 외투의 한 가지 색깔일 뿐이다. 그것은 고립된 출처가 아니라 총체적인 생활방식의 일부다. 그것이 과연 충분한 도움이 될 것인지 여부는 우리가 그것을 서로 보강하고 수정해줄 출처들과 함께 사용할 의사가 있느냐 없느냐에 달려 있다.

이런 의미에서 그것은 세속적인 상담과 상당히 다르다. 세속적인 상담에서는 결코 내담자가 진지함을 공유하고 기독교 신앙(또는 다른 신앙)이 말하는 실재에 대한 총체적 접근에 참여할 것이라고 기대할 수 없다.

한편, 진정한 의미의 영성지도는 개인을 다소 기계적인 외부 모델과 일치시키려 애쓰는 "전도" 수단이 아니다. 기독교 역사에는 이것이 실제로 위험요소가 되었던, 좀 더 독재적인 시기가 존재했었다.

그렇지만, 오늘의 지도자는 특정인의 특정한 삶의 정황 속에서 미묘한 "영의 움직임"을 포착할 수 있는 사람의 역할을 주로 담당한다. 이러한 움직임은 성서, 전통, 믿음과 연결되어 있지만, 개인의 충만한 존재적 통전성을 통해 고유한 방식으로 식별할 수 있다. 지도자는 아무것도 강요하지 않고, 다만 피지도자의 이야기를 경청함으로써, 점점 드러나는 하나님 이미지와 그 사람의 가장 충만하고 특

---

155) 윌리엄 코널리는 영성지도와 상담의 유사점이 둘 다 동일한 초기 질문을 사용한다는 점, 점차적인 태도 변화를 기대한다는 점, 권위를 멀리한다는 점, 그리고 자유로운 결정과 상호적 신뢰를 요구한다는 점이라고 주장한다. 또한 그 둘의 차이점은, 영성지도에서는 관상 경험과, 감수성과, 실재의 주께 응답하는 데 집중한다는 것, 그리고 상담에서는 통찰력과 치유, 새로운 방향제시에 집중한다는 것이다. "Contemporary Spiritual Direction," *Studies in the Spirituality of Jesuits*, 제8권, 3호(1975년 6월). 개인적인 의견이지만, 내가 보기에 이것들은 "가장 심원한" 자아에 경청할 때 어쩌면 하나로 통합될 것처럼 생각된다. 살렘영성지도연구원의 직원이자 정신과 의사인 제랄드 메이는, 단순한 개방의 순간에 신비로운 분 앞에서 상담과 영성지도를 통합한다는 개념을 전개해 나갔다. 영성지도와 치료가 둘 다 어떤 일을 발생시키기 위해 노력하는 게 아니라 겸허한 조심성을 통해 "활생하도록" 내려려 둔다는 것이다. 그의 저서 *Simply Sane*과 *Open Way* (두 권 모두 폴리스트 출판사)를 참고하라. 그렇지만 그는 영성지도와 상담의 조작상 차이점을 인정한다. 그 차이점에 대해서 나는 제6장에서 살펴보게 될 것이다.

징적인 인성을 일깨워줄 뿐이다.

영적인 우정이 새롭게 중요해진 이유들

오늘 영적인 교제가 매우 다양한 사람들의 중요한 원천으로서 다시금 부상하고 있는 것은 근래에 와서 생겨난 현대인들의 다양한 욕구 때문이다.

그 가운데 **첫 번째**는 교회 안의 공동세계관이 점점 더 붕괴되는 상황에서 개인적 원조에 대한 욕구, 그리고 교회 밖의 기독교적 "생활방식"을 위한 문화적 후원에 대한 욕구다. 이제는 누구든지 교회와 사회가 생활방식을 위해 제공해 주는 무수히 많은, 때로는 모순된 것처럼 보이는 선택사항들 중에서 하나를 스스로 선택해야만 한다.

이것은 한때 강제적 방식의 보루였던 천주교 신학대학 역시 마찬가지다. 워싱턴 지역에 있는 천주교 신학대학 두 곳의 게시판에서 나는 예전 같으면 진보적 개혁교회 입장에서만 볼 수 있었을 법한 글을 읽게 되었다: "여러분은 자신의 형성과정을 발달시켜야 할 책임을 개인적으로 지고 있습니다."(다소 광범위한 지침에 따라)

이렇게 광범위한 상황에서는 쉽게 고립될 수 있다. 우리에게는 수많은 선택사항들을 분류하도록 도와줄 사람이 필요하다. 우리 삶 속에서 신비스럽게 움직이는 영이 짜고 있는 미묘한 실을 알아챌 수 있도록 도와줄 사람이 필요하다. 개혁교회 현장에서는 그렇게 구조적인 기회와 원천이 극히 드물다. 비록 그에 대한 관심은 점점 커지고 있지만 말이다. 클렙쉬와 재클은 회중의 관점에서, "〔그들의〕 구

조와 리듬에는 한 영혼의 상태에 관한 진지한 논의를 기대할만한 곳이 전혀 없다"고 주장하였다.[156]

오늘 개인적 영성지도에 좀 더 무게를 실어주는 **두 번째** 욕구는 교육적, 전문적 치료 관계의 한계의식에서 비롯된 것이다.

공적인 교육과 사적인 교육은 점점 더 기술적 지식이 장악하고 있는 것 같다. 그리고 기본적인 종교-철학적 질문과 그것을 오랫동안 탐구해온 구조에 대한 무지와 고의적인 경시 또한 점점 더 증가하고 있는 것 같다. 이것은 허기진 많은 사람들을, 교사나 학생이나 똑같이 방치한다. 짤막한 주일예배와 교육시간만으로는 성이 차지 않기 때문이다.

수많은 치료사들이, 서구심리학이 통상적으로 허용하는 것보다 초월적인 출처의 필요성을 점점 더 확실히 깨닫고 있는 것 같다. 치료사들 사이에서 초개인 심리학과 융 치료법에 대한 관심, 동양의 (그리고 어느 정도는 서양의) 신비전통에 대한 관심이 점점 증가하고 있는 것도 바로 이런 허기를 채우기 위함이다. 비록 문제가 심리학적 언어에 가릴 때가 많고, 보통은 심리학 내의 통찰에 한정되기는 하지만, 그래도 나는 곳곳에서 초월적인 출처의 생활방식에 대한 열망을 발견하게 된다.

앞에서 살펴본 것처럼 서구심리학이 종교-철학적 유산으로부터 제외된 데다, 대부분의 심리학자들은 중산층과 심각한 개인주의 심리학에 속해 있기 때문에, 기독교적인 공동-역사의 생활방식으로 완전히 건너가기가 훨씬 더 어려워졌다. 심리학적으로 깨어 있는 영성

---

[156] *Pastoral Care in Historical Perspective*, 66쪽. 이 상황은 개인적 책임과 그리스도의 유일한 중재를 중요시하는 종교개혁교회에 따라 부추겨졌고, "좀 더 심오한 동의와 主교의 단계"를 무시하고 구원(첫 전향)에만 초점을 맞추는 복음주의자들에 따라 강화되었다. (스티어, 앞의 책을 참고하라.)

지도는 그런 사람들에게 어쩌면 소중한 원천이 될 수 있다. 뿐만 아니라 그들의 내담자에게도 보완적인 형태의 지도를 제공할 수 있다.

그런 지도를 요구하는 **세 번째 욕구**는 허기진 절반의 사회운동가로부터 비롯된 것이다. 60년대의 사회운동가들은, 흑인교회 출신을 제외하고, 대부분 사회적 죄악의 고백을 초월한 일종의 내면적 초점을 심각하게 의심하고 있었다. 개인적 자아는 사회적 자아를 위해 희생하는 게 당연했다. 하지만 70년대에 들어서면서 많은 사람들에게 뚜렷한 변화가 일었다. 완전히 객관화되고 공유화된 삶에 관하여, 일부는 부적절하고 공허한 것으로 판명된 것이다. 좀 더 내적인 것, 개인적 상황에 특히나 민감한 것이 요구되었다. 그들이 찾는 것은 치료법이 아니었다. 그것은 바로 그들의 영혼이었다.

도움을 얻고자 어떤 이들은 동양 집단을, 또 어떤 이들은 서양 집단을 찾았지만, 아직도 많은 이들이 여전히 떠돌고 있다. 영성지도는 통전적이고 의미 있는 사회적-개인적 생활방식을 진지하게 취할 수 있기에, 그런 사람들의 삶에 더 잘 어울릴 수 있다.

마지막으로, 우리가 영성지도에 관한 교회의 신중한 구전 전통을 경시한 사실을 반성하고 있는 지금, 영성지도는 다시금 특별한 관심을 얻고 있다. 오늘 우리는 기독교 경험의 빛과 오솔길에서 이제껏 알려진 인간의 내적 발달의 깊이와 뉘앙스를 다시금 상기시켜 주는 책과 학문에 거의 전적으로 의존하고 있다. 그동안 우리는 기독교적 인식의 핵심을 조심스럽게, 원만하게, 장기적으로, 믿음에 기초하여, 시험적으로, 직관적으로, 그리고 일대일로 전달하는 방법을 거의 다 놓쳐 버렸다. 아마도 자녀교육의 실제에 충실한 부모들, 특히 어머니들이 20세기 초반, 여기에 가장 가까이 도달했을 것이다.

하지만 오늘 우리 문화를 점점 지배하고 있는 열광적이고, 혼란스럽고, 정서적으로나 물질적으로나 산만한, 그리고 종종 단절된 가정환경에서는 그러한 신앙교육이 안 남아 있는 것 같다.

이런 상황에서는 영적인 친구가 필요하다. 위기뿐만 아니라 영적으로 세심한 좀 더 평범한 시기에도 우리와 함께 있어줄 친구가 필요하다. 이런 우정의 확산은 아마도 교회의 부흥과 고유한 봉사를 도와줌으로써 교회의 피상적인 영적 기반을 구체화하고, 심화시키고, 안정화시킬 수 있을 것이다. 이런 우정에는 영적인 스승이 필요 없다. 그저 세심하고 신실한 친구가 필요할 뿐이다.

이 책의 나머지 부분에서는 오늘 진정한 기독교적인 영적 우정을 전달할 특별한 원천에 초점을 맞출 것이다. 이때 중요한 것은 앞에서 설명한 광범위한 원천, 교회 내부 영성지도의 길고 다양한 역사, 그리고 안식일과 교역실천의 주기적 구조를 명심해야 한다는 것이다. 이 모두가 힘을 합하여 우리의 왕가 혈통을 다시 일깨워 주고, 그것의 신뢰를 이룩하고, 은사를 공유할 수 있는 토대를 제공해 줄 것이기 때문이다.

영적인 친구가 된다는 것은 곧 상처 입은 영혼의 의사가 되는 것이다.
그러면 누군가가 피를 흘리며 찾아왔을 때 의사는 어떻게 행동하는가?
의사는 다음의 세 가지 행동을 취한다: 먼저 상처를 씻어내고, 찢어진 부분을 봉합한 다음, 마냥 기다린다.
그게 다다. 의사는 치유해 주지 않는다. 의사는 치유라는 중요하고 자연스러운 과정이
진행될 수 있도록 환경을 조성해 줄 뿐이다. 의사는 사실 치유자라기보다 산파에 더 가깝다.

제2부
걸어갈 길

제5장
영적인 친구를 찾아서

만일 여러분이 예전에 영적인 친구를 찾아본 경험이 있다면, 그것이 지닌 모순을 잘 알고 있을 것이다. 과연 내가 누구를 내 존재의 가장 친밀한 차원에서 신뢰할 수 있을 것인가? 그 사람은 나를 이해해 줄 것인가? 내가 감히 정말로 내 영혼을 다른 누구 앞에서 드러낼 수 있을까?

한때 우리는 성생활이야말로 가장 친밀하고 드러내기 힘든 것이라고 생각했을 수 있다. 하지만 오늘 그것은 많은 사람들에게 아주 가벼운 주제가 되어 버렸다. 이제 우리의 빅토리아조 풍은 하나님과 우리의 관계를 더 회피하고 당혹스러워하는 것 같다.[157]

사실 내 영성생활은 민감한 주제다. 정말로 누군가에게 내 영성생활을 전적으로 개방할 경우 무슨 일이 생길지 그 누가 알겠는가? 하나님, 그리고 내 영혼과의 잠잠한 생활방식이 송두리째 뒤흔들릴 수

---

157) 아마도 그런 태도는 부분적으로 근본주의적 반응 탓일 수도 있다. 근본주의자들은 다른 길을 격렬하게 오가면서 자기와 하나님의 관계에 대해 **끊임없이** 이야기하는 것 같다. 마치 오랫동안 갇혀 있던 댐이 터져버린 것처럼, 그들이 "거침없이 지껄이는" 데 만족하려면 아주 오랜 시간이 걸릴 것이다.

도 있다. 어쩌면 내 관점과 행동양식이 바뀔지도 모른다.

우리에게는 (심리적 변화에 저항하듯이) 그러한 가능성을 완강히 저지하려는 무언가가 있다. '공동예배, 개인기도, 그리고 나 자신의 분별력이면 충분하지 않은가?'[158] 어쨌든 이것들은 아직까지 나를 드러내 준다. 하지만 나는 내면의 작은 속삭임이 나를 더 깊은 곳으로 이끄는 것을 느낀다. 거기에는 기독교 신앙의 견지에서 내 가장 깊은 존재인 "참된 실재"와, 참여의 견지에서 내 목표를 새롭게 바라보게 만드는 열망이 존재한다. 나는 이 열망에 진정으로 응답할 수 있는 방법을 나와 함께 공유하고, 이해하고, 경청할만한 누군가가 필요하다. 두려움보다는 이 욕구가 더 강하다. 이제 나는 영적인 친구를 맞을 준비가 되어 있다.[159]

---

158) 클레르보의 베르나르는 그런 질문에 대해서 다음과 같이 솔직하게 대답한다: "자기 자신을 스승으로 둔 사람은 바보의 제자다." Joseph de Guibert, *The Theology of the Spiritual Life*, 155쪽에서 인용. 사다리의 요한은 이렇게 질문하였다: "지도자 없이, 자기에 영합하여 자기 뜻대로 사는 사람이 과연 하나님의 뜻에 합당하게 신적인 삶을 살 수 있다고 생각하는가?" 머튼의 "The Spiritual Father in the Desert Tradition," 287쪽에서 인용.

159) 예수회 수사인 휴 케이와 제임스 월쉬는 이 준비의 중요성에 관하여, 약간 극단적이긴 하지만 매우 유용하고 도발적인 언어로 이야기한다. 그들은 영성지도의 목표를 다음과 같이 설명한다: "인간을 신적인 의지 쪽으로 완전히 변화시키는 것 - 자기를 죽이는 것. 만일 여러분이 이런 준비가 안 되어 있다면 그것은 여러분 자신을 기만하는 셈이다. 여러분이 만일 영성지도가 필요하다고 느낀다면, 사실은 공범을 찾고 있는 것이다...여러분 자신의 완고함을 마주보고 직시할 때, 주님을 따르고픈 욕구가 진짜일 때, 기도하고픈 욕구가 너무나도 간절해서 고통스럽기까지 할 때, 그럴 때 여러분에게 필요한 것이 영성지도다." *The Way*, 제2권, 제3번(1962년 7월). 또 다른 예수회 수사, 윌리엄 코널리는 이 준비 단계를 좀 더 부드럽게 표현한다: 지도는 "그들의 마음을 끄는 주님과의 여정에 대한 모험적인 감각"을 위한 것이다. 그는 또 여러분의 기도, 영적 분주함 등도 "생명의 대용품이 아니라 좀 더 충만한 생명의 차원"으로서 접근해야 한다고 덧붙인다. "Contemporary Spiritual Direction: Scope and Principles," *Studies in the Spirituality of Jesuits*, 제7권, 제3번(1975년 6월). F. W. 파버는 지난 세기에 이와 같은 말을 하였다: "여러분은 경건한 삶에 대해 일시적인 열정과 충동이 아닌 진정한 매력을 느낄 때마다 영성지도자를 선택하도록 부르심을 받았다." *Growth in Holiness* (Baltimore: Murphy, 1855 original) 토마스 머튼은 우리가 이미 잘 알고 있는 것을 인정하도록 도와줄 수 있는 사람을 찾는 일에 대해 다음과 같이 이야기한다: "우리가 믿는 사람의 친절한 후원과 현명한 조언은 종종 우리가 이미 알고 있는 것과 모호하게 바라보는 것을 가장 완벽하게 받아들일 수 있도록 해준다." "Spiritual Direction," *Sponsa Regis*, 제30권 (1958~59년)

쌍방지도 대 일방지도

그러면 서로에게 친구가 되어줄 사람을 찾아야 할까, 아니면 초점을 주로 나에게만 모아줄 사람을 찾아야 할까?

모든 지도는 어떤 의미에서 상호적이다. 지도자는 타인의 말을 경청할 때 자신의 협력과 저항에 개방적일 수 있다.

그렇지만 나는 대부분의 지도는 이쪽 아니면 저쪽 사람에게 기본적으로 집중해야 한다고 믿는다. 그렇지 않을 경우, 지도는 충만한 영성지도에 필요한 초점의 강도와 깊이를 상실해 버린(그럼에도 불구하고, 어쩌면 소중할 수도 있는) 상호교환적인 영적 대화가 되어버릴 것이다.

하지만 이렇게 "일방적인" 초점이 쌍방지도관계에서 **발생할 수도 있다**. 그러니까, 먼저 한 사람이 특정시간 동안 초점이 되고, 후반부나 다른 시간에는 다른 사람이 초점이 되는 것이다.

그런데, 여러분이 영적인 친구로 삼고 싶은 사람이 이미 다른 누군가와 지도관계를 맺고 있을 수도 있다. 또는 그 사람이 여러분의 지도자로 적합한 반면, 여러분은 그 사람의 지도자로 적합하지 않을 때도 있다(그 반대의 경우도 있을 수 있다).

나는 지난 몇 년 동안 쌍방지도관계를 유지해 왔다. 그리고 그것은 서로에게 굉장한 축복이었음이 밝혀졌다. 하지만 나는 두 사람이 서로에게 영적인 친구로서 "딱 맞는" 경우는 극히 드물다고 생각한다. 내가 아는 대부분의 관계는 주로 한 사람에게만 초점을 둔다. 만일 여러분이 상호관계가 적합할 것 같은 사람을 발견하게 된다면, 내 경험에 비추어 보건대, 서로에게 따로 시간을 투자하는 게 가장 좋은 방법이다. 상호간의 영적인 대화시간을 원한다면, "일방의" 초점 시기 전후에 그런 시간을 가질 수도 있다.

그런 우정이 갈망할 수 있는 깊이에 관해서는, 내가 쓴 제2장의 "우정" 부분을 다시 읽어보는 것도 좋을 것이다. 또한 도러시 데버의 『신실한 우정』(Faithful Friendship)도 큰 도움이 될 것이다.[160]

고려해야 할 사항들

여러분이 찾거나 응답해야 할 사람은 여러 가지 요소에 따라 달라진다: 여러분의 나이, 성별, 경험, 성격, 영적인 오솔길, 신앙 전통, 상황, 그리고 기회. 이것들을 하나씩 차례로 살펴보자.

[나이]

대체로 나는 생의 중반을 넘어선 사람 – 대략 35세 이상인 사람 –을 선택하는 것이 가장 좋다고 믿는다.

칼 융은 자기를 찾는 사람들 가운데 35세 이상인 사람은 누구나 다 현재의 문제와 상관없이 특별한 관심을 갖고 있다고 확신했다.[161] 보통 생의 중반에 시작될 것 같은 새로운 것들이 있다: 한계의식, 삶에서 중요한 것과 안 중요한 것의 보류, 새로운 영적 탐구나 평가.

이 나이가 되기 전에는 무한성에 대한 환상과, 인간 공동체에 적합한 장소에 대한 야망과, 기술에 따른 구원에 대한 믿음(교육, 치료, 돈, 친밀감 등이 아주 조금만 더 있어도 모든 것이 좋아지리라는 믿음)이 태도와 행동 배후에 숨어 있는 경향이 있다.

---

160) 제8장 각주 1번 참고.
161) *Modern Man in Search of a Soul* (New York: Harcourt, Brace, 1933), 229쪽 참고.

중년에 접어들면 이런 것들이 최소한 부분적으로는 사그라지거나 상대화되는 경우가 많다. 한계와, 해결 불가능한 신비에 대한 자각, 그와 관련된 연민이 좀 더 생생해진다. 이러한 자각이 없다면, 영성지도는 청년들에게 아주 보편적으로 나타나는 펠라기우스주의(행위에 따른 의)의 포로가 될 수 있다. 그렇게 되면, 꼭 필요한 인내와 영 자체의 타이밍에 대한 신뢰를 잃어버리게 된다.

물론 예외의 경우도 있다. 그런 성숙함이 훨씬 더 일찍 찾아올 수도 있는 것이다. 아니면 훨씬 더 늦게 성숙해지는 사람도 있다. 특히 젊은이의 충동이 죽을 때까지 지속될 수도 있는 미국 문화의 경우, 더더욱 그러하다.

어떤 경우에는, 특히 여러분 자신이 생의 후반에 속해 있다면, 중년의 현실화라는 장애물을 뛰어넘은 것처럼 보이는 사람을 선택해야 한다.[162]

[성별]

동성이나 이성을 영적인 친구로 선택하는 것은 어떤 차이가 있을까?

우리 샬렘영성지도연구원의 몇 사람이 과거 7년도 넘게 이 문제에 특별한 관심을 쏟았다.[163] 사람마다, 그리고 상황에 따라, 응답은 모두 다르다. 하지만 똑같이 편안하고 똑같이 훌륭한 여자와 남자 중에서 한 사람을 선택해야 한다면, 나는 **대부분**의 경우 **이성**을 선택

---

162) 다락방의 성모회 수녀로서 영성지도 경험이 풍부한 리타 앤 훌리한은, 특히 젊은 사람들일수록 동료가 아니라 더 나이 많은 사람을 선택해야 한다고 확신한다. "Discernment and Spiritual Direction" (출판사 미상)
163) 샬렘영성지도연구원 직원인 돌로레스 레키의 미출간 논문은 바로 이러한 관심의 결과물 가운데 하나였다: "Growing in the Spirit: Notes on Spiritual Direction and Sexuality."

하는 것이 가장 좋다고 생각한다.

교회사를 들여다보면, 잦은 여성 탄압과 멸시에도 불구하고, 몇몇 위대한 남녀 간의 영적인 우정이 어떤 식으로 발달했는가를 알 수 있다.[164] 오늘에는 성적으로 좀 더 계몽이 된 시대이므로, 신학대학과 공동체 속에서 여성을 지도하는 남성뿐만 아니라 남성을 지도하는 여성도 좀 더 흔하게 볼 수 있다. 그러한 이성간의 영적인 우정은 종교개혁 전통의 신자들 사이에서도 점점 더 보편화되고 있는 게 확실하다.

그런 이성간의 우정이 영성지도에 보탬이 되는 건 무엇일까?

심리학적인 측면에서, 만일 우리가 칼 융이 말한 아니마와 아니무스("여성적"이고 "남성적"인 정신적 차원)의 내적 통합과정을 인정한다면, 그런 관계가 중요해질 수 있다. 전이를 통해 내 내면세계의 여성상이 영성지도자에게 투사된다(여성의 경우는 그 반대로 투사된다). 그러면 영성지도자가 그 여성성을 나에게 "반사하고," 그것은 내 인격 속으로 통합된다.

영적 순서에 따라, 내 의식 속에 없는 신적인 특성이 투사되고, 반사되고, 통합된다고 말할 수 있다.[165] 창세기 1장 27절은 바로 그 하나님 이미지가 남성과 여성으로 이루어져 있다고 말한다. 그리고 성서적 심상은 하나님의 특성과 연합된 남성성과 여성성을 반영한다.[166] 성별의 차이는 하나님의 신비와 타자성, 그리고 그 관계의 친

---

164) 이들 가운데 가장 유명한 사람은 아빌라의 성녀 테레사와 십자가의 요한, 프란시스 드 살레와 제인 프랜시스 드 샹탈, 빈센트 드 폴과 루이스 드 마리야크, 아시시의 프란시스와 클레어, 시에나의 캐더린과 카푸아의 레이몬드, 그리고 제노아의 캐더린과 돈 마라보타다. Paul M. Conner의 *Celebrate Love* (Huntington, Ind.: Our Sunday Visitor Press, 1979)를 참고.
165) 레키, 위의 논문.
166) 나는 이러한 특성들이 반드시 신체적 남성성이나 여성성과 연관될 필요는 없다는 사실을 잘 안다. 오늘에는 이런 특성들의 대부분이 문화적 조건에 따라 주어지는 것 같다. 융 자신도 틀에 박힌 남성성-여성성 구분을, 그런 조건이 문화적으로 자각되기 전의 문화로부터 빌려왔다.

밀함을 더 많이 반영해 준다. 그 관계에는 상보성이 더 많은 반면 미묘한 경쟁은 드문 것 같다.[167]

그러므로 우리는 남녀 간의 우정에서 훨씬 더 특별한 가능성을 보게 된다. 그렇지만 동성과의 관계만큼도 못한 경우가 가끔 있기는 하다.

앤터니 스토는 아니무스(animus, 여성의 남성적 특성)/아니마(anima, 남성의 여성적 특성)와 관련된 이런 종류의 전이가 오로지 인생의 후반부를 살고 있는 사람들에게만 적합하다고 주장한다. 수많은 관계들을 경험한 결과, 성교가 삶에서 가장 중요한 경험이 아니라는 사실을 깨닫게 된 사람들 말이다. 그런 사람들은 어디서든지 구원을 발견한다: 예술이나 학문이나 종교에서도 말이다.[168] 때로는 성적 매력, 생식기에 따른 매력이 영성지도의 임무를 수행할 마음이 생기게 할 수도 있다. 이것은 지도자의 나이에 관한 내 생각을 더욱 견고히 해준다. 이것은 또한 인생의 전반부에 속해 있는 피지도자가, 방향이 바뀔 수 없거나 또는 바뀌지 않은 성적 느낌에 따라 생겨난 이성간의 우정을 이용할 수도 있다는 추론을 가능케 한다.

동서양을 막론하고 남녀 간의 영적 우정에서 독신생활이라는 강력한 주제를 언급하는 것도 흥미롭다(앞에서 언급한 사람들은 모두 독신주의자였다). 마음과 정신을 향한 성적 에너지의 방향이 열정에서 지혜로운 연민으로 바뀌는 것은 영적인 발달에서 아주 중요한 요소다. 사실상 생식기의 성적 특질을 숭배하게 된 문화에서는 이것을

---

167) 상보성은 또한 저마다 기도하게 되는 상이한 경험들, 심지어는 저마다 성령을 체험하는 상이한 방법 속에도 존재할 수 있다. 그런 상이성은 성별을 떠나서 서로 소통이 가능하거나 서로를 좀 더 풍요롭게 해줄 수도 있고 안 그럴 수도 있다(내가 이런 통찰을 얻게 된 데에는 웨스턴신학대학원 프랜신 카드만 박사의 도움이 컸다).
168) C.G. Jung (New York: Viking, 1973), 레키, 위의 논문에서 인용.

이해하기가 힘들다.

예전에 샬렘영성지도연구원이 이 주제에 관한 회의를 개최했을 때, 우리는 영적인 우정의 몇 가지 차원을 연구하기 위해 여러 시간, 여러 날 동안 평신도들을 남녀 한 쌍으로 묶었다. 생식기의 성적 특질(그리고 그와 연관된 지배적 남성 행위)에 따라 노골적으로 또는 미묘하게 좌우되지 않는 친밀한 남녀관계는 난생 처음 경험한다면서 경탄해 마지않던 한 여인을 나는 지금도 기억한다. 그녀는 성적 표현에 대한 충동으로 흐려지지 않는 이성과의 친밀감도 가능하다는 사실을 깨닫고 새로운 통찰력을 얻었으며, 동시에 안도의 한숨을 내쉬었다. 인간과 영적 판단의 전혀 다른 차원이 열린 것이다.

에로스("자기를" 채우는 사랑)는 어쩌면 아가페("자기를" 비우는 사랑)에 조금 더 가깝게 변형되었을 것이다. 기독교 전통에서 아가페는 가장 개방적인 순간의 인간을 통해 반영된 세상을 향한 하나님의 사랑이다. 자기 욕심을 "비운" 이 사랑은 역설적으로 하나님 안에서 우리의 가장 심오한 자아를 채우는 것이 된다. 그렇지만 지나치게 성을 의식하는 우리 문화에서는 그런 식으로 이성에게 접근하는 것이 특히나 더 어렵다.

남녀관계에서 이 매력/변형의 또 다른 면은 공포의 억눌린 에너지 또는 분노의 뒤틀린 표출이다. 남자와 여자, 어머니와 아들, 아버지와 딸의 차이는 이성간에 친밀감을 쌓기가 무척 어렵게 만들 수 있는 긴장, 역사와 관련이 있다. 두려움이나 분노를 저지할 경우, "거리를 유지하기 위해" 너무 많은 힘을 써서 녹초가 되지 않으려면 그냥 동성 간의 우정을 쌓는 게 좋을 것이다. 성적으로 매우 충동적인 사람의 경우에는 동성 간의 우정이 가장 좋듯이 말이다.

마지막으로, 나는 영적으로 정서적으로 매우 성숙한 사람들의 경우에는, 영적인 친구가 남자든 여자든 거의 다를 게 없다고 생각한다. 자아와 하나님의 이 차원들이 충분히 통합되고 초월되어서, 어느 쪽이라도 성령의 투명화 역할을 수행할 수 있기 때문이다.

결국 하나님은 기독교의 상징주의 속 남성과 여성일 뿐만 아니라, 남성과 여성을 훨씬 초월한다. 사도 바울이 "그리스도 안에" 있다는 것은 남성도 여성도 **아닌** 특성이라고 말한 것처럼. 그러므로 동성 또는 이성간의 영적 우정에서 **본질적으로** 심한 손상을 입히거나 보증해 주는 특성에 관해 언급하는 것은 오해일 것이다. 더욱이, 영적인 우정의 **기본적인** 관계는 두 친구의 관계가 아니라 하나님과 친구의 관계다. 하지만, 누구를 선택할 것인가는 중요한 문제일 수 있다.

이 주제에 관해 마지막으로 당부할 점: 제2장에서 나는 배우자와의 영적인 우정이 힘든 점에 관해 말했었다. 부부관계에 내재해 있는 수많은 기대와 정서적 원동력 때문에, 배우자는 여러분의 심리치료사가 될 수 없는 것처럼 여러분의 영성지도자도 될 수 없다. 그렇다고 해서 부부관계에서 돌봄, 경청, 충고, 그리고 영적인 집중의 특성이 불가능하다는 말은 아니다. 충만한 부부관계를 위해서는 그것들이 필요하다. 하지만 그 관계는 좀 더 쉽게 집중할 수 있는, 단순한 영적 우정을 나눌만한 누군가에 따라 종종 보완되어야 한다.

[경험]

진정한 영적 우정을 한 번도 나눠본 적이 없는 사람은, 그리고 영성생활에 관한 의식과 경험이 얕게 느껴지는 사람은, 아마도 그런 관계에 접근할 때 영적인 자신감이 거의 없고 취약점이 많을 것이다.

그런 상황에서는 경험에 확신이 있으면서도 겸손한 사람을 찾아보는 것이 중요하다. 자신감은 자유롭게 쉬면서 민감해지도록 도와줄 것이다. 그리고 겸손은 자신감을 키울 만한 여지를 마련해 줄 것이다; 영적인 거리감 때문에 너무 위축되지 않을 것이다. 그렇게 겸손한 친구는 거만한 목소리로, 지나치게 자신만만한 충고를 늘어놓으면서 미묘하게, 어쩌면 무의식적으로 여러분의 "새로움"을 착취할 가능성도 적을 것이다. 그 친구는 귀를 기울여줄 것이다. 여러분 안에 있는 영의 빛을 부드럽게 일깨워줄 것이다.

영적 실제와 성찰에 대한 경험이 많은 사람은 좀 더 다채롭고 급한 스타일을 지닌 사람도 괜찮을 것이다. 관계에서 무엇이 중요하고 무엇이 안 중요한지를 충분히 알고 있을 것이기 때문이다.

만일 여러분의 내적 경험이 영혼의 "어두운 밤"("dark night" of the soul)처럼 특별히 연약한 시기에 봉착했다면, 그 미묘한 경험을 충분히 이해하고 따라서 여러분을 잘못 이끌 위험이 전혀 없는 사람이 필요할 것이다. 여러분에게 도움을 주기 위해서 굳이 여러분보다 "나이가 많을" 필요는 없다(물론 그러면 아주 이상적이겠지만). 하지만 경험을 통해 여러분에게 참을성 있는 기도의 후원을 제공해 줄 정도로 충분히 민감하고 박식한 사람이어야 한다. 여러분의 경험이 미묘하고 말로 표현할 수 없는 것일수록 더 여러분의 친구는 직관적으로 통찰력이 있고 공감할 줄 아는 사람이어야 한다.

또한 여러분은 외적 경험에 관심을 쏟을 필요가 있다. 예를 들면, 특정 인종이나 문화집단의 일원으로서의 경험은 여러분의 발달에 얼마나 중요한 영향을 미쳤는가? 만일 이것이 매우 중요한 요소라면, 여러분은 그것이 하나님과 이웃과 자신에게 접근하는 방법에 미친 영향을 영적인 친구가 이해해 주길 바랄 것이다.

[성격]

만일 여러분이 성격의 형성과 발달에 관한 칼 융의 연구를 신뢰할 수 있다면, 상대적인 사람을 찾는 게 중요하다고 생각할 것이다. 만일 여러분이 매우 분석적인 사람이라면, "감정적인" 타입에 좀 더 가까운 사람을 찾아라. 만일 여러분이 직관적인 타입에 가깝다면, 좀 더 구체적이고 세심하고 감각적인 사람을 찾아라. 만일 여러분이 감각적인 편이라면, 직관적인 친구를 찾아라.[169] 하지만 성격이 **완전히** 정반대인 사람은 조심해라. 그런 사람은 여러분과 라포를 형성하기가 어렵다.

지나치게 상대적일 필요는 없다. 하지만 상보성은 가장 풍요로운 의식의 가능성을 초래할 수 있으며, 현실을 보는 관점에서 그 동안 여러분 자신도 몰랐던 약점을 일깨워 줄 수 있다.

성격은 경험과 성향의 고유한 조합이다. 여러분의 성격이 다른 누군가의 성격과 얼마나 "맞물릴" 것인가는 상보적 타입과 상관이 없는 문제다. 여러분은 서로에게 거슬리는 고유한 방식이 존재한다는 걸 깨달을 수도 있다(무슨 이유에서인지, 개인적 요인들이 아무리 "딱 맞는" 것처럼 보일지라도, 관계가 피해야 할 것들을 가리키는).

정반대의 경우도 마찬가지다: 다른 지표들은 소중한 영적 친구가 될 거라고 말해주지 않지만, 여러분의 성격이 더 중요한 다른 요인

---

169) 이러한 특정 상보성의 가치를 좀 더 상세히 논한 것으로는 이사벨 브릭스 마이어스의 *Myers-Briggs Type Indicator*에 있는(융의 대극에 기초한) 해설을 참고하라. 이것은 Consulting Psychologists Press, Inc., 577 College Avenue, Palo Alto, California 94306에 따라 배포되었다. 물론 이것은 절대적으로 안전한 것이 아니다. 하지만 적어도 이것은 사람들 간의 중요한 차이점을 지적해 주고, 우리의 "그늘진" 측면을 분명히 밝혀 줄 수 있는 사람과 짝을 이루는 것의 잠재적 가치를 가르쳐 준다.

들을 충족시키는 방식에 아주 "딱 맞는" 것이 있을 수 있다.

[영적인 오솔길]

이제 여러분의 두드러진 영적인 오솔길, 여러분의 성격에 영향을 미친 오솔길을 살펴보아라. 중요한 것은 여러분의 친구가 비록 여러분과 완전히 일치하는 길을 걸어갈 수는 없겠지만 그래도 여러분의 오솔길에 공감하고 또 경험을 해본 사람이어야 한다는 것이다. 사실, 가장 좋은 친구는 다른 오솔길에 대해 공감하면서도 비판적인 경험을 해본 사람이다: 그런 친구는 여러분이 상이한 가능성들을 조율하고 나아가 그럴싸한 속임수에도 주의를 기울일 수 있게 해준다.

영적인 오솔길은 여러 가지 방식으로 표현할 수 있다. 어떻게 설명하든, 결국은 똑같은 진리를 향한 상이한 통로일 뿐이다.

다음 그림은 통로 연속체의 가장 큰 특징들을 바라보는 한 가지 방법이다. 이것은 특정의 그리스, 유대-기독교, 힌두교 또는 불교 전통에 중복되는 설명을 사용한다. 중앙에 있는 소용돌이선은 우리의 삶이 일생동안 이 오솔길을 통해 소용돌이 모양으로 나아갈 수 있다는 것을 의미한다.

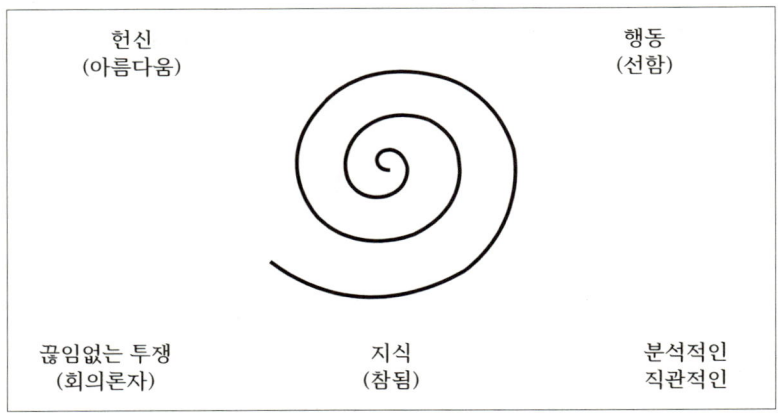

헌신의 오솔길은 하나님에 대한 매우 개인적이고 친밀한 의식이 특징이다. 여기에서는 정서적인 관계가 우세하다. 하나님은 돌봐 주시는 아버지, 어머니, 신랑, 애인이시다. 이 오솔길에서 드리는 기도는 찬미, 탄원, 감사에 특히 무게를 둔다. 하나님의 아름다운 창조세계가 가장 많은 감사를 받을 수 있다; 예술과 자연에 대한 특별한 감사가 여기에 포함된다. 카리스마적인 방언, 예언, 치유도 촉진될 수 있다.

어니스트 베커는 실존적으로 삶의 상이한 가치관들에 "몰두하는" 기억을 불러일으키는 이미지를 사용한다.[170] 헌신의 오솔길에서, 우리는 주변 사람들을 향해 넘쳐흐르는 감정과 증언을 갖고서 초개인적인 사랑으로 하나님께 몰두해야 한다.

최상의 경우, 이 오솔길은 우리는 초월하시는 분, 헌신적인 감사와 삶에 대한 강하고 친밀하고 친절한 참여를 일으키고, 우리의 부정적인 감정들을 변화시켜 주는 분을 향한 심오한 영적 갈망을 일으키고 집중한다.

하지만 최악의 경우, 헌신의 오솔길은 삶의 가혹한 진실과 행동을 회피함으로써 감상적이고, 무비판적이고, 사적 자유를 중시하고, 편협하고, 모호해질 수 있다. 또한 이것은 창조주의 선물을 창조주로 착각하는 하나님을 향한 감정에 초점을 맞출 수 있다. 그러면 진정한 교감에 이르지 못한다.

행동의 오솔길은 도덕적 관심에 초점을 맞춘다: 우리와 이웃과 사회의 "선." 하나님은 구속해 주시는 재판관이시며, 우리에게 개인적 미덕, 상호적 교정, 언약에 충실함, 사회적 정의 그리고 생태적 책무

---

170) *The Denial of Death* (New York: Free Press, Macmillan, 1973) 참고.

를 요구하신다. 우리의 소명은 정의로운 분노, 도덕적 가르침, 훈련된 행동이다. 부패와 냉담, 무정한 행동, 그리고 힘없는 사람들의 억압을 우리는 늘 경계해야 한다. (가장 폭넓은 의미의) 귀신축출 은사는 참회에 대한 소명의식에서 예언과 함께, 중점적으로 다루어진 고전적 은사들 가운데 가장 밀접한 것이리라.

행동의 오솔길에서 우리는 특히 이웃들(인간과 자연)에게 몰두한다. 그들의 욕구가 하나님의 실존과 우리를 향한 부르심을 중재해 준다.

최상의 경우, 이 오솔길은 사심이 없고, 위험을 감수하고, 공동체를 세우는 인간적 관심과 행동에 집중한다.

하지만 최악의 경우, 이것은 독선적이고, 다른 오솔길들에 대해 오만한 태도를 보이며, 인간의 도덕적 목표에 대한 이해와 달성 방법을 찾기 위해 다른 사람들의 말을 경청하고 협력하기보다는 옹졸하게 두려워한다.

지식의 오솔길은 지혜에 집중한다. 하나님은 지혜로우시고, 모든 걸 아시며, 모든 걸 보고 계시는 분이다; 우리 안의 하나님 이미지는 그런 영적 지식에 대한 성찰과 의식적인 수양을 통하여 특별히 드러난다.

이 오솔길은 두 갈래 접근으로 나누어진다. 첫 번째 갈래는 **분석적** 지식에 집중된다: 우리가 인지적으로, 개념적으로 "진짜로 참된 것"이라고 파악할 수 있는 것. 신학과 철학과 과학은 그런 사고를 훈련시킨다.

두 번째 갈래는 **직관적** 지식을 향한다: 이것은 개념적으로 무엇을 "이해하려고" 애쓸 때 생기는 것이 아니라, 우리 지성의 중재 없이도 거기 존재할 수 있는 진리에 대한 미묘한 인식에서 비롯된다. 관상(contemplation), 선 "콴"(Zen koans, 수수께끼), 예술, 비유, 그리고 정신적 능력은 이러한 오솔길을 나타내거나 목표로 한다. 이것은 무념적인, "직접적 시각"과 무심상 지식 방법을 향해 나아간다. 분석적 지식은 유념적이고, 심상을 통해 좀 더 풍요롭게 움직인다. (비록 내가 제1장에서 자세히 설명한 것처럼, 이 두 가지가 모순 없이 서로 겹칠 수 있고, 또 실제로 그렇기도 하지만 말이다.)

첫 번째 갈래인 분석적 지식에서, 우리는 이성에 몰두한다. 두 번째 갈래에서는 직관적 인식에 몰두한다.

최상의 경우, 이성의 오솔길은 인간의 삶과 관련된 성령의 정확한 인지적 상징, 이해와 동기를 결속시켜 주는, 상호 관련된, 교정된, 그리고 쉽게 전달되는 상징에 대한 균형 잡힌, 자기비판적인 탐구를 향한 우리의 영적 갈망에 집중한다.

하지만 최악의 경우, 이성의 길은 상징을 실저와 혼동하고, 인지적 정확성을 성령과 직접 적절하게 만질 수 없는 성질과 혼동하며, 그 밖의 영적인 길들을 지배 아래 둔다.

직관적 의식의 길은, 최상의 경우, 미묘한 공동의 사랑의 존재에 대한 영적 갈망에 집중하며, 나중의 "번역"을 제외하고, 우리의 "정상적인" 신체 감각과 관련이 없는 것 같은 인간의 지식 능력을 통한 "직접적 시각"의 특성에 대한 영적 갈망에 집중한다. 그런 시각은 언제나 무언의 신뢰와 지혜롭고 통찰력 있는 연민의 열매와 더불어 있는 그대로의 실재 "내부"로부터 즉각적인 인식의 특징을 인정한다.

하지만 최악의 경우 이 오솔길은 다음 둘 가운데 하나가 된다: ①

직관을 자극하는 미묘한 자아 욕구와 공포를 성령과의 직접적이고 순결한 접촉으로 착각하거나, 또는 ② 다른 사람들을 지배하는 데 사용되는 자존심과 소유 능력을 키워주고, 그것의 소유 불가능한 "순수인식"이 자아에 "속하도록" 허용한다.

끝으로 **계속적인 투쟁**의 오솔길이 있다. 이것은 가장 강력한 우상 파괴 – 우상을 격파하는 것이다. 성령에 관한 말은 모두 희망적인 환상의 가면을 쓰고 있다는 의심을 받게 된다. 우리는 거짓된 사람이 되느니 차라리 영적으로 메마른 사람이 되는 게 낫다. 내내 우리는 성스러운 발차기, 비명 지르기, 발 끌기에 착수한다. 이것은 우리가 몰두하고 있는 거짓말로부터의 자유다.

최상의 경우, 이 회의적 오솔길은 제1계명을 실천한다: "너는 나 이외의 다른 신을 섬기지 말라." 이것은 "나는 곧 나다"(출애굽기 3장 14절)라고 하는 성령의 가장 심오한 이름의 신비를 보호해 준다. 거짓 신들의 길을 깨끗이 치우면 결국 진실하신 분의 흐릿한 광채가 드러나게 된다. 의도적인 계획 없이 영의 비밀스런 행동으로.

무념적인, 직관적 의식의 오솔길에 선 사람의 출발점이 되는 신뢰는 회의적인 오솔길에 있는 사람의 도착점이 된다; 하지만 이 두 오솔길은 길을 따라 죽 늘어선 그럴싸한 표지판에 매혹되지 않는다.

최악의 경우, 이 길 없는 길은 냉소적이고 신랄하고 무시무시한 것이 된다. 개방성을 완전히 상실해 버리게 된다. 영적 갈망의 변장 능력은 모호한 공허가 감각적 충동과 행동에 빠질 때 또는 나태에 빠질 때에만 드러난다. 알 수 없는, 우연한 우주는 궁극적이다 – 최후의 절망적인 의미 없는 의미다.

이 모든 길들은 우리들 저마다의 인간적 잠재력에 속한다. 어쩌면 우리는 생의 각 지점에서 저마다의 길을 걷는다. 어떤 경우에는 하루에 한 번씩 순식간에 바뀔 수도 있다! 내 생각에 대개의 경우는 생의 어느 지점에서 한 가지 길에 몰두하는 것 같다. 때로는 평생토록 몰두하기도 하고.

우리의 성격은 이것과 연관이 깊을 것이다. 만일 우리의 성격이 매우 직관적이라면 직관적 인식의 길로 자연히 이끌릴 가능성이 크다. 우리가 만일 생각이 많은 사람이라면, 이성의 길이나 "투쟁"의 길에 이끌리기 쉬울 것이다. 또 만일 우리가 탐지를 잘 하는 사람이라면, 헌신 그리고/또는 행동 쪽으로 이끌릴 것이다. 우리 성격의 상이한 측면들이 펼쳐질 때마다, 상이한 길들이 해로운 가능성을 취하게 되는 것이다.

영적인 친구는 우리의 내적 표명과 소명과 관련지어 이 길들을 잘 알고 있는 사람이어야 한다. 영적인 친구는 우리가 적합한 길로 나아갈 수 있도록 도와주며, 요구된 길이 영적인 친구의 길이나 우리와 가까운 이들의 길과 다를지라도 전혀 죄책감을 느끼지 않도록 해 준다.

그 어떤 길도 다른 길보다 **본질적**으로 좋은 것은 아니다. 비록 우리의 경우 한두 가지 길의 강조가 어쩌면 특정한 시기에는 더 **적합할** 수도 있겠지만 말이다. 저마다의 길은 진리로부터 숨거나 그 역동적 특징을 약화시키는 데 사용될 수 있다. 저마다의 길은 다른 길들에 따라 수정될 수도 있고 가능성이 생길 수도 있다. 저마다의 길은 우리의 삶 속에서 은총을 보기 위한 준비, 통합하는 방법이 될 수 있다. 저마다의 길은 "집으로 돌아가는 길"이 될 수 있다.

[신앙 전통]

특정 지역에서 나타난 특별한 기독교 신앙 전통은 다른 것들보다 어떤 길을 강조하는 경향이 있으며, 때로는 노골적으로 다른 길들보다 더 강조하기도 한다. 여러분의 전통이 특정한 길을 중시한다 해도 괜찮다. 그것이 진정으로 여러분의 길이라면.

만일 그렇지 않다면, 그리고 여러분이 지금 걸어야 할 것 같은 길에 대한 이해나 수용능력이 거의 없다면, 좀 더 공감할 수 있는 전통으로부터 영적인 친구를 찾아야 한다. 또는 여러분과 함께 "소수 의견"을 공유할 수 있는 사람을 찾아야 한다.

앞에서 나는 요사이 수많은 종교개혁 전통의 교회, 천주교, 정교회 전통들 사이에 활발한 교류가 이루어지고 있다고 얘기했었다. 그리고 이것들을 뛰어넘어 또 다른 심오한 역사적 종교 신앙까지 뻗고 있는 발전에 관해서. 그런 교류의 열매들 가운데 하나는, 몇몇 전통에서 한때는 부당한 것으로 여겨졌던 길들에 정당성을 부여하고 있는 방법이다. 그런 열매가 여러분의 전통에서도 발견된다면, 그 전통의 근대사에 "맞지" 않는다 할지라도 여러분의 길에 좀 더 개방적인 사람으로 영적인 친구를 선택할 수 있다는 믿음이 더 커질 것이다.

예를 들면, 정관적 오솔길로 이끌려온 수많은 종교개혁 전통의 신자들은 모든 걸 다 이해할 수는 없을지라도, 이 길이 적어도 일부를 차지하고 있는 천주교, 성공회, 정교회와 우정을 나누는 쪽으로 방향을 바꾸어 왔다. 아주 서서히 이 길은 일부 종교개혁 전통에서 받아들여지고 있는 것처럼 보인다. 이 "소수의 오솔길"을 위한 영적인 우정이 그들에게서도 발견된다. (의식적으로 제한적인 분파를 제외하고는) 모든 전통들이 앞으로 더더욱 이 고도의 교류문화에 포함될 가능성이 크다.

[상황]

다음은 영적인 친구를 선택할 때 삶의 정황에 관심을 기울이는 것이 왜 중요한가를 보여주는 몇 가지 예다.

여러분이 만일 **신학생**일 경우, 신학대학 조직에는 영성지도자나 또는 영성생활/경건생활 지도교수가 배정되어 있을 수 있다. 하지만 그 관계의 비중이 특정의 영적 전통에서 "육성"하는 방식으로 여러분의 생활방식과 영적 실제를 지도하고 있다면, 여러분은 그저 육성과 교육을 받고 있는 것이지, 반드시 영성지도를 받고 있는 것은 아니다.

영성지도는 여러분의 벌거벗은 영혼에 특별히 신경을 쓴다. 영성지도는 어떤 특정 역할이나 전통에서 여러분을 전문적으로 육성하는 것을 목표로 삼지 않는다. 비록 이것이 부산물이라 할지라도 말이다. 두드러진 특징은 바로 여러분이다. 성령과 여러분의 총체적인 실존적 관계다. 그리고 그것이 소명과 연민에 흘러넘치는 것이다.

영성지도는 제한이 없다. 여러분이 지금 가고 있는 길과 전혀 다른 길로 이끌 수도 있다. 이런 "방향적" 초점 외에도, 그것은 "탈구조공동체"(communitas)에 관한 인식, 안식일에 관한 인식을 포함한다. 그곳에서는 삶을 그저 임무가 아닌 선물, 역할과 기능을 초월한 친밀감과 충분한 근거로 평가한다.

따라서 여러분을 주로 또는 오로지 "신학생"으로만 바라보지 않을 사람을 찾아야 한다. 그 이름표 너머의 여러분을 틀림없이 볼 수 있는 사람이 필요하다. 그리고 여러분의 가장 깊숙한 영혼을 보여줄 수 있는 사람이 필요하다. 그러한 노출이 학위취득이나 성직안수를 위한 "평가"의 일부가 될지도 모른다는 두려움이 전혀 없이 말이다. 그런 가능성은 필시 여러분의 죄 많은, 의심 많은, 혼란스러운 측면을 숨기도록 유혹할 것이다.

신학대학 교목, 특히 종교개혁 전통의 현장에서 섬기고 있는 교목/군목/원목처럼 (변두리에 속한 사람이나) 공식적 평가구조에 속하지 않는 사람은, 여러분에게 그런 관계를 허용해 줄 수 있다. 그렇지만 평가 기능주의의 추격으로부터 진정한 자유를 만끽하기 위해서는 신학대학 공동체 외부에서 영성지도자를 찾는 것이 좋을 것 같다.

만일 여러분이 **지교회 목사/성직자**라면, 또는 신학대학이나 다른 종교 센터의 직원이라면, 어쩌면 여러분의 직접적인 제도적 상황 "바깥에서" 누군가를 찾아야 할지도 모른다. 그것은 위에서 말한 자유를 누리기 위해서뿐만 아니라, 신학적인 "전문용어" 같은 것에 빠짐으로써 영혼-중심의 세심함을 교묘히 피하고 싶은 유혹에서 벗어나기 위해서이기도 하다.

만일 여러분이 한 교회의 **평신도**라면, 지교회 목사가 여러분에게 맞을 수도 있고 안 맞을 수도 있다. 영성지도는 특별한 은사이며, 특별한 시간이 필요하다. 그런데 이 두 가지가 목사에게 없을 수도 있다.[171] 하지만 목사는 여러분이 만나기에 좋은 사람일 수도 있고, 여러분에게 적합한 사람을 발견하도록 도와줄 수도 있다.

---

171) 마이클 그리핀은 다음과 같이 평가한다: "영어를 사용하는 국가의 성직자들은 진취적이고 실용적인 마음가짐을 지녔다: [그들은] 영성지도를 제공하는 데 어려움을 겪는다. [바로 그런 이유 때문에] 신속하게 벌어지는 경우가 극히 드문 것 같다." "How to Profit from Spiritual Direction," *Spiritual Life*, 제13권(1967년).

앞에서 나는 **부부관계**란 매우 복잡해서 반드시 영성지도에 적합한 것은 아니라는 말을 이미 했다. 만일 여러분이 배우자에게 너무 높은 기대를 품지 않는다면, 아마도 영성지도에 좀 더 적합한 관계가 될 수도 있을 것이다. 여러분은 어쩌면 지도의 특성을 기대하지 않고, 유익한 기도와 비공식적인 영적 **대화**를 자유롭게 공유할 수도 있을 것이다.

만일 여러분이 **제도적 교회나 지교회의 변두리 또는 외부**에 속한 사람이라면, 여러분이 제도와 겪고 있는 어려움을 존중해 줄 수 있는 사람, 제도가 종종 약한 매체가 되어 주는 전통에 대한 심오한 인식과 접촉하게 해줄 수 있는 사람이 필요할 것이다. 어쩌면 여러분이 적합하게 느끼는 어떤 특성화된 공동체나 성직자를 통하여 여러분을 제도의 최고 가치에 연결시켜 줄 수 있는 사람이 필요할지도 모른다. 예를 들면, 대학이나 그 밖의 제도적 교목/군목/원목의 직위, 수도원, 그 밖의 의도적인 기독교 공동체들이 있다.

또한 여러분은 "언어문제"와 여러분을 이어줄만한 사람을 찾아야 할지도 모른다. 현대 신학자 버나드 로너간은 "신앙"(faith)과 "믿음"(belief)을 유용하게 구별한다.[172] 그에 따르면, **신앙**은 종교적 사랑, 우리 마음에 밀려드는 하나님의 사랑에 대한 천부적 지식이다. 이것은 온갖 선의 효력과 새로운 힘을 일으키는 사랑 안에서 한 사람의 가치판단과 분별을 의미한다. 이것은 경험과 이해와 입증으로 받아들여지는 사실에 입각한 지식과는 다른 것이다.

믿음은 종교의 사실판단과 가치판단을 받아들이는 가치분별의 신앙이다. 이것은 선물에 대한 응답이며, 종교적 전통 바깥의 언어, 다

---

172) *Method in Theology* (New York: Herder and Herder, 1972), 115~119쪽.

양한 표현을 지니고 있지만 종교적 사랑의 눈에 따라 통합된 공동체 바깥의 언어다. 여러분은 내면의 영적인 움직임에 대하여 강력한 초월적 "신앙" 의식을 가지고 응답했을지도 모른다. 하지만 여러분은 "믿음"과 싸우고 있으며, 신앙이 구체화되고 육성되고 공유되고 전달되게 해준 특정한 역사적 형태와 상징의 "상부구조"와 싸우고 있다. 전국적인 여론조사 결과를 보면, 미국인의 90% 이상이 "하나님에 대한 신앙"을 지니고 있다. 하지만 헌신적인 "믿음" 구조로 제대로 넘어갈 수 있는 비율은 상당히 낮다. 그리고 특정의 활동적인 제도적 구조 안에서 헌신하는 사람들의 비율은 훨씬 더 낮다.

영적인 갈망과 경험은 보편적이다. 하지만 유익하고 심화시키고 통찰력 있는 형태의 응답은 힘들 때가 많으며, 따라서 민감한 영적 친구가 필요하다.

[기회]

오늘에는 훌륭한 영성지도자도 찾아내기 힘든 고질적인 불평(교회역사의 다른 시기에는 숨겨지지 않았던 불평)이 존재한다. 이것은 진실인 동시에 거짓이다.

오늘 기독교 교회에서 경험 많은 지도자를 찾기가 무척 힘들다는 것은 사실이다. 조심스럽게 훈련 받고, 시험 받고, 유지되어 온 일대일 구전의 기독교 인식은 이런 측면에서 우리에게 남겨준 게 적다.[173]

그렇지만 "훌륭한 영성지도자"가 없다는 말은 거짓이라고 나는 확신한다. 공식적인 훈련과 경험을 쌓은 사람이 많지는 않을지라도,

---

173) 그렇게 훌륭한 영성지도자들에 관하여, 16세기 아빌라의 성녀 테레사는 다음과 같이 말했다. "천 명 가운데 단 한 명도 자격이 없다." 그리고 그로부터 한 세기가 지난 후, 성 프란시스 살레는 만 명 가운데 단 한 명도 자격이 없다고 말했다. 따라서 이것은 전혀 새로운 문제가 아니다. Charles Hugo Doyle, *Guidance on Spiritual Direction* (Westminster, Md.: Newman, 1959)에서 인용.

훌륭한 영성지도자가 될 수 있는 잠재력을 지닌 사람은 많다. 다음 장에서 논의하게 될 훌륭한 지도자의 기본적 자질을 갖춘 사람도 많다. 여러분 손에 들린 열쇠는 누군가와 신앙의 도약을 이룩할 수 있을 정도로 충분히 의심과 공포를 완화시키는 것이다. 그러한 "준비" 단계에 도달하고 나면 여러분에게 딱 맞는 누군가가 나타날 것이다.[174]

여러분 주변에서 한 사람을 발견하는 것은 물론 이상적인 일이다. 특히 여러분이 시작 단계라면 더더욱 그렇다. 그 사람을 좀 더 자주 만날 수 있으면, 특히 처음 몇 개월 동안은 무척 도움이 된다.

하지만 만일 "딱 맞는" 사람이 먼 곳에 산다면, 정규적으로 만날 시간을 약속할 필요가 있다. 어쩌면 중간에 종종 서신(테이프)을 주고받을 수도 있다. 그리고 가능하다면 전화통화도 할 수 있다.

서신을 통한 영성지도는 아주 오래된 풍습이다. 하지만 직접 만나는 것의 적절한 대용품은 아니다. 지도자가 여러분의 편지를 받고 답장을 보낼 때쯤이면 벌써 여러분은 또 다른 비밀장소에 있을지도 모른다. 그렇게 되면 직접적인 교류의 유용성과 뉘앙스를 완전히 상실해 버린다.

그럼에도 불구하고, 돌봐주는 이에게 여러분의 영혼 상태에 관해 세심하게 글을 쓰는 훈련은, 그 자체만으로도 아주 유익하다. 그리고 여러분이 받은 답장은, 어쩌면 그 순간에는 여러분의 목표에 안 맞을지도 모르지만, 그래도 특별한 내적 경청의 자세로 한 줄 한 줄 주의 깊게 읽어봐야 한다. 그야말로 여러분을 위해 쓰인 글이기 때

---

[174] 아빌라의 성녀 테레사는 다음과 같이 말한다: "만일 여러분이 정말로 겸손하다면, 그리고 올바른 사람을 만나고픈 마음이 간절하다면, 주께서 여러분에게 영성지도자를 보내주실 것이다." A. Poulain, 위의 책, 477쪽에서 인용.

문이다.

[탐구]

맨 처음 떠오르는 사람과의 우정에 모든 걸 맡길 필요는 없다. 첫 번째 만남은 영성지도의 이해 측면에서나 필요의식 - 현재 찾고 있는(그리고 찾지 않고 있는) 것에 대한 - 측면에서 서로를 탐구해 보는 것이어야 한다. 만일 서로가 모르는 사이라면, 성격이 "맞는지" 안 맞는지도 살펴봐야 할 것이다. 여러분은 직관적으로 이해해야 한다. 영성지도자는 마음 놓고 여러분의 생각과 신념을 터놓을 수 있는 사람이라는 것, 그리고 지금 여러분이 서 있는 영적 여정의 지점에 집중할 수 있도록 도와줄 사람이라는 것을.

조금이라도 의심이 일 경우, 더 이상 연루되기 전에, 기도하는 마음으로 곰곰이 생각해 보는 게 제일 좋다. 초반의 긴장은 여러분 자신의 본질적인 두려움 때문이거나, 여러분에게 그 사람이 "맞지 않기" 때문이거나, 또는 그 둘이 합쳐져서 생긴 것일 수 있다.

그 사람이 여러분에게 맞지 않는다는 확신이 그리 강하지 않다면, 내 생각에는 몇 달간 그 사람과 시험기간을 거쳐보는 것이 좋을 것 같다. 관계를 "늦출" 시간을 갖는 것이다. 이것은 여러분의 주저함이 어디까지가 그저 다른 사람에 대한 내적 저항감 때문이고, 또 어디까지가 관계 내에 본래부터 있는 것인지를 밝혀내는 데 도움이 된다.

삶의 가장 심오한 목적과 자아-초월적 개방성에 "직면"할 때 우리의 자아 절제와 습관에는 당연히 피할 길 없는 위협이 느껴진다. 바로 그것이 우리가 때때로 영성지도자를 필요로 하는 이유다. 그 위협에 맞설 수 있는 자유, 우리가 선물로 받은 자유를 격려해 줄만한 영성지도자 말이다.

[서약]

일단 누군가와 계속 하기로 마음먹었다면, 그 관계에서 정말로 여러분에게 중요한 것을 함께 밝혀냄으로써 굳건한 영적 우정을 위한 길을 닦을 수 있다. 그런 것들에 관한 합의는 관계를 다져주고 평가의 토대를 제공해 주는 "서약"을 맺기에 이른다.[175]

다음은 그런 서약에서 고려해야 할 사항들이다:

1) 만남

얼마나 자주 만날 것인가? 시간은 얼마 정도 걸릴 것인가? 이제 막 시작한 것이라면, 특히 여러분이 모르는 사람과 함께라면, 자주 만날수록 더 좋다: 매주 한 번씩 만나는 것이 좋다(적어도 월 1회는 만나야 한다). 정규적인 시간을 미리 정해두면 달력에 우선순위를 확보해 둘 수 있다.

그런 계획은 또 특별한 문제나 위기가 발생했을 때 시간을 조정하고 싶은 유혹으로부터 지켜준다. 여러분은 지속적인 총체적 신앙 생활과 기도와 소명과 자선과 영성지도 훈련에 참여하고 있다. 주로 "특별한 문제"에 초점을 맞추기 위해 이것들에 참여하는 것이 아니다. 이것들은 여러분의 총체적 자기-항복에 대한 자각과 하나님 이미지에 나타난 타고난 자아의 진리 방해에 대한 자각을 못 보게 할

---

175) 숀 맥카시는 "On Entering Spiritual Direction," *Review for Religious*, 제35권, 제6번(1976년 11월)에 "negotiating expectations"라고 하는 유익한 관련 내용을 싣고 있다. 이것은 영성지도를 생각하고 있는 사람들, 영성지도자와 피지도자 모두에게 아주 유용한 논문이다.

수 있다. 물론 그런 문제들이 좀 더 큰 과정을 **드러내 주는** 때도 있다. 그러나 지도의 초점은 문제가 아니라 그 큰 과정이다.

만남은 보통 한 시간 정도 지속되는 게 좋다.

2) 초점

그 만남에서 중요한 것이 무엇인지 함께 논의해라. 기도로 시작하고 기도로 마치기를 원하는가? 그렇다면 **공동의** 기도를 원하는가, 아니면 여러분이나 지도자가 인도하는 기도를 원하는가? 침묵의 기도를 원하는가, 아니면 말로 표현하는 기도를 원하는가?

여러분이 지도자에게 바라는 점은 무엇인가? 지도자는 자신을 어떻게 생각하는가? 주로 경청하는 사람? 충고해 주는 사람? 후원해 주는 사람? 맞서는 사람? 신학적인 문제를 다루는 사람? 기도하는 사람? 상담가? 교사? 부모? 친구?

여기에서 매우 중요한 것은 여러분이 정직해야 한다는 것이다. 여러분을 위해서, 그리고 지도자를 위해서, 여러분이 **원하는** 게 무엇인지, 그리고 여러분에게 적합하지 **않은** 게 무엇인지를 명확히 밝혀야 한다.[176] 여러분은 이 관계의 **고유한** 잠재력을 상실해 버리도록 관심을 다른 데로 돌리려는 유혹의 손길을 특별히 조심해야 한다. 여러분은 초점의 한계에 동의해야 하며, 초점에서 벗어날 경우 서로가

---

176) 토마스 머튼은 다음과 같이 말함으로써 이 분류를 한층 더 깊이 있게 만든다. "영성지도자는 우리가 진정 원하는 것이 무엇인가를 알아야 한다. 그래야만 우리가 진정 누구인가를 알 수 있기 때문이다." "Manifestation of Conscience and Spiritual Direction," *Sponsa Regis*, 제30권(1959년). 다른 곳에서도 머튼은 이런 말을 한 바 있다. "피지도자는 영성지도자가 우리의 진정한 자아를 접촉할 수 있게 해야만 한다. 영성지도자가 우리의 거짓 자아에서 거짓된 것들을 들여다보는 것을 두려워해서는 안 된다. 이것은 우리가 편안하고 겸손한 자세로 우리 자신을 해방시키고, 허울을 벗지 않으려는 무의식적인 노력을 포기하는 것을 의미한다." "Notes on Spiritual Direction," 앞의 책.

서로를 "일깨워 줄" 수 있도록 허용해야만 한다.[177]

여러분은 자아통제력과 습관을 미지의 외적 의존 영역에 노출시키는 그 어떤 초점에도 복종하지 않으리라 기대할 수 있다. 여러분은 표면에만 머무르면서 "필요한 한 가지" 주변을 빙빙 돌고 싶은, 여러분의 정상적인 자아가 "좀 더 큰 자아"로 상대화되게 내버려 두고 싶은 유혹을 느낄 것이다. 그 자아는 하나님의 형상을 한 좀 더 미묘하고 모호한 원천이다. 그것은 실재 - 여러분의 그리스도-자아 - 에 대한 무소유적 참여와 의식적인 연민을 지닌다.

여러분은 이 저항과, 저항을 머뭇거리게 하는 집요한 갈망, 그리고 좀 더 큰 그리스도-자아에 대한 열망을 만족시키기 위한 서약을 모두 다 예상해야만 한다.

여러분이 상담기간 동안 실질적으로 초점을 맞추기로 결정한 것은 영성지도자에 대한 여러분의 책임 영역을 확실히 해줄 것이다. 그런 책임은 궁극적으로 여러분 안에서, 그리고 여러분 주변에서 드러난 은총에 대한 여러분의 응답과도 같다.

3) 외적인 약속

여러분은 영성지도자가 다음 약속시간까지 여러분을 위해 기도하는지 궁금할지도 모른다. 그것을 알고 나면 "영혼의 돌봄"(soul care)에 관한 여러분의 느낌과 일체감에 큰 영향력을 미칠 수 있

---

[177] 13세기의 위대한 프란체스코 수도회 수도사인 성 보나벤투라는 "영적인" 관계에서 "세속적인" 관계로 넘어가는 간단한 증거로서 다음과 같은 것들을 손꼽았다: ① 장황하고 쓸데없는 대화를 나누는 것. ② 서로를 바라보고 칭찬하는 것. ③ 한 사람이 다른 사람의 잘못을 눈감아주는 것. ④ 사소한 질투심의 발현. ⑤ 한 사람의 부재가 다른 사람에게 불안감을 안겨주는 것. Pascal Parente, *Spiritual Direction* (New York: St. Paul Publications, 1961), 50쪽에서 인용.

다.[178]

또한 여러분은 특정 시기에 중요하다고 자신이 동의한 어떤 훈련이나 행위에 대해서 영성지도자에게 설명해 주고 싶어 할지도 모른다. 예를 들면, 기도 시간이나 기도 형태, 또는 특별한 화해의 행동이나 자선 행위에 대해서 말이다.[179]

여러분의 동의가 필요한 일을 여러분이 하고 있는지 안 하고 있는지에 대해서 다른 누군가가 알아주고 신경 써준다는 사실을 알고 있는 것은, 그 일을 실제로 수행할 수 있는 훌륭한 자극제가 된다. 그저 어떤 일을 하기로 "혼자서 결정을 내릴" 때에는 그 목표를 달성할 가능성이 더 적어진다. 또한 영성지도의 맥락에서 보더라도, 그런 훈련이나 행위는 긴 안목에서 잘 지켜질 수 있으며, 행여 자기도 모르게 자기-변명이나 강박적인 결과로 치닫지 않게 도와준다.

4) 평가

여러분은 관계와 서약을 정기적으로 평가하기 위한 규정을 만드는 게 유용하다는 사실을 알게 될 것이다. 아마도 석 달에 한 번 정도 평가하는 것이 바람직할 것이다(그것은 여러분이 얼마나 자주 만나느냐에 달려 있다). 그 시간을 통하여 여러분은 자신의 긍정적 느낌과 방해가 되는 시간 요소들을 함께 논의할만한 기회를 가질 수 있다. 그런 다음, 여러분은 서약을 재협상하거나 또는 이제 만남을 그만 둘 시기라는 결론을 내릴 수가 있다 - 그런 결론을 내릴 수 있는

---

178) 시에나의 캐더린은 영성지도자가 "눈에 보이는 수호천사"라고 말한 바 있다. Parente, 위의 책에서 인용.
179) 예를 들면, 이블린 언더힐의 위대한 영성지도자 프리드리히 폰 헤겔은, 그녀가 자신의 영묘한 지적 삶과 기도생활을 균형 있게 살 수 있도록, 일주일에 한 번씩 무료급식소에서 일하는 훈련을 하게끔 도와주었다.

경우는 관계를 방해하는 요소가 너무 많다든가, 또는 좀 더 큰 자아와의 접촉이 너무 잘 이루어지고 있어서 이제 더 이상 외관상으로는 영적인 친구가 필요 없다고 느껴지는 경우다.

여기에서 주의해야 할 점은 다음과 같다: 여러분은 관계를 끊기 전에 우선 매우 주의 깊게 생각해야만 한다. 여러분의 동기가 어떤 사람과 "좀 더 빠른 발전"을 이루고 싶은 것인지 아닌지를 말이다. 이것은 사실상 가능하고 옳은 일일 수도 있다. 하지만 영적인 인식은(다른 많은 치료들처럼) 보통 아주 느리고 인내심을 필요로 하는 과정이며, 빠른 속도의 응급처치식 문화와는 정반대되는 성격을 지닌다. 여러분의 성장은 매우 모호하고 잘 드러나지 않을지도 모른다. 하지만 그것은 어디까지나 사실이다. 여러분은 준비된 만큼 받는다; 그러한 내어주기(giveness)를 "강요"하지 않고 "지금으로서 충분하다"고 인정하는 것은 결국 토끼를 이긴 거북이의 자세임이 입증될 것이다.[180]

---

180) 머튼은 다음과 같이 평가한다. "평화로운 삶, 단순하고 거의 평범한 삶은, 이따금씩 듣는 이 친절한 말이 없다면, 어쩌면 상당히 다른 것이 될지도 모른다. 바로 이 친절한 말이 평온함을 안겨 주고 상황을 부드럽게 유지시켜 주는 것이다." 위의 책.

제6장
영적인 친구가 되려면

제4장에서 나는 잃어버린 왕좌에 관한 이야기, 우리의 신적인 왕족 혈통을 자각하고, 정당한 유산과 소명의 달성을 위해 힘겨운 투쟁을 벌인다는 이야기를 들려주었다.

왜 그것이 투쟁일까? 어쩌면 그것을 적절히 설명해 줄만한 전통이 전혀 없을지도 모른다. 하지만 적어도 기독교 전통은 인간의 여러 가지 반복적인 경험들을 설명해 준다. 부분적인 시각만 안겨주는 우리의 상처 입은 본성, 우리의 왕족 유산에 동참할 수 있는 자유 또는 그것을 멀리할 수 있는 자유, 그리고 우리의 총체적인/치유된 본성으로 안내해 주거나 아니면 점점 더 실재와 분리되게 만드는 우리 안, 우리 주변의 요인들에 관해 (이런저런 방식으로) 이야기해 주는 것이다.

영적인 친구가 된다는 것은 곧 상처 입은 영혼의 의사가 되는 것이다. 그러면 누군가가 피를 흘리며 찾아왔을 때 의사는 어떻게 행동하는가?

의사는 다음의 세 가지 행동을 취한다: 먼저 상처를 씻어내고, 찢어진 부분을 봉합한 다음, 마냥 기다린다. 그게 다다. 의사는 치유해 주지 **않는다**.[181] 의사는 치유라는 중요하고 자연스러운 과정이 진행될 수 있도록 **환경**을 조성해 줄 뿐이다. 의사는 사실 치유자라기보다 산파에 더 가깝다.

영혼의 의사는 확실히 산파다. 총체적인 영혼을 탄생시키고 양육시킬 수 있는 환경을 제공해 주는 산파다. 의식 한가운데에는 항상 3자간 과정이 진행되고 있다는 확신이 존재한다: 산파, 새 생명을 낳고 돌보기 위해 투쟁하고 있는 사람, 그리고 우리가 섬기고 존중하고 구체화할 사랑 많은/치유하는/추진하는 성령을 지니신 왕.

그와 같은 성령의 산파는 제4장에서 살펴본 온갖 형태의 영성지도를 통해 기능을 수행할 수 있다. 일정기간에 걸친 일대일 영적 우정도 재능과 기법을 수반하는 영성지도의 한 가지 유형이다.

하지만 이것들을 다루기 전에 먼저 그 왕의 성령이 지니신 자유를 기억하는 게 중요하다. 비록 다른 사람들의 은사와 재능이 한 사람을 위한 은총의 보편적인 통로일 수도 있겠지만, 꼭 그렇다는 보장은 없다. 한 사람이 매우 상처입기 쉬운 상태에 있고 또 재생의 준비가 갖춰져 있다면, 그 어떤 사람이라도 산파의 역할을 할 수 있다. 무의식중에 완벽하게 말이다. 기꺼이 준비가 된 상태에서는 우리를 성령으로부터 분리시키는 막이 아주 얇아진다. 그래서 갑자기 그 막을 통해 어떤 창조의 행위나 말씀을 볼 수 있게 된다.

경험에 관한 동방정교회의 성찰에 따르면, 존재하는 모든 것들은 그 겉모습이 아무리 왜곡될지라도 결국 똑같은 **궁극적 근원**을 반영

---

181) 나는 이 비유에 관한 한, 정신과 의사이자 샬렘영성지도연구원 동료인 제랄드 메이의 *Simply Sane* (New York: Paulist Press, 1977), 74쪽에 빚을 졌다.

하며, 치유하시고 몰아붙이시는 에너지를 반영한다. 비록 모호하게나마 우리에게 어떤 궁극적인 진리를 전달해줄 수 있는 것이다.

좋은 영적 친구의 특징

이러한 구조 속에서 이번에는 자유로운 영적 투쟁과 수용에 가장 좋은 환경을 제공해 줄 것으로 보이는 은사와 재능들을 살펴보기로 하자.

앞장에서 나는 좋은 관계를 가능케 해주는 몇 가지 중요한 변수들에 관하여 이야기했었다: 나이, 성별, 성격, 영적인 오솔길, 경험, 그리고 상황. 이 변수들 외에도 영적인 우정을 키워 주는 몇 가지 기본적이고 "영속적인" 요인들이 존재한다.

몇 년 전 나는 29명의 영적 리더들을 인터뷰하였다. 그들의 대부분은 지도자로서의 경험이 있었고, 또 대개가 그리스도인이었다. 그들은 영적인 동료의 가장 중요한 자질들에 관심이 많았으며, 기본적으로는 다음과 같은 특성들에 동의하였다: 개인적이고 영적인 헌신과 경험과 지식, 겸손함, 그리고 적극적인 기도/묵상 훈련. 자기 자신의 욕구를 투사하거나 장기적 의존을 조장하지 않으면서도 다른 사람을 돌볼 수 있는 능력. 다른 사람에게 민감하고, 개방적이고, 유동적일 수 있는 능력.[182]

다음은 위처럼 명백하지는 않지만 특별한 차원을 열어주는 개인적 평가들이다:[183]

---

182) 제랄드 메이, *Pilgrimage Home* (New York: Paulist Press, 1979), 158쪽.
183) 위의 책, 158~159쪽.

절망에서 은총으로의 이동을 경험한 사람: 우주의 치유를 신뢰함, 그리고 다른 사람들의 자유를 기뻐함. (제임스 포브스)

(어떤 특별한 영적 오솔길에 관하여) 메시아 신앙, 곧 모두에게 이것이 필요하다는 신앙을 지닌 사람. (제임스 파울러)

한 사람이 가야만 하는 곳에 대해 어떤 기대나 예측도 지니지 않은 – 내 뜻대로가 아니라 그분의 뜻대로 이루어지기를 바라는 – 사람; 양봉가는 가장 영적이고 가장 겸손한 사람이다. (한스 호프만)

옆으로 비켜서서 그리스도의 영이 방향을 정하도록 하는 사람 – 기법의 발달은 이것의 부차적인 요소임을 깨달은 사람. (피터와 린다 사바스)

여러분의 총체적 인성과 잘 통하는 사람 – 비현실적이지 않은 사람; 여러분의 경험에 외적 타당성을 부여할 수 있는 어떤 전통 집단에 속한 사람. (그레이엄 풀킹엄)

성령의 움직임을 알아챌 수 있는 사람, 그리고 주의를 집중할 수 있는 환경을 제공해 주고 이 직관적인 깨달음이 삶의 중요한 일부가 되게 해주는 사람. (윌리엄 쉬헌)

이 마지막 인용문과 관련하여, 4세기의 존 카시안은 그런 분별력의 중요성에 대해서, 예수님의 말씀으로 추정되는 문장을 인용한다: "황금과 놋쇠를 구별할 줄 알고 오직 진짜 돈만 받을 줄 아는 현명한 환전가가 되어라."[184]

성서본문에서 예수님은 겸손한 섬김, 사랑의 자질을 말씀하신다. 또 성자와, 성부와, 살아계시고 분별하시는 성령, 그리고 신앙공동체와의 권위 있는 관계의 자질을 말씀하신다. 예수님은 제자들의 약함을 이미 잘 알고 계셨다. 따라서 도덕적이거나 영적인 완벽함을 자질로 내세우지는 않으셨다.

바울은 예수님의 강조점을 물려받는다(예를 들면, 빌립보서 1장 9~10절, 고린도전서 1장 18~25절). 바울은 암시적으로 영적인 친구의 특징인 성령의 열매를 열거하며(갈라디아서 5장 22~23절), 몸과 마음과 영혼의 거룩한 통합(데살로니가전서 5장 23절), 그리고 모든 것을 기꺼이 시험하려는 의지(데살로니가전서 5장 21절)에 관하여 이야기한다.

사막교부들의 경우, 확고한 개인적 특징은 **뉘우침**이었다. 그것은 분명한 회개와 회심, 전향의 증거였다 – "무의 한가운데서 한없이 사실적인 존재들을 만난다는 **진리**에 대한 의식,"[185] 그리고 평온함(hesychia), 곧 마음의 순수함의 열매.

십자가의 성 요한은 여기에 관계에 따라 변하는 특성을 추가한다. 영성지도자는 단지 영혼을 그 영혼의 길로 인도해 줄 뿐만 아니라 그 영혼이 "하나님이 이끄시는" 길을 아는지 모르는지도 살펴보아야 한다. 그리고 "만일 그 영혼이 그 길을 모를 경우에는 당황해하지 않도록, 평온하게 지낼 수 있도록, 그대로 놔두어야 한다."[186]

아빌라의 성녀 테레사는 좋은 영성지도자란 경건한(기도와 체험

---

184) 머튼, "The Spiritual Father in the Desert Tradition," 286쪽 인용.
185) 위의 책, 271, 286쪽.
186) A. Saudreau, *The Degrees of the Spiritual Life* (London: Burns and Oates, 1926), 제2권, 245쪽에서 인용.

을 갖춘) 사람; 학식이 있는(특히 수덕신학에 대한 학식을 갖춘) 사람(하지만 **전혀** 배우지 않은 사람이 **조금** 배운 사람보다는 낫다); 그리고 친절한(관심을 기울이고, 신뢰하고, 위로해 주는) 사람이라고 보았다.[187]

17세기의 프랜시스 드 살레는 영성지도자란 "자선과 지식과 사려가 넘치는 사람"이어야 한다고 말했다.[188] 영성지도자는 신실한 친구여야 하고, 은총을 앞지르는 게 아니라 **뒤따라가도록** 도와줄 수 있는 사람이어야 한다.[189]

좀 더 최근에 와서 빌마 실라우스는 6가지 현대적 "아니무스"와 "아니마" 특성에 관하여 이야기한다: 강인함과 온화함, 명료성과 직관력, 객관성과 수용성.[190]

장 라 플라스는 여기에 "여러분 자신의 자기-발견과 중요성에 초점을 두지 않는" 단순성과 "하나님의 평화"를 추가한다. 또 그는 영성지도자란 "〔사람이〕 하나님께 순종하지 않도록 방해하는 초조한 긴장감과 분주함을 가라앉힐 수 있을 만큼 강해야 한다"고 주장한다.[191]

노버트 브록맨은 방향을 제시하는 데서 영성지도자 자신의 만족을 분별할 수 있는 능력의 중요성을 언급한다. 또한 피지도자와 함께, 그 사람을 통하여 배울 수 있는 겸손함, 신중함, 그리고 신뢰를 유지하는 것에 관해서도 언급한다.[192]

---

187) A. Poulain, 앞의 책, 477쪽 인용.
188) *Introduction to the Devout Life* (New York: Harper, 1950), 45쪽.
189) Joseph de Guibert, *The Theology of the Spiritual Life*, 100, 155쪽 인용.
190) "New Approaches and Needs for Spiritual Direction of Women in the Catholic Church," *Crux of Prayer* (1977년 11월).
191) *Preparing for Spiritual Direction* (Chicago: Franciscan Herald Press, 1975), 98쪽.
192) "Spiritual Direction: Training and Charism," *Sisters Today*, 제48권(1976년).

아드리안 반 캄은 영성지도자란 오로지 이미 존재하는 것의 촉진자, 자각자가 되기만을 갈망할 수 있는 사람; 예수님의 이름인 히브리어 "Yeshuah"가 의미하는 바 – 열어주고, 해방시키고, 장소를 마련하고, 자유의 몸이 되게 하고, 제한과 한계를 제거하다 – 를 진정으로 받아들이는 사람이라고 말한다.[193]

토마스 머튼은 유능한 영성지도자란 자신의 최우선 임무가 "자기 자신의 내적인 삶을 들여다보고, 기도와 묵상을 위한 시간을 가지는" 것임을 잘 아는 사람이라고 말한다. "자기에게 없는 것을 다른 사람에게 나눠주는 것은 불가능한 일이기 때문이다."[194]

아마도 영성지도자의 이 마지막 "자질"은 기독교 전통의 밑바닥에 흐르는 가장 중요한 요소를 최고로 잘 표현한 것이리라. 중요한 것은 기술을 축적하는 것이 아니라, 우리가 훨씬 더 솔직하고 진실하게 다른 사람과 함께 할 수 있도록 해방시켜 주는, 착각과 죄의 자기-노출을 향한 부르심에 응답하는 것이다.

만일 우리가 실재와 마주보는 데 최고로 신경 쓴다면, 그리고 사실은 그렇지 못하다는 것을 알아챈다면, 좀 더 즉각적으로 우리의 영적인 친구에게서 그런 기본적인 것들을 감지해 내고 격려해 줄 수가 있을 것이다. 어떤 책에서 어떻게 하라고 달했는지 기억하려고 애쓰면서, 의도적으로 "유익한" 응답을 짜내는 것은 중요하지 않다.

---

193) *The Dynamics of Spiritual Self-Direction* (Denville, N.J.: Dimension Books, 1976), 304, 422쪽. 반 캄은 심리학자이자 동시에 사제이며, (듀케인에 있는) 가장 오래된 귀국영성지도자준비센터의 창립자이기도 하다. 그는 영성지도란 "그리스도 안에서 성령에 따라 드러난 삶의 지도를 발견하고 털어놓는 것"이라고 설명한다. 이러한 영성지도는 심리학적인 지도와 분명한 차이가 있다. 심리학적인 지도는 "삶의 자기 관리 의식과 발달을 조장하며, 그것을 방해하는 장애물이 구언지 밝혀낼 수 있도록 도와준다."(367쪽) 그 모든 차이점들 중에서 중요한 것은, 내 생각에, 두 개가 하나의 실재에 서로 다른 것을 덧씌우고 있다는 사실을 감출 정도로 지나치게 범주화하지 않는 것이다.

194) "Spiritual Direction," 앞에서 인용한 곳.

여러분이 그들과 함께 하는 일이 점점 더 많아진다면 그것은 단지 그들이 여러분과 함께 있기를 원하기 때문이다. 여러분의 친구가 투쟁하고 있는 것과 똑같은 실재를 접촉하고 일별하는 경험 그 자체가 여러분에게 공통된 유대감과 공감적인 인식을 안겨 줄 것이다.

이 시점에서 중요한 것은 심리치료, 목회상담, 그리고 영성지도의 차이를 좀 더 상세히 명기하는 것이다. 이것은 영성지도의 독특한 교역을 상술하기 위한 방법이기도 하다.

최근 제랄드 메이는, 내가 지금껏 본 이 세 분야의 차이점들 가운데 가장 명쾌하고 정확한 차이점을 지적하였다. 하지만 사실 그 차이점의 윤곽은 간혹 구분이 잘 안 가는 접근법을 지나치게 범주화한 것이기도 하다.[195]

메이 박사는 이 차이점들을 입증하기 위하여 우울 또는 불안의 예를 든다:

만일 여러분이 우울이나 불안으로부터 벗어나기 위해 뭘 해야 할지 궁금하다면, 여러분 자신의 심리치료사가 되면 된다.

만일 하나님이 여러분의 성장을 위해 일부러 그것을 주신 것이라고 생각한다면, 여러분 자신의 목회상담가가 되면 된다.

또 만일 여러분이 그저 자신을 하나님께 바치는 것에 관심이 있다면, 여러분 자신의 영성지도자가 되면 된다.

심리치료/목회상담과 영성지도의 보편적인 차이점에 관한 좀 더 자세한 설명은, 샬렘영성지도연구원 영성지도자 프로그램 세미나에서 메이 박사와의 대화 시간에 제공되었다(이 요점들의 일부는 세미나 참석자들로부터 비롯된 것이다). 다시 말하지만, 중요한 것은 그

---

195) 1979년 3월, 워싱턴 D. C.의 웨슬리신학대학원에서 열린 하워드 챈들러 로빈스 기념강연회에서 발표됨. 목회상담 정의는 윌리엄 클렙쉬와 찰스 재클, 위의 책의 영향을 받았다.

	심리치료	목회상담	영성지도
대상	혼란에 빠져 치료를 원하는 환자	혼란에 빠져 도움을 청하는(불안해하는) 내담자	하나님을 추구하는 영혼: 혼란이 없는, 종교적인 상황
목표	심리적 갈등 해소와 사회적응(의료적 모델)	치유하기, 지탱하기, 화해하기 그리고 인도하기 (좀더 전체론적인 모델)	하나님 안에 있기, 그리고 하나님 안에서 되어가기
방법	원하는 결과를 위해 내담자에게 적용되는 기법들	내담자에게 유익한 결과를 안겨주는 후원 행위들	자아와 관계가 은총과 하나님의 뜻을 이루는 통로가 되게 하기. 주요방법 : 복종-하나님의 뜻대로 이루어지게 하기
조력자의 자세	환자의 치료에 책임을 진다. 내 뜻대로 이루어질 것이다.	내담자나 또는 관계가 책임을 진다. 우리 뜻대로 이루어질 것이다.	오직 하나님만이 모든 치유/성장을 책임지신다. 주님의 뜻대로 이루어질 것이다.

둘이 겹치는 부분도 있다는 사실을 명심하는 것이다. 둘 다 궁극적으로는 **똑같은** 개인적 인간 실재에 대하여 상이한 초점의 배경을 지니고 있기 때문이다.

소명 확인

여러분의 의식과 경험이 제아무리 심오한 것이라 할지라도, 자동적으로 여러분에게 영성지도자의 자질을 안겨주지는 않는다. 어떤 사람들은 일대일 영적 대면이나 대화에 적합한 재능과 동기를 부여받지 못한 경우도 있다. 하지만 그 대신 그런 사람들의 인식은 설교, 저술, 그룹지도, 상담, 또는 그 밖의 영성지도 형태들을 통하여 얼마든지 유용하게 공유할 수가 있다.

심리치료/목회상담	영성지도
1. 확고한 자기-정의	상대적이고 초월적인 자기-정의
2. 통합, 적응	자기를 뛰어넘는 사랑
3. 심리내적/대인관계의 토대	신앙의 토대; 인간과 신의 관계
4. 개인적 문제-해결, 이해	정화; 견해; 좀 더 큰 공동체의 성장을 도와야 할 개인적 소명; 개방적인 신비
5. 마음-대화	하나님-대화(상이한 어휘)
6. 여러분의 포르셰를 고치는 데 도움을 주는 기술자; 보수를 받는 전문적 기술	여러분과 함께 포르셰의 문제점을 파악하는 사람; 총체적 인간/신 공동체 안에서 총체적 자아를 다루는 사람; 전문적인 관계보다는 좀 더 카리스마적인 관계
7. 의식적 자아와 무의식적 자아의 **개념**; 어떻게 느끼고, 생각하고, 기억하는지에 초점을 맞춤	의식/무의식의 **본질**과 보편적인 특성에 좀 더 초점을 맞춤. 의식의 특성은 무엇인가? 존재의 특별함은 무엇인가?
8. 보통은 병적인 것, 또는 (초개인심리학에서) 추구해야 할 것으로 간주되는 신비로운 체험	때로는 망상, 또 때로는 천부적인 해방의 은사로 간주되는 신비로운 체험. 우리가 두려움 때문에 자아의 경계선 (곧 우리의 정체감, 자기-중요성)에만 집착하는 일이 없다면, 그리고 진정으로 죽음과 부활의 경험을 허용한다면, 그것은 해방이 될 것이다. 이것은 자기-**정의**를 상실한 순간에도 결코 자기-**실존**은 상실하지 않는 초월적인 신뢰를 의미한다.
9. 심리적 욕구 충족	지속적인 대화; 그리스도 안에서 하나님의 영에 따라 깨달은 사랑과 좀 더 심오한 개방적 정체성을 가로막는 것은 모두 버리기 또는 덜어내기

영성지도가 여러분의 소명이요 은사인지 아닌지를 결정하기 위한

주요 방법은 다음과 같다:

① 첫 번째는 바로 여러분의 소명에 관한 지도를 구하는 기도다. 이 기도는 다른 사람들의 영적인 친구가 되는 것에 관하여 가능한 한 "중립적인" 마음가짐으로 시작해야 한다. 다시 말해서, 여러분에게 의미 있는 것, 여러분이 받은 은사와 주어진 상황에 일치하는 것이 무엇인지에 관하여 열린 마음을 지녀라. 그러면 그저 영성지도를 베푼다는 것이 여러분 맘에 드느냐 마느냐를 다지는 것보다 좀 더 심오하고 진정한 수준에서 분별할 수가 있을 것이다. 단지 그게 "좋게 느껴져서" 시작한다면, 그런 토대는 자아 여행을 반영할 수가 있으며, 얄팍하고 교활하고 자기중심적이고 "정작 필요할 때 도움이 안 되는" 지도자가 될 수밖에 없을 것이다.

② 두 번째로 유용한 결정 요인은 일정 시기동안 삶의 영적인 차원 때문에 자발적으로 도움을 청하러 오는 사람이 있는지를 살피는 것이다. 그런 증거는 여러분의 소명을 확인할 수 있는 중요한 요소다. 물론 그런 사람들과, 자아-처리 상황이나 문제-해결 상황에서 도움을 청하러 오는 사람은 구별해야 한다. 그런 심리학적 상담 상황을 위한 은사와 소명이 반드시 영성지도를 위한 은사나 소명과 일치하지는 않기 때문이다.

하지만 문제-해결 지향적인 우리 사회에서는, 어떤 당면한 문제 뒤에 영적인 관심사를 숨기고 찾아오는 사람이 있을 수 있다. 이제까지 그들은 특정의 문제-해결에만 노출되어 왔기 때문이다. 이런 경우, 아마도 그들은 이제껏 한 번도 살펴보지 못했던 차원을 여러분이 제공해 줄 수 있다는 사실을 희미하게나마 포착하게 될 것이다.

③ 세 번째 결정 요인은 여러분이 영성지도자와 함께 이 모든 것들에 관해 성찰할 때 나타난다. 영적인 동료와의 관계와, 어쩌면 몇 년에 걸친 이차적 "도제살이," 그리고 여러분의 소명에 관해 나눈 대화는 모두 여러분의 적절한 소명을 결정짓기 전에 꼭 필요한 조건이다. 영성지도의 기회가 더 적은 종교개혁 전통의 교회 상황에서는 이 관계가 좀 더 비공식적이거나 단발적일 수 있다. 하지만 그런 식의 경험도 매우 중요하다. 최상의 영성지도는 전수된 구전 전통이며, 여러분을 길러준 경험의 "계보"이기 때문이다.

기법

영성지도자의 은사와 동기를 부여받은 것처럼 보이는 사람, 하나님 앞에서 자신의 내면을 있는 그대로 보여드리는 것을 가장 중요시하는 사람의 경우, 오히려 미숙한 재능이나 경험이 다른 사람을 만나기에 더 적합한 것으로 형성될 수도 있다. 이러한 "형성"이 늘 필요한 것은 아니지만, 은사를 지닌 대부분의 사람들에게는 도움이 된다. 이 "형성"에는 심리학적 분야와 영적 분야에서 비롯된 지식도 포함한다.[196]

다음 장에서 나는 그러한 형성을 돕기 위해 마련된 프로그램에 관하여 설명할 것이다. 하지만 일단 여기에서는 정화와 통합과 안식을 위한 산파의 환경을 제공해 주는, 특별한 차원의 영성지도 관계부터 설명하겠다. 아무쪼록 이것이 인간적인 생각에서 비롯된 것임을 잊

---

196) 유진 제로멜은 심리학이 영성지도에 미친 다섯 가지 유익한 공헌(또는 강화)에 관하여 말한다: 우리가 집중하고 있는 것을 가져다줄 수 있는 방법론; 역동적 관계의 작용에 대한 정보; 의식적 동기와 무의식적 동기의 이해; 우리의 작업을 관찰할 수 있는 방법; 우리가 연구하고 있는 것의 검토. "Depth Psychology and Spiritual Direction," *Review for Religious*, 제36권, 제5번(1977년 9월).

지 말기 바란다. 그리고 만일 성령의 뜻이 그러하다면, 가장 열악해 보이는 환경에서도 훌륭한 영성지도가 이루어질 수 있다는 사실을 염두에 두길 바란다.

치유의 과정[197]

1) 정화

영성지도를 받기 위해 온 사람에게 가장 필요한 것은, 명확한 존재를 가리는 근심걱정과 번잡한 마음, 그리고 신체적 긴장감을 깨끗이 청소하는 것이다. 여러분은 여러 가지 방법을 동원하여 피지도자의 정화에 도움이 되는 환경을 조성해 줄 수 있다.

(1) 물리적인 환경

"깔끔한" **물리적** 환경을 조성하는 것도 좋은 방법이다. 여러분과 만나는 장소가 소음이나 여러 사람들(직접적으로나 전화상으로), 현란한 조명이나 잡동사니가 잔뜩 쌓인 책상 때문에 방해를 받는 곳이라면, 그것 때문에 피지도자의 마음이 더더욱 혼란스러워질 수도 있다. 불편한 의자나, 반대로 너무 안락해서 졸음이 쏟아지는 의자를 제공하는 것 역시 방해가 될 수 있다.

---

[197] 영성지도의 인간적 발달은 치유가 아닌 다른 많은 이미지를 가지고도 이야기할 수 있다. 그것은 영감을 주거나, 힘을 부여하거나, 드러내거나, 정화시키거나, 신격화하거나(일부 초대교회 교부들이 가장 좋아했던 것), 계몽시키거나, 변화시키거나, 전향시키거나, 또는 완전히 인간화시키는 과정으로 묘사될 수도 있다. 그렇지만 신체적 치유의 비유는 영성지도의 과정을 설명하는 데서 특히나 더 구체적이고 이해하기 쉬운 구조를 제공해 준다. 또한 그것은 영성지도가 좀 더 광범위한 우주적 과정을 반영하고 또 거기에 참여한다는 사실을 일깨워 준다. 마지막으로, 그것은 교회 역사상 영성지도에 가장 빈번히 사용된 비유다. 예를 들면, 카시안과 베네딕트 폰 누르시아는 영적인 상처와 "의사"를 찾아가야 할 필요성에 초점을 맞춘다. 그래야만 그 상처 입은 사람이 치료를 받도록 노출시킬 수 있다는 것이다.

수수하고, 조용하고, 심미적으로 따스한 방일수록 좀 더 수수하고, 조용하고, 안정된 임재를 불러올 수 있다. 수수하고 작은 예배실이나 기도실이 도움이 될 수도 있다. 물론 어떤 사람들에게는 그런 곳이 더 위협적이고 무시무시한 곳일 수 있겠지만 말이다.

(2) 신체적인 '고백'

필요하다고 생각될 경우, 여러분은 피지도자를 안정시키고 혼란스러운 몸과 마음을 침착하게 가라앉힐 만한 방법을 제공할 수 있다. 만일 그 사람이 마다하지 않는다면, 두 눈을 감고 길고 느리게 몇 차례 심호흡을 하라고, 특히 길게 숨을 내쉬라고 제안해도 좋다. 이렇게 하면 동시에 두 가지 효과를 볼 수 있다. 그 사람의 몸과 마음을 천천히 가라앉히는 동시에, 신중함을 일으키는 "개방적 에너지"를 제공할 수도 있는 것이다.

만일 그 사람이 너무나도 흥분해서 심호흡만으로 충분치 않은 상태라면, 좀 더 복잡한 신체 운동을 제안할 수도 있다. 예를 들면, 일어서서 두 팔을 들어 올리고 아래턱을 가슴에 붙인 채로 아주 천천히 몸을 구부렸다가 편 후 다시 구부리고, 그런 다음 입을 가볍게 벌린 채로 약 1분 동안 심호흡을 몇 번 하는 것도 좋은 방법이다. 이 마지막 행동이 긴장감을 거의 모두 날려 버릴 것이다.

우리 몸이 마음에 지속적으로 "영향을 미친다"는 사실을 무시하는 것은 곧 우리 인간성의 기본적인 실재를 무시하는 것과도 같다. 우리는 몸이 "고백할" 수 있게 해주는 것이 얼마나 중요한가를 인식하고, 우리 몸에 축적된 쓰레기를 깨끗이 치워야 한다. 그래야만 우

리 마음이 훨씬 더 자유롭게 정화될 수 있다.[198]

(3) 신앙고백과 열린 현존

피지도자는 믿음과 희망을 고백하기 위하여 도움을 받기도 한다. 어떤 상황에서는 이것이야말로 여러분이 영성지도자로서 할 수 있는 최선의 일일 수도 있다. 또 어떤 경우에는 그 때문에 두 사람 모두가 즉흥적으로 기도하는 개방적인 순간을 경험할 수도 있다. 길게 기도할 필요는 없다. 그저 생명의 주님을 부르고 사랑이 많으신 분의 현존과 지도에 열린 존재가 되고 싶다는 소망을 털어놓기만 하면 된다.

즉흥적인 기도가 어렵다면, 주의 기도처럼 좀 더 형식적인 기도문을 혼자 또는 함께 외워도 좋다. 그렇게 입 밖으로 소리를 내는 기도도 괜찮고, 아니면 침묵도 괜찮다.

영성지도를 시작할 때마다 5분씩 침묵을 하는 것은 매우 중요하다. 피지도자에게 어떤 생각이나 이미지를 붙잡으려 애쓰지 말고 그저 지켜보기만 하라고 제안해도 좋다. 그런 것은 종종 우리 자아의 욕구와 공포의 표면적인 반향일 경우가 많다. 우리 마음은 이 "소음거리"를 털어놓아야 한다. 그래야만 마음이 자유로워져서, 성령을 향해 좀 더 간절해지고 또 관계를 향해 좀 더 개방적일 수가 있게 된다.

아니면 침묵하는 동안에 하나의 초점을 정해 두는 것도 좋은 방법이다. 십자가나 환하게 빛나는 몸, 또는 특정 부분의 성서 말씀이나

---

198) 토마스 아퀴나스는 기독교적 경험의 성육신 이론에 관하여 이야기하면서, 몸이란 성령의 모든 역사의 수단이라고 보았다. Aelred Squire, *Asking the fathers* (New York: Morehouse-Barlow, 1973), 64쪽 참고.

기도처럼, 그 사람의 내적인 부분에서 어느 한 가지 초점을 선택할 수 있다.

또는 여러분 방에 있는 십자가나 양초, 꽃, 물, 성화상이나 또는 여러분이 읽고 있는 성서처럼 외적인 초점을 선택할 수도 있다. 그것들이 주는 가르침은 똑같이 "열린" 침묵이다: 어떤 행동을 취하려 들지 않고 그저 긴장을 풀고 열린 존재가 되는 것이다.

그러한 침묵은, 제3장에서 말한 것처럼, 우리가 내적 의존으로부터 외적 의존으로의 전환, 노동으로부터 안식으로의 전환을 일으킬 수 있게 도와준다. 이 침묵을 마칠 때에는 조용히 박수를 치거나 말을 걸어도 좋다. 그러고 나면 피지도자가 좀 더 평온해진 것, 강박적으로 억제하거나 자기를 의식하는 게 줄어든 것, 그리고 둘이서 공유해야 할 것들에 좀 더 자발적으로 다가서게 된 것이 느껴질 것이다.

잠깐 동안 침묵의 시간을 갖는 것은 영성지도 도중에도 도움이 된다. 이것은 "너무 애를 쓴" 나머지 혼란에 빠지거나 마비되어 버린, 그래서 요점을 피하는 것 같은 피지도자에게 도움을 줄 수 있다.

그것은 정반대되는 상황에서도 자연스러운 침묵처럼 도움이 된다: 현존이나 분별에 관한 의식이 강하게 느껴질 때에는, 그것이 가라앉도록 내버려 둘 필요가 있다. 한참을 더 상세히 해석함으로써 "오히려 더 멀어질" 수도 있기 때문이다.

영성지도를 위한 만남에서는 그런 침묵이 말 만큼이나 중요하다. 아니 말보다 더 중요할 때도 있다. 영성지도자라는 여러분의 존재는 피지도자가 침묵 속에서 안전하게 귀를 기울일 수 있도록 도와줄 것이다. 말하자면 고전적인 기독교 영성지도에서 말하는 3자간 "대화"

인 것이다. 지도자와 피지도자는 둘이서 좀 더 모호한 "음성"에 귀를 기울인다. 또는 함께 침묵 속에서 그저 현존을 통찰하고 있다. 그 자체가 정화 작업을 하도록 내버려둔 채.

따라서 우리는 침묵을 두려워할 필요가 없다. 침묵은 재빨리 말로 채워야만 하는 "죽은" 시간이 아니다. 무념적인 영성[199]의 가장 큰 공헌들 가운데 하나는 바로 침묵에 귀 기울이는 것의 힘을 제대로 평가하였다는 것이다. 이것은 참된 말씀이 심오한 침묵으로부터 비롯되며 심오한 침묵은 참된 말씀을 뒤따른다고 하는 인식이다. 둘 다 똑같은 실체로 이루어졌다. 그 둘은 서로 다른 "실재"가 아니다. 영원히 서로를 보완해 주는, 똑같은 실재의 상이한 형태일 뿐이다.

이러한 말씀과 침묵의 "다양성 속의 일치"를 깨달을 때 비로소 우리는 좀 더 광범위한(그리스도인의 경험에서 실재를 있는 그대로 설명하는) 다양성 속의 일치를 깨닫게 된다. 우리는 신비스러울 정도로 연민이 많고 역동적인 실재 안에서 살고 있는, 그러면서도 내재성뿐만 아니라 "외곽성" 의식까지 안겨주는, 다른 많은 고유한 형태들처럼 살고 있는 자신을 의식한다. 이것은 그야말로 역설적인 표현이지만, 경험상으로는 완벽하다.[200]

여러분과 피지도자가 이러한 신앙의 진리에 좀 더 가까이 다가가면 갈수록, 진정한 기독교 영성지도의 토대에도 좀 더 가까이 다가갈 수 있으리라고 나는 생각한다. 그렇게 되면 삶을 여러분이 관계 맺기 위하여 투쟁해야 하는 범주로 간주하면서 시간을 보내는 것이

---

199) 무념적인 방법에 관한 설명은 제1장을 참고하라.
200) 물론 기독교에서 이 실재는 삼위일체 하나님과 창조주로 상징화되고 있으며, 이것은 최초의 실험적인 지식을 주장하는 사람들이나 또는 이 의식을 신학적으로 해석하는 사람들에 따라 굉장히 다양한 방식으로 묘사된다. 이것은 부적절한 설명이 늘 뒤따르는 바로 그 실재다(하지단 그 중에는 기독교 교리사에서 설명하는 것보다 좀 더 적절한 것도 있다).

아니라, 이미 관계를 맺은 실재, 선물 받은 실재, 여러분이 **자각해야** 하는 실재로 간주하게 될 것이다. 이해하고 기능하기 위한 우리의 분석적인 정신자세는 이 실재를 여러 조각으로 나누려 할 게 틀림없다. 그렇지만 최상의 영성지도는, 우리의 분석적인 정신과 직관적인 정신을 한 데 엮어 줌으로써, 우리가 선물 받은 합일을 그 조각들을 **통해** 인식할 수 있도록 도와줄 것이다. 또한 그 합일체 안에 들어 있는 우리들 저마다의 개인적 다양성을 인정할 수 있도록 도와줄 것이다.

(4) 죄의 고백

또 다른 형태의 "마음 정화"도 그러한 인식을 강화시켜 줄 수 있다. 그것은 바로 공식적 또는 비형식적 **죄의 고백**이다. 제4장에서 나는 화해예식의 중요성에 관해 말한 바 있다. 종교개혁 전통의 교회에서 실천하고 있는 공동 고백까지 포함한다면, 그것은 아마도 기독교 전통에서 가장 지속적인 단일 형태의 영성지도라고 할 수 있을 것이다. 전통적으로 그것은 영성지도 관계에 자주 포함되었다. 적어도 한 가지 선택사항으로 말이다.

그런 고백을 관계에 포함시키면, 도덕적 발달과 영적 발달을 연관짓는 데에도 도움이 된다. 좀 더 광범위한 금욕적 환경으로부터 떨어져 혼자서 죄를 고백하는 데 초점을 맞추는 것은, 자칫 고백을 오로지 선한 것 또는 악한 것으로만 정의하고픈 유혹에 빠지게 할 수도 있다. 미국의 실천을 보면, 대부분의 영성이 그런 정의의 위험에 빠져 있는 것 같다. 율법주의 쪽으로 똑바로 나아가던가, 아니면 도덕주의라는 힘든 길로 접어들게 하는 위험에 말이다.

죄의 고백은 사실 아주 중요한 도덕적 차원을 지닌다. 우리가 사건에 자유로이 참여한다는 것이다. 때때로 우리는 다른 행동을 취할 수도 있다. 바로 그 고백 행위는 이 자유로운 책임감을 더 강화시켜 주고, 또 해로운 방법을 던져버리고픈 우리의 욕구를 강화시켜 준다.

용서의 선포는 우리를 비강제적인 죄책감으로부터 자유롭게 해줄 수 있으며, 우리가 하나님과, 자신과, 그리고 이웃과 화해할 수 있게 만들어 준다.

이러한 실제는 또한 우리의 삶을 꿰뚫고 있는 좀 더 커다란 현존에 참여할 수 있도록 우리 에너지를 해방시켜 주는 **금욕적인** 역할도 수행한다. 만일 우리가 자신의 지속적인 죄책감, 분노심, 복수심, 무관심 등에 초점을 맞춘다면, 이런 것들은 다른 사람들뿐만 아니라 우리 자신까지 상처 입히고 말 것이다. 이것들은 우리가 하나님의 형상대로, 그리스도 안에서, 좀 더 심오한 목적과 현존을 달성하지 못하도록 **방해할** 것이다.

고백의 궁극적인 목적은 우리가 "선한" 존재가 되도록 해방시켜 주는 것이 아니라, 내적으로는 화해의 행동이고 외적으로는 건설적인 행동인 그 "선함"이 우리를 해방시켜서 자신의 "전체성"을 점점 더 완전하게 깨닫도록 하는 것이다. 우리의 **선함**은 돌봄을 위한 에너지다. 우리의 **전체성**은 우리가 존재하고 행동하는 맥락, 우주가 존재하는 맥락, 그리고 궁극적으로는 사랑이 많으신 분 안에서 하나가 되는 맥락에 대한 좀 더 심오한 인식이다. 그런 전체성의 인식은 우리의 선함이 그런 선물에 대한 감사로부터 점점 더 자발적으로 솟아날 수 있게 해방시켜 주는 반면에, 그런 선물을 노력으로 차지하려는 약간 걱정스런 시도로부터 인공적으로 솟아나는 것은 점점 줄여 준다.

영성지도 관계에서의 고백은 또 다른 잠재적 가치를 지닌다: 도덕적 책임을 회피하고픈 유혹으로부터 관계를 구해 줄 수 있다. 치료과정에도 무책임한 도덕적 방종의 변명거리로, 교묘하게 또는 노골적으로 "병"을 이용할 수 있는 위험이 존재하듯이, 영성지도에도 어떤 행동을 한 것과 안한 것에 대한 책임을 회피하기 위하여 하나님과의 영묘한 관계를 강조하거나 자신의 내적인 체험을 강조할 수 있는 위험이 존재한다.[201] 어쩌면 바로 그런 이유 때문에 바론 폰 헤겔이 이블린 언더힐에게 일주일에 한 번씩 무료급식소에서 일하라고 제안한 건지도 모른다.

기독교 영성의 역사에서 도덕적 발달과 영적 발달은 (여러 가지 긴장에도 불구하고) 계속적인 성서의 권고 말씀을 성찰하면서 언제나 서로 연결되어 있었다. "미덕"을 쌓는 일은 종종 좀 더 심오한 영적 발달의 전제조건으로 여겨졌다.[202] 최대한 자기를 잊고 식욕을 억제하는 것은 고결한 삶의 열매일 수 있었다. 그것은 좀 더 신중한 사람, 궁극적 진리이신 분께 복종하는 사람으로 준비시켜 주는 것이었다.

물론 오늘 우리는 인간 행동의 복잡성과 심리적/사회적 근원에 대해 훨씬 더 많은 점들을 이해하게 되었다. 따라서 우리는 피지도자가 자유로운 행동과 강제적인 행동, 죄와 병, 확신에 찬 겸손과 두려움 가득한 치욕을 서로 구분하도록 도와줄 수 있으며, 나아가 이것들을 고립된 태도나 행동이 아니라 한 사람의 고유한 표명이라고 하

---

201) 이러한 위험은 아마도 교회의 도덕적 전통과 별다른 책임 관계가 없는 나라의 절충적 무교회주의와 연관된 "영적" 센터나 "초개인적" 센터에서 가장 많이 접하게 될 것이다.
202) 이 도덕적-영적 연결의 전통은 대부분의 비-기독교와 심층종교의 전통에서도 더욱 강화되고 있다.

는 완전한 맥락에서 다루도록 도와줄 수 있다.

영성지도 관계 속에서 여러분은 그저 그 사람의 고백에 대해 열린 마음을 갖고 있다고만 말하면 된다. 고백은 압박감이 전혀 없이 이루어져야 한다. 만일 여러분이 평신도인데, 성직안수를 받은 사람만 화해예식을 베풀 수 있는 전통에 속해 있다면, 그저 그 사람이 죄를 뉘우치고 반성하는 것을 들어주기만 해도 된다. 또 여러분은 얼마든지 그 사람에게 하나님이 약속하신 용서를 상기시켜 줄 수 있다.[203] 여러 상황에서, 특히 종교개혁 전통의 신자들끼리는, 그런 식으로 죄와 용서에 대해 좀 더 비공식적으로 접근하는 것이 좋을 것 같다.

이렇게 해서 우리는 상처 입은 본성이 영성지도를 통해 정화되고 "통합"에 관심을 기울이도록 준비시켜 주는 몇 가지 방법을 살펴보았다. 이제는 그 두 번째 차원으로 넘어가 보자.

2) 통합

정화는 자발적인 통합을 허용해 준다. "우리 인식의 렌즈"가 깨끗할 경우, "신체의 눈"이 완전할 경우, 우리 영혼의 찢어진 모서리들은 한 군데로 통합된다. 예전에는 분리되어 있었던 단편들을 이제는 한꺼번에 들여다보기 시작한다. 이러한 관점은 우리 삶이 얼마나 큰 은총인지, 그리고 우리가 어떻게 자신을 드러내야 하는지에 대한 단서를 제공해 준다.

이러한 시각에는 두 가지 차원이 존재한다: 우리의 내적인 인식과 소명.

---

203) 예를 들어, 새로운 성공회 공동기도서를 보면, 평신도가 사용할 수 있는 화해예식 때 "용서의 선언"이라는 형식이 들어 있다(452쪽). 고백의 구체적인 차원들을 포괄적으로 다룬 책은 Bernard Haring의 *Shalom: Peace* (New York: Farrar, Straus, and Giroux, 1967)이다.

(1) 내적인 인식

여러분은 피지도자의 내적인 인식에 관하여 묻고 싶은 게 많을 것이다. 또는 피지도자가 이야기하는 동안 마음속에 품은 질문이 많을 것이다. 저마다의 질문들은 피지도자의 단편적인 조각들을 좀 더 완전하게 통합시키는 것을 목표로 한다. 다음에 몇 가지 예가 있다.

그 사람의 **하나님 이미지**(image of God)는 어떠한가? 피지도자는 그것을 의식하지 못하고 있을지도 모른다. 하지만 하나님 이미지는 피지도자의 모든 성향에 영향을 미치고 있다. 성서에 나타난 하나님의 이름은 온갖 종류의 이미지를 담고 있다: 심판관, 사랑이 많으신 분, 위로해 주시는 분, 구원자, 아버지, 어머니, 남편, 창조주, 신실하신 분, 법 제정자, 전능하신 분, 전지하신 분, 거룩하신 분, 부양자, 무소부재하신 분, 자비로우신 분, 고난당하시는 분, 해방자, 성령, 그리고 우리의 이해를 뛰어넘는 이름: 야훼, "나는 곧 나다."

아마도 우리는 저마다 이 모든 방식들을 동원하여 하나님을 그릴 것이다. 하지만 어떤 때에는 이것들 가운데 어느 하나와 유난히 더 관련되는 것 같다. 이것들은 모두 우리가 현존을 감지하는 궁극적인 실재의 차원들을 표현하는 것이므로, 피지도자가 이것들의 궁극적인 통합을 깨닫는 것이 중요하다. 특별한 경우 어느 한 가지 차원이 좀 더 중요해질 수도 있겠지만, 다른 차원들 역시 그 이미지를 수정하고 보충해 준다. 한 가지만 따로 왜곡되거나 파괴적인 것이 될 수는 없다. 예를 들어서, 어떤 사람이 하나님을 오로지 심판관, 법 제정자, 전능하신 분하고만 연결시킨다면, 그것은 자칫 거리감과 죄책감을 만들어 낼 수 있으며, 강제적이고 메마르고 엄격한 행동을 통해 자신을 정당화하고 싶어질 것이다(비록 법에 대한 감사 의식이 이것들을 조금 완화시켜 주기는 하겠지만). 그런 사람은 이렇게 "객관적인" 하나님 의식을 사랑이 많으신 분, 고난당하시는 분, 해방자 같은 특징들과 통합시킬 필요가 있다.

어떤 이들은 하나님을 매우 개인적으로 그리고, 또 어떤 이들은 초월자를 좀 더 추상적, 비개인적으로 인식한다. 만일 좀 더 헌신적인 길을 가고 있는 사람이라면 전자에 속할 가능성이 크다. 반대로 좀 더 지성적인 길을 가고 있는 사람이라면 후자에 속할 가능성이 크다. 이렇게 상이한 인식을 서로 존중해 주는 것이 중요하다. 동시에 여러분은 비개인적인 인식이 개인적인 친밀함에 대한 두려움을 얼마나 많이 숨기고 있는지, 그리고 개인적인 인식이 안전하고 친밀한 우리의 감정 너머에 있는 좀 더 무시무시한 인식을 얼마나 많이 숨기고 있는지 검토해 보아야 한다.

삼위일체 가운데 어떤 특정 인격이 다른 인격들보다 더 생생하게 느껴지는가? 그렇다면 내적인 동시에 외적이고, 구체화한 동시에 보이지 않으며, 단순한 동시에 미묘한 하나님에 대한 정상적이고도 통합적인 인식을 위해서, 다른 인격들에 대한 인식을 방해하는 것들을 제거하도록 피지도자를 도와주어야 한다.[204] 또한 "남성성과 여성성," 창세기 1장 27절에 반영된 하나님의 "형상"을 통해서, 그리고 그것을 초월해서, 하나님 이미지를 연결시킬 수 있도록 도와주어야 한다.

피지도자의 하나님 이미지와 관련된 것은 그 사람 자신의 이미지다. 여기에서의 목표는 계획적이고 맹목적인 저항과 혼합된 고유하

---

204) 이 부분의 몇몇 기본적인 질문들에 관하여, 나는 조지 J. 로우, S.M. 목사가 1978년 봄에 워싱턴연합 신학대학원에서 했던 강연, "영성지도를 위한 신학적 원칙들"에 많은 빚을 졌다. 하지만 대부분의 해석과 정교한 마무리는 내가 직접 한 것이다.

고도 명확한 은사로서의 자기인식이며, 실재의 나머지와 그것의 긍정적이거나 부정적인 영향, 그리고 우리의 호흡보다도 더 밀접하지만 우리의 상상을 훨씬 뛰어넘는, 그 모든 것을 유지시키는 근원과 상호의존적으로 혼합된 자기인식이다.

이러한 자기 이미지 속에는 하나님과 인간 사이의 침투성이 존재한다. 그것이 너무나도 강해서 상대적 자아에 대한 인식, 공개적이고 모든 곳과 연결된 하나님의 크신 자아의 내면을 소유한 고유하고도 타고난/뒤틀린 성격에 대한 인식이 존재할 정도다; 따라서 자아는 함께 타고난 게슈탈트의 전경과 배경이 되는 것으로 간주된다.

그렇게 영적으로 성숙한 자기 이미지와 하나님 이미지에 대한 저항, 여러분이 꼭 알아야 할 우리의 상처 입은 본성으로부터 비롯된 저항의 원인은 다음과 같다:[205]

① 자아 정체성 상실에 대한 두려움, 하나님께 이용당하리라는 두려움.

② 해방보다는 부담으로 느껴지는 신앙 – 자유를 제한하는 일련의 율법들.

③ 우리의 인간성 속에 친밀하신 구원의 하나님이 살고 계신다고 하는 성육신의 요점을 놓쳐버릴 정도로, 우리와는 너무나도 "다른" 그리스도에 대한 인식.

④ 저급하고 만성적인 적대감, 불신감, 친밀함에 대한 두려움, 그리고 모든 것을 통제할 수 있어야만 한다는 불안감 등의 심리적 장애.

⑤ 성령의 내적인 빛에 귀 기울이고 그것을 뒤따르려는 노력보다

---

205) 이 예들은 피터 데미안 윌콕스, O.Cap. 목사가 1978년 봄에 워싱턴연합신학대학원에서 했던 강의, "영성신학"에서 가져온 것들이다.

는, 우리 자신이나 다른 사람들의 피상적인 자아를 기쁘게 하려는 노력.

⑥ 부주의한 게으름, 무관심.

이러한 하나님 이미지와 자기 이미지는 어떤 **역사**를 갖고 있는가? 피지도자와 관계를 맺게 된 초반에 지금까지 걸어온 영적 여정에 대해 알아보는 것이 도움이 된다. 피지도자가 그저 생각나는 대로 자유롭게 이야기하게 둘 수도 있고, 아니면 좀 더 중점적인 주제를 제시할 수도 있다.

예를 들어서, 여러분은 피지도자와 관계를 맺게 된 초반에 몇 가지 "과제"를 내줄 수 있다. 한두 시간 짬을 내어 자신의 삶에서 "하나님의 발자국"이라 할 만한 특별한 사건이나 곤계, 경험 등을 적어오라고 하는 것이다. 그 중에서 특별히 눈에 띄는 형태가 있는가? 전 인간이 하나님의 길로 점점 더 전향함으로써, 도덕적으로, 지성적으로, 심미적으로, 정서적으로, 직관적으로 맺은 열매는 무엇인가?

그 발자국만 따로 나타나는가, 다른 것들과 함께 나타나는가, 아니면 자연 속에서 나타나는가? 그것도 아니면 "종교적인" 활동이나 여가 상황에서 나타나는가? 그 발자국은 갑작스레 나타나는가, 아니면 의식적으로 얼마동안 준비를 갖춘 다음에 나타나는가? 피지도자가 적어 온 이 일대기 중에서 기도나 금식 같은 영성훈련의 장소는 어디인가? 영적인 친구의 장소는 어디인가? 피지도자의 하나님 이미지와 자기 이미지는 이 모든 것들을 통하여 어떻게 변하였는가?

이 "과제"는 침묵으로 마무리할 수 있다. 아니면 "내 영적인 여정은 지금 이러합니다…"라는 문장을 완성함으로써, 결국은 자신이 지금 속해 있는 영적 여정의 위치에서 미소를 머금을 수 있게 해줄 것이다.

만일 피지도자에게 뭔가를 더 요구하고 싶다면, 이라 프로고프의 대화 과정을 적용하는 것도 괜찮을 것이다. 먼저 피지도자에게 두 눈을 감고, 자신의 영적인 여정을 자신과 구별된 하나의 "인격"으로 그려보라고 요청한다. 그런 다음 그 인격과의 대화를 받아 적게 한다. 그 여정과 아주 신속하게 주고받은 대사를, 자연적으로 멈추는 순간까지 받아 적는 것이다(내가 말한다…나의 영적인 여정이 말한다…).[206]

그런 "과제"는 여러분과 피지도자 모두에게 피지도자의 영성생활에 대한 유용한 관점을 제공해 줄 수 있으며, 그 사람의 발달에 관한 여러 가지 단서를 여러분에게 제공해 줄 수 있다. 또한 그런 과제는 일기를 지속적으로 쓰는 훈련의 출발점이 될 수 있다.

내적인 인식과 연관된 또 하나의 중요한 질문은 그 사람의 기도와 관련된 것이다. 그 사람이 기도하고 묵상할 때 과연 무슨 일이 일어나는가? 하나님께 "이야기하는" 게 얼마나 되고, 또 귀 기울여 듣는 게 얼마나 되는가? 그리고 "감지되는" 것(예를 들면, 하나님을 향한 분노)은 얼마나 되는가?

기도에서는 그 어떤 것이라 할지라도 얼마든지 대화를 시작할 수 있다. 하지만 그와 동시에 사람들은 기도의 대화를 뛰어넘는 게 어려울 수가 있다: 불평, 요구, 감사 등. 또한 관계가 미묘하게 "존재하도록" 그냥 내버려둘 수도 있다. 그것은 곧 자아가 (일찍이 얘기했던 과도기적 침묵과 마찬가지로) 편하게 조절하도록 내버려두는 것을 의미하며, 어떤 기대도 없이 그저 열정적인 신중함만 가지고 훨

---

206) Ira Progoff, *At a Journal Workshop* (New Work: Dialogue House, 1975)을 참고하라.

씬 더 주의 깊게 귀 기울이는 것을 의미한다.

우리 사회에서는 그런 "조용한" 기도가 어렵다. 하지만 우리의 공격적인 행동주의 때문에 그것은 오히려 더 중요하다(다음 장에서 나는 이 주제에 관해 한 번 더 언급할 것이다).

기도는 영성발달에서 지극히 중요한 의식과 관계의 양식이다. 친구와의 영적인 대화나 분석적 분별도, 적극적인 활동도, 결코 이것을 대신할 수는 없다.

기도는 우리의 총체적 인간성에 속하는 실재에 참여하는 것이 특징이다. 진정한 기도가 없다면 우리는 점점 더 자기애착과 이기주의에 빠져들 것이고, 그것은 우리의 표명을 손상시키고, 나아가 어쩌면 우리 이웃의 표명까지 손상시킬지도 모른다. 진정한 기도가 있어야만 우리가 가장 심오한 본향, 가장 넓은 시야에 맞게 조정할 수 있다.

물론 기도는 다른 모든 것들과 마찬가지로 외곡될 수가 있다. 모든 영적 실제는 우리가 좀 더 완전하게 참여할 수 있도록 준비시킬 뿐만 아니라, 우리를 진정한 실재로부터 단단히 지켜 주는 방법을 갖고 있다. 기도는 적을 무찌르는 무기가 될 수도 있고, 또 우리가 들여다보기 무서운 것에 가까이 다가갈 때마다 늘 우리 몸에 걸치는 강박적인 담요가 될 수도 있다. 또 기도는 외관상 뛰어난, 또는 천국으로 올라갈 사다리를 세우는 독선적인 방법일 수도 있다.

영성지도자는 사람들이 기도를 교묘히 이용하거나 회피하는 여러 가지 방법들을 잘 알고 있어야 한다.

최상의 기도는 적절한 겸손, 신앙의 모호함에 대한 신뢰를 간구하며, 어떤 식의 영성지도든지, 그리고 아무리 고통스러운 영성지도라 할지라도, 사랑이 깃든 진리에는 열린 마음을 지닐 것과 연민이 넘처흐를 것을 간구한다. 이것이야말로 우리가 추구해야 할 열매다.

이 열매들은 혹시 나타날지도 모르는 내적인 현상들을 위한 테스트가 되기도 한다: 음성, 비전, 방언, 냄새, 환희, 꿈 등. 기독교 전통에는 그런 현상들의 영적 가치에 관하여 몇 가지 다른 견해가 존재한다. 만일 그 열매들에 대한 관심을 초월하여, 기독교의 무념적인 전통에 주먹구구가 존재한다면, 좀 더 미묘하고, 모호하고, 통합적이고, "일반적인" 현상이 나타날수록, 그 사람이 진정한 실재에 더 가까이 있다고 볼 수 있을 것이다. 하지만 만일 그것 때문에 그 사람이 덜 중요하거나 이기적인 것처럼 느껴진다면, 그것은 하나님께 속한 것이 아닐 가능성이 크다.

그런 경험의 배후에 있는 예지적 인식과 판별 가능한 경험으로의 "전환," 곧 해석적인 감정과 이미지, 언어 상징으로의 "전환" 사이에는 커다란 혼동이 있을 수 있다.

무념적인 전통에서, 알기 쉽게 해석된 그런 경험과 미묘한 인식 자체 사이에는 질적인 차이가 존재한다. 전적으로 "하나님께 속한" 인식은 우리의 정상적인 감각이 일시 중지되는 것을 의미한다. 이 감각으로의 전환은 개인적으로 의미 있고 판별 가능한 상징들과 일치하도록 인식을 색칠하고 제한한다.

예를 들면, 음성이나 자동필기에서 예언의 말씀은 영감의 중재자다; 그러한 묵상은 자칫 메시지를 "오염시킬" 수도 있다. 하지만 그 사람의 삶이 거룩하면 거룩할수록, 좀 더 "명확한 통로"가 될 가능성이 크다.

기독교의 무념적인 전통에서 그런 현상들은 줄곧 매료되지 않는 경험으로 취급되는 경향이 있다. 우리의 자아가 그것들에 지나친 애착을 갖지 않도록, 그리고 우리가 그 경험을 주신 분의 선물을 그분 자체와 혼동하지 않도록 말이다. 안 그러면 순수한 복종과 친교의 목표를 상실하게 되며, 또 그것에 자연히 따라오는 수수하고, 일반적이고, 통찰력 있고, 인정 많은 삶을 상실하게 된다.

십자가의 요한이 말한 것처럼, 그 경험들이 만일 하나님께 속한 것이라면 다른 것들과 전혀 무관하게 우리 안에서 작용할 것이다. 하지만 만일 그 경험들이 하나님께 속한 것이 아니라면, 우리는 전혀 관심을 기울이지 않을 것이다. 어떤 경우든지, 그저 신중하게 바라보고 그대로 놔두는 것만으로도 충분하다. 그런 견해는 극동지역의 무념적인 종교 전통들이 그런 현상들에 접근하는 방식을 고스란히 반영하며, 어쩌면 선종의 실제에서 가장 확실히 찾아볼 수 있을 것이다.

유념적인 전통에서는 이러한 현상들이 예지적인 형태뿐만 아니라 해석적 형태에서도 진지하게 받아들여지는, 영감에 따른 메시지와 은총으로 간주되는 것 같다. 현재 이것은 "은사주의" 운동에서 가장 뚜렷이 나타난다.

내 생각에 무념적인 방법은 우리가 내적인 현상들과 관련해 무시해 버렸던 유용하고도 인습타파적인 전통인 것 같다. 그것은 개인적으로 해석된 영감이나 다른 사람의 영감에 대한, 종종 고지식하고 궁극적으로는 주제를 벗어난 승인을 희생하는 것이었다.[207]

---

[207] 폴린은 그러한 내적 현상들에 관하여 다음과 같이 말한다: "[이것들은] 오로지 하나님의 사랑과 성인들의 사랑이 목적일 경우 거의 의심스럽지 않다: 하지만 이것의 목적이 교육이라면 좀 더 의심스러워지며, 이것이 행동을 촉구하는 것일 경우에는 훨씬 더 의심스러워진다." 그는 십자가의 요한을 인용한다: "적을 다루는 것처럼 내적인 화법을 다루지 않는 영혼은, 그 속의 크고 작은 망상들을 결코 피할 수 없다." 폴린은 처음부터 그것들을 부드럽게 물리쳐야 한다고 충고한다. 그는 주께서 자신의 비전을 위해 "생생한 책"이 되어 주셨다는 아빌라의 성녀 테레사의 의식을 인용함으로써, 그것의 진정성을 인정한다. 앞의 책, 3112, 380쪽.

물론 우리나 또는 다른 사람들이 주의를 기울여야 할 우리의 해석적 통로로부터 중요한 무언가가 "나타나는" 시기도 있을 것이다. 성서에는 그런 선례가 아주 많이 기록되어 있다. 만일 우리가 경험을 통한 무념적인 "가벼움"과 평온함, 그리고 우리의 경험을 **초월한** 하나님에 대한 확신을 유지한다면, 무엇이 특별히 관심을 기울일 만한 것인지, 무엇이 그저 우리 자아의 행복한 춤에 불과한(궁극적으로는 하나님께서 주신 선물이지만, 그래도 직접적으로 영감을 받지는 않은) 것인지, 그리고 무엇이 파괴적인 악마의 영향력을 지닌 것인지, 좀 더 잘 구분할 수 있을 것이다.

그렇다면 영성지도자가 반드시 그런 현상들에 대한 경험을 갖춰야만, 그런 경험을 지닌 사람에게 중요한 인물로 여겨질 것인가? 내 생각에 가장 이상적인 영성지도자는, 그런 현상들을 경험했을 뿐만 아니라 그 현상들을 다른 측면으로도 **경험한** 사람, 그리고 좀 더 평온한 그 장소로부터 피지도자에게 신뢰와 관점을 제공해 줄 수 있는 사람이다.

그렇지만 나는 그런 경험이 (지도자나 피지도자 **모두에게!**) 필요하지 않다고 보는 전통에 속한 여러 사람들에게 찬성한다. 여러분에게 필요한 것은 외적인 현상이 **무엇이든지간에** 피지도자의 삶을 통해 굽이쳐 흐르는 은총에 대한 차분한 신뢰다. 그리고 기독교 스승들이 여러분에게 몇 가지 관점과 선택권을 안겨주기 위해 그 현상들을 다루었던 방법에 대한 충분한 지식이다.[208]

---

208) 그런 현상들에 관한 위대한 기독교 스승의 견해는, 이블린 언더힐의 『신비주의』 중에서 "음성과 비전"을 참고하라. 또한 그런 현상들에 대해서는 A. 폴린, 앞의 책, 232, 380쪽 이하를 참고하고, 기도에 관해서는 7쪽 이하를 참고하라. 내적인 현상들의 중요성에 관하여 좀 더 긍정적인 견해는 몰튼 켈시의 저서들을 참고하라.

(2) 소명

"통합"의 두 번째 차원은 하나님과 자기 이미지, 기도, 그리고 특별한 현상들에 대한 내적인 인식으로부터, 이 인식과 일상생활의 경험에서 비롯되는 "소명" 의식으로 우리를 데려간다.

"소명"은 오늘 굉장히 남용되고 있는 단어다. 교회에서 이제 이 단어는 우리가 하고 싶은 일에 대한 위선적인 완곡어법이 되고 말았다. 또한 그러한 남용은 세속적인 문화에서도 찬사를 받게 되었다. "경력 개발"이라는 미명 하에, 우리가 조종할 수 있는 방법에 따라, 우리가 하고 싶은 일을 할 수 있게 된 것이다.

진정으로 거룩한 소명과 세속적인 경력 개발은, 최상의 경우 한 가지 중요한 사항을 충족시켜 준다: 우리의 개인적인 원천과 상황에 대한 관심. 이 둘의 차이점은 소명이 좀 더 많은 위험과 불확실성을 포함한다는 것이다. 여러분이 "이겨낼 수 없을 정도로 심한" 일은 생기지 않을 것이다. 여러분은 "자기도 모르게' 전혀 예측할 수 없는 방식으로 은총의 통로가 되도록 인도 받을 것이다.

이것은 아브라함과 사라가 응답하는 신앙 속에서 걸었던 여정이며, 그들의 진정한 영적 후계자들이 다들 걸었던 여정이다. 예수님의 소명 역시 그분의 삶 전체에 걸쳐 드러나는 것으로 묘사된다. 하버드의 신학자 아서 맥길이 일전에 얘기했던 것처럼, 예수님은 "그분의 근원이시고 지속적인 작용 원인이신 하나님과 몰아의 일체감"

예를 들면, *The Other Side of Silence* (New York: Paulist Press, 1976)와 *Encounter with God* (Minneapolis: Bethany Fellowship, 1963). "계시"를 해석하기 위한 지침의 실질적 리스트에 대해서는 J.S. Setzer의 "When Can I Determine When It Is God Who Speaks to Me in My Inner Experience?," *Journal of Pastoral Counseling*, 제2권(1977년 가을~1978년 겨울), 42쪽을 참고하여라. 또한 여러분은 칼 융이 *Memories, Dreams, and Reflections* (New York: Vintage, 1965)에서 몇몇 종교적 경험들을 긍정적으로 다룬 것에 대해서 알아볼 수도 있다. 다른 경험들에 관해서는 윌리엄 제임스의 *Varieties of Religious Experiences* (New York: Modern Library, 1936)를 참고하여라.

을 가지고 삶을 이어가셨다. "그분은 늘 하나님으로부터 그분의 '자아'를 **수여받으셨다**. [우리들 저마다에게도] '나는 곧 나다'는 나 자신 너머로부터 계속해서 선물 받는 것이다."[209]

그러므로 기독교 전통에서 우리의 정체성은 한 번 발견한 뒤 꼭 붙들고 있어야 하는 단단한 "소유물"이 아니다. 그것은 본질적으로 소유할 수 없으며, 단지 공유할 수만 있는 선물이다. 그분이 우리를 "불러내셨다." 우리의 정체성은 언제나 새롭게 알려지고 공유되는 기쁨 또는 고통이다. 그것은 결코 병에 절여놓은 표본도 아니고, 죽여서 박제를 해야 할 정도로 달아나기 쉬운 나비도 아니다. 우리의 변덕스런 자유가 그렇게 하려고 들지만 않는다면 말이다.

따라서 피지도자가 영성지도를 통해 소명을 분별하려고 우리를 찾아왔을 경우에는 다음과 같은 이해를 갖고 있어야 한다: 구조적으로 드러나는 소명 의식, 그것의 원동력과 위험한 성격에 대한 우리의 변덕스런 저항, 그리고 최초의 것은 부인하거나 왜곡하고 두 번째 것은 무시하도록 우리를 길들이는, 영향력이 큰 세속적 문화.

좀 더 자세히 얘기하자면, 우리는 각 사람의 소명을 네 가지 단계로 살펴볼 수 있다: **기초적인 언약, 인간적인 언약 상태, 교역의 형태, 그리고 즉각적인 부르심**.

① 기초적인 언약 소명

첫 번째 단계는 언약을 뒷받침하는 단계다. 비록 우리의 정체성이 늘 새로워지기는 하지만, 이것은 혼란스러운, 전혀 예측이 불가능하고 신뢰할 수 없는 급변을 야기하려는 게 아니다. 그것은 **체계적인**

---

209) 1974년 7월에 리치몬드의 유니온신학대학원에서 있었던 강연으로부터 발췌함.

발달이며, 신실하신 이름 수여자와의 연속성을 신뢰함으로써 주어진 것들을 드러내는 것이다: "내가 너를 지명하여 불렀나니, 너는 내 것이다."(이사야 43장 1절)

그러므로 기독교적 이해에서 소명의 첫 단계는, 서로 신뢰할 수 있고 또 문화적으로 자아-자기/초월적인 이 계명 속에서 살아가라는 부르심이다. 이것은 우리의 특별한 삶과 일반적인 삶을, 턱없이 우발적이고 저주받은 것이 아니라 은혜롭고 의미 있는 것으로 확고히 받아들이는 것을 의미한다. 이것은 신앙 또는 비신앙의 가장 커다란 도약이다. 다른 것들은 모두 여기에서 시작된다.

이 언약은 안정적이고 긍정적인 **느낌**만 보여주지는 않는다. 시편은 분노에서 기쁨까지, 그리고 절망의 순간까지, 언약에 관한 온갖 느낌들을 모두 드러낸다. 하지만 우리의 변덕스러운 감정 뒤에는 여전히 모호한 신뢰가 확고하게 자리 잡고 있다.

이 기초적인 소명의 단계에서, 여러분은 영성지도자로서 피지도자의 의견 뒤에 숨어 있는 것들을 깨달아야 한다. 피지도자는 삶에 대한 자신의 느낌을 이 기초적인 신뢰와 혼동하고 있는가? 피지도자는 기분에 따라 언약의 실재를 만들어 내는가; 아니면 제도적 교회나 특별한 영성지도자가 중재자로서 순수한가 또는 부패하였는가에 따라 만들어 내는가? 그런 신앙이 존재하고 또 감정이나 제도나 개인의 무른 중재보다 좀 더 심오한 실재를 가리킨다는 게 과연 확실한가?

기독교 전통에서 예수 그리스도의 중재에 대한 강조는 이러한 분별을 강화시켜 준다. 그분의 죽음은 언약의 충분한 매체인 구조나 감정이나 개인의 온갖 맹목적 신앙을 믿음과 함께 휩쓸어가 버렸다.

그리고 그분의 부활은 모든 중재 수단을 상대화시키는 친밀하고, 신비스럽고, 모호한 신뢰의 단계로 언약을 끌어올려 준다.

따라서 그리스도에 대한 의존은 곧 혼란스러운 맹목적 신앙으로부터의 독립, 솔직한 신뢰에 대한 좀 더 심오한 언약을 위한 자유다. 만일 피지도자의 마음속에 있는 의존이 그리스도를 기뻐하거나 실망하게 될 또 하나의 우상으로 만들어 버린다면, 그 피지도자는 예수님을 우리와 연결시켜 주는 좀 더 심오한 언약을 놓쳐 버린 셈이다: 친밀하고 모호한 우리 영혼의 "아빠"와의 언약. 그 아빠가 우리를 언약으로 아주 깊숙이 부르셔서, 우리는 표면적인 삶에서 엄청난 혼동과 노예화시키는 맹목적인 신앙으로부터 해방되며, 좀 더 진정한 분별과 공동체를 위해 해방된다.

이 단어에는 추호의 마술도 없다. 그 뒤에서 힘을 실어주는 진리는 우리와 함께 "안팎에" 존재한다; 우리의 상처 입은 본성은 우리를 소심하고 아찔한 상태로 내버려 두며, 환상에 쉽사리 동요하도록 내버려 둔다. 우리는 우리 자신이나 피지도자 모두를 위해서, 이처럼 피할 수 없는 인간 상태에 대해 굉장한 인내심을 발휘해야 한다. 그런 단어를 분별없이 "내뱉는" 행위는 전혀 쓸모없다. 비록 약간의 자동적인 힘은 가지고 있겠지만 말이다. 영성지도자의 직업은 그런 해방적인 인식을 상호적 분별의 표면 가까이에 있는 은총으로 되살릴 수 있도록 돕는 일이다.

이렇게 인식을 되살리는 임무는 소명의 다음 단계들에서도 분별을 통해 지속된다.

하지만 다음 단계들을 살펴보기에 앞서, 우리는 은혜롭고 의미 있는 삶으로 부르시는 특별한 소명에 관한 우리 자신의 가정과 피지도자의 가정을 명확히 해야만 한다. 여기에서 우리를 이끌어 줄 만한 질문은 다음과 같다. "하나님은 우리 삶을 위한 계획을 갖고 계시는가?" 이 질문에 대해 우리와 피지도자가 어떻게 대답하느냐에 따라, 우리가 분별의 소명에 관해 어떻게 행동할 것인지도 결정될 것이다.

이 질문에 대한 대답은 극과 극을 달린다. 하나는 하나님이 우주를 그냥 계속 돌아가게 해놓으셨다는 견해다. 우리는 선물 받은 삶에 대한 궁극적인 언약을 지니고 있지만, 역사와 일상생활 속에서 거의 모든 것들은 인간의 자유나 조건, 또는 우연의 일치에 달려 있다. 따라서 삶은 우리가 만들어 나가는 것이다. 우리를 부르시는 특별한 신적 움직임 같은 건 그 어디에도 없다.

이것과 정반대되는 견해는, 하나님이 인간 삶의 거의 모든 것들을 세밀하게 인도해 주신다는 것이다. 인간의 자유와 목적은 곧 이 인도에 대한 주의 깊은 분별과 인식을 의미한다.

자유주의 종교개혁 전통의 신자들은 전자에 속하는 경향이 있다. 반면에 근본주의 종교개혁 전통의 신자들, 그리고 (교회의 가르침에 따라 변화된) 대부분의 경건한 천주교 신자들도 후자에 속하는 경향이 있다. 기독교의 총체적인 전통은 후자에 좀 더 가깝다고 봐야겠지만, 그래도 오늘에는 세속문화의 성향이나 영향력이 워낙 커서 전자를 **뛰어넘어** 제멋대로인 인간의 **전적인** 독립까지 나아가고 있는 중이다. 나는 수많은 교회들이 점점 더 이런 방향으로 옮겨가고 있다고 생각한다(물론 극단적으로 세속적인 데까지는 미치지 못하겠지만 말이다).[210]

---

[210] 예를 들면, 이러한 현대적 성향은 "내적 의존" 시기, 곧 우리가 어떤 특별한 영성지도가 아니라 우리 자신의 지혜로써 살아가는 정상적인 작업/처리 시기에 관한 브루스 리드의 가정들에도 암묵적으로 나타난다고 나는 생각한다. 비록 (영적인 헌신에서와 같은) "외적 의존" 시기가 이 작업 시기를 형성할 수 있지만 말이다(제3장 참고).

하나님의 "계획"에 관한 중재적 견해는 성서에 드러난 생활방식을 강조한다. 성서에는 우리를 위한 하나님의 계획에 중요한 우리의 태도와 행동 지침이 실려 있다. 하지만 이것을 특정 시기에 "어떤 식으로" 표현하느냐는 상황에 따라, 그리고 우리의 이성적인/직관적인 분별에 따라 달라진다. 하나님은 **직접적으로** 우리를 인도하시지 않고, 이 지침들을 통하여 **간접적으로** 인도해 주신다.

아마도 로욜라의 이그나티우스는 세 번의 적절한 결정시기에 관해 말함으로써, 소명의 분별과 관련된 일련의 견해와 경험들을 가장 대중적으로 통합시킨 인물일 것이다. 그가 말한 세 번의 결정시기는, 하나님이 우리의 행위에 "무관심하실" 경우 (신실하신 사랑의 기준을 제외하고) 저마다 이성의 인도를 받는 순간, 반복적인 슬픔과 위로라는 내적 동향의 **평가**로부터 인도를 받는 순간, 그리고 **직접적인 지도**에 따라 인도를 받는 순간(바울이 다마스쿠스로 가는 길에 말에서 떨어졌던 순간처럼)이다.[211]

이그나티우스와 예수회 제자들은 천주교 전통 영성지도의 소명 분별 차원에 굉장히 많은 영향을 미쳐왔다. 또한 오늘에는 종교개혁 전통의 교회에도 점점 더 많은 영향을 미치고 있다는 증거가 있다. 영성지도자인 여러분은 현대의 정기간행물에 실린 이그나티우스의 분별에 관한 수많은 글들을 통하여 상당히 많은 도움을 얻을 수가 있을 것이다.[212]

때때로 피지도자는 하나님이 자신의 삶에서 역사하실 수 있는 방법의 가능성 범위를 파악하기 위해 도움이 필요하다. 또한 소명을 결정하기 위한 분별 과정을 특별히 적용하는 데에도 도움이 필요할

---

211) 제2장의 "영 분별" 부분 참고.
212) 제2장의 "영 분별" 부분에 실린 각주의 주장 참고.

수 있다. 계속해서, 영성지도 상황에서 생길 수 있는 나머지 세 개의 **특별한** 소명 단계를 간단히 살펴보기로 하겠다.

② 인간적인 언약 상태

첫 번째 단계가 기초적인 언약을 성찰하려는 우리 삶의 단계였다면, 그 다음 단계는 우리의 삶과 보호를 위한 보편적인 틀을 제공해 주는 장기적 헌신을 추구하는 단계다.

인간은 결혼생활에 헌신하라고 부름 받았는가, 아니면 독신주의 공동체(서약을 통해 공식적으로 맺어진 종교적인 공동체이든, 또는 특별한 교역의 상황에서 이루어지는 비공식적 헌신이든 간에 – 여기에는 결혼한 사람들도 포함된다)에 헌신하라고 부름 받았는가? 그것도 아니면, 은둔자로서 하나님과의 공동체, 고독 속에서 발견되는 세상과의 공동체 형태에 헌신하도록 부름 받았는가?

교회의 경험은 대부분의 사람들이 결혼해서 가정을 이루도록 부름 받았으며, 극히 소수만 비공식적인 공동체에서 독신생활을 하도록 부름 받았다고 가정한다. 또 공식적인 독신 공동체에서 독신생활을 하도록 부름 받은 사람은 그보다 더 적고, 완전히 혼자 살도록 부름 받은 사람은 거의 없다고 가정한다.

서구문화와 교회의 과도기적 상태는 이 시점에서 역사적으로, 그리고 기능적으로 수많은 사람들을 변화시켰다. 이 구조들 가운데 하나에 대한 **평생의** 헌신으로부터 **장기간에 걸친** 헌신으로 말이다. 한때는 평생에 걸친 서약이었던 것을 변경시키는 데 대한 제재조치는 거의 없었고, 오히려 더 많은 기회가 주어졌다. 이러한 상황은 점점 더 사회적 삶과 개인적 삶을 불안정하게 만들었다. 그것은 사람들이 좀 더 진실한 소명 쪽으로 움직이도록 좀 더 쉽게 해방시켜 주는 긍정적 결과를 가져왔다. 하지만 한편으로는 부정적인 결과도 가져왔는데, 책임 있는 헌신을 회피하도록 우리를 좀 더 쉽게 유혹할 수 있다는 것, 그리고 좀 더 완벽한 언약과 관계를 찾고 싶은 끝없는 충동에 너무 쉽사리 굴복하도록 만든다는 것이었다.

아마도 피지도자에게 가장 안정적인 언약 상태는 그 사람이 탄생했을 때의 언약 상태일 것이다: 혈연가족. 물론 혈연가족 역시 폭력 때문에 붕괴될 수 있지만, 그럼에도 불구하고 이 언약에는 (아무리 어설프다 할지라도) 지속적인 정체감과 헌신이 존재하는 게 보통이다. 혈연가족은 피지도자가 알고 있는 정체성 중에서 유일하게 **지속적인** 것일지도 모른다. 따라서 언약을 이야기하고자 할 때 그것이야말로 가장 중요한 기준점이라고 할 수 있을 것이다.

언약 상태의 또 다른 차원은, 피지도자가 **성직자** 지위로 부름 받았는가, 아니면 **평신도** 지위로 부름 받았는가 하는 것이다. 저마다의 상태를 어떻게 이해하느냐는 전통에 따라 달라질 것이다. 오늘 서구사회의 일반적인 경향은 평신도 지위를 예전처럼 좀 더 상보적이고 존경 받는 위치로 되돌리는 것이다. 이러한 변화는 특히 천주교 신자들에게서 두드러지게 나타난다(비록 아직은 그들 사이에서 **법률적으로** 존중받지는 못하지만 말이다). 한편 종교개혁 전통의 신자들 사이에서는 평신도의 지위가 늘 중요하게 취급되어 왔다.

때때로 피지도자는 진정한 기독교적 소명에 대한 부르심과 성직 안수를 받은 지도자에 대한 부르심을 혼동하지 않도록 도와줄 사람이 필요하다. 후자는 피지도자의 특별한 재능이나 교역 형태에 맞지 않는 특정 은사나 업무까지도 모두 포함한다.

제도적 교회에 이제 막 다가선 사람들이나 오랜 일탈 후에 다시금 제도적 교회로 돌아선 사람들의 경우, 교회의 특별한 성직 표명과 적극적인 언약 관계를 확립하는 데 적합한 것을 평가할 수 있도록 도와줄 만한 사람이 필요하다. 여기에는 세례나 안수, 또는 특정 교구나 다른 공식적 공동체와의 적극적인 관계에 대한 고려가 포함될 수 있다.

영적 갈망은 본향을 향한 보편적인 인간의 압박감이다. 앞에서도 얘기한 바 있듯이, 버나드 로너건은 신앙의 하부구조를 신앙의 상부구조와 유용하게 구분 짓는다. 신앙은 기초적인 언약의 "최초 단계"와 연결된다. 이것이 책임 있는 신앙 **공동체** 속에서 어떻게 "뿌리를 내리고" 연결되는가는, 특정의 기독교 신앙전통(그리고 다른 종교)의 강조와 구조에 관한 여러 가지 질문들로 자연스럽게 넘어간다. 특정 전통의 오류를 인정하는 것은 대부분의 사람들에게 아주 힘든 일이다. 특히나 자기 자신의 실패를 부인하고 사태를 악화시킨다거나, 헌신을 두려워한다거나, 또는 하나의 신앙 전통에서 출발한 특정의 기독교 신앙과 실제를 이해하지 못하거나 거기에 반대하는 사람들 경우에는 더더욱 힘들어진다.

특정의 신앙 공동체가 그 구성원들의 진정한 영성발달에 적절한 관심을 기울이지 못할 경우, 사태는 점점 더 악화되고 만다. 때때로 우리는 회중이나 그 지도자가 담지하거나 촉진시켜 줄 수 있는 것보다 더 개방적으로 성령의 실재에 공개적인 것처럼 보이는 피지도자의 고통과 아이러니를 접하게 된다. 그런 경우에는 영성수련회나 교육센터나 수녀원처럼 "전문적인" 공동체를 방문하거나 그들과 관계를 맺어보라고 제안하는 것도 도움이 된다(종교개혁 전통의 신자들은 자신의 전통에 속하지 않음에도 불구하고 이 실제들을 점점 더 받아들이고 있다).

영성지도 관계는 "구체화한" 영적 본향에 대한 탐구를 통하여 그런 사람들을 지탱해 줄 수 있다. 영성지도에 이미 참여하고 있는 사람들의 경우, 영성지도는 그 출처를 보완해 줄 수 있으며, 때로는 피지도자가 그 관계에 무엇이 중요하고 무엇이 안 중요한가를 구별할 수 있도록 도와주기도 한다.

언약의 다른 두 차원들에 관해서도 여기에서 잠깐 언급해야겠다. 하나는 지리학적인 **장소**와 관련된다. 시간의 이동성은 최근 몇 년 동안 미국대륙에서 감소하였으며, 서서히 증가하는 장소의 평가가 다시금 부활하고 있다. 특정의 지리학적 공동체와 그것의 관계, 책임, 기쁨, 그리고 고통에 대한 헌신을 피지도자가 어떻게 바라보고 있는가? 여기가 바로 장기간에 걸쳐 교역을 수행해야만 할 **장소**인가? "원시적인" 베네딕트회 수도사들은 아직도 평생토록 오직 한 **장소**에만 머물겠노라고 서약함으로써 "안정"에 관한 특별한 견해를 취하고 있는가? 이것은 지리학적 언약의 기초적 질문에 대한 극단적인 응답이다.

또 하나의 차원은 **사회적 시민권**과 관련된다. 미국 전통에서 교회와 국가는 법적으로 분리되어 있음에도 불구하고 종종 모호하게 혼동되어 왔다. 민속종교는 사회의 가치관을 변화시키기보다는 더욱 더 지지하기 위해 교회를 이용한다. 이렇게 혼동된 과대확신의 힘이 사회구조의 변화와 관심에 대한 소명의식으로부터 빗나가서는 안 된다.

우리는 저마다 특정의 사회 속에서 구체화되며, 어떤 식으로든 그 사회와 언약을 맺도록 부름 받는다. 사회정의를 위한 누룩으로서, 그리고 부담과 기쁨을 함께 나누기 위한 누룩으로서 말이다. (심지어는 은둔자조차도 최소한 중보기도 시간만큼은 그런 소명을 받게 된다.) 이러한 관계는 사회구조가 너무 약해서 점점 더 많은 사람들이 사회적 선을 위한 소수의 노력과 관심에 의존하게 될 때 특히 더 중요해진다. 이스라엘의 역사는 이러한 언약의 가치를 단적으로 보여주는 예다.[213]

우리의 특별한 참여 **형태**는 소명의 다음 단계로 이끌어 준다: 교역을 위한 우리의 수단.

③ 교역의 형태

피지도자가 특별히 받은 교역의 **은사**는 무엇인가? 그 동안 피지도자는 이것을 어떻게 사용해 왔는가? 피지도자의 현 **상황**은 어떠하며, 그것이 가져다준 기회와 한계는 무엇인가(예를 들면, "인간적인 언약"의 헌신, 재정적인 상황, 나이, 건강, 그리고 교육)? 피지도자의 재능과 개인적 상황에 관련하여 인간 공동체에서 필요한 상황은 무엇인가? 피지도자는 현재 상황에서 이 재능을 어떤 식으로 사용하도록 부름 받았는가?

그런 질문들은 말로도 얼마든지 대답할 수 있다. 하지만 만일 피지도자가 이 단계에서 중요한 분별을 앞두고 있다면, 집에 가서 깊이 생각해 보고 글로 한 번 써볼 것을 권유하는 것도 좋다. 그 경우 여러분은 피지도자에게 개인적, 사회적 상황을 서술한 다음 잠깐 쉬

---

213) 케네스 리치는 『영혼의 친구』에 이 주제에 관해서 "영성지도의 예언자적 이해를 향하여"라는 아주 탁월하고도 짧은 장을 싣고 있다. 언약의 이 차원에 대한 관심은, 영성지도가 사회질서에 대한 적응을 암묵적으로 강조하지 않고, 개인의 생활뿐만 아니라 사회구조 속에도 임하시는 하나님의 통치를 강조할 것이라는 점을 확실히 해준다.

었다가, 자신의 "교역"과 즉흥적인 대화를 나누고 그것을 한 번 기록해 보라고 제안할 수 있을 것이다. 그 교역을 마치 분리된 "인격"처럼 다룸으로써 말이다(앞에서 총체적인 영적 여정과 대화를 나눴던 것처럼). 이것은 의식보다 더 깊은 수준에서 중요한 것이 무언가를 분명히 할 수 있도록 도와줄 것이다.

이 단계가 지나면 여러분은 몇 분간 또는 몇 시간 동안 기도를 위해 멈추라고 제안할 수 있다. 이때의 기도는 인도하심을 바라는 기도, "당신의 뜻이 이루어지길" 바라는 기도이며, 길고 주의 깊고 개방적인 태도를 취하게 된다. 이 시간 피지도자는 분별과정에서 자기 자신의 개인적 욕구를 파악하고 싶을지도 모른다. 만일 아직까지도 이것을 주의 깊게 검토해보지 않았다면 말이다. 그 욕구는 변화와 불안에 대한 두려움과 얼마나 깊이 연결되어 있으며, 또 이 시점에서 요구되는, 그리고 준비된 교역의 사실적인 표명에 대한 희망과는 얼마나 깊이 관련되어 있는가?

그 시간에 피지도자는 과거 몇 달 또는 몇 년 동안을 되돌아보고, 과연 언제가 깊은 위로의 시기 – 자신의 행동에서 정의와 평화를 느꼈던 시기, 그리고 고독감을 느꼈던 시기 – 이고 또 언제가 부패와 혼란의 시기, 성령으로부터 "먼" 시기였는지를 알 수 있을 것이다. 이것들은 과연 피지도자의 삶 속에 성령이 역사하시는 방식에 관하여 뭐라고 말해 주는가?[214] 그리고 이 방식은 전통적인 형태의 기독교 유월절 신비(하나님의 죽음과 부활, 상실과 회복, 연약하심과 신실하심)에 대한 피지도자의 고유한 참여를 어떻게 반영하고 있는

---

214) 그렇게 이그나티우스적인 영감을 받은 성찰의 세심한 절차에 대해서는 존 잉글리쉬, 위의 책, 제2장을 참고하라. 여기에는 영성지도자가 이 과정에 속한 사람에게 도움을 줄 수 있는 방법과 관련된 특별한 제안들도 들어 있다.

가?

올바른 분별에 대한 이그나티우스의 요긴한 "증거"는 우리 안에 깊은 평화와 기쁨의 감각이 생겨나는 것을 강조한다. 비록 그 결정 때문에 피상적 자아의 단계에서는 혼란과 동요, 희생이 느껴지더라도 말이다.[215] 이것은 특히 정반대의 것들(피상적인 자아의 위안에 대한 관심, 그리고 좀 더 심오한 "정의"감에 대한 무지)을 조장하는 경향이 있는 상업문화의 환경에서 유용한 지침이다.

이것은 내 생각에, 감각적인 만족보다 심오한 삶의 목적의식이 전혀 없을 경우 결코 피할 수 없는 반전이다. 종종 맞이하게 되는 한 가지 슬픈 결과는, 사람들이 피상적인 위안의 양지에서 햇볕을 쬐고 있지만 그 내면에는 공허와 분주함이 자리 잡고 있다는 것이다. 그것은 좀 더 심오한 소명을 놓쳐 버렸거나, 거기에 반항했거나, 또는 그것을 억제했기 때문이다.

영성지도에서 중요한 것은 이 부름 받은 교역의 "깊이"에 관심을 기울이는 것이다. 비록 "피상적인" 단계에서는 그것이 비싸고 위험해 보이겠지만, 표면적인 위안은 결코 평화를 안겨 주지 못한다. 만일 좀 더 심오한 평화와 "정의"에 대한 의식이 존재한다면, 표면적인 불안을 좀 더 쉽게 견뎌 낼 수 있을 것이며, 진정한 위안과 기쁨의 순간도 좀 더 쉽게 느낄 수 있을 것이다.

나는 이 분별 과정이, 삶에서 직접적인 신의 인도를 추구하는 사람들뿐만 아니라, 하나님이 인간에게 주신 결정의 자유를 좀 더 의식하는 사람들에게도 무척 중요하다고 확신한다. 후자에 속하는 사

---

215) 십자가의 요한은 어떤 상황에서든지 성령에 따라 만들어지는 세 가지 특징을 일반화시킨다: 평온함, 관대함, 그리고 강함. 이블린 언더힐, *The Spiritual Life* (New York: Harper & Row, 1963), 126쪽에서 인용.

람들은 자기 삶에서 이루어지는 영성지도가 사랑의 목적만 갖고 있다면 하나님이 보시기에 모두 한결같이 "올바른" 것이라고 믿는다. 그런 사람들 역시 위에서 제기한 질문들에 응답해야만 한다. 비록 그들은 영성지도가 "평화"를 안겨 줄 수 있는 범위를 좀 더 넓게 보겠지만 말이다.

이그나티우스와 그 전통에 속한 사람들은 두 가지 가능성이 모두 옳다고 주장할 것이다: 어떤 상황에서는 직접적인 인도하심을 감지할 수 있으며, 또 어떤 상황에서는 그런 표시가 전혀 없을 수도 있다고 말이다. 그러므로 우리는 가장 낫다고 판단되는 영성지도 쪽으로 얼마든지 나아갈 수 있다.

여러분이 주의해야 할 분별에 관한 마지막 질문은 바로 이것이다: (여러분 외에) 그 누가 피지도자를 도와 끝까지 분별을 완수할 것인가? 특히나 그것이 방해가 되는 변화를 포함한다면, 그만 두고 싶은 유혹을 느끼거나, 또는 엄청난 정신적, 육체적 대가를 헛되이 치르면서까지 계속하고 싶지는 않다는 유혹을 느끼게 될 것이다. 그런 사람들은 방향을 바꾸는 데 필요한 여러 단계를 통과할 수 있도록 도와줄만한 후원그룹을 개발할 필요가 있다. 만일 하나님의 직접적인 인도를 신뢰한다면, 관심을 기울일 경우 그런 후원자들도 보내주시리라 확신할 것이다. 반면에 좀 더 공평한 인간적 "공간"을 감지하는 사람은 그런 친구들을 찾는 일에 의식적으로 착수할 것이다.

교역의 형태와 관련된 분별 과정은 그 사람이 이미 하고 있는 일을 그저 뒷받침해 줄 가능성이 크며, 그 일의 대용품이 아니라 보완물일 가능성이 크다. 예를 들면, 결혼과 가족이라는 인간적인 언약에 연루된 부모는 자녀를 양육하고 배우자를 돌봄으로써 이 언약에 연루된 특별한 교역의 정의를 감지할 수가 있다. 하지만 이 시점에서 그 사람이 수행해야 할 또 다른 교역이 있다.

종종 사람들은 자신에게 적합하지 않은 상황이나 업무를 추진해야만 하는 경제적 또는 개인적 사정 때문에 강요당하는 것처럼 느낀다. 이런 경우, 삶이 흘러가 버리고 있으며 진정한 소명을 놓치고 있다는 느낌 때문에 괴로워진다. 그런 순간에 유일하게 위안이 되는 게 있다면 바로 정화의 부정적 위안이다. 자아가 원하는 대로 행동하지 못하게 정화하는 것, 어쩌면 자아가 선택하지 않은 혼란과 차이를 겪으며 살아가도록 길들여지는 것 말이다.

최상의 경우, 그러한 필요성에 대한 굴복은 강화로 판명된다. 만일 부정한 사회구조가 연루되어 있다면, 이 힘은 저항하도록 만들어 줄 수 있으며, 마음속에 그린 대안을 체계화하도록 만들어 줄 수도 있다. 하지만 최악의 경우, 그렇게 강요된 연루는 분노와 폭력을 불러일으킨다.

공정하고 솔직한 사회의 커다란 **영적** 가치는 사람들이 진정 원하는 교역을 따를 수 있도록 최대한의 기회를 창출해 내는 것이다. 그렇지만 여러분 차례가 되었을 때 기꺼이 쓰레기를 버리러 나가는 것도 정의에 속한다. 따라서 진정한 분별은 다른 것들을 희생시켜 가면서까지 배타적인 즐거움이나 의미 있는 업무 쪽으로 "사적인" 결정을 내리는 것이 아니라, 우리의 재능과 상황이 공동체 행복의 의무와 특권을 공유하는 데 상보성을 이룰 수 있도록 도와주는 "공적인" 결정을 내리는 것이다. 그러한 기초는 고립된 개인주의가 아니라 우주적인 그리스도의 몸에 참여한다는 의식과 관련된다.

피지도자와 함께 분별의 과정을 헤쳐 나가는 동안, 여러분은 자아와 상황에 관한 왜곡된 이해가 존재하는 게 아닌지 의심스러울 것이다. 어쩌면 존재하는 것을 과대평가하거나 또는 정반대로 과소평가하는 이해일 수도 있고, 강박적이고 죄책감이 깃든 교역을 표현하는 이해일 수도 있으며, 아니면 돌봄이 넘쳐흐르기보다는 돌봄을 받는 것을 더 강조하는 이해일 수도 있다.

만일 통찰에 대한 개방성이 전혀 안 보이고 오히려 강박충동이나 마비, 공황 불안처럼 진정한 분별을 가로막는 장애물만 눈에 띈다면, 그 사람을 먼저 전문 상담가에게 소개시켜 주어야 한다. 이런 상황에서는 보통 그 사람이 좀 더 자유로운 현실 조율이 가능해질 때까지 어떤 불필요한 변화도 일으키지 않도록 격려해 주는 것이 가장 바람직하다.

만일 그 사람이 다른 누군가와 상담을 시작할 경우에도, 그것 때문에 여러분과의 지속적인 관계가 방해받는 일은 결코 없을 것이다. 여러분은 이 시기에 그 사람의 삶에서 중요한 후원자가 될 수 있으며, 은총에 관심을 쏟도록 지속적인 통로가 되어줄 수 있다.

④ 즉각적인 부르심

어느 날 여러분이 다쳐서 길거리에 쓰러져 있는 사람을 발견하게 된다. 그런데 또 누군가가 여러분을 부르더니, 자기 집에 불이 났으니 잠시만 여러분 집에 기거해도 좋겠냐고 묻는다. 또 누구는 직장을 잃었으니 다른 일자리를 찾을 수 있게 도와달라고 부탁한다. 그런가 하면 한부모 가정의 가장인 이웃이 갑자기 죽었는데, 가까운 친척도 전혀 없고, 먹여 살려야 할 어린 아이 둘만 달랑 남았다. 한 친구는 곤란한 문제가 생겨 여러분과 상의하고 싶다고 하고, 외로운 친척 하나는 내일이 생일인데, 함께 축하해 줄 사람이 아무도 없다. 그야말로 여러분이 하고 있는 일을 모두 그만 두게 만드는, 아주 기가 막힌 하루다. 설상가상으로 옛 친구까지 우의를 다지기 위해 들르겠다고 한다.

우리는 그런 즉각적이고 예기치 않은 부름에 계속해서 응답하면서, 자신이 "올바르게" 응답하는 사람이라고 생각할 수 있다.

그런 부름은 보통 소명의 다른 단계들로부터 크게 벗어나지 않는다. 오히려 그것은 즉각적인 인간 상황에 응답하라는 보편적인 인간적 소명으로 다른 단계들을 보완한다.

그런 부름은 결과개방성의 증거이며, 매일 경험하는 삶의 놀라운 특징이다. 만일 우리가 그것을 그저 잘 통제된 계획과 안정된 소명을 혼란시키는 요인에 불과하다고 생각한다면, 분노와 불필요한 저항을 보일 수밖에 없을 것이다.

하지만 우리가 그것을 삶의 상호보완성의 일부라고 생각한다면, 곧 우리가 넘어졌을 때 다른 사람들도 우리를 도와줄 것이라는 확신 아래 다른 사람이 넘어졌을 때 도움을 준다거나, 또는 우리의 응답으로 아름다운 하루가 완성될 수 있도록 도움을 주는 것이라고 생각한다면 상황이 달라질 것이다. 그렇게 되면 아두래도 좀 더 쉽게 응답할 수가 있을 것이고, 그런 순간이 반드시 우리 소명과 어긋나는 게 아니라 오히려 우리 소명의 일부분이라는 사실을 깨닫게 될 것이다.

물론 그 순간에 우리보다 더 적당한 누군가가 응답을 할 수도 있다. 우리는 자신이 할 수 없는 일까지 견뎌내도록 부름 받지 않았다. 만일 우리가 너무 많은 짐을 지고 있다고 느껴지거나 다른 일이 더 우선이라고 생각한다면, 그 일 때문에 부담을 느껴서도 안 되고, 강박적으로 자신이 인정받아야 한다는 생각을 해서도 안 된다. 그렇지만 이런 경우에도 우리는 최소한 어떤 사람이 도움을 줄 수 있는지 확신할 수 있도록 최선을 다해 도와줄 필요가 있다: 진정한 욕구를 충족시키거나 또는 주어진 순간에 감사해야 한다(만일 여러분이 순간순간을 즐길 수 없다면, 다른 누군가가 대신하도록 격려해 주어라!).

영성지도를 통하여 여러분은 피지도자가 그런 즉각적인 부름이 은혜롭고 공평한 순간으로 여겨지거나 또는 저주받은 순간으로 여겨지는 방법에 주의를 기울이도록 도와줄 수 있다. 강박적이고, 과중한 부담을 지고 있으며, 죄책감을 느끼고 있는 응답자의 경우, 여러분은 그 사람이 좀 더 많은 자유의 기회를 느끼고 때로는 다른 이들이 자기 대신 응답하게 내버려 두도록 도와줄 수 있다. 반대로 응답을 무시하거나 그런 "방해"에 분개하는 경향이 있는 사람의 경우, 여러분은 그 사람이 이 사건들을 자신의 은혜로운 소명감에 포함시키는 자유를 허용하도록 도와줄 수가 있다.

사실 이것들은 우리뿐만 아니라 다른 사람들을 위해서도 은총을 실어 나르는 뜻밖의 사건일 수가 있다. 최소한 이것들은 늘 지나치게 억제되고 미리 운명 지어진 일상의 "계획"에 대한 우리의 침체된 이해의 균형을 깨뜨리기 위해 성령이 늘 애쓰고 계신다는 사실을 가르쳐 준다.[216]

---

216) 다음과 같은 수피파 이야기는 매우 계몽적이다: "아래층에 도둑 소리가 들려요." 어느 날 밤 물라 나스루딘의 아내가 남편에게 속삭였다. "아무 소리도 아니오." 나스루딘이 대답했다. "도둑이 훔쳐갈 만한 게 아무것도 없잖우. 운이 좋다면 도둑이 뭔가를 남겨놓고 갈지도 모르지." Idries Shah, *The Sufis* (New York: Anchor, 1971), 94쪽.

3) 안식

여러분은 피지도자의 삶 속에 정화와 통합의 여지를 마련해 주었다. 이제 그 사람은 여러분 곁을 떠날 것이며, 어쩌면 몇 주 동안 다시 안 나타날지도 모른다. 그러면 어떻게 해야 다음에 만날 때까지 피지도자가 치유 과정을 계속 진행할 수 있을까?

우리에게는 영성훈련이라는 보호용 붕대가 있다.

영성훈련은 매우 섬세한 일이다. "어떤 일이 생기게 하려고" 애쓰는 것과 곧잘 혼동되기 때문이다. 영성훈련을 구원의 수단으로 전락시킬 수 있는 위험성 때문에 종종 기독교 지도자들은 대부분의 영성수련을 완전히 던져버리기도 했다. 그 대신 오토지 구원에 대한 확신만이 그리스도 안에서 이미 성취된 것이며, 삶은 감사와 자유의 응답이라고 충고하였다.

이처럼 이상의 실현이 어려운 것은, 우리의 상처가 선물 받은, 책임 있는, 역동적인 "전체"로서의 완전한 삶 이해를 회피하도록 만드는 모호한 내적, 문화적 방법이 너무도 많기 때둔이다. **올바르게 이해된** 영성훈련은 이러한 삶 이해를 도와줄 수 있다. 그리고 올바른 이해는 특정의 영성훈련과 밀접하게 연관되어야 한다.[217] 그러면 몇 가지 예를 간단히 살펴보기로 하자.

(1) 일기쓰기[218]

---

217) 히포의 어거스틴은 이렇게 말했다: "우리는 항해가 아니라 사랑에 따라서 하나님께로 온다." 항해술 훈련은 결코 사랑을 대신할 수 없다. 하지만 더글러스 스티어의 추론대로, 항해술 훈련은 훨씬 더 순종하고 친교를 나눌 수 있도록 격려함으로써 우리가 은혜로운 그 사랑의 흐름에 스스로를 맡기는 수단이 될 수 있다. "Common Frontiers in Catholic and Non-Catholic Spirituality," 위의 책(어거스틴 인용문까지 포함).

218) 일기쓰기의 세밀한 방법에 대해서는 Ira Progoff, 위의 책과 조지 F. 시몬스의 *Keeping Your Personal Journal* (New York: Paulist Press, 1978)을 참고하라.

이것은 앞에서 영적 여정과 소명에 관한 성찰을 이야기하면서 이미 한 번 언급했던 내용이다. 그러한 성찰은 우리가 은총의 형태를 이해하고 나아가 우리의 통제를 완화시키는 데도 도움이 되는 방식으로 우리 삶 속에서 작용하는 은총에 대한 의식을 안겨줄 수 있다. 만일 은총이 있다면, 우리 임무는 세심한 주의를 기울이는 것, 협동하는 것이다. 초월적인 돌봄의 사건이 벌어진다. 우리는 방어적인 섬을 만들어 내거나 이 돌봄을 **강요하는** 공격력을 북돋우기 위해 애쓸 필요가 전혀 없다. 또는 궁극적으로 적대적이거나 중립적인 세계의식에 대해 우리 자신을 방어하려고 애쓸 필요도 없다. 물론 경계심과 힘이 필요한, **비교적** 적대적인 세력도 존재한다. 그렇지만 그리스도인의 경험은 주로 우리 자신의 고립된 능력을 믿거나, 또는 이 맹목적이거나 적대적인 세력의 **근본원리**를 믿는 것이 아니라, 우리 안과 우리 주변의 "빛의 힘"이 지닌 협력의 힘을 믿으라고 알려준다.

우리가 이 힘과의 접촉을 유지할 수 있도록 도와주는 일기쓰기는 모든 형태의 작문을 다 포함한다: 시, 산문, 대화, 그림. 이것들은 특정 상황이나 주제에 초점을 맞춘 것일 수도 있고 즉흥적인 것일 수도 있다. 이것들은 생각과 느낌, 직관과 꿈, 과거와 현재, 그리고 미래를 다룬 것일 수 있다.

우리의 글은 즉흥적인 것일수록 더 좋다. 만일 글이 너무 "무겁거나" 너무 "선한" 통찰들로 가득하다면, 자아는 쉽사리 안착하고 말 것이다. 더 이상은 그 어떤 것도 우리를 통해 자유롭게 흐르지 않게 될 것이다. 그저 우리 쪽에서 무언가를 하려고 "노력하고," 무근 일이 생기게 하려고 애쓸 뿐인 것이다. 그래서 선종의 글짓기 실제에서는 이러한 경향을 회피하기 위한 극단적인 형태가 존재한다. 거기에서는 그 어떤 대명사도 사용해서는 안 된다(예를 들면, "내 손이 내 일기장에 기록한다"가 아니라 "손이 페이지를 넘긴다"라고 써야 한다).

일기를 쓰는 빈도수는 지극히 개인적인 문제다. 경험상으로, 만일 그 사람이 이제 막 일기쓰기를 시작하는 경우라면, 처음 몇 주 또는 몇 달 동안은 "습관"이 들 때까지 매일 일기를 쓰도록 좀 더 훈련을 쌓을 필요가 있다. 그러다가 나중에는 좀 더 산발적으로 쓸 수도 있다. 단 그게 더 도움이 된다고 여겨질 경우에 말이다.

어느 정도의 시간을 할애할 것인가도 매우 개인적인 문제다. 일분이 걸릴 수도 있고 한 시간이 걸릴 수도 있다.

우리는 얼마든지 솔직하게 글을 쓸 수 있어야 한다. 그러려면 대중에게 알려지지 않도록 해야 한다. 프라이버시를 보장하기 위한 방법으로서, 우리는 오직 본인만 알아볼 수 있도록 뜻을 숨길 수 있는 몇 가지 키워드를 개발할 수도 있다. 또 하나의 가능성은 정기적으로 일기를 태워 버리는 것이다. 그렇게 하면 억압적인 과거를 흘려보내는 데에도 도움이 될 수 있다.

때로는 몇 주 또는 몇 달이 지날 때마다 일기를 다시 읽어보는 것도 도움이 된다. 일기를 보면서 여러분은 치료가 필요한 중독문제와 치유의 은총, 그리고 부르심을 감지할 수가 있다. 여러분에게 영성지도를 받으러 오기 전에 먼저 이런 과정을 밟으라고 제안하는 것도 괜찮다. 하지만 또 다른 접근법은 과거를 흘려보내는 방법으로서 그저 단순히 일기쓰기를 시작하라고 권하는 것이다. 그것을 다시 읽어 보려는 의도가 전혀 없이 말이다.

일기쓰기에 너무 많은 시간이나 관심을 쏟는 것은 우리 자신에 대한 지나친 매혹과 관심을 충동질할 수 있다. 어떤 사람들의 경우에는, 일단 쓰고 나면 다시는 들여다보지 않는 연습도 필요하다.

글 쓰는 데 많은 시간이 요구되는 시기는 특별히 중요한 시기일 수도 있다. 아무리 그렇다 하더라도 일기쓰기에 너무 많은 시간이 걸린다면, 자칫 모든 영성훈련에 존재해야 할 보편적인 "빛"을 잃어버릴 수도 있다. 영성훈련을 은총을 강요하는 목적 그 자체로 교묘히 몰아가지 않게 비춰 주는 빛 말이다.

모든 영성훈련과 마찬가지로 여기에서도 중요한 것은 여러분이 아직 준비되어 있지 않거나 부름 받지 않은 일은 결코 일어나게 하거나 받아들일 수 없다고 하는 사실을 깨닫는 것이다. 모든 영성훈련은 "신중한 인내"의 형태이며, 일어나야 할 일을 허용하는 방법이다. 그리고 약속 받은, 처음의, 역동적인 전체성에 대한 신뢰를 강화시키는 방법이다. 따라서 모든 영성훈련은 잠재적으로 얼마든지 우리를 사랑이 넘치고 고통스러운 진리, 우리 삶에 주어진 진리에 좀 더 신중하도록 만들 수 있으며, 상처 입은 본성을 대신하는 환상에는 덜 복종하도록 만들 수 있다.

(2) 기도

"정화"에 관해 논의하면서 나는 영성지도 자체와 관련된 "신체적 고백"과 기도에 대해 말한 바 있다. 이것은 일상적인 훈련에도 적용될 수 있다.

일기쓰기의 경우와 마찬가지로, 만일 피지도자가 일상의 기도훈련을 전혀 안 받아본 사람이라면, 처음 몇 달 동안 지속적인 형태의 기도를 경험하도록 제안하는 것이 좋다. 이 훈련은 보통 일기쓰기보다 더 중요하며, 따라서 지속적으로 격려해 주어야만 한다.

역설적이게도 나는 개인적인 기도훈련이 성직자와 공식적인 신앙공동체에 속한 수많은 사람들에게도 평신도 못지않게 중요하며, 심지어는 평신도보다 더 중요하다고 확신한다. 비록 그 사람들은 주중에 다른 사람들과 함께 공식적, 비공식적 기도 시간을 많이 갖겠지만 말이다. 하지만 이렇게 대중적인 기도 시간은 "임무"에 속하는 경향이 있다: 성직자나 신앙공동체 사람들은 여전적인 기도, 병자나 학생들과 함께 하는 기도를 이끌기 때문이다.

혼자서 매일 드리는 기도 시간은 "벌거벗은 영혼"의 기도이며, 이 시간에는 그 사람의 친밀성과 솔직함이 자라날 수 있다. 기대된 리더십 역할 때문이 아니라, 그 자체가 목적으로서 말이다. 그렇게 따로 기도를 드리는 시간은, 그 사람이 대중적인 지위의 방패가 둘린, 안전하고 먼 곳에 그 저속하고 벌거벗은 영혼을 하나님께 숨기고 싶은 교묘한 유혹에 빠지지 않도록 구해 줄 수가 있다. 그런 유혹에 빠지면 우리가 성령에 참여하는 생생하고, 자연스럽고, 신비롭고, 친밀한 특성이 그만 굳어버릴 수 있다.

어떤 사람의 경우에는, 따로 기도드리는 훈련 시간이 "작은 안식일"이 될 수도 있다. 그저 "존재하고" "귀담아 듣고" 우리 안과 우리 주변에서 일어나고 있는 삶의 은혜로운 선물에 감사할 수 있는 기회가 된다. 이것은 우리의 분투 중인 자아가 휴식을 취하고, 복잡한 욕구와 감정들을 관례화하지 못하게 만들어 주는 시간이다. 이것은 하루 종일을 위해 신선함과 솔직함을 공급해 주는 시간이다.

또한 그런 시간은 다른 사람들과 상황에 대한 기도가 우리 마음에 떠오를 수 있게도 해준다. 특별한 말은 필요 없다; 그저 이 사람들을 아주 개방적으로 떠올리거나 의식하면서 주님의 돌보심을 간구하기만 하면 된다.

만일 여러분이 피지도자에게 그런 가능성을 제시한다면, 그 사람이 중보기도에 대한 자신의 이해를 탐구해보도록 도와줄 수 있을 것이다. 중보기도를 어디까지나 직접적 효과를 미치는 것으로 보든지, 아니면 정반대로 상징적이고 자기-동기부여적인 것으로 보든지, 어떤 식으로든 가치가 있는 중보기도는 기독교적 이해에서 모든 삶의 공동체적, 상호보완적 특성을 표현한다.

특별히 어울리는 기도 형태는 피지도자의 성격에 따라 매우 다양하다. 피지도자에게 어떻게 해서 자연스럽게 하나님과 기도를 찾느냐고 물어보아라. 그러면 몇 가지 후원해줄 수 있는 단서를 얻게 될 것이다. 비록 그런 심리학적 유형이, 마치 칼 융의 유형처럼, 범주화 도구에 따른 어떤 불가피한 한계를 지니고 있기는 하지만, 그럼에도 불구하고 그런 유형은 최소한 기도 형태의 결과로서 사람들 사이에 내재한 차이점들을 지적해준다. C. R. 브라이언트는 그것의 몇 가지 함의를 요긴하게 지적한다. 다음은 그것을 간단히 도표화한 것이다.[219]

세계와 관계를 맺는 근본적인 방법들	내향적인 사람	외향적인 사람
감 각	기도 중의 상상활동, 외향적인 사람만큼이나 외적인 도움을 받음	공동체 예배와 공동체의 후원:책과 자료의 도움을 받음
직 관	하나님과의 신비로운 연합	인간을 위한 하나님과의 협력
사 고	기도의 서두와도 같은 신학적 성찰	다른 사람들과 함께하는 신학적 성찰
감 정	감정적인 기도	공동체적, 감정적 기도

219) "Helping People to Pray," *New Fire 1* (1969), 15~23쪽. 케네스 리치, 앞의 책, 108쪽에서 인용. 제럴드 메이가 샬렘영성지도연구원 임원들을 위해 도식화했다.

이 "특별한 순간"에 알맞은 **시간**은 하루에 한두 번, 5분에서 한 시간 정도까지가 적합하다.[220] 만일 피지도자가 "신체적인 고백"(피지도자가 좀 더 충만하게 존재할 수 있도록 휴식을 주고 에너지를 불어넣어주는 신중함의 여러 가지 방법)을 먼저 포함시키려 한다면 그보다 많은 시간이 걸릴 수도 있다.

이것에 적합한 이상적 **장소**는 조용하고, 익숙하고, 수수한 곳, 그리고 기도와 묵상에 도움이 될 만한 최소한의 가구만 배치되어 있는 장소다: 밝은 색의 양초와 성화상, 러그, 십자가, 꽃, 물그릇, 또는 그 사람에게 적합할 것 같은 물건들. 방의 구석진 곳도 괜찮고, 그 목적에 맞게 따로 마련해둔 방 전체일 수도 있다.

그것의 **내용**은 다양한 형태의 격렬한 기도와 조용한 기도, 성가, 신체적 고백, 양심(또는 의식)의 점검에서부터,[221] 성경일기나 그 밖의 영적 독서,[222] 그리고 일기쓰기나 몇몇 예술적인 매체에 이르기까

---

220) 로욜라의 이그나티우스는 이런 말을 한 적이 있다: "진짜로 자기훈련이 이루어진 사람은 딱 15분만 기도해도 금세 하나님과 연합할 수가 있다." Gannon과 Traub, 앞의 책, 제9장에서 인용.

221) 아드리안 반 캄이 지적하듯이, 고전적인 "규명"은 "불안한 자기성찰"이 아니라 "초월적인 자기-존재"를 필요로 한다. *The Dynamics of Spiritual Self Direction*, 76, 246쪽. 규명은 여러 가지 방식으로 이루어질 수 있다. 내 경우에는 주기도문 중에서 "우리가 우리에게 죄 지은 사람을 용서하여 준 것 같이 우리의 죄를 용서하여 주시고"라는 기도를 간절히 드린 다음에 잠시 쉬는 당법도 있고, 전 날 이후로 내 삶에 참여해온 것들을 되돌아보는 방법도 있다. 나는 내 태도와 행동에서 무언가가 고의적으로, 그리고 파괴적으로 소외되는 것을 느낄 때마다, 이것들을 의도적으로 가볍게 **흘려보낸다**. 하나님의 화해와 친교를 위한 강한 힘이 이 "딱딱한" 장소를 녹일 수 있도록 말이다. 이렇게 하루를 되돌아보다가, 어떤 상황을 통해 넘쳐흘렀던 진짜 은총의 순간을 감지할 경우, 나는 하나님께 감사를 드린다. 따라서 그것은 "끝나버린" 일이 아니라 여전히 벌어지고 있는 일이 된다. 나는 전체적인 규명을 통해 안정되고 가볍게 접촉할 수 있는 마음을 유지하는 것이 중요하다고 생각한다. 그렇게 함으로써 지배하고 싶은 소유적 판단의 "격렬한" 느낌을 허용치 않는 것이다. 중요한 것은 거기에 무엇이 있는지를 "들여다보고," 우리가 은혜로운 삶에 적절히 참여하지 못하도록 가로막고 있는 축적물을 부드럽게 **흘려보내며**, 아직 흘려보내지 못하거나 이해하지 못한 것 같은 것들을 그대로 **받아들이고**, 성령의 신선한 숨결이 드러내준 것들에 **감사드리는** 것이다. 좀 더 고전적인 방법에 대해서는 George Aschenbrenner, S.J., "Consciousness Examen," *Review for Religious*, 제31권, 제1호(1972년 1월)를 참고하라

222) 제4장에 실린 선서와 영성서적에 관한 논의를 참고하라. 여러분은 피지도자에게 성서의 특정 본문을 자신의 상황과 관련지어 묵상해 보라고 제안하고 싶을지도 모른다.

지, 그 범위가 아주 넓다. 만일 피지도자가 한 시간 정도의 시간적 여유를 지니고 있다면, 특별한 종류의 음악이 새로운 통찰과 개방성과 치유를 위한 좀 더 깊은 차원의 인식에 다가설 수 있도록 도움을 줄 수 있다.[223]

만일 피지도자가 습관적인 기도에 익숙하지 않은 사람이라면, 여러분이 "안식일"과 "교역" 시간을 연결해 줄 수 있는 도구로서 몇 가지 형태를 도입할 수도 있다. 특별기도 시간에 몇 분간 예수기도(Jesus Prayer)나 향심기도(Centering Prayer)[224]를 서서히 반복하는 것도 괜찮고, 성서의 몇 마디 단어나 구절을 반복하는 것도 괜찮다. 그렇게 해서 그 기도와 구절들이 일상의 "잡동사니" 위로 사이사이 "떠오르게" 하면 되는 것이다. 그 날의 두려움과 하찮은 자아의 지배로부터 벗어날 수 있도록, 피지도자의 가장 심오한 정체성과 목적을 차분히 떠올리거나 공개하는 것도 좋은 방법이다.

그런 개인적 기도훈련을 통하여 피지도자는 좀 더 깊이 있고 편안하게 공동체예배에도 참여할 수 있게 된다. 예전은 신앙공동체와 신앙전통에 속한 개인적 기도에 토대를 둔 것이며, 필수적이고 서로를 풍요롭게 만들어 주는 개인 기도의 보완책이다.

(3) 그 밖의 훈련

여기에서 여러분은 제4장으로 되돌아가, 피지도자에게 도움이 될 만한 여러 가지 금욕훈련처럼 하나의 자극제로 언급된 영성지도 유

---

[223] 가톨릭대학교 교수이며 볼티모어 의식과 음악 연구소의 공동설립자인 헬렌 보니 박사는, 특정 부류의 음악이 의식에 미치는 개방성 효과에 관한 광범위한 연구를 실시하였다. 여러분은 그 연구소에서 참고문헌과 녹음테이프를 구할 수 있다.

[224] (다른 형태와 더불어) 예수기도와 향심기도는 둘 다 내 저서 *Living Simply Through the Day* (New York: Paulist Press, 1977), 91~98쪽에 설명되어 있다.

형을 다시금 검토해 보아도 좋다. 신중함과 청지기 역할의 도덕적 훈련, 그리고 특정의 인간적 욕구와 공동체에 관련된 행동 훈련도 여기에 포함된다.

더욱이, 어떤 훈련법을 선택할 것인가는 우리의 성격과 경험, 그리고 의도와 밀접한 관계가 있으므로, 그것을 각 개인의 고유한 표출과 관련지어 다루는 것이 매우 중요하다.

만일 피지도자가 아주 억압적이고 율법적인 훈련의식을 지니고 있다면, 그 사람이 하고 있는 일들을 가능한 한 간단하고 자발적인 데까지 늦추라고 제안하는 게 바람직할 것이다.

또 만일 정반대로 신중함을 기르는 방법에 목마른 사람, 경험이 거의 없는 사람이라면, 그런 상황에서는 상이한 가능성을 지닌 제한된 실험이 필요할 수도 있다.

특히나 다양한 선택이 가능한 우리 문화에서는, 진짜로 "신중한 인내심"을 조장할만한 기회를 얻지 못하고 그저 피상적으로만 수많은 훈련법을 쫓아다닐 위험성이 짙다. F. W. 페이버는 백 년도 더 전에 이와 같은 경고를 한 적이 있다:

> [피지도자를] 새로운 영성지도로 [지나치게] 자극하지 마라. 끊임없이 장난감에 둘러싸여 있는 어린아이처럼, 하나에 헌신하다가 금방 내던져버릴 것이며, 이 실제에서 저 실제로 금세 옮겨 다닐 것이다. 그리하여 결국은 아무런 열매도 맺지 못할 것이다…한 가지 방법을 선택하고 나면, 그것이 효과를 보일 때까지 충분한 시간을 가진 다음에 다른 방법으로 넘어가라. 하나님을 혹사시키지 마라.[225]

---

225) 앞의 책, 348쪽.

이러한 경고는, 어떤 훈련법이 "고수할" 만한 가치가 있는지를 밝혀내기 위해서 일단 여러 가지 훈련법의 가능성을 어느 정도 파악하고 싶은 피지도자의 욕구와 균형을 이루어야 한다. 우리는 저마다 어떤 의미에서 "지속성을 실험하고" 있으며, 우리가 이해하고 허용할 수 있는 것을 더듬어 나아가는 표출의 신비를 지니고 있다.

이러한 표출을 결코 강요해서는 안 된다. 그저 이와 같은 방해물들이 사라지도록 내버려두는 수밖에 없다. 영성훈련은 우리가 늘 발전하는 이 과정에 참여할 수 있도록 도와준다.

(4) 관계의 다른 차원들

앞장에서 나는 중요한 관계의 다른 차원들에 대해 상세히 설명했다. 여기에는 관계에 영향을 미치는 여러 가지 요인들도 포함된다: 나이, 성별, 경험, 성격, 영적 통로, 신앙 전통, 상황, 그리고 기회. 또한 여기에는 모임의 목적과 구조, 그리고 내용에 관련된 "언약" 동의의 중요성도 포함되며, 함께 정기적으로 관계를 평가하는 것의 유용성도 포함된다.

마지막으로, 어쩌면 가장 중요한 것이겠지만, 나는 피지도자를 위한 영성지도자의 지속적인 기도의 중요성에 관해서도 언급하였다. 이것은 그 자체로서도 매우 중요하지만, 나아가 여러분이 피지도자의 삶을 표출하는 과정에 참여하고 있다는 사실을 계속해서 상기시켜준다. 물론 그 과정은 여러분의 손에 달린 것이 결코 **아니다**. 중보기도는 이 과정에서 여러분이 차지하고 있는 겸손한 위치를 지속적으로 떠올리게 해준다. 따라서 여러분은 아마도 "어떤 일이 일어나도록" 애써야 한다는 유혹을 덜 받을 것이며, 별다른 변화도 일어나지 않는다 할지라도 죄책감을 덜 느낄 것이다.[226]

영적인 표출은 서서히, 장기간에 걸쳐 이루어지는 과정이다. 그러므로 영성지도자가 갖추어야 할 중요한 자질이 바로 사랑의 인내와 비밀스런 방식의 은총에 대한 신뢰다. 각 단계들 사이의 배양 기간을 성급하게 통과해서는 안 된다.

나는 특정 **단계들**의 언급을 피했다. 표출 과정은 저마다 매우 독특하고 미묘한 차이가 있기 때문이다. 하지만 (제2장에서 말한 것처럼) 기독교 전통은 이 단계들에 관한 한 그리 오랜 발달역사를 지니지 못했다. 그러므로 이 단계들을 생각할 때는, 피지도자의 특성과 자유, 은총이 맞물려 발전하는 고유한 방식을 고려하지 않고 아무에게나 적용해서는 안 된다는 사실을 반드시 명심해야만 한다.

고전적인 단계들과 각 단계에 대한 기독교의 위대한 스승들의 "임상적인" 비평은 아마도 이블린 언더힐의 위대한 고전, 『신비주의』(*Mysticism*)[227] 제2부에 가장 잘 설명되어 있을 것이다. 그녀는 각성(전향), 정화(자기-지식), 계몽, 순종(어두운 밤), 그리고 통합적인 삶의 복잡한 단계들을 일일이 훑고 지나간다. 그러는 내내 특별한 내적 경험들에 관한 부분도 빼놓지 않는다.[228]

언더힐과 A. 폴린의 고전적 작품, 『내적 기도의 은총』(*The Graces*

---

226) "우리는 사실 아무것도 행하지 않는다. 기도는 우리가 그리스도-의식을 유지할 수 있도록 도와준다. 그리고 그것은 치유의 능력을 갖고 있다. 그것은 사랑과 자유, 그리고 필요한 모든 것으로 전달된다." Thomas Hora, *Existential Meta-Psychiatry* (New York: Seabury, 1977).
227) 앞의 책. 단계에 관하여 좀 더 간결한 논의를 보려면 리치, 앞의 책, 157쪽 이하를 참고하라.
228) 존 루이스브룩은 이러한 발전을 "신실한 종"으로부터 "비밀스런 친구"로의 전환이라고 말한다. "비밀스런 친구"는 교부시대와 중세의 작가들에게 보편적인 비유였다. 언더힐, *Mysticism*, 229쪽에서 인용. 예수회 수사인 레이문도 파나카는 무지로부터의 이해, 그리고 견해/무지로의 전환에 관하여 이야기한다. "The New Innocence," *Cross Currents*, 제27권, 제1호.

of Interior Prayer)[229](영성지도자들을 위한 특별한 제안들을 포함)을 한 데 묶을 경우, 여러분은 하나의 관계에서 일어날 수 있는 가능성의 범위를 좀 더 확실히 파악할 수 있을 것이다. 그리고 다른 사람들이 이 가능성을 어떻게 이해하고 다루는지도 알 수 있을 것이다.

우리가 만나는 대부분의 사람들은 이 두 권의 책에 실린 수많은 자료들과 지나치게 무관한 것 같지 않다. 하지만 영성지도자를 절실히 필요로 하는 사람, 단순한 심리학적 가능성을 초월하여, 무슨 일이 벌어지고 있는지에 대한 진정한 가능성을 의식하게 될 사람은, 좀 더 이례적인 경험을 가진 사람이다. 몇몇 단계의 심리학적 원동력을 이해할 수 있도록 도와줄만한 책 두 권을 소개하자면, 윌리엄 제임스의 『종교체험의 다양성』(Varieties of Religious Experience)과 로베르토 아사지올리의 『통합심리치료』(Pschosynthesis)[230]가 있다.

각 단계에 관한 좀 더 최근의 연구 중에는 제임스 파울러의 아주 흥미로운 경험주의적 연구가 있는데, 그것은 사람들이 기본적인 실재를 지각하고 평가하는 방법, 특정의 신앙 상징에 우선하는 근본적인 삶의 성향을 밝혀내려는 시도였다. 그는 장 피아제의 인지적 발달, 에릭 에릭슨의 심리-사회적 발달, 그리고 로렌스 콜버그의 도덕적 발달 대신에, 신앙적 발달을 밝혀내고자 노력하였다.[231]

경험주의적 자료들이 제한되어 있는데다가, 신앙발달과 같은 미묘한 자료와 추상적인 설명들의 경우, 여섯 단계의 범주화는 어쩔

---

229) 앞의 책.
230) 제임스, (New York: The New American Library, 1958); 아사지올리, (New York: Viking, 1965). 또한 허버트 스미스, *Pilgrim Contemplative* (Collegeville, Minn.: Liturgical Press, 1976)도 참고하라.
231) 토마스 헤네시의 *Values and Moral Development* (New York: Paulist Press, 1976)에서 파울러가 쓴 장을 참고하라.

수 없이 자의적인 해석을 거칠 수밖에 없다. 하지만 그럼에도 불구하고 나는 그의 연구 때문에, 다양한 발달 단계에서 사람들이 잠재의식적으로 자기 자신과, 서로와, 하나님과, 교회에 다가서는 상이한 방법들에 점점 더 민감해지는 것 같았다. 나는 다른 작품들과 더불어 이 책을 꼭 추천하고 싶다. 하지만 이 책의 주된 가치는 우리 피지도자들을 이치에 맞지 않게 분류하도록 만드는 최종적 주장이 아니라, 우리의 민감성을 일깨워주는 데 있다.

위의 책들은 여러분이 장기적인 관계 속에서도 내내 알아챌 수 있는 여러 가지 발전적 증거들을 제시해줄 것이다. 산드라 슈나이더스는 성장의 "가장 확실한" 증거에 관하여 다음과 같이 말한다:

① 점진적으로 두려움이 사라지고, 사랑이 넘치게 되며, 하나님께 성숙한 순종적 태도를 취하게 된다.

② 점진적으로 다른 사람들에게 이타적이고, 인정 많고, 책임 있는 태도를 취하게 된다. "완벽한 우정," 다른 사람을 위해 생명까지 내줄 수 있는 능력을 향해 나아간다.[232]

성장의 증거, 진리의 영과 관계를 맺고 있다는 증거는 미묘하고 믿을 수 없는 경우가 많다. 윌리엄 코널리는 바울의 성령의 열매 리스트에 입각하여 이것을 예증한다:

어리석은 열정은 마치 기쁨처럼 보이고, 둔감함은 참을성처럼 보이며, 결정을 늦추는 것은 평화처럼 보이고, 분노를 억누르는 것은 인내심처럼 보인다.

---

232) *Spiritual Direction* (Chicago: National Sisters Vocation Conference), 46쪽. 윌리엄 코널리(다음 각주를 참고)는 이 두 번째 목록에 다음과 같은 예수님의 경험을 덧붙인다: "반대에도 불구하고 우리의 신념에 따라 사는 것, 사회적/경제적 계급을 초월한 공감, 기꺼이 악과 싸우고 개인을 희생하면서까지 정의와 자비의 편에 서는 것, 그리고 기꺼이 성부께 부활을 맡기는 것."

코널리는 계속해서 말하길, 이러한 은사들이 **한꺼번에** 나타날 경우, 그것들의 근원은 **바로** 성령이라고 말한다. "비록 성장은 서로 다를 수 있지만, 그것들 가운데 어느 것도 서로 **갈등을 일으키지는** 않는다. 만일 갈등을 빚을 경우에는, 그냥 환상이 아닌지 의심해 보아야 한다."[233]

(5) 아시아쪽 실천과 관련된 지식

영적인 친구가 되는 방법에 관한 이 장을 끝마치기 전에, 나는 기독교 영성지도에 잠재적으로 공헌한 일부 아시아 종교의 영성지도 실천에 관심을 기울이는 게 중요하다고 생각한다.

아마도 가장 전체적인 공헌은 그들의 삶이 그 동안 무시당해 온 기독교의 무념적인 전통을 떠올리게 한다는 점일 것이다. 제1장과 그 밖의 여러 곳에서 길게 언급했던 무념적인 전통 말이다.

토마스 머튼은 이 잠재적인 동양의 공헌에 대한 최근의 진지한 기독교적 통찰의 길을 닦는 데 여러 모로 도움을 주었다. 예를 들자면, 그가 아시아 땅에서 죽기 직전에 했던 최종 연설 중에는 다음과 같은 주장이 들어 있었다:

불교, 힌두교, 그리고 이 위대한 동양 종교들에 대한 개방성을 통하여 우리는 우리 전통의 잠재력에 관해 더 많은 것들을 배울 수 있는 멋진 기회를 포착하게 되었다. 그 종교들은 본질적인 관점에서 우리보다 이쪽으로 더 깊이 들어갔기 때문이다. 천부적인 기술과 은총, 그리고 아시아에서 표명되어 온 것들과, 기독교 복음의 자유의 연합은, 결국 우리 모두에게, 단순한 문화적 차이

---

233) "Contemporary Spiritual Direction: Scope and Principals," *Studies in the Spirituality of Jesuits*, 제7권, 제3호(1975년 6월).

나 단순히 외부적인 것들을 넘어선 충만하고도 초월적인 자유를 – 어쩌면 그보다 더한 것도 – 안겨줄 것이다.[234]

동양과 서양 종교 전통의 관계라고 하는 이 주제는 매우 복잡하다. 이 주제에 관한 연구와 실험은 여전히 활발하게 진행되고 있다. 그러므로 여기에서는 기독교 영성지도에 대한 세 가지 실질적 공헌만 간단히 살펴보고 넘어갈 것이다. 내가 알고 있는 사람들, 그리고 내가 그 동안 이것에 대해 경험해온 바를 **신체적 에너지, 직관적 인식**, 그리고 **융통성**과 관련지어 설명할 것이다.

① 신체적 에너지

비록 성육신과 관련된 기독교의 특징이 영성발달에서 신체가 차지하는 긍정적 위치를 진지하게 받아들이도록 요구하기는 했지만, 플라톤 사상과 그 밖의 요인들의 강력한 영향으로 말미암아, 우리는 대부분의 아시아 종교보다 이 차원에 대한 관심이 훨씬 적었다.[235]

우리는 우리 내부와 주변의 미묘한 영적 에너지에 관하여 그 동안 장기적으로 실험해온 아주 오래된 가정과 실제 – 우리 몸속에서 이것이 차단되면 질병이 생기게 되고, 이것이 균등하게 잘 흐르게 되

---

234) "Marxism and Monastic Perspectives," *The Asian Journal of Thomas Merton* (New York: New Directions, 1968), 343쪽, 부록 7. 리처드 드루먼드는 천주교 신학자 콘시우스를 인용한다: "모든 영성전통은 상호적인 차원이며, 이제는 어디의 누구든지 인류의 영적 유산을 상속할 수 있게 되었다." "Experience of God outside the Judeo-Christian Context," *Spirituality Today*, 제30권, 제2호(1978년 6월). 예수회 수사인 윌리엄 존스톤은 "그리스도의 헤아릴 수 없는 부요함"(에베소서 3장 8절)에 관한 기독교의 부분적인 지식을 확장하기 위해서는 다른 종교들과의 대화가 필요하다고 이야기한다. *The Inner Eye of Love* (New York: Harper & Row, 1975).
235) 몸과 영성발달의 관계에 대한 동양의 통전적인 이해는 전통적인 아프리카의 영성에서도 기본적인 요소다. Mercy Amba Oduyoye, "The Value of African Religious Beliefs and Pratices for Christian Theology," *African Theology Enroute* (Maryknoll, New York: Orbis Books: 1970).

면 치유와 개방적인 마음에 이른다고 하는 - 를 이제 막 진지하게 받아들이기 시작했을 뿐이다. 나는 그렇게 전체론적인 영적 심신의학 차원에 관한 시각이 기독교의 생명 해석에 좀 더 적합하다고 생각한다. 현재 우리 사회를 지배하고 있는 역증요법의 의학적 견해, 그러니까 주로 물질적, 기계적 차원에서 신체를 다루는 경향이 있는 견해보다도 훨씬 더 적합하다고 말이다.

호흡이나 신체자세 등 다양한 요가 실천에 대한 내 경험은, 영성지도에서 "활력을 주는 휴식"에 세심한 주의를 기울여야 한다는 이전의 내 주장을 뒷받침해 준다. 그렇다고 해서 어떤 특별한 요가 훈련을 실시해야 한다는 말은 아니다. 그저 (운동이나 산책 등을 통하여) 신체에 긍정적이고 세심한 주의를 기울이는 **몇몇** 형태가 매우 유용할 수 있다는 말이다.

긴장되고 지친 몸은 은총에 대한 우리의 세심함을 방해할 수 있다. 내 경우에는, 특정의 신체적 훈련이 기도와 연민을 위해 내 마음을 자유로이 해방시키는 데 크게 이바지했다. 몇몇 요가 훈련이 지니는 중요성은, 그것이 우리 몸의 회복 에너지를 개방시키고 균형을 맞춰줄 뿐만 아니라, 우리 의식의 좀 더 미묘한 층들에 대해서도 자신을 부드럽게 개방시킬 수 있는 능력을 지니고 있다는 것이다.

기독교 신앙의 맥락에서 받아들일 경우, 그리고 그것들이 단순한 개방 수단에 불과할 뿐이며 결코 영적인 통찰을 **보장해 주는 것은 아니라는** 확신을 가지고 받아들일 경우, 그것들은 "지극히 작은 목소리"도 놓치거나 거부하지 않도록 우리 안에 토대를 마련해줄 수 있다.[236]

---

236) 기독교의 관점에서 본 몇 가지 특별한 훈련에 대해서는 내 저서 *Living Simply Through the Day*, 그리고 I. M. Dechanet, O.S.B., *Yoga in Ten Lessons* (New York: Cornerstone, 1972), *Yoga and God* (St. Meinrad, Ind.: Abbey Press, 1975)를 참고하라.

② 직관적 인식

최근 몇 십 년간의 기독교 실천은 영성지도자로 하여금 신앙과 영적, 인간적 발달에 관한 온갖 분석적 지식들로 무장한 채 관계 속으로 돌진하게 만들었다. 그런 분석적 지식은 현재 일어나고 있는 일에 대한 우리의 이해와 관점, 그리고 정보에 무척 소중할 수도 있다. 하지만 그런 분석이 적어도 기초적인 직관적 인식과 균형을 이루지 못한다면, 우리는 피지도자에게 일어나고 있는 일에 관하여 직관적으로 알아챌 수 있는 상당한 잠재력을 상실하고 갈 것이다.

이러한 인식의 발달은 수많은 동양 전통에서 영성지도자, 구루가 되기 위한 준비과정의 기본조건이 된다. 사실상 아직도 이것은 사막 교부들과의 연속성을 유지하고 있는 한, 동방정교회의 기독교 실천에서 이상적인 역할을 담당하고 있다.

그리스정교회의 수사 겸 학자인 칼리스토스 웨어가 영적인 아버지의 이상적인 특성에 관하여 설명할 때에도 이것이 잘 반영된다:

> 통찰과 분별: 다른 사람의 마음속 비밀을 직관적으로 알아챌 수 있는 능력, 상대방이 자각하지 못하는, 감춰진 깊이를 이해할 수 있는 능력…그 사람이 듣고자 하는 바를 즉각적으로, 그리고 명확하게 파악할 수 있는 능력.[237]

그런 영성지도자는 보통 무장을 **해제한** 채로 관계에 뛰어든다. 그런 영성지도자는 "순수한 존재"의 특성을 지니고 있다. 그런 특성을 지닌 영성지도자는 간접적인 자아가 거의 존재하지 않기 때문에

---

237) 앞의 책, 301~302쪽. 웨어는 동양의 기독교적 영성지도에 관한 중요한 자료를 우리에게 선사한다. 바로 *Books of Varsanuphius and John*이다. 여기에는 6세기 팔레스타인의 장로 두 사람에게 제기된 질문 약 850개와 그들이 작성한 답안이 함께 실려 있다.

피지도자의 마음과 직접적인 접촉을 할 수 있고 직접적인 상호내재를 할 수 있다. 그런 순간에는 미리 예정되지 않은 말들이 영성지도자를 통해 흘러나온다. 그 말들은 그야말로 즉흥적으로 튀어나오며, 초월적이고 사랑 많으신 현존이 필요한 방식대로 상대방에게 넘쳐흐르기를 바라는 기본적인 동기에 따라 잠재적으로 인도된다.

하지만 이것은 **충동적인** 말과 전혀 다르다. 충동적인 말은 상대방의 마음과 솔직하게 접촉할 수 있게 "불려내진" 자아가 아니라 오히려 그것을 두려워하거나 희망하는 영성지도자의 특별한 자아로부터 나오는 말이다. 분석적인 인식의 결과를 유지하는 것은 둘 사이의 분별을 유지할 수 있도록 도와줄 수 있다.

그런 직관적인 존재를 발전시키기 위하여 여러분이 도움을 받을 수 있는 방법은 무엇일까? 우리는 저마다 다른 규모의 타고난 직관적 재능을 지니고 있다. 하지만 나는 대부분이 최소한 그 재능 자체를 좀 더 확실히 들여다볼 수 있을 만큼은 키워나갈 수 있다고 확신한다. 다음은 몇 가지 도움이 될 수 있는 요소들이다:

㉠ 묵상

하루에 30분 내지는 60분 정도, 여러분의 마음이 "정화될" 수 있도록 훈련하여라. 앞에서 내가 "정화"에 관하여 말하면서 제안했던 몇 가지 방법을 동원하여 훈련하여라. 생각과 이미지를 가볍게 감지한 다음, 그것들을 "확인하지" 않고 그냥 흘러가게 내버려 두면 좀 더 개방적인 인식의 특징에 자유로이 다가설 수 있다. 여러분은 그것을 설명하기 위해 따라 나오는 단어나 이미지들보다 좀 더 직접적으로 실재와 연결된, 매우 자유롭고 생생한 생각들 간의 공간을 서서히 감지하게 된다.

여러분은 마음 속 사건들의 "폐쇄적이고" "해석적인" 특성과, 그것을 만들어낸 개방적 또는 충동적 에너지의 차이를 서서히 분별하기 시작한다. 또한 여러분은 마음의 특별한 **내용물**과 그것을 허용해 주는 개방적인 구조를 분별하게 된다; 그 내용물과 독점적으로 일치하는 여러분의 "작은" 자아와, 하나님 형상에 좀 더 어울리는 "커다란" 자아를 분별할 수 있게 된다.

이 형상은 비독점적으로 인식되며, 비록 "작은" 자아의 노력으로 말미암아 종종 감춰지기는 하지만, 줄곧 개방적으로 존재한다.

여러분은 역동적이고 통합적인 인식의 형태를 자각하기 시작한다. 그리하여 더 이상은 이 영역의 고유한 표현을 마치 **궁극적으로** 고립된 범주, **완전히** 분리된 실재처럼 "구분하지" 않게 된다. 여러분은 이제 언어와 침묵, 내용과 구조, 전경과 배경, 여러분과 상대방, 하나님과 피조물의 상호내재성, 근본적인 합일을 의식할 수 있게 된다. 이러한 자각은 그 모든 것들과 믿을 수 없을 정도로 친밀하게 만들어 준다. 그렇다고 해서 고유성과 합일이 파괴되는 것도 결코 아니다; 그 둘은 서로 얽히고설킨 채 존재한다.

그런 미묘한 인식은 직관적인 인식, 곧 그리스도인들은 하나님 왕국의 그림자와 같다는 인식 때문에 한층 더 빛난다.

만일 이 미묘한 인식의 불꽃이 묵상 가운데 나타날 경우, 여러분은 그것이 이미 다른 경험들을 통하여 모호하게나마 알고 있는 것을 뒷받침해 준다고 하는 사실을 깨닫게 될 것이다. 만일 그것이 진정한 인식이라면, 이미 우리 모두에게 속해 있는 마음의 특징을 드러내 줄 것이다. 단 우리에게 그것을 볼 수 있는 눈과 은총이 있다면 말이다.

그러한 인식을 **해석하는** 방법은 우리를 상이한 종교와 문화, 그리고 성격의 상징들로 이끌어 준다. 바로 그 시점에서 우리는 "순수한 인식"을 넘어서서, 우리와 주변 사람들이 이해할 수 있는 방식으로 그것을 전환시키기에 이르렀다. 하지만 여기에서 우리의 목적상 중요한 것은 그렇게 미리 해석된 "직접적 시각"의 실제다. 그리고 이 시각의 상이하면서도 서로 연결된 해석들을 분별해 내는 것이다. 영성지도 관계에서 직관적인 인식을 허용해 주는 것은 바로 이렇게 "미리 해석된" 존재다.

아주 거룩한 사람들 그리고/또는 은사를 받은 사람들을 제외하고, 그런 인식은 매우 순간적일 가능성이 크다. 그것은 우리가 현재 일어나고 있는 일을 있는 그대로 "바라보는" 순간 사라져 버린다. 그것은 우리가 "자기" 의식적이고 의도적인 자아체계에 사로잡혀 있는 동안은 결코 노출되지 않는다. 그것의 대가는 지식이 **없는** 순간을 살아가는 것이다. 우리에게 익숙해져 있는, 통상적으로(이례적으로?) 복잡하고, 분열되고, 집요한 방법을 "알지 **못하는**" 것이다.

여러분의 존재가 좀 더 순수하고, 겸손하고, 타산적이지 않고, 수수하고, 온전하고, 그러면서도 개방적일수록, 여러분의 직관적 인식은 보아야 할 것들을 좀 더 많이 보게 될 것이다. 거기에는 어느 정도의 은총과 은사, 그 순간에 대한 총체적 친밀감이 존재한다. 그것은 결코 강요할 수 없다. 그것은 우리가 예수님의 충고대로 "어린아이처럼" 존재하기를 요구한다. 자기-의식과 조종이 시작되기 전에, 잠시 동안 눈을 크게 뜨고 "바라볼" 수 있는 마음을 지닌 어린아이 말이다.

동양의 구루와 사막교부들을 "스승"으로 만들어 준 것은 그렇게 순수하고, 직관적으로 분별할 수 있는 정신이다. 그들이 제자들을 길러내기 위해 추구하고자 했던 것도 바로 그런 정신이다. 여기에서 우리는 예수님이 제자들에게서 찾으려 했던 친밀한 마음과, 바울이 "그리스도의 마음 **안에**" 머무는 것에 관하여 설명한 것이 전혀 모순되지 않는다는 사실을 깨닫게 된다.

개인적인 연민과 인정 많고 친밀한 근원에 대한 의식이 비-그리스도인들 사이에서 빛을 발하게 될 때, 우리는 분명히 우주적 그리스도를 표명하는 "또 다른 양"(마태복음 10장 16절)을 다루어야 할 것이다.[238]

ⓒ 관찰

영성지도를 위해 직관적인 인식을 기를 수 있는 또 하나의 방법은 다른 사람을 관찰하는 것이다. 멀리서, 그 사람이 눈치 채지 못하게 지켜보는 것도 괜찮다. 가능하면 한 시간 정도, 눈치 채이지 않게, 그저 어떤 사람을(여러분이 아는 사람이든지 모르는 사람이든지 상관없다) 지켜보기만 하여라. 묵상 시간과 마찬가지로, 여러분 마음을 열어두어라. 그러면서도 그 사람의 전 존재를 제대로 "인식하여라." 여러분의 마음이 그 사람에 관하여 온갖 것들을 판단하고, 분류

---

[238] 책은 영적이고 직관적인 인식에 관해 배울 수 있는 이차적 자원에 불과하다. 직접적인 영성지도의 경험, 곧 주의 깊은 구전 전통이 가장 최고다. 그렇지만 동양의 경험 속에 있는 그러한 인식을 다룬 기록 자료들이 굉장히 많다. 비록 실질적인 자료는 그리 많지 않지만 말이다. 그 가운데 몇 가지를 적자면 다음과 같다: 내 저서, 앞의 책, 118~135쪽; 라마교 승려인 타르탕 툴쿠의 저서, *Gesture of Balance*와 *Time, Space, and Knowledge* (둘 다 Emeryville, Calif.: Dharma, 1977에 출판됨); Chogyam Trungpa, *Cutting Through Spiritual Materialism* (Berkeley, Calif.: Shambala, 1973); 제랄드 메이, *Pilgrimage Home* (New York: Paulist Press, 1979)와 *The Open Way* (New York: Paulist Press, 1977); 윌리엄 존스톤, *The Inner Eye of Love*; H.M. Enomiya Lasalle, *Zen Meditation for Christians* (Lasalle, Ill.: Open Court, 1974).

하고, 해석하고, 느끼는 과정을 지켜보아라. 여러분의 "자기" 의식적인 느낌을 관찰하여라. 그런 마음의 사건이 일어나는 것을 감지할 때마다, 그냥 부드럽게 흘려보내 버려라. 때로는 여러분 자신에게 "누가" 지금 판단하고 있는지, "누가" 지금 분류하고 있는지를 묻는 것도 도움이 될 수 있다. 이것이 "함정"으로부터 여러분의 정체감을 해방시킬 수 있는 방법인 것이다.

여러분의 마음이 점점 더 수수하게 존재할 수 있도록 하여라. 그리고 여러분과 상대방 "사이에" 끼어드는 일이 점점 더 줄어들도록 하여라. 친밀감에 주목하고, "직접적인 시각"에 가까이 근접하는 것을 감지하여라. 그것은 여러분이 그 사람과 "함께" 비해석적으로, 공개적으로, 좀 더 오래 있을수록 뚜렷이 나타난다.

아마도 여러분은 딱히 설명할 수는 없지만 그 사람을 조금 "알게" 되었다는 느낌을 갖게 될 것이다. 아니면 적어도 "순수한 지식"이 아니라 여러분의 투사와 해석을 반영하는 관계에 대해 여러분의 적극적인 마음이 얼마나 많은 일들을 "하고" 있는지 알아채는 훈련을 할 수 있을 것이다.

"지식"이 많이 생기면 생길수록(그 직접적인 지식을 **방해하기** 위해 여러분 "사이에" 끼어드는 것이 적으면 적을수록), 여러분은 자기 마음속에 떠오르는 이미지와 단어들이 그 사람의 존재 방식, 여러분이 멀리서 분석적인 추측을 통해 "오염시키지" 않은 존재 방식을 있는 그대로 설명해준다는 사실을 감지할 수 있을 것이다. 하지만 이런 경우라 할지라도, 일단 드러난 이미지와 단어들을 **해석하고** 나면, 좀 더 주관적인 이해의 세계로 가기 위한 이 직접적인 중재도구를 빼앗기고 만다. 그런 이해는 여전히 좀 더 "직접적인 시각"과 연결되어 있다. 하지만 여러분은 그것의 오염 효과를 잘 알아야만 한다.

만일 여러분이 본래부터 여러분과 연결되어 있는 거룩하신 사랑을 들여다보는 신앙체계 속에서 이 일을 하게 된다면, 이 신앙이 피지도자에게 가장 필요한 인식을 이끌어내도록 도와줄 것이다. 만일 여러분이 영성지도 관계를 맺게 된다면 말이다. 그런 신앙은 자아가 상대방의 실제 상황보다도 그 자체의 공포와 욕구에 적합한 인식들을 선택하고 싶은 유혹에 빠지지 않도록 막아줄 수 있다.

또 여러분은 영성지도 관계 속에서도 이따금씩 그렇게 "순수한 신앙 관찰"을 시도할 수가 있다. 만일 여러분이 더 오랫동안 다른 사람을 지켜보는 훈련을 해왔다면, 이 짧은 순간에도 그러한 특성을 키워나갈 수 있을 것이다.

이렇게 직관적인 신중함을 훈련할 수 있는 또 하나의 방법은 어떤 사람과 한 번에 최고 40분 정도까지 조용히 마주 앉아 있는 것이다 (예를 들면, 다른 영성지도자와 함께 훈련할 수 있다). 그 사람의 콧대를 바라보거나, 또는 한 쪽 눈동자를 **들여다보아라**. 그렇게 하면 여러분의 눈을 가만히 있게 할 수 있으며, 여러분의 마음이 자기를 의식하지 않게 할 수 있다.

가능한 한 그저 자신 있게, 어떤 기대도 없이, 열린 마음으로, 활발하게 존재하도록 하여라. 위에서 묘사한 것처럼 멀리서 그 사람을 바라보는 일에 착수하여라. 그런 다음에는 두 눈을 감고 누워서 몇 분 동안 휴식을 취해라. 하지만 그러면서도 가능한 한 똑같은 마음 상태를 유지하여라. 그런 후에 다시 한 번 그 과정을 반복해도 좋다.

두 번째에는 여러분과 상대방을 교묘하게 "교체하기를" 원할지도 모른다. 여러분 자신이 상대방이 "되고," 상대방이 여러분이 되도록 허용함으로써 말이다. 여기에는 아무런 내적 "해석"도 필요치 않다 - 그저 교체가 이루어지도록 순수하게 "허락하기만" 하면 된다.[239]

③ 융통성

관계 속에서 그렇게 직관적인 인식은 (다시금 사막교부, 교모에 필적하는) 동양의 여러 스승들이 보여주었던 응답의 융통성을 더욱 더 강화시켜주는 것 같다. 피지도자의 인식에 필요한 것은 굉장히 광범위하다: 친절한 말이나 분노의 말, (해롭지 않은) 신체적 타격, 질문, 무시, 노동이나 자선행위를 실천하라는 충고, 유머, 울음, 토론, 침묵, 마사지, 수수께끼, 엉뚱해 보이는 의견.

만일 피지도자에게 진리의 영이 마음의 얇은 벽을 뚫고 솟아날만한 환경을 제공하는 것도 영성지도자의 임무에 포함된다면, 관점이나 행동의 "새로운 탄생"에 대한 준비가 되었느냐 안 되었느냐에 따라 어떤 식의 응답이 필요한가도 결정될 것이다. 만일 새로운 관점이나 행동의 탄생이 아주 임박한 시기라면 아마도 친절하게 "충격을 주는" 응답이 필요할 것이다. 하지만 만일 그 시기가 아직 멀었다면, 좀 더 지원적이고 참을성 있는 응답이 요구될 것이다. 어떤 식의 응답이 적합한가는 물론 피지도자의 고유한 특성이나 영성지도 관계에 따라서도 크게 달라진다.

나는 티베트의 라마교 승려 타르탕 툴쿠와 함께 그룹연구를 하면서, 늘 자기를 필요로 하는 사람과 함께 할 수 있는 그의 능력에 깊은

---

239) 이 실제들은 본질적으로 캘리포니아 주 버클리의 닝마연구소 수장이자 라마교 승려인 타르탕 툴쿠 린포체로부터 배운 것이었다. 이 마지막 훈련은 주로 남녀 한 쌍을 위해 계획된 것이었지만, 나는 이것이 보편적으로 직관적인 인식을 배우는 데에도 적합하다는 사실을 깨달았다.

감명을 받았다. 이것은 보통 상대방의 자아를 만족시키는 일(영성지도 관계를 방해할 수 있는, 때로는 상호적인 공모)과는 아무 상관이 없었다.

상대방이 너무 연약하여 지속적인 응답을 할 수밖에 없는 상황만 아니라면, 그는 약간 균형이 안 맞게, 그저 사람들을 개방적이고, 세심하고, 겸손하게 유지시켜주는 방식으로 응답하는 것처럼 보였다. 그는 특히 꾸준히 노력하는, 진지하고 집요한 자아가 "밝고 맑은" 영혼으로 향해가는 사람들과 함께 재미있게 노는 일에 능숙했다.

나는 이렇게 "균형이 깨진 듯한" 성향을, 잠깐 동안 함께 연구했던 일본과 한국의 선 지도자들에게서도 감지하였다. 그런 식의 접근은 지루함과 습관을 "끊어버리고," 때로는 "진정한 진리," 예리한 인식이 표면의 장벽이라는 망상을 뚫고 나올 수 있게 사람들을 해방시켜 주는 방법이다.[240]

우리들 가운데 그런 구루의 직관적인 인식이 "자유로운 대담성"을 허용해 줄 정도로 제대로 조건을 갖춘 사람은 거의 없다. 따라서 나는 그런 응답들이 그저 단순히 즉흥적인 신뢰감과 더불어 "나타날" 것 같지 않을 때에는 부디 조심하라고 당부하고 싶다.[241] 만일 사막교부와 비교적 소수인 후계자들이 없었더라면, 아마도 우리는 기독교 역사 속에서 그토록 자유롭고, 유동적이고, 주의 깊게 발달되

---

240) 이러한 접근은 현대의 서구교회 영성지도가 조장하는 것보다 훨씬 더 "직접적이다." 하지만 동양교회는 다시금 "사막" 혈통을 지켜나가는 가운데, 이것을 여전히 높게 평가한다. 오늘 가장 존경받는 대표적 영성지도자 가운데 한 사람인 안토니 블룸이 영성지도에 관해 설명한 것을 한 번 들어보자: "나는 [여러분의] 혼란으로부터 신적이고, 인간적이고, 하나님의 나라와 조화를 이뤄나갈 수 있는 모든 것들을 일으키려고 노력한다." 앞의 책, 194쪽.

241) 서양의 낭만적인 개념에도 불구하고, 그러한 조건과 자격을 갖춘 사람이 근동에는 비교적 드물다는 사실에 주목해야 한다. 참되고 직관적인 영적 스승은 모든 전통에서 그 계보가 매우 짧아 보인다. 비록 몇몇 전통은 그것을 양성하기 위한 여지를 더 많이 갖고 있지만 말이다.

어 온 영성지도의 전통에 대해서 잘 몰랐을 것이다.

우리 시대의 역설들 가운데 하나는, 그리스도인들이 전혀 상관없어 보이는 전통과 은사를 통하여 자신의 잃어버린 심오하고도 직관적인 영성지도를 회복하고 풍요롭게 만들 수 있도록 은총이 임하고 도와주는 방식이다.

밤을 꼬박 새운다 할지라도 이 미묘한 영성지도의 차원을 다 이야기할 수는 없을 것이다. 나는 이 무념적인 차원이 서구사회에 다시 흐를 수 있으려면 적어도 다음 세대까지 주의 깊게 관심을 기울여야 한다고 확신한다.

그 과정은 이미 시작되었다. 특히 무념적인 깊이의 장기적 배경과 동기를 제공해주는 기독교의 관상 공동체들 속에서 그 과정이 이미 진행되고 있다. 이것과 관련된 새로운 에큐메니즘은, 기독교 전통과 기독교 전통 사이가 아니라, 기독교 전통들과 직관적으로 깊이가 있는 다른 종교전통들 사이의 에큐메니즘이다.

여러분은 영성지도자로서, 여기에 (그리고 참고문헌에) 제시된 실험적 훈련들 가운데 몇 가지를 이미 시작했을 수도 있다. 우리의 분석적인 정교함에 직관적인 깊이를 더하면, 풍요롭고 상호보완적인 긴밀한 결합이 이루어질 것이다. 그리고 그것의 열매는 좀 더 융통성 있고 통찰력이 뛰어난 영적인 우정이 될 것이다.

결론

나는 여러분에게 영성지도 관계에 관하여 아주 광범위한 내용을 소개하였다. 여러분의 마음 한구석에서 서서히 자리를 잡게 될 이 내용들은, 광범위한 관계에서도 중요한 것은 어느 것 하나 간과하는 일이 없도록 도와줄 영역과 방법에 대한 "점검 리스트"를 제공해 줄 것이다.

그렇지만 때로는 여러분을 찾아온 특정의 개인으로부터, 좀 더 좁은 영역에 초점을 맞춰달라는 요청을 받을 수도 있다. 그럴 경우 여러분은 그 사람에게 가장 중요한 우선순위가 무엇인지를 일찌감치 파악해야만 한다. 그 사람은 소명의 결정 문제를 갖고 찾아왔는가, 특별한 유혹의 문제를 안고 왔는가? 아니면 기도나 훈련에 관한 문제를 안고 왔는가, 신앙의 문제를 안고 왔는가? 특별한 문제라도 있는가, 아니면 전반적으로 영성생활의 성장을 준비하기 위해 왔는가?

만일 이 마지막 질문이 진짜로 중요한 문제라면, 그리고 두 사람이 서로 잘 어울린다면, 아마도 여러 해 동안 지속적인 관계를 유지해 나갈 수 있을 것이다. 만일 초점이 좀 더 좁은 데 맞춰진다면, 여러분의 관계는 좀 더 빨리 끝나거나 좀 더 간헐적인 관계가 될 것이다.

우리의 이상은 우리 삶에 은총이 임하는 방법들에 대해 폭넓은 초점을 가지고 장기적인 관계를 유지하는 것이다. 하지만 현실적으로 대부분의 사람들은 그런 지속적인 초점을 유지하지 못하는 것 같다. 어떤 사람들은 이미 자신의 삶 속에서 이것을 이루었기에 더 이상 필요성을 느끼지 못할 수 있다. 또 어떤 사람들은 특정의 문제들 때문에 단기간 여러분과 함께 하기를 원했지만 이제는 모든 문제가 해결되었을 수 있다.

이런 문제들이 심리학적 문제-해결과 겹쳐질 경우, 여러분은 피지도자의 주된 관심이 "문제들"을 통하여 임하는 은총에 쏠려 있는지,

아니면 치료사의 도움이 필요할 정도로 심리학적 분석과 문제 해결에 쏠려 있는지를 분별해야만 한다.

만일 피지도자가 두 가지 관심사를 모두 갖고서 찾아온 것이라면, 아마도 여러분과 치료사를 동시에 만나봐야 할 것이다. 여러분과 치료사는 똑같은 실재에 대하여 상이한 "초점의 배경"을 지니고 있다.

여러분은 그런 질문과 영적인 우정에 대한 총체적 접근을 살펴보는 가운데 어떤 식으로 **자신을 위한 후원과 관점을** 제공하는가? 이것은 다음 장에서 살펴보게 될 아주 중요한 문제다. "또래집단" 그리고/또는 특별교육프로그램도 여러분의 영성지도 업무에 매우 귀중한 요소다.

영적인 친구가 되는 데에는 너무나도 다양한 상황과 접근법이 존재한다; 이 책은 여러분을 위해 가장 기본적인 토대를 제공해 줄 수 있을 뿐이다. 여러분은 다른 영성지도자들과의 지속적인 접촉과 대화를 통해, 발전적인 교역을 수행하는 데 필요한 것이 무엇인가를 좀 더 명확히 파악할 수 있을 것이다.

제7장
집단 영성지도

집단 영성지도는 기독교 전통에서 표준적인 형태의 영성지도다. 제4장에서 나는 현대의 영성지도 유형을 몇 가지 살펴보았다. 거기에는 성만찬예식, 화해예식, 그리고 치유를 위해 모인 집단 대상의 성례전적 영성지도가 포함된다. 또한 신앙의 공유, 성서에 관한 성찰, 찬양, 그리고 기도를 위해 모인 집단 대상의 설교, 교육, 저술, 그리고 독서를 통한 영성지도도 포함된다.[242]

집단 영성지도에서 중요한 또 하나의 형태는 내가 앞에서 설명했던 일대일 영성지도의 목적에 가장 가까운 영성지도다. 이것은 소집단 구성원의 영적 평가(안식일)와 소명(교역)에 초점을 둔 영성지도

---

[242] 미국 영성지도 분야에서 가장 학식이 높은 천주교 학자들 가운데 한 사람인 아드리안 반 캄은, 주로 위기를 극복하기 위한 일대일 영성지도와 더불어, 그런 유형의 영성지도가 교회의 규범이 되어야 한다고 확신한다. "[개인적인] 영성지도는 덜 보편적이고, 대부분의 그리스도인이 이용할 수 없으며, 위험이 가득하다. 따라서 은총의 삶 속에서 성장하기를 원하는 모든 이들에게 반드시 필요한 것은 아니다." *The Dynamics of Spiritual Self-Direction*, 384쪽. 물론 나는 그의 경험을 존중한다. 하지만 그럼에도 불구하고 나는 영적인 우정이 위험하기보다는 오히려 전도유망하다고 확신한다. 또한 영적인 우정은 교회생활에서 훨씬 더 주목할 만한 가치가 있다. 그와 동시에, 그의 견해는 집단 영성지도의 중요성에 관한 내 견해를 좀 더 강화시켜준다. 내가 제안하는 형태는, 반 캄이 언급한 형태들보다 더 집단지도, 공유, 그리고 제한된 일대일 지도를 연관시킬만한 여지가 많다(참고: 위의 책, 제6장, "Direction in Common").

로서, "집단 영성지도자"의 명확한 지도에 따라 이루어진다.

그러한 집단은 우리 시대에 아주 큰 잠재적 가치를 지닌다. 그것은 영성수련회처럼 단기간의 집단일 수도 있고, 여러 달 동안 정기적으로 모이는 장기간의 집단일 수도 있다. 그것은 위에서 언급한 다른 모든 형태의 집단 영성지도를 혼합한 것일 수도 있으며, 필요한 경우에는 제한된 형태의 일대일 영성지도와도 혼합될 수 있다.

그것은 오늘 최소한도의 지도만 받는 "공유" 집단과 비대화적인 "일반적" 영성지도(설교, 교육, 저술 등) 사이의 커다란 틈을 메워준다. 또한 그것은 활동이 많고, 경험이 풍부하고, 자격을 갖춘 일대일 영성지도자의 부족 때문에 생긴 틈을 메워줄 수도 있다.

어떤 사람들에게는 실제로 그런 집단이 일대일 영성지도보다 좀 더 도움이 될 수도 있다.[243] 집단에서 이용할 수 있는 풍부한 통찰은 일대일 상황에서 이용할 수 있는 통찰을 능가한다. 비록 직접적이고 개인적인 초점의 기회는 더 적지만 말이다. 또한 집단의 단체적 성격과 에너지는 서로를 후원해주거나 격려해줄 수도 있다.

그것은 개인을 좀 더 광범위한 정체감으로 이끌어줌으로써 삶과 교회의 좀 더 광범위한 단체적 특성을 반영해주는 소공동체일 수도 있다. 개인에게만 너무 집중된 문화에서는 이 공동체적 특성이 특히 중요하다.

그런 집단은 이차적으로 교회, 가정, 직장, 그리고 사회의 좀 더 광범위한 공동체들에 대하여 좀 더 접촉하면서, 실존적이고, 책임 있는 참여를 늘리기 위한 토대가 될 수 있다. 그것은 또 실제적 교역

---

243) 어떤 사람들에게는 집단치료가 좀 더 중요하거나, 아니면 적어도 일대일치료에 대한 중요한 보완책이다. 유진 제로멜(앞의 책)은 집단치료의 8가지 치유요소와 영성지도의 관계에 대하여 논의한다: 희망주입, 보편성, 정보전달, 이타주의, 모방행위, 상호교육, 카타르시스, 그리고 실존적 요인.

의 진정한 지성소를 제공해주는 공동체적 안식일이 될 수도 있다.

좀 더 구체적으로 말해서, 일대일 영성지도와 관련하여 그런 집단이 지닌 장점과 단점은 무엇인가?

숀 맥카티는 아주 훌륭한 비교 리스트를 작성하였다. 여기에서 나는 그의 목록을 자세히 인용하고 싶다.[244] 그에 따르면,

개인적인 영성지도의 **장점**은 다음과 같다:
① 영성지도자와 좀 더 심오한 의사소통이 용이하다.
② 도망칠 기회가 더 적다.
③ 피지도자가 기도와 관계의 어디쯤에 "있는지" 좀 더 빨리 알 수 있다.
④ 적절한 순간이 왔을 때 이야기할 수 있는 자유와 능력이 더 많다.

일대일 영성지도의 **단점**은 다음과 같다:
① 의존의 위험이 있다.
② 한쪽이 다른 한쪽에게 필요 이상의 영향력을 행사할 수 있다.
③ 아마도 한쪽으로부터 돌아오는 것이 줄어든다.

집단 영성지도의 **장점**은 다음과 같다:
① 다양성을 통한 풍요로움, 그리고 다른 사람들의 기도에 감동받을 수 있는 기회가 더 많다.
② 일대일 관계를 맺기가 어려운 사람들이 의사소통하기가 더 쉽다.

---

244) 천주교 사제이자 샬렘영성지도연구원 영성지도 프로그램 직원이기도 한 맥카티는 자신의 논문(앞의 책, 864~865쪽)에 이 리스트를 실었다.

③ 단체 경험의 장점들.
④ 의존이 커질 위험성이 더 적다.
⑤ 집단 책임의 자극제.

집단 영성지도의 **단점**은 다음과 같다:
① 집단 속에 숨어서 개인적인 책임이 줄어들 가능성이 있다.
② 비밀에 대한 위협이 더 크다.
③ 어떤 이들은 집단에서 자기를 노출하는 게 어렵다.
④ 모두가 정기적으로 한 데 모일 수 있는 시간을 마련하기가 실질적으로 힘들다.

우리는 집단과 개인영성지도 사이에서 어느 하나를 선택할 필요가 전혀 없다. 하나가 다른 하나의 훌륭한 보완물이 될 수 있다. 인생의 어느 특정 시기에는 한쪽이 다른 한쪽보다 더 중요해질 수도 있다.

예를 들어서, **집단**은 내적인 영성훈련에 보편적으로 노출될 필요가 있는 사람, 그러면서도 자신의 고유한 영적 여정과 영성훈련의 관계를 깊이 생각하고 있는 사람에게 아마도 가장 좋은 선택이 될 것이다. 또는 그저 집중적이고 신중한 "지성소" 시간이 필요한 사람에게도 좋을 것이다.

일대일 영성지도는 힘겨운 소명의 분별 문제를 한창 겪고 있는 사람, 또는 이상하거나 혼란스러운 내적 경험을 겪고 있는 사람에게 가장 중요하다. 일반적으로 그렇게 개인적인 영성지도는 지속적인 대화가 많이 필요한, 즉각적이고도 두드러진 문제들을 겪고 있는 사람에게 가장 적합하다.

　집단도 때로는 개인적인 문제에 초점을 맞추는 방식으로 구성될 수가 있다. 하지만 그런 경우는 일대일 영성지도에 비하면 아주 제한적이며, 따라서 상당한 시간의 대화가 필요한 사람은 집단 속에서 좌절할 것이고, 집단은 또 그 사람 때문에 좌절할 것이다.

　만일 그런 사람이 집단의 장점을 원한다면, 자기 자신과 집단을 위해서, 일대일 영성지도(또는 치료)를 동시에 받아야만 한다. 집단생활의 약점은, 그렇게 한 사람이 끊임없이 관심을 요구할 경우 집단의 목적을 방해할 수도 있다는 것이다.

선발

　잠재적 집단지도자가 구성원을 선발하는 것은 그런 상황을 막는 데 매우 유용할 수 있다. 때로는 그런 선발이 서면 지원서를 통해 적절히 이루어질 수도 있다. 집단에 대한 설명은 그 집단의 목적과 과정을 아주 명확하게 만들어주며, 그 집단을 문제해결이나 상호작용 집중치료, 집단감수성훈련그룹이나 토의그룹과 뚜렷이 구분해준다. 잠재적 참여자가 작성해야 할 서면 지원서에는 다음과 같은 질문들을 포함시킬 수 있다:

　"당신은 이 집단에서 무엇을 추구하고 있습니까?"

　"당신이 추구하지 **않는** 것은 무엇입니까?"

　"당신의 기본적인 영성체험 가운데 무엇이 당신으로 하여금 삶의 이 시점에서 그런 집단이 필요하다고 느끼게 만들었나요?"

　만일 한 **교회**에서 집단을 구성하려 한다면 선발 과정이 좀 더 어려울 것이다. 대부분의 회중들은 모든 활동이 모든 구성원을 대상으로 해야 한다는 암묵적인 규범을 지니고 있기 때문이다. 배타주의와 엘리트주의에 대한 두려움 때문에 잠재적 지도자들이 그러한 선발을 거부할 수도 있다. 또한, 집단에 "적합한" 사람에 관한 우리의 한정된 지식을 초월하여 성령이 원하시는 사람을 직접 부르신다고 하는 생각도 상당한 압박의 요인이 된다.

그런 상황에서 우리는 다음과 같이 집단 구성원 선발 가능성을 평가할 수 있다:

지도자는 배타주의의 위험을 무릅쓰고, 공동체 구성원들에 대한 자신의 지식을 토대로 하여, 오로지 초대를 통해서만 사람들을 선택할 수 있다.

아니면, 지도자가 공개적인 초대권을 발부하는 방법도 있다. 하지만 거기에는 특정인을 위한 집단의 적합성을 상호 판별하기 위한 개인적인 인터뷰의 필요성도 포함된다. 그것의 대안으로는, 위에서 제안한 것처럼, 잠재적 구성원이 작성한 서면 진술서를 토대로 하여, 리더가 질문할 게 있는 사람만 대상으로 인터뷰를 하는 방법이 있다.

또는 그와 정반대로, 원하는 사람은 누구나 다 집단에 가입시키는 방법도 있다. 하지만 이 경우 시간 약속과 집단생활을 위한 규범이 뚜렷해야 한다. 만일 어떤 사람이 분명 방해가 되는 것으로 판명될 경우, **그 때에는** 리더가 그 사람을 따로 불러서 행동을 개선할 수 있도록 부드럽게 지도할 수 있다. 그리고 그것이 실패할 경우에는 다른 대안적인 방법을 사용할 수 있다.

나는 그 동안 교구 내 집단에 관한 경험을 통해서, 이 마지막 대안보다 확고한 선발을 위해 좀 더 많은 실험이 필요하다는 생각을 하게 되었다. 내가 보기에, 대부분의 교구들이 암묵적으로 갖고 있는 첫 번째 규범은, 누구나 다 주일예배에 참여할 수 있다는 것이다. 두 번째로 중요한 것은 위기에 처한 사람이 도와달라고 요청할 때에는 도와줄 의무가 있다는 것이고, 세 번째로 중요한 것은 제도적 옹호를 통한 원조다. 결국, 지속적인 영성발달에 대한 책임은 중요한 규범의 목록에서 아주 낮은 자리를 차지하고 있는 셈이다.

 이렇게 낮은 우선순위의 부수적 결과는 영성발달을 위한 일련의 집단 모임이 너무 느슨해진다는 것이다. 어떤 사람은 모임에 늦기도 하고, 또 어떤 사람은 일찍 자리를 뜨기도 한다. 어떤 사람은 간헐적으로 출석을 하거나, 아니면 한두 번 나오다가 아예 빠져 버리기도 한다. 모임 안에서의 성찰도 방어적 멘트나 전혀 상관없는 의견들 때문에 완전히 딴 데로 흐를 수 있다. 그렇게 될 경우, 좀 더 진지한 사람들은 집단이 주요 문제에 집중하길 거부하는 것에 대해 좌절감을 느끼고 중도에서 포기해 버릴 수가 있다.

 앞에서도 좀 더 명확히 하려고 노력했지만, 하나님 안에서 한 사람의 "가장 심오한 자아"를 마주보는 것은 아주 위협적이면서도 동시에 매혹적인 일이다. 피상적인 자아는 어떤 식으로든 상태를 유지하려고, "모든 걸 그대로 두려고" 안간힘을 쓸 것이다. 집단의 힘과 가치는 우리가 위협보다는 매력에 더 관심을 갖도록 도와줄 수 있다는 데 있다. 진지한 참여를 위한 명확한 지침을 제공하고 강화함으로써 우리는 집단이 그러한 초대의 환경을 제공하도록 도와줄 수 있다.

 내 생각에, 어느 시대 어느 신앙공동체든지(그리고 좀 더 큰 공동체의 경우에도) 그렇게 진지한 집단을 위해 준비된 소수가 존재하는 것 같다. 그들은 하나님 안에서의 가장 심오한 자기와 관련하여 어느 정도 개방성과 취약성의 시기에 도달한 사람들이다. 말하자면 성령이 "충만한" 사람들인 것이다. 집단은 이런 사람들에게 산파역을 수행할 수 있는 환경을 조성해 주며, 새 생명이 탄생하는 것을(또는 집단이 생기기 전에 이미 탄생했을 수도 있는 생명)을 도울 수 있는 기회를 제공해 준다.

이 시기는 좀 더 심오한 영성발달을 위해 준비할 수 있도록 도와주고 확인해 주는 시기다. 그런데 교구들이 제대로 돌봐주지 못한 탓에, 수많은 영적 생명들이 사산아나 기형아로 태어나는 것 같다. 어쩌면 교구들은 너무도 복잡한 임무 때문에 이 분야에 뿌리 깊은 한계를 지닐 수밖에 없을 것이다. 어쩌면 교회생활의 다른 중추(수도원, 영성수련원, 그리고 샬렘영성지도연구원 같은 연구소)가 이 분야를 책임져야 할지도 모른다.

역사적으로 늘 교구는 교회생활의 **유일한** 중추 역할을 맡아왔다. 따라서 교구가 영성생활의 모든 차원에 충분히 미치기를 기대하는 것은 공평하지 못하다. 하지만 나는 교구 안에서 그 중요성에 대한 약속이 성립될 경우, 좀 더 많은 도움을 줄 수 있으리라고 생각한다. 재능 있는 지도자들이 다른 임무들에서 벗어나 그 일을 수행할 수 있게 해주거나, 또는 다른 지도자들을 길러낼 수 있도록 약속하는 것이다. 그러한 약속은 또한 진지한 준비성과 책임감을 **강조하는** 집단 멤버십을 후원할 수도 있다.

한 세대 이상 교구생활을 하다보면, 아마도 대부분의 사람들이 준비된 상태에서 한 번 또는 여러 번씩 그런 집단에 연루될 것이다.[245] 또 어떤 사람들은 다른 곳에서 그와 대등한, 또는 좀 더 적절한 도움

---

245) 물론 소집단생활의 양성은 교회사에 빈번히 등장하는 주제다. 하지만 내가 여기에서 설명하는 것처럼 주의 깊은 영성지도 집단 양성은 매우 드물다.

을 발견할 수도 있다. 이런 사람들, 그리고 영성생활의 "안정기"에 접어든 사람들은, 교구가 지성소와 공동체, 그리고 예배의 안정적인 중심지로 머무는 것에 지극히 만족할 것이다.

그런 집단은 교회의 "과잉-의존 관리" 기능에 대한 브루스 리드의 견해에 찬성할 것이다. 그들은 확실히 교회의 역사적 목회 기능과 지속적인 연결을 유지하면서, 교회가 가장 독특한 특성과 임무를 띠고 있는 목회적 차원, 곧 영적 육성이라는 차원에 집중한다.

영성지도 집단은 또한 **신학교육** 공동체에서도 중요한 역할을 수행할 수 있다. 이것은 학생들에게 "신중한 지성소"와 영성발달 훈련의 시간이 될 수 있다. 그리고 이런 시간은 지나치게 평가적이고 기능 지향적인 교역, 수업, 자문 모임의 시간과, 공동체 예배, 개인기도 시간의 틈을 메우는 데 도움이 될 수 있다.

영성지도 집단은 신학대학 구성의 다른 차원들을 보완해 주는 관점과 개인적 통합, 그리고 도움을 제공해 준다 일대일 영성지도뿐만 아니라 영성지도 집단 역시 "벌거벗은 영혼"의 시기를 보호해 줄 수 있다. 그리고 이 시기는 우리가 하나님의 형상 속에서 좀 더 크고 광범위한 자아, 곧 영성지도자에게 매우 중요한 자아, 적당히 기능적이고, 솔직하고, 사랑받는 자아를 인식할 수 있게 해준다.

주요 기능

영성지도 집단의 주요 기능은 본질적으로 일대일 영성지도의 주요 기능과 일치한다. 나는 무념적인 차원과 유념적인 차원을 통틀어, 다음의 기능들이 영성지도 집단의 가장 중요한 기능이라고 생각

한다:

1) 지성소

통상적인 운전과 일 처리, 행위를 모두 그만두고 자유로이 그저 신중하게 존재할 수 있도록 조용하고 솔직한 환경을 지켜주고 확보해 주는 것.

나는 이것이 다른 모든 기능들에 영향을 미치는 중요한 기능이라고 생각한다. 이러한 지성소의 느낌이 분주한 삶을 살고 있는 집단에게 가장 중요하다고 말하는 사람이 굉장히 많다.

2) 교육

특정의 영성훈련 방법, 특히 좀 더 신중한 존재와 솔직한 연민을 가능케 해주는 방법을 소개하는 것.

이러한 훈련법에는 바로 앞장에서 논의한 "몸의 고백"도 포함될 수 있으며, 언어와 노래와 시각적 상징을 통한 조용한 기도나 적극적인 기도도 포함된다. 일기 쓰기 역시 여기에 포함되며, 우리의 벌거벗은 존재를 방해하고 교묘히 조종하는 감정과 자기-이미지에 대한 조심성도 포함된다. 또한 성서 묵상과 그 밖의 영적인 독서, 금식도 여기에 포함된다.[246]

내 경험상 이 훈련법들은 대략 단계적인 순서를 밟아가며 가르치

---

246) 앞의 내 책에는 그런 훈련에 관하여 좀 더 자세한 설명이 실려 있다. 그리고 제랄드 메이의 *Pilgrimage Home*에도 좀 더 자세한 설명이 실려 있다. 이 책은 샬렘영성지도연구원에서 그런 집단의 상이한 목적과 내용, 그리고 지도의 차원을 경험한 것들에 초점을 맞춘 것이다. 내가 알기로, 이 책은 그런 종류의 집단 영성지도에 관하여 포괄적으로 이론적, 실제적 접근을 제공해주는 유일한 책이다. 영성지도를 받는(지도자와 반대되는) 집단, 인간관계의 집단과 일치점이 많은 집단에 관한 논문으로는, Quentin Hakenwerth, S.M., "Group Methods in Spiritual Direction," *Review for Religious* (1968년 1월)를 참고하라.

는 것이 가장 좋다. 좀 더 느슨하고 단순한 것들부터 시작하여, 좀 더 미묘하고 힘든 것들 차례로 말이다.

처음부터 확실히 해두어야 할 것이 있는데, 그것은 모든 훈련법이 모든 시기의 모든 사람에게 다 적합하지는 않다는 점이다. 오히려 교육은 폭넓은 가능성에 노출시켜주는데, 그 가운데 어쩌면 두세 가지가 삶을 관리하는 데 적합한 것일 수 있다.

이렇게 명백한 가정은, 특정의 훈련법에 제대로 응답할 수 없다는 죄책감과 분노에서 사람들을 해방시켜준다. 이것은 또 사람들이 한 가지 훈련법을 깊이 있게 실천하지 않고 그저 피상적으로만 다루고 싶은 유혹을 피할 수 있게 도와준다.

훈련법의 가짓수는 집단이 얼마나 소화할 수 있느냐에 따라 달라져야 한다. 장기적인 집단의 경우, 나는 한 가지 훈련법을 제대로 익히고 다음 훈련법으로 넘어가려면 적어도 두 번의 모임(그리고 다음 모임까지의 실천도 포함)을 거쳐야 한다고 생각한다.

이미 여러 종류의 훈련법을 경험적으로 실천해 본 사람들로 구성된 집단의 경우에는, 여러 사람이 동의한 방법을 동원하여 신중한 존재와 성찰의 안정된 리듬을 유지하는 것이 통상 중심에 오게 될 것이다. 샬렘영성지도연구원 집단은 적어도 지난 7년간 이런 경험을 지속해 왔다.

3) 성찰

기도와 다른 훈련법들을 통하여 경험을 설명하고 해석할 수 있는 기회를 제공하고, 나아가 앞장에서 설명한 저마다의 단계에서 자신의 영적 여정과 개인적 소명의식을 정기적으로 성찰할 수 있는 기회를 제공하는 것.

이 기능은 총회와 소집단, 그리고 일대일구조를 통해서도 충족될 수 있다. 총회 모임은 모든 사람이 공유해야 할 필요성이 가장 적은 모임이다. 이렇게 규모가 큰 모임들은 소집단이나 일대일 공유에 따라 제기된 문제와 조사에 좀 더 많이 이용될 수 있다.

4) 책임

일대일 영성지도와 마찬가지로, 누가 자신의 영적 여정에 신경을 쓰고 있는지, 어떻게 거기에 참여하고 있는지 알 수 있도록, 사람들의 삶에 "검문소"를 설치하는 것.

영성지도자는 모임 중간에 특별한 "과제물"(특히 위에서 소개한 훈련 형태들과 관련된 과제물)을 내줄 수 있다. 일상적인 개인훈련에 대한 책임감은, 다른 사람들도 연루되어 있다는 사실을 우리가 알고 있을 때, 그리고 다음 집단 모임에서 우리의 실천에 관해 성찰하게 될 것임을 알고 있을 때, 훨씬 더 강해지는 것 같다.

모임과 모임 "사이"의 신중함은 집단의 훈련과 통찰을 일상생활과 통합시켜주며, 또한 일상생활의 현실을 모임과도 통합시켜 준다.

그럼에도 불구하고, 중요한 것은 일상적인 자아-관리의 "문제 해결"이 아니다. 오히려 중요한 것은 그런 문제들을 통해 존재하는 개방된 조심성의 은총과 "배경"이다. 사실상 문제는 이런 식으로 가벼워질 수 있다. 그런 실제가 우리로 하여금 자아가 원하고 또 두려워하는 특별한 "전경"과 지나치게 동일시하지 않도록 막아주기 때문이다. 하지만 이것은 어디까지나 하나님의 형상 속에 있는, 초월적이면서도 성육신적인, 좀 더 큰 자아에 집중한 결과 주어진 부산물이다.

조건[247]

집단생활의 다양한 조건에 주목하는 것은 집단 영성지도자의 중요한 임무다. 다음은 내가 중요하다고 판단한 몇 가지 차원들이다.

1) 환경

만일 집단에게 지성소의 시기가 필요하다면, (일대일 영성지도와 마찬가지로) 물리적 환경을 지성소처럼 꾸미는 것이 가장 이상적이다.

그렇게 이상적인 환경의 구성요소에는 조용하고, 조명이 흐리고, 러그가 깔린 방이 포함된다. 원한다면 최소한의 가구만 배치된 "공개적인" 공간에서 마룻바닥에 방석을 깔고 둥글게 앉는 것도 마음을 열어 주는 좋은 방법이다. (사람들이 마룻바닥에 앉을 경우에는, 오랫동안 고요함을 유지할 수 있는 위치를 정해 주는 것이 좋다.)

방 한가운데 촛불을 켜놓으면 이리저리 헤매는 마음을 집중시켜 줄 수 있으며, 성령의 임재에 대한 상징이 될 수도 있다.

2) 규모

나를 비롯한 많은 사람들이 경험해 본 결과, 장기적인 집단에 가장 알맞은 규모는 8~12명가량이다. 만일 소그룹으로 나눌 경우에는 좀 더 규모가 큰 집단을 구성하는 것도 괜찮다.

---

247) 그런 집단의 조건에 관해 좀 더 많은 논의를 원하면 위의 책, 제9장을 참고하라.

8명보다 숫자가 적을 경우에는 다양한 통찰의 풍요로움을 잃어버릴 수 있으며, 특히 질병이나 긴급한 일들이 생길 경우에는 훨씬 더 적은 인원이 참여하게 될 수도 있다.

반대로 12명보다 숫자가 많을 경우에는 모임을 제대로 다루기가 힘들어지며, 대화의 기회도 줄어들고, 때로는 서로의 말을 듣기조차 힘들어질 수 있다.

3) 시간

장기 집단의 모임은 최소 한 시간 반에서 최대 세 시간까지 지속될 수 있다. 그보다 짧으면 깊이 있는 대화를 나누기에 부적절하고, 그보다 길면 대부분의 사람들이 집중할 수 있는 한계를 넘어서 버린다.

이상적으로는 집단은 매주 한 번씩 모여야 하며, 최소 6주에서 최대 10개월까지 지속적으로 모여야 한다. 때로는 평가시기에 재소집의 기회가 주어지기도 한다. 어떤 사람들은 그 시기가 지난 뒤에 혼자가 되거나, 다른 집단에 참여하거나, 일대일 우정을 나눌 준비를 갖추기도 한다. 일대일 영성지도와 마찬가지로, 그 누구도 장기적 의존관계를 강요당해서는 안 된다.

때로는 한 집단에 그대로 남는 게 더 나은 사람도 있을 수 있다. 이런 사람은 주의 깊게 판별해야만 한다. 한 집단이 일정 기간의 모임을 마치는 시기는, 다시 재소집해야 할지 말아야 할지를 가늠할 수 있는 좋은 기회가 된다.

4) 규범

나는 7년 동안 그런 집단들을 이끌어 오면서 일련의 규범에 동의하도록 만드는 것이 무척 도움이 된다는 사실을 깨달았다. 그 규범들은 특별히 집중적인 "일시적 공동체"가 될 수 있도록 보편적인 지침을 제공해 주었다.

여기에는 다음과 같은 규범들이 포함된다.

집단 내부의 규범:
① 집단의 모임에 우선권을 부여할 것.
② 정시에 시작하고 정시에 마칠 것.
③ 방에서는 침묵할 것(집단 성찰 시간과 모임이 끝난 후는 제외).
④ 방에서는 금연, 금주, 금식할 것(밖에서는 가능).
⑤ 의심, 좌절, 권태, 판단, 분주함, 우쭐댐을 신중하게 참을 것. 말을 막지도 말고, 억지로 시키지도 말 것. 그저 왔다가 가도록 내버려둘 것.

집단 외부의 규범:
① 개방된 신중함으로 일상훈련을 실시할 것: 고독과 일상생활 속에서, 집단이 소개해준 방법을 이용하여, 일기쓰기나 그 밖의 영성훈련을 실시할 것.
② 직접적인 경험에 비해 독서는 부차적인 방법이지만, 집단생활을 하는 동안 적어도 한 권의 관련서적을 읽는 것이 동기부여와 확인과 명료함에 도움이 된다.
③ 개인적인 경험을 집단 외부의 사람들과 공유할 때에는 판별력

을 기를 것. 때로는 조용히, 의논하지 않고, 자신의 경험을 발달시킬 필요도 있다. 또 다른 사람들이 여러분의 말을 제대로 이해해주리라는 보장도 없다.

④ 중요한 것은 경험의 "높고" "낮음"이 아니라 성령의 열매, 신뢰하는 마음, 열린 마음이라는 사실을 기억할 것.

⑤ 자신의 경험에 대하여 확신이 생길 경우에만 다른 사람들에게 자신이 배운 것을 가르칠 것. 이러한 확신이 생길 경우, 다른 사람들이 열린 마음으로 원할 때 자신의 경험을 공유할 수 있다.

⑥ 집단의 구성원, 특히 같은 소집단에 속한 사람들을 위해 기도할 것; 추가적 지원과 격려, 정화, 부드러운 도전, 그리고 영적인 인식과 관련된 경험의 공유가 필요할 경우, 상호 동의하에, 그들 가운데 한두 명과 개인적인 만남을 가질 것.

5) 리듬

일대일 지도와 마찬가지로, "신체적인 고백"부터 시작함으로써 몸에 쌓인 긴장과 답답함을 정화시킬 수가 있다. 이것부터 시작하여 신중한 존재로 "나아갈" 수가 있으며, 성서나 기도나 그 밖의 훈련방법을 이용하여 일정기간 동안 단체침묵묵상을 실시할 수 있다.

그런 다음에는 몇 분간 조용히 일기쓰기나 휴식시간을 가져도 좋다. 그리고 그 다음으로는 소집단[248]이나 전체 성찰시간을 가질 수 있다. 이 시간에는 주중에 있었던 일이나 침묵 가운데 겪었던 개인적인 경험들을 설명하고 해석해 본다. 전체모임에서는 "과제"를 내주

---

248) 나는 2명으로 이루어진 집단부터 5~6명으로 이루어진 집단까지, 여러 유형의 소집단을 실험해 보았다. 그리고 한결같이, 미리 선정된 사람들 4명으로 구성된 집단이 가장 좋다는 결론을 내리게 되었다. 될 수 있으면 남녀혼성으로 말이다. 이 집단들은 몇 주 또는 몇 달 동안 지속적으로 모임을 가진 다음에, 집단을 재구성하는 시기에 중간평가를 실시한다.

는 것도 좋은 방법이다.

  마지막에 공개적인 중보기도로 모임을 마무리하면, 집단을 일상생활과 연결시켜주고 또 그들 자신을 초월한 관심사와 연결시켜 줄 수 있다. 고립된 개인보다는 좀 더 규모가 큰 교회와 사회구조 속에서 발달감과 연대감을 실현시키고 상징화해 줌으로써 말이다.

  이것은 내가 지난 몇 년 동안 나 자신의 평가와 집단 구성원들의 평가, 그리고 다른 집단지도자들의 연구를 토대로 하여 "확립시킨" 기초적 리듬을 반영해 준다.

  이 통상적인 모임의 리듬은 집단의 총체적 삶이라고 하는 좀 더 큰 리듬 안에 딱 들어맞는다. 나는 충만한 하루를 시작하고 마무리하는 것이, 편안한 공동체를 형성할 수 있는 기회와 편안하고 적절하게 공동체를 마무리하고 평가할 수 있는 기회를 제공해준다는 사실을 깨달았다. 때로는 장기집단의 경우에도 충간한 하루가 유용할 수 있다. 예를 들면 일주일이 넘는 장기 영성수련도 고려할 수 있는 것이다.

  『집으로 가는 길』(*Pilgrimage Home*)[249]에는 집단모임을 처음 시작할 수 있는 여러 가지 방법들이 제시되어 있다. 그런데 내가 지난 2년간 아주 중요하다고 결론지은 방법 하나가 거기에는 포함되어 있지 않다. 그것은 바로 집단 전체가 장편의 자서전을 쓰거나 평가과제를 하고 있는 사이, 다른 방에서 저마다 한 사람씩 짧게 개별적인 인터뷰를 하는 것이다.

  이렇게 저마다 5~10분씩 인터뷰를 하는 동안에 얼마나 많은 대화를 나눌 수 있는지, 정말 놀라울 정도다. 이 시간을 통하여 영성지

---

[249] 앞의 책, 101쪽 이하.

도자와 피지도자 둘 다, 현재 피지도자가 경험하고 있는 기본적인 개인적, 영적 관계와 실재에 관하여 "가장 중요한" 의식을 좀 더 확실히 접할 수 있다.

이런 식으로 첫 집단모임을 시작하면 영성지도자가 앞으로 몇 주 동안 그 피지도자와 어떻게 진행해야 할지를 가늠할 수 있다. 집단모임의 서면자료와 구술자료를 통해 얻은 정보도 참고로 해서 말이다.

때때로 사람들은 이 시간을 통하여 집단 앞에서는 드러내고 싶지 않았던 중요한 감정이나 문제를 털어놓기도 한다. 그럴 경우 가만히 듣고 있다가 짧게 질문을 던지거나 비평을 해주는 것만으로도 충분하다. 이것은 그 사람이 영성지도자와 좀 더 개인적이 시간을 가질 필요가 있다거나(영성지도자에게 그런 시간이 있을 경우), 또는 문제의 본질에 따라 다른 누군가를 소개받아야 할 필요가 있음을 암시해준다. 영성지도자와 개별적으로 만나고 나면, 필요할 경우 다른 사람을 좀 더 폭넓게 만나는 것도 쉬워질 수 있다.

나는 보통 이 짧은 만남을 마무리할 때 그 사람과 함께, 그 사람을 위하여 개별기도 시간을 가진다. 집단 상황에서는 그런 식의 개별기도와 질문이 특별하다는 느낌, 관심 받고 있다는 느낌, 영적인 여정(영성지도자가 하나님의 이름으로 그 사람과 함께 하고 있는 여정)에 책임이 있다는 느낌을 강화시켜줄 수 있다.

이 개별적인 특별함은 때로 집단의 삶과 초점의 단체 리듬에 압도당하고 만다. 이렇게 "압도당함으로써" 빚어지는 결과들 가운데 하나는, 내 경험상, 아무 말도 없이 그냥 떠나버리는 사람이 생긴다는 것이다. 어떤 경우에는 그 집단 자체가 그 사람에게 적합하지 않을 수도 있다. 하지만 내 생각에는, 집단의 지도자, 또는 집단 구성원들과 적절히 자신의 상황을 연결 짓고 의사소통할 수 있는 기회를 얻지 못했기 때문에 떠나가는 것 같다.

초기의 개별적 만남은 개인의 고유성을 집단의 영적 여정과 통합시킬 수 있도록 도와줄 뿐만 아니라, 영성지도자와 피지도자의 관계를 돈독히 다져주기도 한다.[250] 이러한 유대감은 개인이 거리감을 느끼거나, 자신을 억제하거나, 또는 말도 없이 살짝 가버리는 행동을 취하지 않고, 오히려 훨씬 더 편한 마음으로 집단모임에 참석할 수 있게 해준다.

영성지도자를 신뢰할 수 있다는 것은 굉장히 중요하다. 그것은 피지도자 스스로가, 내가 제3장에서 길게 설명했던 의식의 외적 의존 형태를 허용할 수 있게 해준다.

물론 훌륭한 지도자라면 일상생활에서 좀 더 내적 의존 행위에 늘 관심을 기울일 것이다. 집단에서 외적 의존의 "안식일 휴식" 과정은 처리능력을 키워줄 수 있는 자발적 능력을 지닌다. 영성지도자는 그 일에 좋은 환경과 리듬을 제공해줄 뿐이지, "그 일이 생기도록 노력해서는" 안 된다. 그렇지만 집단생활이 끝나갈 무렵에는, 내적 의존으로의 **부르심**(소명)에 대한 개인의 특별한 의식, 외적 의존과 내적 의존, 곧 안식일과 교역이라는 사람들의 일상적인 **리듬**에 대해서 성찰하는 데 점점 더 많은 시간을 할애하는 것도 좋은 방법이다. 그런 성찰은 사람들이 집단으로부터 떨어져 나올 수 있도록 도와줄 수 있다.

---

250) 나는 전체모임 때 집단에 참여하게 된 개별적 이유를 조금만 공유해달라고 부탁함으로써, 이 관계를 집단 전체로 확대시킨다. 이것은 소집단에서 더욱 더 확대된다. 소집단에서는 개별적인 여정과 문제를 좀 더 폭넓게 공유할 수 있기 때문이다. 어떤 사람들에게는 이러한 공유가 무척 중요하다. 또 어떤 사람들에게는 소집단의 좀 더 "이해하고자 하는" 공유보다도 섬세하게 존재할 수 있는 "지성소"가 더 중요할 수 있다.

만일 영성지도자가 그런 외적 의존에 대한 구성원들의 욕구를 이해한다면, 리더십을 집단에 양도하는 일도 없을 것이다.[251] 브루스 리드가 설명하고, 역사적 유대-기독교의 안식일과 교역시간 리듬 속에 반영된 진동이론은, 그 동안 나와 다른 사람들이 이끌어온 집단들에서 충분히 검증되었다.

내 경험상, 집단에 들어온 사람들 가운데 매우 적극적이고 독립적인 사람들은 끊임없이 다른 형태의 현실참여를 추구한다. 그들은 자기 자아를 뭔가를 성취하고, 완성하고, 주장하고, 옹호하기 위한 운전석에 앉히고 싶어 하지 않는다. 그들은 특별히 단순한 개방성의 특징을 지닌 "존재" 시간의 특성을 추구한다.

하지만 집단을 위해 자기 **자신의** "존재" 시간을 최대한 희생하는 것이 바로 영성지도자의 임무다. 그러기에 영성지도자는 집단을 "담당하기에" 충분할 정도로 신뢰를 받는 것이다. 집단은 얼마든지 공개적으로 존재할 수가 있다.

만일 그러한 "담당"이 정말로 신뢰할만하다면, 영성지도자는 좀 더 크고 거룩하신 실재가 내적 의존 상태의 우리 자아 대신에 "담당하실" 수 있는 환경과 리듬만 조성해주면 될 것이다. 사람들과 접촉하면 할수록, 또한 안식일과 교역시간을 오가는 집단의 리듬 속에서 사람들이 필요로 하는 것과 접촉하면 할수록, 영성지도자는 좀 더 신뢰할 수 있는 인물이 될 것이다.

---

251) 이러한 가정이 "참여민주주의"를 강조하는 집단 원동력에 관한 대다수 문헌들과 반대된다는 사실을 나도 잘 안다. 나는 과업-중심의 내적 의존 집단에서는 그와 같은 공동지도가 중요하다고 믿는다. 하지만 외적 의존의 초점을 지닌 집단들의 경우, 나와 샬렘영성지도연구원의 다른 집단지도자들이 경험한 바에 따르면, 다른 방식의 지도가 요구된다. 이것은 결코 "권위주의적인" 방식이 아니다. 지도자는 통제권을 추구하거나 구성원들의 개인적인 경험 내용을 권위주의적으로 해석하려 들지 않는다. 오히려 지도자는 집단의 구조와 과정을 그대로 담당하고자 한다. 그러면서 개인적인 경험을 좀 더 쉽게 살펴보고 평가할 수 있는 안전하고 개방적인 구조를 제공하는 것이다.

이러한 "접촉"은 초기 인터뷰를 통해 제공될 수도 있고, 영적인 여정에 관한 초기의 서면자료를 통하여 제공될 수도 있으며, 소집단의 대화를 통해서도 제공될 수 있다.

나는 다음의 세 가지에 초점을 맞춘 **중간평가**의 실시가 도움이 된다는 것을 깨달았다: ① 각 개인이 현재 자신의 여정에 관하여 명확하게 아는 것과 혼란스러워하는 것은 무엇인가? ② 집단생활과 지도의 상이한 차원들을 파악하고 있다는 것이 얼마나 중요한가? ③ 집단생활과 지도에서 그들이 보고 싶어 하는 차이점은 무엇인가?[252]

지도자가 딸린 영성수련

장기집단에 관하여 말한 것들 전부가 이 영성수련 지도에도 그대로 적용된다. 가장 큰 차이점은 시간이 짧고 집중적이라는 것이다.

며칠에 걸친 영성수련은 비교적 시간이 많다는 이점이 있다. 여기에 참가한 사람들은 "운전석에 앉은" 자아의 긴장감을 풀어주고 점점 더 단순하고 안목 있게 존재할 수 있는 기회를 얻게 된다.

하지만 그것은 대체로 "달성"에 미치지 못한다는 단점도 있다. 영성수련 기간에 만들어지기 시작한 사람들은 대부분 사산아가 될 위험성이 짙다. 영성수련이 끝나면서 "뚝 떨어진" 채 혼자서 계속할 수 있는 방법, 후원이나 책임이 전혀 없는 경우가 많기 때문이다. 따

---

[252] 또 나는 그들이 집단과 공유할 수 있는 리더십의 재능을 특별히 지니고 있는지 여부도 물어보았다. 그 결과 나는 흥미로운 사실을 발견하였다. 곧, 참가자들 중에는 상당히 재능 있고 경험 많은 영적 지도력을 갖춘 잠재적 지도자가 많았음에도 불구하고, 그렇다고 응답한 사람은 아주 극소수였다. 나는 이것이 곧 그들이 그런 집단에 참여하게 된 주요 목적은 주중의 나머지 날들처럼 운전자의 자리에 앉는 것이 아니라 존재/투시 시기의 뭔가 다른 특성을 부여해줄 수 있는 누군가로부터 "돌봄"을 받는 것이라고 하는 이론을 뒷받침해 준다고 생각한다.

라서 영성수련이 끝날 때에는 다음 단계를 밟아야겠다고 결심한 사람이나 그런 사람을 후원하겠다고 결심한 사람들에게 관심을 기울이는 것이 무척 중요하다.

집단영성수련의 격렬함은 특히나 지도자를 지치게 만들 수 있다. 지도자에게 "낯선" 집단일 경우에는 더더욱 그렇다. 하지만 예배실, 잦은 침묵, 자유 시간, 지도자가 딸린 집단 묵상, 그리고 소그룹 공유 모임의 리듬이 제대로 확립될 경우, 모두를 위해 안전하고 용이한 구조를 제공할 수 있다.

영성수련 도중에 일대일상담을 위한 특별한 기회를 제공하는 것도 중요하다. 이 짧은 시간 동안 너무나도 광범위한 문제들이 제기될 수 있으며, 어떤 문제는 훨씬 더 많은 시간이 필요하다. 그런 경우에는 좀 더 앞으로 나아갈 수 있는 방법을 제시해 주는 것이 중요하다.[253]

훌륭한 집단 영성지도자의 자질

지금껏 내가 설명한 집단은 모순적인 리더십을 필요로 한다. 한편으로는, 영성지도자가 영적으로 중요한 무언가를 생기게 할 수 없다는 인식이 필요하다. 영성지도자는 중요한 일이 (특정 개인에게 이것이 무슨 일이건 간에) 좀 더 쉽게 일어날 수 **있도록** 어떤 구조나 환경, 리듬을 제공해 줄 뿐이다. 영성지도자는 우리 삶의 심령께 집

---

253) 역사적인 이그나티우스의 30일짜리 영성수련(또는 오늘 좀 더 짧아진 형태)은 보통 집단지도의 유형이 아니다. 비록 수많은 사람들이 같은 시기에 참석하기는 하지만, 저마다 개별적으로 영성지도자를 만나게 되어 있다. 그러나 "19번째 주해" 영성수련이라고 불리는 이그나티우스 영성수련 유형이 있는데 (이그나티우스의 *Exercises*에 이것에 대한 언급이 실려 있다), 이것은 3개월이 넘는 기간 동안 저마다 집에서 정상적인 생활을 지속하면서 지도자가 딸린 집단 모임을 정기적으로 갖는 것이다.

중할 수 있는 배경을 제공해 줄 뿐이다. 오직 그분만이 유일한 지도자시다. 인간은 기껏해야 그분의 투명도에 불과하다.

하지만 다른 한편으로는, 앞에서 집단에 관해 설명한 것처럼, 지도자가 참여민주주의의 촉진자보다는 좀 더 나은 존재라는 인식이 필요하다. 참여민주주의에서는 모든 사람의 의견이 똑같이 존중 받고, 모든 사람의 결정이 똑같이 처리되며, 모든 사람이 똑같이 리더십을 공유한다. **집단**은 영적으로 중요한 일이 생기게 할 수 없다.

나는 처음으로 집단을 지도하던 시절, 일종의 촉진을 시도하는 것에 대해 가장 큰 적개심을 느꼈다. 그것은 그런 "안식일" 집단에 속한 사람들이 필요로 하는 고유한 존재의 특성을 인정하지 못해서 생긴 일이었다.

영성지도자는 모두가 함께 기다리고 있는 공동의 성령 앞에서는 다른 형제자매들과 똑같은 존재다. 하지만 어떤 의미에서는 그 "기다림"을 보호하고 격려해주는 부모와도 같다.

그런 이상적인 영성지도자는, 앞에서 일대일 영성지도자의 자질이라고 언급했던 것들과, 다양한 사람들로 이루어진 집단을 적절히 구성하고 돌볼 수 있는 특별한 능력을 하나로 통합시킨다.

만일 여러분이 지금 그런 영성지도를 고려하고 있거나 시험 중이라면, 여러분에게 가장 중요하다고 생각되는 특별한 자질은 다음과 같다:

1) 자신의 여행에 세심한 주의를 기울여라.

하나님, 그리고 모든 실재와의 친교에 대한 간절한 욕구를 지녀라. 가능성과 한계, 그리고 유혹까지 파악할 수 있을 정도로, 일련의 영성훈련들을 직접 경험하여라.

여러분 자신을 위해 영적인 친구 그리고/또는 집단과 지속적인 관계를 맺어라. 거기에서는 여러분이 아무런 책임도 지지 **않는다**. 여러분 자신의 재능과 한계를 파악하고 인정하여라.

2) 성령의 인도하심을 믿어라.

여러분은 그 누구의 영적 성장도 조종할 수 없다는 것; 오로지 세심함의 분위기만 조종할 수 있다는 사실을 명심하여라. 모든 사람의 장벽 아래에 성령이 계시다는 사실을 믿어라. 그리고 그분의 시간에, 그분의 방식대로, 준비된 사람을 위해 명백하게 또는 모호하게 열어주신다는 사실을 믿어라.

여러분 안에 성령이 계심을 믿어라. 하지만 고지식하게 또는 독선적으로, 여러분이 지도자로서 하는 모든 일들을 성령과 동일시하지는 마라. 여러분은 자신이 종-지도자라는 심오하고도 차분한 확신을 유지할 수 있어야 한다. 집단은 여러분에게 그런 확신이 있음을 알 필요가 있다. 그래야 구성원들이 자유롭게 자신의 내적 의존 통제를 완화시킬 수 있기 때문이다.

3) 집단을 돌보아라.

여러분은 영성발달이 자기한테 달린 게 아니라는 것, 하지만 한편으로는 자기 때문에 방해가 될 수도 있다는 것을 잘 안다. 따라서 여러분은 구성원들이 지속적으로 세심한 존재를 추구할 수 있는 환경을 조성하는 데 관심을 기울여야 한다. 여러분은 계속해서 구성원들을 위해 기도해야 하며, 영적인 위기 상황에 처한 사람이 있을 경우 일대일로 만나야 한다. 여러분에게 좀 더 많은 시간이 허용된다면, 그리고 여러분이 그 사람과 만나기에 적합한 사람이라면 말이다.

4) 구성원들의 고유성과 공통된 여정을 존중해 주어라.

저마다 자신의 여정에서 특별한 시기에 속해 있음을 인정하여라. 저마다 고유한 재능과 한계를 지니고 있으며, 진리와 소명과 신비에 이르는 방법도 다르다는 사실을 인정하여라.

또한 저마다 **통합적이고**(심지어는 우주적이기까지 하다) 영적인 여정의 내적 의존 부분이 있음을 인정하여라. 그 여정에는 겹치는 부분도 많고, 공통된 유형도 많으며, 타고난 상보성도 많다.

이런 상황에서 여러분은 특정 시기의 특정 인물에게 적합한 응답이 무언지를 주의 깊게 살펴야 한다. 그저 여러분 자신의 방법을 강요하지 않고, 그들 안의 진리를 일깨워주기 위해 늘 노력해야 한다. 여러분은 피지도자가 견딜 수 있는 한계를 넘어서지 말아야 한다. 피지도자가 준비되어 있는 만큼만 시험하고, 질문하고, 후원해주어야 한다.

집단 상황에서는 **짧막한** 질문과 비평을 제시할 줄 알아야 한다. 처음부터 끝까지 여러분의 말로 공간을 메우고 싶은 유혹을 물리쳐야만 한다. 포괄적인 침묵은 우리의 수다스러운 말보다 훨씬 더 강력한 스승이다.

5) 융통성을 지녀라.

여러분은 집단의 리듬과 목표 설정을 어느 정도 공감하고 이해할 수 있어야 한다. 미리 만남을 위해 계획을 세워둘 필요가 있다. 하지만 만일 성령이 여러분을 깜짝 놀라게 만드시고 여러분이 전혀 예측하지 못한 방행으로 집단을 이끌어 가실 경우에는, 과감하게 여러분의 계획을 던져버릴 줄도 알아야 한다.

여러분의 이상적인 리더십 유형은, 강하고 대담한 표현에서부터 조용하고 참을 성 있는 경청까지, 그리고 후원에서부터 부드러운 도전까지, 굉장히 많은 가능성을 지닐 수 있다. 순간순간 요구되는 것에 따라 달라진다.

6) 기본적인 집단 역동성을 파악하여라.

여러분은 소집단 생활과 영성지도의 몇 가지 "상수"를 파악하고 그것에 응답할 수 있어야 한다.

신뢰부족 때문에 침묵하면서도 뭔가 말하고 싶어 하는 사람(따라서 여러분이 끌어내줘야 할 사람)은 누구이며, 간섭적인 비평 없이 발달 과정에서 생기는 일에 만족하기 때문에 침묵하는 사람(따라서 혼자 내버려 두어야 할 사람)은 누구인가?

또 너무 말이 많아서 시간을 다 차지하므로 부드럽게 중지시켜야 할 사람(어쩌면 집단 밖에서 따로 이야기를 나눠야 할 사람)은 누구인가?

나아가 지도자는 도움이 필요할 경우, 한 사람의 이야기를 다른 사람의 평가와 관련짓고, 요약하고, 통합할 수 있어야 한다. 나아가 자신이 들은 말을 명확히 하고, 제안을 듣고 점검하며, 집단의 범위를 벗어난 부당한 충돌이나 논의를 피할 수 있어야 한다.

가능한 한 여러분은 집단이 "존재할" 수 있도록 "공간"을 보호해야 하며, 문제-해결이나 성격-해부의 치료집단이 되고 싶은 유혹을 물리쳐야 한다.

또한 영성지도자는 집단 전체나 일부의 분위기를 파악할 수 있어야 한다: 피곤함, 분주함, 방황함, 그리고 심오한 침묵 속 접촉의 갑작스런 "카이로스" 같은 분위기 말이다.

7) 기독교 금욕전통과 인간발달에 대한 기초지식을 지녀라.

여러분은 성서와 금욕전통에 대한 지식을 충분히 갖추고 있어야 한다. 그래야 사람들을 그들의 유산과 "연결시켜" 줄 수 있으며, 그 전통 속에서 좀 더 확고한 정체성을 갖게 해줄 수 있다.

그러한 연결은 사람들이 깊이 있는 종고적 계보에 대한 강한 소속감을 느낄 수 있도록 해준다. 미국 문화에 속한 많은 사람들이 갖고 있는 역사적이고 지나치게 개인화된 생명의식을 상쇄해 줌으로써 말이다. 이러한 인식은 결국 좀 더 폭넓게 참여할 수 있는 새로운 의미의 자유를 제공해주고, 기독교 전통의 풍성함과 진정한 사회생활을 위한 공동 보호를 널리 퍼뜨려야 할 책임을 안겨 준다.

그와 동시에 여러분은 전통을 단순히 선전하지 않고 비판할 수 있어야 한다. 만일 집단이 여러분 때문에 전통에서 그저 속임수뿐이고 전지적인 대답과 진실을 선택한다면, 구성원들은 소외나 근본주의적 과잉안전과 제국주의의 유혹을 받게 될 것이다.

만일 여러분이 전통 속에서 진정한 영광과 더불어 인간의 오염, 편협함, 아이러니, 부정의도 기꺼이 인정한다면 사람들이 늘 개혁적이고, 정화시키고, 언제나 보편적이고, 덜 편협하고, 덜 분파적이고, 통합적이고, 영적인 계보에 합류하도록 도와줄 수 있을 것이다.

심리학적-사회적 인간발달의 기초적 원동력과 그 장애물에 대한 인식은 매우 중요한 지식이다. 그렇다고 해서 심리학자가 될 필요는 없다. 하지만 인간이 두려워하고, 갈망하고, 경험하는 방법이 집단의 응답방식을 결정하거나 또는 영향을 미치는 방법에는 기초적인 민감성을 지녀야 한다. 어떤 사람들의 경우, 그런 민감성은 배워야만 하는 게 아니라 보편적인 생활경험으로부터 생겨나는 직관이다.

이 민감성은 여러분의 인내심과 통찰력을 키워줄 수 있다. 비록 그런 집단들이 직접적인 심리학적 분석을 위한 자리는 아니지만 말이다. 세심함은 구성원들이 겪는 모든 발달과정을 통하여 은총이 작용하거나 방해받을 수 있는 방법이다.

여러분은 집단의 훈련이 그 발달의 "어두운" 면을 밝히거나 완화시키고 또 밝은 면을 촉진시킬 수 있다고 믿어야 한다. 하지만 어떤 사람들은 이 과정을 도와줄만한 전문가적 치료가 필요할 수도 있다.

결론

위의 이상적인 자질 리스트를 읽고도 확신이 안 생긴다면, 여러분은 지극히 인간적인 사람이다! 우리의 가장 이상적인 반응은, 어쩔 수 없는 한계 앞에서 겸손해지는 것이다.

하지만, 영성지도자의 **주된** 임무는 그저 사람들에게 민감한 구조를 제공하는 것이므로, 만일 특별한 소명과 그 소명을 수행할 수 있는 기본적인 재능이 느껴진다면, 특정 영역에서 부적절하다는 느낌 때문에 지도자가 되는 일을 포기해서는 안 된다.

만일 여러분이 체계적인 교육을 제공하고 기초적인 리듬을 주재하는 것 외에 아무 말도 하지 않는다면, 집단은 구성원들에게 매우 소중해질 것이다.

준비된 사람들의 경우, 여러분이 제공해주는 환경만으로도 충분하다. 사랑과 진리의 영께 대한 그들의 세심함이 집단을 이끌어줄 것이다. 결국 영성지도자의 역할은 이 신비로운 과정에서 아주 겸손한 산파의 역할이다.

만일 한 번도 그런 집단을 지도해 본 적이 없다면, 먼저 그런 집단의 구성원이 되는 게 가장 좋은 대비책이다. 두 번째로 좋은 대책은 수습 영성지도자로서 여러분이 신뢰할 수 있는 경험을 지닌 사람들과 함께 일하는 것이다. 그리고 세 번째의 보완적인 대책은, 다음 장에서 설명할 프로그램을 실시하는 것이다.

집단의 공동지도는 샬렘영성지도연구원의 경험상 가치 있는 것으로 판명되었다. 특히 성격이 서로 상보적인 경우에는 더더욱 그렇다. 남녀혼성집단은 특히 더 유용한 것으로 판명되었다.[254]

앞에서 이미 확인한 바와 같이, 그런 집단의 잠재적 가치와 필요성은 매우 크다. 그런 집단의 지도는 오늘 훨씬 더 광범위한 격려와 조심스런 준비의 가치가 있는 특별한 형태의 영성지도다. 성직자, 독실한 신자, 그리고 평신도가 똑같이 그 자리로 부름 받을 수 있다.

---

254) 공동지도의 가치와 과정에 관한 자세한 논의는 메이, 앞의 책, 110쪽을 참고하라. 본서 제5장에도 남녀 상호보완성에 관한 논의가 실려 있다.

제8장 총정리: 영성지도자를 위한 프로그램

앞에서 내가 설명한 것과 같은 영성지도자가 되기 위해 좀 더 특별한 프로그램이 필요할까? 만일 그렇다면 어떤 종류의 프로그램이 필요할까? 또 그 프로그램에는 어떤 사람이 참여해야 할까?

나는 여러 해 동안 이런 문제들을 염두에 두고 있었다. 이 장에서는 그 질문에 대한 해답을 소개하고, 현재 진행 중인 특별 실험프로그램을 자세히 살펴볼 것이다.

필요사항

가장 먼저 해야 할 일은 아마도 이미 제공되고 있는 여러 유형의 영성지도를 돌이켜보는 것일 것이다(제4장 참고). 앞에서 설명한 일대일 영성지도와 집단 영성지도는 다른 유형의 영성지도를 보충해 준다.

이 두 가지 영성지도는 다른 유형의 영성지도를 보충해 주는 방식으로 **함께** 실행할 때 가장 효과가 좋다. 이것들만으로는 결코 충분한 지도방법이 될 수 없다. 이것들은 허공에서 생겨나는 것이 아니라 총체적인 생활방식의 맥락에서, 우리 삶 속에 하나님의 사랑과 진리를 중재해 주는 실천들의 맥락에서 생겨나는 것이다. 마치 기독교 전통의 경험 속에서 이해되는 것처럼 말이다.

하지만 이렇게 광범위한 맥락에서는, 제도적 교회의 빈약한 관심보다도 영성지도의 차원이 교회와 사회 모두에게 훨씬 더 중요한 잠재적 가치를 지닐 수 있다.

우리는 미국 전역의 신학대학과 교회에서 오늘 이것이 경시당하고 있음을 점점 더 확실히 깨닫고 있다. 이제 영성지도는 제2차 바티칸공의회 이전 천주교의 권위주의적인 암시를 깨끗이 정화시켰다. 따라서 다수의 종교개혁 전통의 신자들도 이 새로운 관심에 동참하고 있다.

이러한 관심은 현대의 "종교적 각성"과 우리의 문화적 질병 때문에 더욱더 강화되었다. 이 둘은 모든 단계의 교회생활과 교역훈련에서 개별적인 영성지도의 후원이 필요하다는 요청의 목소리를 높이는 데 일조하고 있다.

이러한 욕구에 응답하는 한 가지 방법은 지체 안에서 도와줄 수 있는 다른 그리스도인들을 비공식적으로 만나보라고 제안하는 것이다. 만인제사장직 덕분에 모든 그리스도인은 도움이 필요한 사람의 영적인 친구가 되어줄 수 있는 권리와 의무를 동시에 지닌다.

이러한 응답에는 어떤 진리가 담겨 있다. 사실 진정한 그리스도인이라면 누구나 이따금씩 다른 사람을 위해 소중한 영적 우정을 제공하고 있을 것이다. 한편 사도바울은 서로를 보완해줄 수 있는 성령의 은사들이 저마다 다르다는 사실을 분명히 한다. 누구나 때로는 영적인 친구로 부름 받을 수 있다. 하지만 이 부름에 응답하기 위하여 좀 더 광범위하고 의식적인 시간을 할애할 수 있는 특별한 은사를 받은 이는 극히 드문 것 같다.

만일 특별한 은사를 받았다면, 그것을 발달시키기 위한 프로그램으로 무엇이 필요할까? 일부 훌륭한 영성지도자들은 (일반적인 영성발달이나 자신의 영성지도자와 경험할 수 있는 것들 말고도) 이 교역을 위해 특별한 준비 과정을 겪었다. 그것은 경험과 은총을 통해 발달시킨 재능이었다.

그렇지만 역사적으로 교회가 수행한 대부분의 특별한 교역들에 대해서도 똑같은 주장이 성립된다. 설교와 여러 가지의 목회 형태 역시 경험을 통해 발전시키는 은사다. 하지만 보통 그것들은 신학대학이나 그 밖의 곳에서 특별한 도움을 받아 관점과 깊이를 더할 수 있는 재능으로 여겨진다.

영성지도 역시 마찬가지다. 영성지도는 특정 훈련프로그램에 일대일 관계로 발전시킬 수 있는 기술이 결코 아니다. 영성지도는 다른 모든 재능이나 기술과 마찬가지로, 특별프로그램을 통하여 관점과 깊이, 그리고 도움을 제공받을 수 있는 재능, 하나의 기술이다.

그렇지만 오늘 가장 심각한 문제는 그런 도움을 줄 수 있는 체계적이고 광역적인 영성지도 "학파"가 아직 존재하지 않는다고 하는 사실이다. 제1장에서 설명한 것과 같이, 교회생활에서 합리적인 지식과 실험적인 지식 사이에 수백 년 동안 존재해온 단절 때문에, 영성신학 관련분야는 대다수 신학대학과 그 밖의 교회교육센터에서 거의 잊혀져 버릴 지경에까지 이르렀다.

교회생활의 다른 차원과 더불어, 역사적 관점과 접근법, 그리고 현대적 관점과 접근법의 깊이를 확실히 하기 위해서는, 이 영역에 전문적인 교육 분야가 있어야 한다. 상호계몽적인 경험과 누적되고 검증된 지식의 지속적인 "계보"가 요구되고 있는 것이다.

한편, 진정한 영성지도에 관해 특별히 "제도화할 수 없는" 것이 존재한다. 영성지도는 특별한 기능이나 역할이 아니라 주로 개인의 "벌거벗은 영혼"에 초점을 맞추기 때문에, 반드시 **직접적으로** 가시적인 제도적 교회나 사회적 기능을 수행하는 것은 아니다. 진정으로 개방적인 영성지도는 사실 제도적 삶에서 부드럽지만 그릇되게 기능을 수행하는 역할에 대해 저항하도록 만든다.

영성지도는 사실상 교회생활의 역설이다. 영성지도는 종종 제도의 공식적인 삶 변두리에서 비범한 통솔력으로 나타났고, 따라서 제도적 박스에서 부드럽게 맞물려 돌아가는 기어가 될 정도로 의존의 대상이 되지는 못했다. 하지만 그럼에도 불구하고 영성지도는, 사람들이 자기 한가운데에서 성령의 살아계심을 인정하고 분별하도록 훈련시키고 양육한다고 하는 제도의 목적 한가운데 서 있다.

영성지도는 **간접적으로** 교회와 사회의 장기적인 재생과 성장에 상당히 이바지할 수 있다. 만일 영성지도가 진정으로 교회생활의 하부조직에 속한다면 아주 많은 열매를 맺을 수 있을 것이라 기대된다.

따라서 우리는 영성지도를 위해 필요한 사항들을 다음과 같이 손꼽을 수 있다:

① 사람들이 이 자원에 대해 좀 더 폭넓고 주의 깊게 관심을 갖도

록 만들어야 한다.

② 영적인 우정의 특별한 은사를 지닌, 그리고 비공식적인 만남에서 보통의 그리스도인들보다 영적인 우정에 좀 더 많은 시간을 할애하도록 부름 받은, 좀 더 제대로 준비된 영성지도자가 필요하다.

③ 영성지도자 준비과정에 특별히 도움을 줄만한 교사들을 배출할 수 있는, 좀 더 체계적인 영성신학과 영성지도 분야가 필요하다.

반응

미국 전역에서 이 같은 필요를 충족시키기 위한 움직임이 점점 더 활발하게 일고 있다. 그 분야에 대한 관심을 불러일으킬 수 있는 참고도서도 서서히 증가추세에 있다(종교개혁 전통의 교회의 경우에는 아직도 훨씬 더 많은 참고도서가 필요하지만 말이다). 영성지도자들은 상호원조와 후원을 위해 서로 만날 수 있는 방법을 점점 더 많이 찾아내고 있으며, 이 분야에 대한 소명을 고려해 보도록 서로를 격려해주고 있다.[255]

최근에는 영성지도자, 그리고 교사를 준비시키기 위한 장기 프로그램이 많이 등장하였다.

내가 알기로는 이 프로그램들 가운데 세 개만 제외하고 나머지는 모두 직원이나 주요 기반이 천주교 신자들로 이루어져 있으며, 이것은 곧 그 전통에서, 특히 신앙공동체 내에서, 영성지도가 좀 더 공식적인 자리를 차지했음을 보여준다. 이들 가운데 대부분은 주로 예

---

[255] Dorothy Dever의 *Faithful Friendship* (개별적인 인쇄; 워싱턴 D.C., Church of the Savior, Potter's House Bookstore에서 구입할 수 있다)에서 한 영성지도자의 경험이 가져온 실질적인 열매를 찾아볼 수 있다. 이것은 두 사람의 성숙한 지도를 통하여 그리스도인의 성장과 영성지도를 격려하기 위한 12주짜리 프로그램이다.

수회 수사들로 직원이 구성되어 있다. 이것은 천주교 공동체 내에서 이그나티우스 영성과 지도가 지배적인 자리를 차지했음을 보여준다. 예수회에서 운영하지 않는 프로그램이 하나 있는데, 그것은 뉴멕시코 페코스의 베네딕트 공동체에서 은사를 중시하는 그리스도인들을 위해 특별히 마련한 프로그램이다.

내가 아는 한 가장 집중적인 천주교 프로그램 두 가지는, 매사추세츠 웨스턴 예수회가 운영하고 있는 영성지도 석사과정 프로그램(지금은 목회학박사과정도 포함되어 있다), 그리고 (아드리안 반 캄이 설립한) 피츠버그의 듀케인영성형성연구소의 영성지도 석사과정이다. 미국에서 가장 오래된 이 두 번째 프로그램은 얼마 전에 박사과정을 새로 신설하였는데, 앞으로 영성신학과 영성지도 교수들을 배출하는 데 많은 도움을 줄 것이다.

이 두 개의 종일제 프로그램은 기본적으로 수많은 인문과정들을, 다른 사람들과 함께 영성지도 업무를 수행하는 것에 관련된 감독 실용강좌들과 결합시켜 준다.

이것은 내가 알고 있는 비-천주교 영성지도 석사프로그램, 곧 뉴욕의 제너럴신학대학원(성공회)의 기독교영성센터가 제공하는 프로그램의 경우도 역시 마찬가지다(이곳 역시 어쩌면 앞으로 목회학박사나 신학박사과정이 신설될 것이다).

이외에도 장기적이고 타협적인 천주교 후원프로그램을 더 들자면, 1978년 가을에 시작된 워싱턴 D.C.의 샬렘영성지도연구원 프로그램과, 같은 시기에 뉴욕 라이의 웨인라이트 하우스에서 시작된 영성지도연합회의 샬렘영성지도연구원 프로그램이 있다.[256] 이 두 번째

---

[256] 비록 이 프로그램이 오직 영성지도에만 집중되어 있는 것은 아니지만, 미시건 블룸필드 힐스의 전문화 목회연구원에서 현재 실시하고 있는 장기프로그램에는 이 주제가 중대하게 포함되어 있다.

프로그램은 2학년제로 이루어져 있는데, 1학년 때에는 일주일에 한 번씩 24시간짜리 기숙 기간이 주어지며, 2학년 때에는 7주간의 기숙 기간이 주어진다. 이 프로그램은 융 심리학과 유대-기독교의 영적 유산을 특별히 강조한다. 또 이것은 뉴욕신학대학원의 학위프로그램과 연계가 가능하다.

그러면 이제 샬렘영성지도연구원에서 경험한 것들에 대해 살펴보기로 하자.

샬렘영성지도연구원 프로그램

1) 배경

샬렘영성지도연구원은 1973년 가을 처음으로 장기집단 영성지도에 대한 실험을 시작하였다. 초교파적 교회, 성직자, 그리고 평신도로 구성된 최초 집단의 참가자들은 대부분이 실질적인 욕구를 지니고 있었으며, 이러한 욕구는 집단 구성원들끼리 서로 영적인 친구와 짝을 맺는 실험으로 이끌어 주었다. 집단이 여러 주에 걸쳐 모임을 갖는 동안, 이 짝꿍들도 20~30분씩 서로 만남의 시간을 가졌다. 어떤 사람들은 그보다 더 오랜 시간동안 정기적으로 집단 외부에서 만남을 갖기도 하였다.[257]

그 후로 여러 해가 지나면서 더 많은 집단이 형성되었고, 나 말고도 여러 지도자들이 생겨났다. 그러면서 우리가 분명하게 깨달은 것은, 어떤 식으로 집단을 이끌 것인지 서로 공유할만한 시간이 필요하다는 사실, 그리고 집단의 본질과 목적에 관한 여러 가지 문제들

---

257) 이 실험에 관하여 좀 더 상세히 알고 싶으면, 메이, 앞의 책, 31쪽 이하 참조.

을 함께 논의할 시간이 필요하다는 사실이었다.

샬렘영성지도연구원의 집단지도자들이 좀 더 정기적으로 모여 서로를 도와주고 점검하기 시작한 것과 때를 같이 하여, 일대일 영성지도자들에게 도움을 제공해야 한다는 움직임이 일기 시작했다. 손 맥카시 신부는 1975년 봄 워싱턴 지역에서 일대일 지도를 제공하고 있는 것으로 보고된 사람들에게 비공식 모임을 제의하였다. 백 명도 넘는 사람들(대부분 천주교 신자)이 그 부름에 응답하였고, 그것은 기대했던 것보다 훨씬 더 많은 숫자였다.

그 모임 때문에 대부분의 영성지도자들이 자신의 영성지도 업무에 관해 다른 누구와 이야기를 나눈 적이 없다는 사실, 그리고 대부분은 그런 교역을 위해 특별한 준비를 갖추지 않았다는 사실이 명확히 밝혀졌다.

그 결과 샬렘영성지도연구원의 본부에는 비공식적인 상호 감독과 후원을 강조하는 영성지도자 또래집단이 수없이 많이 생겨났다.

2) 또래집단

그 후로 계속해서 이 집단들은 다양한 회원들과 만남을 지속해왔다. 여러 해에 걸쳐 그들은 다른 곳에서도 아주 쉽게 따라할 수 있는 형태를 서서히 발전시켜왔다. 독자 여러분의 상황에 대한 잠재적 전이성 때문에, 나는 여기에서 이 집단들의 기초적인 학습을 자세히 설명하려고 한다.

3) 구성원

집단은 보통 신앙공동체 회원들(남성과 여성)과 평신도들(대부분

여성)이 섞여서 구성되었다. 때로는 교구 목사까지 포함되는 경우도 있었다.

신앙공동체에 속한 사람들은 그 동안 한결같이 지배권을 차지해 왔기에, 평신도, 교구 목사들과 함께함으로써 자신의 시각을 넓히는 것이야말로 중요한 일임을 계속해서 깨닫게 되었다.

그리고 이런 집단에 가장 적합한 인원은 8~10명인 것으로 밝혀졌다.

새 학년도가 시작될 때마다, 한 해 더 계속하고 싶은 사람과 잠재적 신입회원을 위한 총회가 개최되었다.

구성원의 기준은 다음과 같은 토대를 지니고 있었다: ① 기도와 소명 분별의 차원에 중점을 두고, 공식적 또는 비공식적으로, 그 사람이 현재 다른 사람들과 어떤 활동을 하고 있는지; ② 집단 모임에 기꺼이 우선권을 부여하려는 의지가 있는지, 그리고 지도 상황을 집단에 제출할 의향이 있는지.

집단 구성원들이 좀 더 안전하게 서로 어울릴수록, 다음 해에 신입회원들을 좀 더 쉽게 흡수할 수 있었다. 처음 몇 년 동안은 한두 번 모임을 가진 후에 신입회원 모집을 중단하였다. 하지만 해마다 계속해서 지도를 맡아온 핵심지도자들이, 집단의 허가를 받은 신입회원은 언제든지 가입할 수 있도록, 이 규범을 변경시켰다.

4) 시간

집단은 10월부터 4월까지, 2주마다 한 번씩 모임을 가졌다. 대부분의 구성원들은 아주 활동적인 생활을 꾸려나갔고, 이렇게 2주에 한 번 모이는 것이 가장 현실적이고 유익한 것으로 판명되었다.

특정 시간은 최초로 합동모임을 개최할 때 협의한다. 보통은 한 시간 반짜리 한나절 집단과, 2시간짜리 하룻밤 집단이 있다.

5) 구조

처음에는 팽팽하게 짜인 사례연구 모델을 이용해 보았다.[258] 하지만 집단은 좀 더 느슨한 모델 쪽으로 기우는 경향이 있었다. 정규모임의 기본적인 형태는 다음과 같이 자리를 잡았다:

(그 해에 선출된) 의장이 기도 그리고/또는 성서 말씀으로 모임을 시작 그리고/또는 마친다.

이 모임에서 자기 상황을 소개하고 싶은 지원자를 미리 한 사람 정한다. 그 소개는 20~30분 정도가 걸린다. 그리고 그 사람의 비밀을 보호해 줄 수 있는 방식으로 소개가 이루어진다. 그 사람의 배경과 상황을 간단히 소개하고, 영성지도 관계의 역사도 함께 소개한다. 특정 사건이나 지속적인 상황에 초점을 맞출 수도 있다. 소개자는 자신의 관심사를 요약한다. 이것은 종종 집단에게 몇 가지 질문을 던지는 형태를 취하기도 한다.

그러면 집단 구성원들은 자유로운 반응을 보이는데, 보통은 상황을 좀 더 명확히 파악하기 위한 질문에서부터 시작한다. 그러다가 어느 시점부터는 될 수 있는 한 지도자에게 집중한다: 관계와 상황에 대한 지도자의 견해, 그리고 그 저변에 깔린 신앙과 지도의 가정. 하지만 그런 규범이 있음에도 불구하고, 간혹 피지도자에게 충고를 하는 형태로 빗나가는 경향이 있다. 또한 영적 차원에 집중한다는 규범이 있음에도 불구하고, 때로는 심리학적 진단이나 처방, 또는

---

258) James Glasse가 *Putting It Together in the Parish* (Nashville: Abingdon: 1972)에서 개발한 목회자를 위한 사례연구 방법을 적용시켰다.

좀 더 광범위한 목회적 돌봄의 문제들이 상황 소개와 논의 시간에 표면화되기도 한다.

힐러리 헤이든, O.S.B.는 그 과정이 엄청난 상호신뢰를 요구한다고 설명하였다:

> 영성지도자는 신뢰심을 갖고 자신의 행동과 반응을 친밀한 사람들에게 자세히 표현할 수 있어야 한다. 동료들 사이에서도 똑같은 신뢰가 요구된다. 그래야만 상처 없이 새로운 통찰을 안겨 줄 수 있는 관찰이나 질문이 가능해진다.[259]

집단에서는 소개자뿐만 아니라 동료들을 위한 학습도 굉장히 자주 발생한다. 모두가 대부분의 소개를 통하여 자기에게 적합한 통찰을 추려 낼 수 있는 것 같다. 또한 신중한 방향으로의 책임과 자극도 보편적으로 강화되는 것 같다.

나아가 여러 해 동안 집단은 "집단 영성지도"나 "영성관계의 출발" 같은 특별한 주제에 관한 워크숍을 이따금씩 개최하였다.

6) 평가

집단은 4월의 마지막 모임시간에 보통 자신들의 과정과 집단생활을 평가하고 5월에 있을 연합모임 때 논의할 문제들을 결정한다.

이 연합모임은 학습과 관계, 자원의 교류를 불러일으킨다. 이 모임의 자극을 받아, 그리고 이 모임의 평가를 토대로 하여, 다음 가을 모임을 위한 계획이 수립된다.

---

[259] 미간행논문, "A Spiritual Director's Colleague Group in Washington, D.C."

집단의 이점 가운데 하나는, 교회와 사회를 위한 자원으로서 영성지도에 관심을 지닌 사람들의 자유로운 네트워크를 비공식적으로 형성할 수 있다는 것이다.

구성원들은 서로에게 잠재적 피지도자를 소개해주고, 상이한 교회 상황에서 서로에게 교육적인 후원을 요청하며, 영성지도 프로그램에서 벌어지고 있는 일들에 대해서도 많은 정보를 교환한다. 또한 구성원들은 오늘의 사회 속에서 영성지도의 의미와 장소, 형태에 관하여 좀 더 깊이 생각해보도록 서로를 격려해준다.

사실상 구성원들은 그 동안 영성지도 이해, 상호 도전과 후원의 자유로운 "계보"를 형성해 왔다. 평신도와 종교개혁 전통의 신자들의 통찰은 종종 천주교 신앙공동체 구성원들에게 새로운 자극이 되었다. 그리고 이 신앙공동체 구성원들의 오랜 경험과 훈련 역시 다른 사람들에게 똑같은 자극제가 되어주었다.

이렇게 다양한 사람들로 구성된 – 교파를 초월한, 성직자와 독실한 신자와 평신도, 남성과 여성, 그리고 때로는 다른 인종들로 구성된 – 집단은 좀 더 평등한 교회 교역의 토대를 마련하는 데 크게 이바지한다. 이것은 특히 교회의 상이한 전통과 전례의 형성적 중심부와 너무도 가까운 지점 – 개인적인 영성발달 – 에서 발전하는 모습을 지켜볼 때 더더욱 고무적이다.

장기발달프로그램

1977년이 되자 또 하나의 기본적인 단계가 필요해졌다. 샬렘영성지도연구원 집단지도자 모임과 또래집단은 장기적이고 좀 더 집중적인 영성지도자발달프로그램을 요청하기 시작한 구성원들에게 그것을 제공해줄 수 없었다. 좀 더 체계적이고 지속적인 이론과 실제의 초점을 지닌 프로그램 – 좀 더 많은 시간을 영적인 동료로서의 발달에 쏟고자 하는 사람들을 위해서 우리의 발달 경험 위에 만들어진 성숙한 장기프로그램 – 이 필요했다.

이 "다음 단계"는 샬렘영성지도연구원을 위한 록펠러형제재단의 특별기부금을 받아, 미국/캐나다신학대학협의회 주최 아래, 워싱턴 연합신학대학원[260]과 합동으로, 그리고 영성지도자인 나와 더불어, 실험적인 영성지도프로그램을 계획하고 실행하도록 촉진되었다.

1) 목표

그 프로그램의 주요 목표는 다음 두 가지였다:

① 신학대학과 교회, 채플실, 영성수련원, 그리고 교회와 사회 내의 관련 기반에서 활동할 수 있도록 충분한 준비와 검증을 마친 영성지도자들을 **좀 더 많이** 배출할 수 있게 돕는다.

② 그런 준비에 필요한 **새로운 구조**를 형성한다. 이 구조는 다른 곳들의 유사구조 발달에 필요한 이론적, 실제적 지식을 개발하는 데에도 도움이 될 것이다.

그 프로그램 개발의 중요한 **부차적** 목표는 여러 가지가 있다:

① 성직자, 독실한 신자, 평신도, 남성과 여성이 모두 함께 이 교역의 동료로서 가르치고 배울 수 있는 **평등한 활동무대**를 개발한다. 이것의 목적은 다음 두 가지다: ㉠ 그런 배경의 활기로부터 서로에

---

260) 이 연합회는 6개 천주교 신앙공동체의 합동신학대학원이다. 이 연합회는 또한 평신도와 성직자와 독실한 신자들을 위해 특별한 교역실천 프로그램을 제공한다. 이 연합회는 초교파적인 워싱턴신학협의회 회원이기도 한데, 그 협의회의 8개 회원 신학교들은 서로의 학생들을 위해 강의실과 도서관을 개방하고 있다.

대한 이해를 강화한다는 실질적인 목적; ⓒ 교인들의 평등한 본성과 영성지도 자체의 역사를 둘 다 표명한다는 상징적인 목적. 영성지도는 교회에서의 지위와 상관없이 하나님의 은사를 민주적으로 분배해왔다.

② 상호학습과 공유를 위한 **초교파적 활동무대**를 제공한다. 이것 역시 상호학습이라는 실질적인 가치와, 통일된 교회의 궁극적 비전을 제시한다고 하는 상징적 가치를 지닌다. 그런 목적은 또한 그리스도인(그리고 사실상 다른 심층종교전통에 속한 사람들)이 대체로 행정이나 교리적 강조보다는 영성의 측면에서 서로에게 훨씬 더 가까이 다가갔다는 역사적 사실을 증명해준다.

③ 역사적 지식과 현대의 학습, 필요를 둘 다 고려하면서 우리 시대에 **진정으로 가능한 영성을 비판적으로 탐구**할 수 있는 기회를 제공한다.

④ 상보적인 유념적 방법과 더불어, 그 동안 경시해 온 영성발달의 **무념적인 차원**에 관심을 기울인다.

2) 직원

그런 프로그램을 실행하려면 어떤 직원들이 필요할까? 그리고 누가 도움을 줄 수 있을까? 총체적인 목적의 참신한 특성 때문에, 아직은 그런 프로그램에 대한 "준비를 갖춘" 직원이 아무도 없었다. 우리에게 필요한 사람은 어느 정도 선각자 정신을 지닌 사람, 합의적으로 일을 잘 할 수 있는 사람, 영성지도에 관한 경험이 풍부한 사람, 그리고 기독교 영성의 목적과 과정에 두루두루 합치하는 의식을 공유한 사람이었다.

또한 그 프로그램의 합의적, 초교파적 특성 때문에, 직원 역시 이상적으로 이런 차원을 반영해야만 했다. 게다가 심리적 발달과 영적 발달의 연관성 때문에, 직원은 이런 특성도 갖춘 사람이어야 했다.

그렇게 적절한 사람들의 조합을 찾아내는 것, 그리고 상당히 힘든 시간제 프로그램에도 시간을 할애할 수 있는 사람을 찾아내는 것이 바로 나의 첫 번째 임무였다. 나는 평신도 재원들도 몇 명 선발하기로 했다.

(1) 협동직원

나와 함께 그 프로그램을 전반적으로 상세히 계획하고 지속적인 실행과 평가를 도와줄만한 협동직원을 세 명 선정하였다.

① 숀 맥카시 신부는 천주교 사제로서, 워싱턴연합신학대학원의 영성신학 교수다. 그는 영성지도자와 영성수련지도자로서의 경험이 무척 풍부하고, 국내에서나 국외에서도 매우 유명한 영적 부활 컨설턴트다.

② 돌로레스 렉키 박사는 천주교 평신도로서, 전국천주교주교위원회 사무국장을 맡고 있으며, 드살레홀신학대학의 교수로서 기독교 교육과 영성분야를 가르치고 있다. 영성지도자로서의 경험도 무척 풍부하다.

③ 제랄드 메이 박사는 정신과 의사이며 종교개혁 전통의 신자다. 그는 샬렘영성지도연구원에서 2년제 영성발달 연구를 지휘한 후 『집으로 가는 길』(*Pilgrimage Home*)을 저술하였다. 이 밖에도 여러 권의 관련도서를 쓴 저자로서, 그의 개인적인 실천과 집단 리더십은 종종 심리학적 발달과 영적 발달의 관계를 강조하였다.

(2) 특별 후원자

핵심직원의 경험을 보완해 줄만한 사람들에게 그 프로그램을 막 시작한 첫해 동안 특별한 세미나를 이끌어 달라고 요청하였다.

또한 존경 받는 영성지도자연합회에도, 영성지도자 양성프로그램에 참가자들을 좀 보내달라고 요청하였다.

(3) 교과과정 자문위원회

마지막으로, 교과과정 자문위원회가 구성되었다(그리고 나중에는 전국자문위원회도 구성되었다).[261]

이 위원회는 그 프로그램 개발에 관하여 외부의 컨설턴트 관점을 제공하기 위하여 구성되었다.

그 위원회의 구성은 특별히 광범위하였다: 천주교 신자와 종교개혁 전통의 신자, 평신도와 독실한 신자와 성직자, 흑인과 백인, 남성과 여성. 또 우리는 앞에서 말한 웨스턴과 듀케인 영성지도 프로그램의 졸업생들과 제너럴신학대학원의 프로그램 관리자도 선발하였다.

이 위원회는 첫 해에 두 번 모임을 가졌다. 그리고 저마다 우편자료와 개별적인 질문에 응답하였다. 이 위원회는 그 프로그램의 여러 차원들에 대하여 폭넓은 지지와 유용한 관점을 제공해 주었다.

고려사항

프로그램을 어떤 식으로 구성할 것인지 오랫동안 고심한 끝에, 우

---

[261] 나중에는 신학대학원 대학원장들로 이루어진 ATS 전국자문위원회가 구성되었는데, 그 프로그램의 학습을 강조하고 또 신학대학원의 영성형성 문제를 강조하는 신학대학원 교수진으로 이루어진 1개의 전국위원회와 6개의 지역위원회를 지지하는 추가 보조금과 관련되어 있다.

리 직원들은 영성과 영성지도에 관한 가정들을 되도록이면 많이 검토해 보자고 결론지었다. 그리고 그것들을 검토하면 할수록, 그런 프로그램을 실행하려면 신학적, 도덕적, 교육적, 심리학적 영역 등 아주 광범위한 영역을 고려해야만 한다는 사실이 명백해졌다.

그 중에서도 가장 중요한 세 가지 고려사항을 살펴보면 다음과 같다: 참가자, 구조와 내용, 그리고 평가.

1) 참가자

그런 프로그램에 적합한 사람은 누구인가? 그 프로그램을 시작하기 전의 오랜 성찰과 첫 번째 해의 경험을 통해서, 일련의 선정기준이 확립되었다.

그 기저에는 오늘 두 가지 역사적 모델 – 은총을 입은 스승과, 은사는 받았지만 갈고 닦지 않은 친구 – 사이에 새로운 단계의 영적 동료를 추가할 필요가 있다는 인식이 자리 잡고 있다.

내 생각에, 은총을 입은 스승은 천부적이어서 결코 개발할 수 없다. 은사를 입은 친구 역시 기본적으로는 천부적인 것이지만, 때로는 그들의 도움이 관점이나 후원 부족 때문에 불필요하게 제한되기도 한다. 그들은 사실상 다른 사람들에게 좀 더 충만하고, 심오하고, 유동적인 장기적 환경을 제공해 줄 수 있는데도 불구하고, 기본적인 도움을 제공하는 데에만 그치는 경우가 많다.

그 프로그램의 초점은 이렇게 이미 은사를 받은 친구들을 양성하는 것이다. 모든 예술가들과 마찬가지로, 은사는 만들어질 수 없다. 하지만 양성할 수는 있다.

성직자, 신학대학 교수, 종교교육자, 그리고 신앙공동체 구성원들은 대체로 그런 도움을 제공하는 자리에 있는 사람으로 인정받는다. 하지만 이들 중에는 영적인 친구로서의 은사를 받지 못한 사람도 있다. 거기에 지원할 준비가 전혀 안 된 사람도 있으며, 그것을 발달시키는 데 도움이 될 만한 장소가 거의 없거나 전혀 없는 사람도 있다. 이러한 상황은 수많은 종교구조 속에서 그런 도움을 요청하는 사람들이 점점 증가함에 따라 더욱더 악화되고 있는 실정이다.

심리학적 목회상담이나 신학적 지식은 둘 다 다른 사람의 기도생활과 자선, 분별을 심도 있게 도와줄만한 준비를 제대로 갖춰주지 않는다는 사실이 점점 확실해졌다. "정확히" 그들에게 필요한 것은 바로 영성지도/우정이었다.

비전문적으로 교회와 관련된 평신도들은 대체로 아주 비공식적인 방법 말고는 도움을 제공할 수가 없는 자리에 있었다. 그 결과 매우 잠재력이 큰 자원이 무시되고 말았다.

샬렘영성지도연구원 집단에서의 경험을 통해 나는 다수의 성숙한 평신도들에게 깊은 감명을 받았다. 특히 영적인 통찰과 우정의 특별 은사를 받았음이 분명한 여성들에게 말이다. 이들에게는 이웃이나 가족, 교구, 직장에서 삶의 영적인 차원을 포함하여 비공식적인 조언을 해달라고 부탁해 오는 사람들이 많았다. 그렇지만 교회는 이들의 은사를 제대로 인정하지 않았으며, 이들이 영적인 친구로서 행하는 일들에 대해서도 신뢰와 안목이 부족한 경우가 많았다.[262]

이 경험을 통하여 나는 좀 더 전문적인 위치에 있는 사람들뿐만 아니라 그런 사람들까지도 교회와 공동체를 위한 자원으로 인정하

---

262) 또래집단의 한 평신도 여성은 이 점에 대하여 다음과 같이 통렬하게 말하였다: "우리〔평신도 여성지도자〕는 교회공동체의 후원을 거의 또는 전혀 못 받고 있습니다. 우리의 신임은 도움을 청하러 온 사람들과 이 집단의 구성원들로부터 비롯됩니다."

고 준비시켜야 한다는 생각을 갖게 되었다. 영성지도 업무를 수행할 만한 전문적인 교회 인력은 결코 충분하지 못하다. 특히나 성직자, 교육자들이 통상적으로 맡고 있는 다른 복잡한 임무들을 감안하자면 더더욱 그러하다. 그리고 어쨌든, 영성지도에 할애할 시간이 좀 더 많은 사람들, 나아가 영성지도자로서 가장 잠재력이 큰 사람들은 바로 이 폭넓은 평신도 층이라고 할 수 있겠다.[263]

참가자를 선정하기 위한 **주요** 기준은 사람들이 영적 상담을 받기 위해 자발적으로 그 사람을 찾아오느냐 아니냐였다. 이 기준은 평신도, 독실한 신자, 성직자 모두에게 동일하게 적용될 수 있었다.

역사적으로 이것은 보수가 없는 서비스였다(적어도 재정적으로는). 따라서 우리는 대부분의 영성지도자들이 이 교역을 시간제 차원에서 경험하게 되리라고 가정하였다. 이것은 대체로 "자원봉사" 차원의 교역이었다. 비록 어떤 사람들의 경우에는 그들의 "직업"과 좀 더 직접적으로 연결되어 있었지만 말이다.

오늘에는 자격을 갖춘 영성지도자들이 많이 필요하기 때문에, 좀 더 많은 종교기구들이 그런 사람들에게 종일제 또는 시간제의 유급 직책을 제공하는 것도 고려해볼 필요가 있다. 그렇게 하면 재능을 지닌 이들이, 사람들에게 수수료를 "청구하지" 않고도, 자신의 재능을 좀 더 폭넓게 사용할 수 있을 것이다. 그런 식으로 "수수료를 청구하는 직업"은, 이 교역에 관한 한, 긍정적인 결과보다는 부정적인

---

263) 나는 이 연구에서 "영성지도자"(spiritual director)와 "영적인 친구"(spiritual friend)를 교환 가능한 의미로 사용하였다. 그렇지만 수많은 평신도들의 비공식적인 활동을 이야기할 때에는 이 두 용어를 조금 구분할 필요가 있다. 평신도들은 상담이나 사교모임 같은 곳에서도 사람들이 영적인 관심사를 갖고 모인다는 사실을 깨닫게 되는 경우가 많다. 공식적인 영성지도보다도 오히려 이런 경우에 영적인 대화나 비공식적인 조언을 주고받기가 더 쉽다. 이런 것은 "지도" 관계보다도 "영적인 우정"(spiritual friendship)이라고 부르는 것이 더 적합할 것 같다. 한편 공식적인 영성지도 관계에 대해서는 우정과 지도를 서로 같은 의미로 사용할 수 있다.

결과를 더 많이 가져올 것이다.

물론 자기 단체의 토대에서 영성지도자 업무에 자발적으로 공헌해온 사람들의 오랜 전통이 존재한다. 이 전통을 유지하기 위한 방법들은 재정적 부족이라는 현실문제에 대처하기 위한 하나의 방편이 될 수도 있다.

따라서 우리는 참가자를 선정할 때, 재정적 후원의 측면에서 그 일을 필요로 하지 않고 영성지도를 제공할 수 있는 위치에 있는 사람들을 찾아다녔다. 유급 직책을 지닌 사람이나 수수료 지원을 받는 사람을 제외하고 말이다.

또한 우리는 대체로 시간제 직업으로서의 영성지도에 접근하기 때문에, 참가자의 시간을 일부분만 요구하는 프로그램을 제공하는 것이 중요한 것 같았다.

이것은 삶의 후반부를 살고 있는 좀 더 성숙한 사람이야말로 가장 훌륭한 영성지도자라고 하는 우리의 기준에 따라 더욱 강화되었다(제5장 참조). 그런 사람들은 보통 체계적인 가족, 공동체, 직장 상황에 놓여 있다. 따라서 종일제 프로그램을 위해 모든 걸 내려놓기가 너무나도 힘들 것이 분명했다. 또한 우리는 일상생활에서 사람들이 지속적으로 경험하는 것들 대부분이 영성지도를 구성해주는 소중한 경험이라고 가정하였다; 그 프로그램을 지속적인 배경으로 지님으로써, 그들의 총체적 삶이 성찰과 통찰을 위한 자료가 될 수 있을 것이다.

최초의 프로그램에 적용해 본 결과, 종일제 참가자만 요구할 경우 많은 사람들이 참여할 수 없다는 게 확실해졌다. 사실상 그들 삶 속의 모든 업무와 생활 경험들을 통하여 종일제로 영적인 인식에 신중을 기할 수 있는 것과는 대조적으로 말이다.

다음은 우리가 제시한 9가지 선발기준을 요약한 것이다. 각 기준의 가치는 첫해에 이미 증명되었으며, 미래집단의 선정기준으로 사용되고 있다. 첫해의 경험은 앞의 두 가지 기준이 가장 우선이며, 맨 나중의 기준이 가장 중요하다는 사실을 명확히 증명해 주었다.

(1) 선발기준

다음과 같은 사람을 선발해야 한다:

① 다른 사람들을 위한 영적 우정으로의 부르심을 의식하는 사람, 곧 자아를 초월하고 변화시키는 하나님 안에서 성장하고 공유하는 데 관심을 지닌 사람.

② 사람들이 찾아와 삶의 이 부문에 대한 도움을 요청함으로써 위의 부르심을 증명 받은 사람, 잠재적 후원 능력을 보증할 수 있는 사람.

③ 실존적으로, 그리고 학문적으로, 초교파적인 동료들과 더불어 실험적인 2년제 프로그램에 참여하길 원하는 사람.

④ 학사학위나 그에 상응하는 자격을 지닌 사람.[264]

⑤ 특정의 주요 종교 전통을 통해 진리에 대한 헌신을 표명함과 동시에, 다른 전통들을 배우는 데에도 개방적인 사람.[265]

---

264) 이러한 요구를 하는 것은 대학원 수준의 프로그램 자료를 따라올 수 있는지 확인하기 위해서다. 물론 첫해 프로그램의 참가자 가운데 한 사람은 2년제 대학을 졸업했는데도 따라오는 데 전혀 문제가 없었다 (사실 그녀는 가장 훌륭한 연구논문을 제출한 사람에 속했다). 우리는 공식적인 교육 수준이 낮다고 하여 재능 있는 사람들을 배제시키는 걸 절대로 원치 않는다.

265) 그 프로그램은 확실히 기독교 전통에 맞게 짜여졌다. 하지만 우리는 기독교 전통으로부터 방법을 배우고자 하는 타 전통 사람들을 배제시키고 싶지 않았다. 또한 우리는 그리스도인이라는 의미에서 너무 방어적이고 편협한 사람들, 통찰을 안겨줄 수도 있는 타 전통으로부터 지식을 얻는 것에 폐쇄적인 사람들을 포함시키지도 않았다. 이미 밝힌 바와 같이, 첫해 프로그램의 참가자는 모두가 적극적인 그리스도인이었다.

⑥ 충만한 삶의 경험을 지닌 사람.[266]

⑦ 이상적으로, 사법권이나 신앙공동체, 신학대학, 지역교회 상담센터, 또는 그밖에도 그들의 업무를 합법화하고 격려해 줄 만한 무대에 따라 그 프로그램을 확인받거나 후원받은 사람.[267]

⑧ 이상적으로, 일대일 또는 집단 상담이론과 상담기법을 발전시키는 데 어느 정도 배경을 갖춘 사람.[268]

⑨ 이상적으로, 일정기간 동안 다른 사람과 영성지도나 영적 우정 관계를 유지해 온 사람.[269]

앞으로 우리는 성서나 신학이나 기독교 영성의 역사에 대해 배경지식이 거의 없는 사람들을 위해서 첫해보다 좀 더 집중적인 추가 작업을 실시할 것이다.

---

266) 이것은 보통 인생의 후반기에 속한 사람을 의미한다. 하지만 우리는 더러 일찍 성숙해지는 사람, 일찍 많은 경험을 하여 다른 사람에게 줄 게 많은 사람도 있다는 것을 인정한다. 그래도 첫해의 참가자들 가운데 몇 명만 30대 초반이었고, 대부분은 35~54세였다. 첫해의 경험에 비추어볼 때, 여기에서 가장 중요한 요인은 개인의 절박한 동요 때문에 다른 사람들과 함께 하기가 힘들지 않은 사람, 삶에서 확고한 신앙의 안정지대에 도달한 사람의 존재였다.

267) 이 기준은 이중의 목적을 지닌다: 프로그램 진행 중에도 자신의 발달된 영성지도 은사를 의미심장하게 사용할 수 있는 영역이 있는지 확인하는 것; 다양한 종교 구조를 통하여 그 프로그램과 그 목적에 대한 인식과 후원을 조장하는 것. 여기에서 "이상적으로"라는 말은 유용하기는 하지만 반드시 필요한 건 아니라는 의미. 현재의 소수 참가자들, 특히 종일제 학생들은 미래에 대한 확실한 토대가 없다; 하지만 대부분이 명확하게 정의된 토대를 지니고 있다.

268) 나는 이 연구에서 영성지도와 심리학적 상담을 구분하려고 노력했지만, 동시에 어떤 상황에서 작용할 수 있는 원동력들을 감지하게 해주는 개인과 집단 발달에 대한 심리학적 지식이 중요하다는 사실도 지적하였다. 첫해의 경험을 토대로 하여 우리는 충분한 배경이 없는 사람들을 위해서 이 분야에 대하여 좀 더 자의식적으로 기초적인 추가 작업을 추천하기로 결정하였다.

269) 첫해에는 이 기준이 특별히 중요한 것으로 드러났다: ① 그 사람이 일반적인 목회상담과 반대되는 의미의 영성지도를 펼치고 있다는 사실을 확인해주는 방법이었으며; ② 중대한 "도제살이" 배경이었다. 하지만 우리는 특히 종교개혁 전통의 교회 지원자들을 위해서 그것을 옵션으로 남겨두었다. 그들의 전통이 지닌 현재의 선택적 규범상으로는 그렇게 지속적이고 집중적인 관계가 종종 결여되어 있기 때문이다.

(2) 최초의 프로그램 참가자

대략 50명 정도가 1978년 9월에 시작하기로 한 첫 번째 프로그램에 지원하였다. 아주 다양한 배경을 지닌 사람들이었다.[270]

그런데 우리가 가장 실망스러웠던 것은, 인구의 25% 정도가 흑인인 대도시권에서 흑인 지원자가 아무도 안 나왔다는 사실이었다. 거의 대부분이 흑인인 하워드대학교 종교학부의 학장이 그 프로그램에 지대한 관심을 표명했는데도 말이다.[271]

그 점만 빼면, 지원자들의 범위와 특징상, 거의 비슷한 인원의 남성과 여성, 천주교 신자와 종교개혁 전통의 신자, 그리고 지교회 목사와 신앙공동체 구성원들과 교목과 신학대학 교수와 상급학생과 영성지도자, 그리고 다양한 교회와 공동체 상황에서 활동 중인 평신도로 구성된 집단을 선발하기에 충분했다.

우리는 제한 인원을 20명으로 공지했음에도 불구하고, 결국 25명의 참가자를 선발하였다. 한편으로는 지원자들의 뛰어난 자질 때문이었고, 또 한편으로는 여러 가지 이유에서 인원이 감소할 수 있기 때문이었다. 사실상 2학기가 시작될 무렵 그 집단은 21명으로 줄어

---

270) 틈날 때마다 지원자들을 대상으로 한 개별 인터뷰가 진행되었다.
271) 이렇게 흑인 지원자가 부족했던 이유들 가운데 하나는, 다른 영역에서 흑인 종교지도자들에 대한 압박이 극심했기 때문이었던 것 같다. 내가 설명한 공식적인 개별, 집단 영성지도와 관련하여 주류 흑인교회 종교개혁 전통의 중요한 부분이 아닌 영역에서 말이다. 한 흑인 친구의 주장대로, 또 하나의 요인은, 흑인확대가족의 어머니, 숙모, 조부모, 또는 그 밖의 "연장자"가 영적인 조언자로서 자주 맡았던 특별한 지위 때문이었을 것 같다. 이것은 히스패닉공동체의 경우도 마찬가지일 것이다. 하지만 미국사회에서 가정생활의 점차적인 단절과 더불어 그러한 가족연대가 느슨해지면서부터, 외부의 영적 우정에 대한 요구가 점점 더 확대되는 것 같다. 하지만 또 하나의 요인이 있을 수 있는데, 그것은 흑인교회공동체에서 그 프로그램을 좀 더 조심스럽게 대중화하고자 하는 우리의 의지다. 샬렘영성지도연구원 프로그램의 흑인계 미국인들은 보통 천주교나 성공회 전통에 속한다. 그 전통에는 공식적인 무념적인 전통 뿐만 아니라 영성지도의 체계적인 장소도 더 많다. 하지만 (다수의 서부 인디언 배경을 지닌 사람들을 제외하고) 대부분의 흑인계 미국인 그리스도인이 속해 있는 전통에는 그런 게 없다. 샬렘영성지도연구원은 흑인계 미국인들의 영성에 관한 특별회담을 계획 중인데, 이 영역에 대해서는 나중에 좀 더 자세히 탐구할 수 있을 것이다.

들었다.

이러한 참가자들의 다양한 배경은 수많은 참가자들의 평가에서 가장 중요한 학습 토대인 것으로 거듭 밝혀졌다.

2) 구조와 내용

좀 더 훌륭한 영성지도자가 되기 위해서는 어떤 도움이 필요할까? 스승 밑에서 도제살이를 하는 것? 별로 "스승이 없는" 요즘 시대에는 꼭 그렇지만도 않은 것 같다. 하지만 좀 더 훌륭한 영성지도자가 되려면 영성지도자가 되어줄 누군가와 함께 해야만 한다. 우리를 사랑과 진리가 넘치는 스승께로 인도해 줄 누군가와 말이다.

전문적인 기술? 물론 필요하다. 영성지도는 하나의 예술이므로, 그런 기술이 있으면 적어도 안에 들어 있는 재능을 이끌어내는 데 도움이 될 것이다.

학문적인 지식? 물론 필요하다. 하지만 그런 지식은 이해(comprehension)의 화살이어서, 본질적으로 견해(apprehension)와 연루된 교역실천하고는 거리가 멀다.

개별적인 영성훈련? 물론 필요하다. 하지만 그것은 아무것도 **보장해 주지 못한다**.

사실, 좀 더 훌륭한 영성지도자를 **만들어 내기** 위해 어떤 프로그램이 할 수 있는 일은 **아무것도 없다**. 영성지도 자체와 마찬가지로, 이 프로그램은 그저 보고 들을 필요가 있는 것들을 보고 듣도록 초청해 주는 **환경**을 제공할 뿐이다. 만일 어떤 사람이 좀 더 깊이 있게 보고 들을 **준비를 갖추고** 있다면, 별로 "좋지 않은" 프로그램이라 하더라도 유용하게 사용할 수 있을 것이다. 반대로 준비가 전혀 안

된 사람이라면, 아무리 잘 구성된 프로그램이라 할지라도 별 효과가 없을 것이다.

　이러한 사실은 곧 직원에게도 겸손함이 요구된다는 것을 의미한다. 우리는 프로그램과 성과 사이에 어떤 일대일 관계를 만들어낼 수 없다. 우리는 영성지도를 통해 인간의 삶에서 가장 미묘하고 통합적인 차원을 다루게 되며, 이것은 늘 신비와 경외의 영역에 머물러 있다.

　그것을 임상적이고 기술적인 모델로 축소시키려 드는 것은 곧 영성지도 의식의 핵심에 도전하는 셈이다. 영성지도 의식에 따르면, 환자의 시력을 치유하려면 일단 기다려야 한다. 기꺼이 환자 곁에 앉아서 위로와 방법과 후원을 제공하면서도, 환자의 의식의 방 밖에서, 성령이 마음과 정신을 열어 주시길 기다리는 것을 명확히 의식하는 것이다.

　바로 이러한 신비의 깊이가 프로그램된 "문제-해결"과 "기법 발전"을 거부한다. 거기에는 오로지 표출 과정으로만 접할 수 있는 은사의 차원이 연루되어 있다. 하나의 프로그램은 착수시키고, 민감하게 만들고, 안전한 기반을 제공해 줄 수 있다. 하지만 때가 왔을 때 그 사람 속에서 성령이 역사하심에 비추어 보면 그 얼마나 보잘 것 없는 일인가.

　프로그램은 최상의 경우 산파의 역할을 담당한다. 정화와 분배와 휴식을 통해 좀 더 심오한 영적 시각이 탄생하는 과정을 함께 한다. 이처럼 충실히 만들어진 통합적인 시각이 훌륭한 지도자를 "만들어낸다." 그것은 지식의 축적이 아니라, 시각의 노출이다. 피지도자의 노출과 영성지도자와 하나님 사이에 있는 것을 모두 제거하는 게 아니라 그저 자격을 취득한다는 구실 아래 운영되는 프로그램은 결코 성공하지 못할 것이다.

그런 노출은 우리 모두에게 늘 힘든 일이다. 우리는 우리 정체성과 분석적 지식을 보장해줄 수 있는 여러 가지 것들로 자신을 가리려 한다. 이러한 가리개는 우리 상처를 싸매는 밴드처럼 쓸모가 있다. 단, 그것이 밴드에 불과할 뿐 치유나 지식의 힘이 그 안에 들어 있는 건 아니라는 사실을 우리가 알고 있는 한 말이다.

영성지도자 프로그램은 이 가리개를 향한 우리의 인간적인 욕구를 인정해야만 한다. 또한 내가 떠올릴 수 있는 온갖 프로그램들 중에서 가장 인습타파적이어야 하고, 신비를 교묘히 조종하려는 것에 대해 가장 회의적이어야 하며, 예측할 수 없는 뉘앙스에 대해서도 가장 세심해야 한다.

우리가 프로그램을 학위취득과목이나 자격취득과정으로 바꾸지 않는 데 동의하는 것도 바로 이 예측 불가능한 발달과정 때문이다. 우리는 프로그램 종결 시 좀 더 자질을 갖춘 영성지도자를 배출할 수 있는 확실한 방법이 하나도 없었다. 우리는 학문적 성취에 초점을 맞추기보다는 영성지도의 역사적-은사적 차원의 중심적 위치를 유지하고 싶었다.

그와 동시에 우리는 객관적 자료에 대한 인간적 욕구도 인정하였다. 따라서 그 프로그램을 만족스럽게 끝마친 사람들에게는 수료증을 제공하기로 하였는데, 그것은 단지 이 학문 분야에 경험이 있다는 사실만을 증명해 주는 것이었다.

그 프로그램은 또한 학생들이 필요로 할 경우 대학원 학점이수를 위해 참여할 수도 있다. 다만 그런 프로그램에서 매우 중요한 본질적이고도 섬세한 표출보다는 비본질적인 보상이 따르는 편의적인 연구에 집중하고 싶은 유혹을 물리치기 위해서, 우리는 등급별 성적이 아니라 합격/낙제로 점수를 매긴다.

　몇몇 학생들은 그것을 가톨릭대학교 기독교 영성 박사과정 프로그램의 일부로 듣고 있고, 또 일부 학생들은 신학박사 프로그램의 일부로 듣고 있다.

　이렇게 중요한 점들에 주의하면서 이제는 그 프로그램의 특별한 차원들을 살펴보기로 하자. 그 모든 차원들이 보고 들으라는 초대로 참가자들의 성장과정을 "둘러싸고" 있다. 우리는 씨앗을 심을 수 있다. 하지만 의미의 성장을 가능케 해주시는 분은 바로 성령이다.

　개별적 참가자들은 저마다 다른 강조점들에 대한 욕구를 지니고 있다. 집단 영성지도와 마찬가지로, 저마다가 원하는 것과 딱 맞는 일대일 짝을 제공해 줄 수 있는 방법은 결코 없다. 성장과정의 신비 때문에, 나는 개인들 스스로가 자기에게 딱 맞는 것이 무엇인지를 알 수 없다고 생각한다. 비록 우리가 그들이 진술한 특성에 딱 맞도록 프로그램을 맞출 수는 있겠지만 말이다.

　이렇게 상이한 욕구와 신비 때문에, 우리의 접근방법은 매우 상이한 "환경"을 제공해 왔다. 우리는 그 환경들이 서로 연관되고 상호보완적이기를 바란다. 특정의 환경은 특정의 참가자들에게 특히나 잘 맞는 것으로 판명될 것이다. 다음은 우리가 요구했던 다양한 차원들이며, 최초로 시도한 해에 우리가 배운 것들 가운데 일부는 바로 이 차원들과 관련되어 있다.

(1) 영성지도자

저마다의 참가자는 자신이 직접 선택한 영성지도자와 적어도 한 달에 한 번씩 만나야 한다.

사실 그 프로그램에 들어온 대부분의 참가자들은 이미 누군가와 영성지도 관계를 맺고 있었다. 나머지도 자신이 원하는 사람이 누구인지를 알고 있었다. 도움이 필요한 사람은 극소수였는데, 그들은 앞에서 언급했던 프로그램 "부서"에서 어떤 사람이 가장 적합할 것인지 논의한 후에 몇몇 영성지도자들의 이름을 건네받았다.

영성지도의 경험이 전혀 없거나 거의 없는 사람들의 경우, 적어도 처음 두 달 동안은 되도록 매월 한 번 이상 영성지도자를 만나보도록 권유하는 것이 제일 좋다. 그리고 상당히 경험이 많은 사람들의 경우, 만일 자주 안 만나는 게 오히려 나을 것 같은 시기에 속해 있다면, 위의 요구사항을 좀 더 느슨하게 적용하는 것이 좋다.

그럼에도 불구하고, 대부분의 참가자들의 경우, 이렇게 직접적으로 영성지도의 "구전 전통"에 참여하는 것이 무척 중요하다. 그것은 영성지도자가 되기 위한 최고의 준비는 어떤 외적인 기법을 발전시키는 게 아니라 자신의 영적 여정을 지속적이고도 세심하게 경청하는 것이라고 하는, 그리고 영적인 친구의 가치는 바로 이 세심함에 있다고 하는 우리의 가정, 영성지도의 고전적인 가정과도 일맥상통한다.

(2) 개별훈련

참가자들은 영성지도자를 통하여 하나님께 대한 책임감과, 자신만의 기도 방법과 **세심한 경청** 훈련을 실시하게 되어 있다.

또한 각 참가자는 포괄적인 일기를 쓰게 되어 있다. 거기에는 독서 기록과 세미나 기록; 개별적인 기도/묵상 훈련과 성찰의 기록; 영성지도자, 피지도자, 그리고 직원과의 활동 기록; 개인적인 일상 경험(꿈도 포함)의 기록; 이 차원들에 대한 통합적인 성찰들이 포함되어야 한다.

이 일기는 프로그램을 위한 "주요 텍스트"가 된다. 이것은 여러 면에 걸쳐서 사려 깊은 일관성의 주요 요소, 하나의 과정 기록부로 취급된다. 이것은 사적인 기록이므로 얼마든지 자유롭게 기록할 수 있다. 그리고 당사자가 원치 않는 한 어느 누구도 그것을 들여다볼 수 없다.

프로그램 초기에 우리는 그런 일기를 쓸 수 있는 다양한 방법들에 관하여 교육을 실시한 다음 참가자들의 공통된 경험을 묻는다.

어떤 사람들은 과거에 한두 가지 형태의 일기를 써본 경험이 상당히 풍부하다. 그런 사람들의 경우에는 사려 깊은 기록 작업을 좀 더 간헐적으로 실시하는 게 오히려 나을 수도 있다. 하지만 이제 막 시작단계에 있는 사람이라면 이렇게 일기를 쓰는 것이 무척 중요하고 필수적인 훈련이므로 매일 또는 자주 쓰는 게 좋다. 나중에 알고 보니, 몇 년간 정기적으로 일기쓰기 방법과 문제들에 대해 성찰해 보는 것이 무척 중요했다. 일부 참가자들은 일기쓰기에 난항을 겪는 것처럼 보였고, 따라서 다른 사람들의 경험을 통해 자극을 받을 필요가 있었던 것이다.

(3) 피지도자

참가자들은 최소한 두 사람과 함께 활동해야 한다. 그리고 장기적으로 한 달에 한 번 이상은 저마다 만나야 한다. 어떤 사람들은 여기에 집단 영성지도 활동까지 병행한다. 하지만 그런 경우에도 이 두 사람과는 매달 만남을 가져야 한다.

피지도자와 함께 활동하는 것은 그 밖의 곳에서 배울 수 있는 모든 것들에 대한 지속적인 현실 점검의 토대가 된다.

참가자들의 대부분은 이미 두 명의 피지도자들과 활동을 하고 있거나, 또는 피지도자 되고 싶은 사람 쪽에서 그들이 적임자라는 사실을 알아채고 찾아오고 있었다.

하지만 여러 명의 참가자들, 특히 종교개혁 전통의 신자[272]와 학생들은 피지도자를 찾는 데 도움이 필요했다.

때로는 이것이 예민한 문제로 밝혀졌다. 영성지도 참가자가 누군가를 "필요로 한다"는 이유 하나만으로 직원(또는 다른 사람)이 그 사람에게 잠재적 피지도자를 소개하게끔 하는 것은 잠재적 피지도자에게 그리 좋은 일이 아니다. 적합한 "짝"을 찾으려는 관심이 무척 중요하기 때문이다. 또한 어떤 이유에서 참가자가 정말로 영성지도의 본질에 대해 혼란스러워하는 것처럼 보일 경우(어쩌면 영성지도를 목회상담과 혼동할 수도 있다), 또는 절박한 개인문제 때문에 아직 영성지도자가 될 준비가 제대로 안 갖춰진 것처럼 보일 경우에는, 잠재적 피지도자를 소개하는 것이 오히려 더 큰 문제를 불러일으킬 수도 있다.

실제 인물들의 영성생활을 다루는 것은 결코 실험용 토끼를 대상으로 한 실험이 아니다. 이것은 절대로 게임이 아니다. 피지도자를 소개하는 것은 "의뢰인"이 책임져야만 하는 심각한 업무다.

---

[272] 다시 말하지만, 종교개혁 전통의 신자들은 지속적인 영적 우정 관계의 전통이 종종 결여되어 있으므로, 그들 가운데 대다수가 교회 상황에서 새로이 길을 닦고 있는 실정이다.

여기에서 특별히 중요한 것은, 영성지도에 관하여 충분히 이해하고 있다고 확신할 수 있는 사람, 그리고 개인적으로 충분히 성숙하였기 때문에 혹시라도 잠재적 피지도자를 잘못 소개해준 건 아닌지 걱정할 필요가 전혀 없다고 판단되는 사람을 참가자로 선정하였다는 것이다. 만일 심사를 통과했음에도 불구하고 이런 자질을 갖추지 않은 것으로 판명이 난 사람은 프로그램을 그만 두거나 또는 피지도자와의 작업을 몇 달간 연기해야 할 것이다.

(4) 또래집단

각 참가자는 한 해 동안 4명으로 구성된 소집단에 미리 배정되는데, 이 소집단은 혼성과 상보성을 주요 기준으로 삼는다.

저마다의 또래집단은 상호 합의 아래 매월 2시간씩 만난다. 그 시간은 두 번의 참가자 프레젠테이션으로 엄격하게 구성되며, 특별히 피지도자 관계에 집중한다.

직원은 보통 여기에 참석하지 않는다. 그것은 직원의 시간이 한정되어 있기 때문이기도 하지만, 영성지도 프로그램을 엄격하게 감독해온 또래집단에서 깨달은 게 있기 때문이기도 하다. 그들의 조언은 동료로서 "함께 여행할" 수 있다는 위로에 집중된다. 그리고 영성지도자의 "행위" – "실적"보다는 피지도자가 "주님과 함께 성취해내도록" 놔두는 데 좀 더 초점을 모은다.

우리는 그 집단이 대체로 성숙하고 경험 많은 사람들, 충분한 통찰을 지닌 게 틀림없는 사람들로 이루어져 있다고 확신하였다.

첫해의 경험은 매우 복잡했다. 일부 또래집단은 아주 화목하고, 신뢰할만하며, 그 과정에 대해 매우 감사하고 있는 것으로 판명되었다. 하지만 나머지는 다음과 같은 이유로 허물어지고 말았다. ① 저마다가 원하는 자기-표출의 정도에 대한 상이한 기대; ② 영성지도에 대한 상이한 견해(어떤 이들은 그것을 좀 더 폭넓게 해석하여 목회상담의 차원까지도 포함시킨다); ③ 성격의 차이; ④ 경청에 대한 상이한 책임감.

두 번째 해에는 또래집단에서 다음과 같은 점들을 실험할 것이다. ① 직원이 이 모임에 참석하여 차이점이 무엇인지 알아본다(여러 참가자들의 요청이 있었다); ②구성원들을 새롭게 섞는다; ③ 같은 시간, 같은 장소에 전체가 모여서 충분한 성찰의 기회를 갖는다.

가능하기만 하다면, 이 또래집단들이 한 달에 한 번보다는 두 번 만나도록 하는 것, 그리고 특히 초반에는 직원이 좀 더 자주 동참하는 게 중요하다고 나는 생각한다.

(5) 영성수련

첫해에는 나흘간의 전체 영성수련에 참여해야 했다.

이 집단 영성수련은 시골 한적한 영성수련원에서 두 번의 합숙 영성수련으로 이루어졌는데, 한 번은 첫해를 시작할 때, 그리고 한 번은 끝마칠 때였다.

최초 오리엔테이션 영성수련은 금요일 아침 9시 30분에 시작되어 토요일 저녁 9시에 끝났다. 그것의 목표는 다음 4가지였:

① 공통된 기도의 영, 서로의 배경에 대한 인식, 그리고 의사소통과 학습의 흐름을 도와줄 수 있는 상호적 편안함을 특징으로 하는 2년짜리 임시공동체의 토대를 형성할 수 있도록 의미심장한 단체 활동시간을 제공한다.

② 영성지도의 다양한 차원과 선정된 문제들에 대한 개요를 제공한다.

③ 또래집단을 구성한다.

④ 특히 참가자가 제시한 전문 분야에 초점을 맞춘 최초의 개별적인 직원-참가자 자문회의를 갖는다.

판명된 바와 같이, 영성수련은 대부분의 참가자들에게 탁월한 출발점이 되었다. 어떤 이들은 우리가 제공한 것보다 더 많은 침묵과 공식적 영성수련의 기회를 원했다. 반면에 몇몇 사람은 프레젠테이션과 활동이 너무 빡빡하게 "꽉 차는" 것을 원치 않았다. 토요일 오후에는, 30분짜리 인터뷰만 제외하면, 대체로 자유롭고 조용한 시간이 주어졌다. 하지만 나머지 시간은 완전히 꽉 차 있었다.

앞으로는 스케줄을 조금 느슨하게 짜서 제시된 의견들을 흡수하고 참가자들의 통찰력을 일깨울만한 시간을 좀 더 많이 제공해야 할 것 같다(앞으로 살펴보게 되겠지만, 이 두 번째 요구사항은 우리가 세미나를 통하여 깨달은 중요한 사실이다).

최종 집단 영성수련은 첫 학년도를 끝마칠 때, 금요일 아침 9시 30분에 시작해서 토요일 저녁 9시에 끝났다. 이 영성수련의 목표는 다음과 같았다:

① 프로그램 평가와 자기 평가의 기회를 제공한다.

② 2년차 프로그램으로 계획된 구조를 검토하고 내용을 함께 계획한다.

③ 프로그램 참여, 그것과 관련된 개인적 욕구를 검토하기 위해 참가자와 직원이 일대일 인터뷰를 한다.

④ 개인적인 그리고 단체적인 묵상과 기도.

⑤ 비공식적인 친교와 상호학습

이 영성수련은 통합을 위해 매우 귀중한 기회로 판명되었다. 특히나 시간제 비거주프로그램은 그렇게 지속적인 단체 활동 시간이 꼭 필요하다.

첫해에는 최소 **두 차례 침묵수련**(혼자서 또는 다른 사람과 더불어)도 요구된다. 이 기간은 모두에게 고유하고도 선구적인 노력으로서의 영적 여정이라는 상징적 목적을 지닌다. 어떤 특정한 역할이나 제도나 후원 시스템의 경계를 초월하여 개인의 꾸밈없는 신앙과 믿음이 기본이 되는 여정 말이다. 이 기간은 사막 교모, 교부들의 정신과 조금이나마 연결시켜 주기 위한 것이며, 영성생활을 지나치게 길들이거나, 과신하거나, 제도화하는 것과는 거리가 멀다.

그런 태도는 "영혼의 친구"(soul friend) 쪽에서 유지하는 것이 중요하다고 나는 확신한다. 영혼의 친구는 진리의 영의 멋지고 신비로운 방법에 대해 지나치게 친숙하거나 지나치게 확실한 지식을 가정하는 편안하고도 근시안적인 견해에 굴복하고 싶은 유혹과 맞서 싸우는 사람이다.

실제로 이 기간은 참가자들이 한 해 동안 좀 더 진지하게 "안식일"을 받아들이도록 만든다. 아마도 그런 올바른 인식과 명백한 경청의 시간을 "요구하는" 것은 지각 있는 미국인 참가자들이 좀 더 쉽게 제4 "계명" – 안식일에 쉬는 것 – 과 연결될 수 있도록 도와줄 것이다. 다시 한 번 말하지만, 훌륭한 영혼의 친구에게는 삶의 이 차원에 관한 경험과 인식이 무척 중요하다.

우리는 참가자들에게 이 기간 동안 영성지도자나 직원과의 상담을 계획해 보라고 권유하였다. 또한 그들만 좋다면, 영성수련에 관한 성찰일기를 직원들, 곧 영성수련 후 한 달 동안 그들과 만나게 되어 있는 직원들과 선택적으로 공유해보라고 권했다.

이 기간을 **언제**로 정할 것인가는 그들 판단에 맡겼다. 다만 그들을 공동체 교회의 준비 절기에 연결시키기 위해서, 대림절 그리고/또는 사순절 기간도 괜찮다고 일러주었다.

사실 이 영성수련 기간에 대해서는 참가자와 직원들 간에 충분한 논의가 이루어지지 못했다. 참가자들의 바쁜 삶에 비해, 논의해야 할 주제와 다른 요구사항들이 너무나도 많았던 것이다. 그렇지만 참가자들의 혼란스러운 삶이야말로 이 영성수련 기간이 꼭 필요하다는 주장의 타당성을 더더욱 강조해 준다.

(6) 세미나

매주 화요일 밤이면 7시 15분부터 9시 30분까지 집단모임이 있었고, 나도 늘 그 모임에 참석하였다. 그리고 주제가 무엇이냐에 따라 다른 직원이나 재원들이 돌아가면서 참석하기도 하였다.

그 세미나의 목표는 다음과 같았다:

① 강연, 토론, 독서를 통하여 하나님, 인간, 세상의 본질에 관한 가정들과 더불어 영성지도/영적우정의 발달, 형태, 가치의 폭넓은 역사적, 현대적 이론의 배경을 제공한다.

② 선별된 영성훈련, 특히 기도와 분별 방법을 공개하고 다양한 상황에서 그것을 사용하는 것에 대한 성찰도 더불어 제공한다.

③ 참가자들의 삶 속에서 이 영역의 개인적 통합과 이해를 좀 더 심화시키고, 나아가 다른 사람들과의 작업에서 (프로그램의 다른 활동들과 연합하여) 그것을 좀 더 제대로 적용할 수 있는 기회를 제공

한다.

　영성지도자가 꼭 알고 직면해야 할 주요사항들에 대해 생각하면 할수록 우리의 주제는 점점 더 광대해졌다. 만일 우리가 영성지도와 연관된 온갖 가정들과 잠재적으로 유용한 지식들을 전부 다룰 작정이라면, 결국 총체적인 신학교육을 구성해야만 할 것 같았다.

　이러한 인식은 영성지도의 실재를 하나의 통합적인 분야로서 강화시켜 주었다. 삶의 모든 요소가 그것과 연관되어 있다. 그리고 그 "모든 요소"가 얼마나 미묘하게 하나의 관점과 하나의 핵심으로 합치되는가도 바로 영성지도와 관련된 문제다. 우리는 삶의 다양한 주제와 차원의 복잡한 조각들 속에서 이 근본적이고도 미묘한 단순성을 놓쳐 버리기가 너무나도 쉽다.

　이미 밝힌 바와 같이, 우리는 주간 목표에 지나치게 의욕적이었다. 비록 우리의 모든 행동이 다 연관되어 있었지만, 우리는 한 사람이 얼마나 많이 참석하거나 받아들일 수 있는가 하는 현실적인 문제를 망각하였다. 각 세미나의 주제는 그 자체만으로도 강좌 하나의 가치가 있었다. 우리는 좀 더 많은 주제들로 뛰어들기 전에 통찰들을 하나로 통합시킬만한 시간적 여유도 없이, 광대한 지식의 영역을 스스로 개방(또는 재개방)하고 있음을 깨달았다.

　우리는 대부분의 참가자들이 그 많은 주제들에 대한 배경지식을 이미 갖추고 있다고 가정하였다. 따라서 특별히 영성지도와 직접적으로 연관된 특별한 차원에만 관심을 집중시키고 싶었다. 하지만 특정 주제들의 복잡하고도 다양한 가정들 앞에서 우리는 곧 꼼짝 못하게 되고 말았다. 그것들을 영성지도와 제대로 통합시킬 만한 시간이 없었던 것이다. 하물며 그것들을 참가자들의 특정 문제와 제대로 통합시킬 만한 시간은 더더욱 없었다.

　결국 우리는 영성지도와 연관되었을 법한 것들을 모두 "포함시키기로" 결정했다. 그리고 아주 짧은 시간에 방대한 양의 자료들로부터 진수를 짜내기 위한 강연도 계획하였다. 하지만 강연자가 이 진수를 요약하려는 시점에서 세미나 시간은 사실상 끝나 버렸고, 수많은 참가자들이 결말이 나지 않은 상태로 남게 되었다.

　우리는 세미나가 끝난 뒤에도 필독서를 읽음으로써 모든 것이 결국은 제자리를 찾을 수 있게 되기를 희망했다. 하지만 오히려 수많은 참가자들이 점점 더 혼란에 빠져 헤매는 자신을 발견할 뿐이었다. 그런 식으로 계속 새로운 자료만 첨부하고 개인적인 통합의 시간을 마련해 주지 않는다면, 모든 것이 제자리를 찾을 수 있는 길은 결코 없을 것 같았다.

　처음 석 달이 끝나갈 무렵 나는 점점 커져가는 이 생각을 참가자들에게 테스트해보았다. 그리고 거의 모든 참가자들의 경우 내 생각이 옳았다는 사실을 깨달았다. 한 참가자는 다음과 같이 말함으로써 그것을 매우 잘 표현해 주었다: "우리는 영성지도 자체에서 사용하는 것과 똑같은 주요 방법론을 세미나에서 사용해야 합니다: 강연을 통해 진리를 **전달**하려고 애쓰기보다는 참가자들로부터 진리를 **일깨워야** 합니다."

　그 후로 우리는 방법론을 바꿔서 다른 식으로 주제에 접근하였다. 우리는 중요하다고 생각되는 것들을 전부 다 포함시키려 했던 필사적인 노력을 그만두었다. 그 대신 이 목적을 위하여[273] 좀 더 많은 독

---

[273] 처음에는 독서가 내용을 포함시키는 데 적합하다고 생각하지 않았다. 영성과 영성지도에 관한 참고문헌은 여러 모로 부적합하기 때문이다. 그렇지만 참가자들이 사용할 수 있는 시간이 풍부할 경우에는 읽을 가치가 충분한 책들이 매우 많다.

서에 비중을 두는 쪽으로 방향을 틀었다. 그리고 짧은(20~30분) 강연으로 세미나 시간을 아껴서, 각 참가자가 그 주제, 곧 영성지도를 자신의 실존적 경험과 통합하도록 도와줄만한 특정문제들에 대해 개별적으로, 그리고 소집단으로 충분히 성찰할 수 있게 이끌었다.

우리는 또한 공동기도 형태와 그것에 관련된 경험들에 좀 더 많은 시간을 부여하기 시작하였다. 그것 역시 출판물에서 그 동안 모든 것들을 교훈적으로 포함시키느라 무시를 당해왔다.

그제야 참가자들은 안도의 한숨을 내쉬었다. 나는 우리가 결국 견해의 영역에 더 적합한 귀납적 방법으로 목적지에 도달하였음을 깨닫게 되었다. 가장 중요한 것은, 참가자들이 자신의 생활/지도 환경에서 뭔가 중요한 통찰을 "포착할" 수 있는 것이었다. 한 사람이 모든 것을 다 "포착할" 수 있는 방법은 그 어디에도 없다. 하지만 특정 시간에 포착할 수 있고 또 포착해야 하는 것이라면 얼마든지 포착할 수 있다.

이러한 접근은 필히 일기를 기록해야 한다는 우리의 생각과 좀 더 조화를 이룬다. 곧, 지식은 정해진 기간에 만들어지는 하나의 산물이 아니라, 영속적인 표출의 과정이라는 생각과 좀 더 일치하는 것이다. 우리는 사람들에게 온갖 주제들을 열거해줄 수 있다. 하지만 저마다가 필요로 하는 것, 저마다가 효과적으로 배울 수 있는 것은, 자신과 개별적으로 연관된 곳, 그리고 자신과 자기 일을 위해 통찰의 은혜가 꼭 필요한 곳이다.

우리는 긴 강의로 이루어진 좀 더 보수적인 학문 형태로 세미나를 시작한 결과, 영성지도라는 미묘하고 통합적이고 실존적인 영역에는 이 유형이 부적절 또는 불충분하다는 직접적이고도 부정적인 깨달음을 얻게 되었다.

　물론 몇몇 교수들은 아주 탁월할 강사인데도 좀 더 귀납적으로 실존적인 가르침을 줄 수 있는 훈련을 받은 적이 없거나 아예 그런 재능이 없을 수도 있다. 하지만 나는 이런 학습 유형의 능력을 지닌 사람이야말로 앞으로 영성신학과 영성지도의 발달을 주도해 나갈 매우 귀중한 인재라고 확신한다.

　우리가 결국 정착시키게 된 기본적인 세미나 형태는, 주제와 관련된 짤막한 강연을 들은 후에 개별적으로, 그리고 소그룹으로, 특정의 통합적 문제들에 관한 활동을 하는 것이었다. 그런 다음에는 최대 30분간 몇 사람이 기도/묵상/성찰 훈련을 인도하고서 잠깐 휴식을 취했다. 그리고는 그 주제와 관련된 질문과 평가의 기회를 충분히 제공하면서 세미나를 마무리하였으며, 그 주제를 앞주나 다음 주의 세미나 주제들과 연결 짓기도 하였다.

　세미나의 또 다른 장애물은 바로 시간이 부족하다는 것이었다. 최초의 영성수련은 참가자들 간의 관계와 비공식적인 학습으로 시작되었는데, 함께 해야 할 수많은 활동들 때문에 세미나가 방해를 받았다.

　우리는 견해의 영역을 다루고 있기에, 공식적으로나 비공식적으로 일정 기간 동안 다양한 방식으로 주제들을 "전환할" 기회를 제공하는 것이 중요하다. 한 주제에 관한 단선적인 정보를 전유하는 것만으로는 충분치 않다. 좀 더 개별적으로 통찰력이 있는, 다른 지식과 통합된 전유가 필요하다.

　앞으로 좀 더 "심사숙고한 후 전환할" 시간을 벌기 위해 우리가 생각해낸 방법은 좀 더 오래(6시간 동안) 하나의 주제에 대해 세미나를 여는 것이다. 좀 더 비공식적인 학습과 관계가 강화될 수 있는 공동식사 시간을 포함해서 말이다.

세미나의 마지막 장애물은 필독서들을 통합시킬만한 시간이 부족하다는 것이었다. 다음 해에는, 세미나 시간을 좀 더 길게 잡고, 체계적인 내용의 독서에 좀 더 비중을 두고서, 특정의 관련 문제들을 통하여 각 모임으로 통합시킬 계획이다.

비록 무념적인 전통의 이해와 실제에 특별히 비중을 더 두기는 했지만, 우리는 여기에 체계적이고 지속적인 초점을 맞추지는 않았다. 그렇게 했더라면 좀 더 명확한 초점을 제공했을 것이고, 혼란스러움도 덜했을 것이다. 하지만 그것은 또한 여러 참가자들에게 중요한, 광범위하고도 유력한 유념적 접근과의 통합을 부정하는 것이 되고 말았을 것이다.

우리가 무념적인 접근에 그토록 많은 관심을 쏟았던 주된 동기는, 앞에서 이미 밝힌 바와 같이, 최근의 기독교 실제에서 그것이 심각하게 무시당해왔기 때문이었다. 대부분의 참가자들이 유념적인 접근보다는 무념적인 접근에 훨씬 덜 노출되었으리라는 우리의 가정은 확실히 옳은 것이었다.

앞으로는 아마도 이 두 가지 접근이 첫해보다 더 의식적인 대화와 통합을 요구하게 될 것이다. 하지만 그래도 내 생각에는 그런 상관관계가 사람들의 삶에서 미묘하고도 기본적인 과정인 것 같다. 그것은 강요할 수 없으며, 똑같은 실재에 대한 두 가지 타당하고 상호 관련된 참여 방식의 지나친 범주화로 이끌지 말아야 한다.

여기에서 꼭 언급해야 할 것은, 시간이 충분한 사람이라면 세미나에서 제공된 학습 이상의 것들을 포함시킬 필요가 있다는 것이다.

우리는 이 사람들이 우리의 강좌와 더불어 다른 강좌들에도 등록할 수 있도록 격려하고 있다. 특히 영성, 기도, 분별, 지도와 관련주제들에 대해서 워싱턴연합신학대학원과 그 밖의 신학대학에서 제공하는 강좌들 말이다.

(7) 독서

영성과 영성지도에 관한 참고도서를 방대하게 수집하였다.[274] 일부는 직원들이 제공한 것이고, 또 일부는 여러 해 동안 내가 다른 프로그램이나 강좌에서 수집해온 참고도서 목록이었다.

거기에는 정기적으로 관련 논문들을 싣고 있는 현대 정기간행물 목록도 포함되어 있었다.[275] 영성지도와 직접적으로 연관된 자료는 대부분 단행본보다도 정기간행물에 많이 실려 있다. 그리고 이 자료들 가운데 대부분은 천주교에서 편집한 것들이다. 물론 천주교 신자가 아닌 저자들의 글도 많이 실려 있기는 하지만 말이다.

신학적인 삶과 신앙적인 삶의 단절은 대부분의 종교개혁 전통에서 좀 더 심각하게 나타나는 경향이 있었다.[276] 뿐만 아니라, 대체로 종교개혁 전통의 교회는 오직 믿음으로만 의롭게 되는 것을 더 중시하고, 금욕적인 발달보다는 도덕적인 발달을 중시하며, 특히 자유주의 종교개혁 전통에서는 심리학적 성장모델을 더 중시하였다. 이런

---

274) 참고도서에는 속죄, 윤리신학, 예전, 성서, 조직신학, 목회상담, 종교체험심리학, 동양종교, 그리고 기도문에 관한 몇 가지 일반적인 글들도 포함된다.
275) 부록을 참조하라.
276) 나는 이 단절의 복잡한 역사가 (제1장에서 설명한 바와 같이) 주로 고대와 중세 말기의 단절, 곧 학문적인 신학자들과 '근대신심운동'이 상징했던 단절이라는 주제의 다양한 변화와 연관되어 있다고 생각한다. 종교개혁 전통의 교회 경건주의와 복음주의는 여러 형태와 상이한 방법으로 감정적인/신앙적인 측면을 지지하고자 했으며, 반면에 대학교와 세미나에 기반을 둔 신학자들은 이성적인/신학적인 측면을 지지하였다. 물론 이 둘이 겹치는 순간도 있었지만, 내 생각에는 단절된 순간이 훨씬 더 길었던 것 같다.

요인들 때문에 영성신학과 영적 우정의 교량 역할을 하는 학문분야가 더더욱 약화되었다.

앞에서 지적한 바와 같이, 오늘 종교개혁 전통의 신자들 사이에서 이 영역에 대한 관심이 점점 증가하고는 있지만, 그래도 내가 알기로는 아직 그것에 관해 충분히 성찰하고 있는 정기간행물이 하나도 없다.

우리 시대의 좀 더 자유로운 초교파적 풍토에 비추어볼 때, 앞으로는 이미 출간된 천주교 정기간행물에도 교파적으로 좀 더 다양한 저자들의 논문이 실리게 될 것이다. 또한 전문적인 종교개혁 전통의 정기간행물을 새롭게 출간하기보다는 좀 더 일반적인 종교개혁 전통의 잡지에 종종 논문을 싣게 될 것이다. 그런 정기간행물의 후원자인 천주교 신앙공동체의 특수한 힘과 자원이 종교개혁 전통의 신자들에게는 전혀 없다. 가끔씩 관련 논문을 싣기도 하는 성공회 신앙공동체의 정기간행물도 역시 "예외는 아니다."

제2차 바티칸공의회 이후 천주교 신자들의 사상과 실제는 여러 종교개혁 전통에 좀 더 가깝게 변경되었으며, 앞에서 논의한 것처럼, 경계선을 초월한 문헌들이 점점 더 "흡수되었다." 종교개혁 전통의 신자들이 천주교의 자료를 읽을 때 가장 힘든 점은 낯선 전문용어들에 익숙해져야 한다는 것이었다.[277]

대체로 종교개혁 전통의 참가자들은 영성지도의 이해에 대한 신뢰가 부족하였으며, 자신의 전통 속으로 숨어버리는 경향이 있었다. 결과적으로 기본적인 도서들 가운데 일부는 그들에게 특히나 중요한 의미를 부여했다고 나는 생각한다.

---

277) 예를 들면, 영성지도, 영성신학, 수덕신학, 신비신학, 분별, 은사, 교회론, 양심의 규명, 좀 더 포괄적인 의미의 기도, 마음기도, 침묵기도 같은 용어들.

한편 천주교 신자들이 영성지도의 개략적인 어휘에 좀 더 익숙하기는 하지만, 이 용어들 가운데 일부는 제2차 바티칸공의회 이후로 극적인 변화를 겪었기 때문에, 그 주제가 "생소하다"는 느낌은 종교개혁 전통의 신자들과 별 차이가 없는 것 같다.

내 생각에 천주교 신자나 종교개혁 전통의 신자 모두가 막연한 느낌을 지녔던 것 같다. 결국 우리는 아무도 완전히 신뢰하지 않는, 최근에 생겨나 다시금 떼를 이룬 영성지도 이해를 다함께 암중모색하고 있는 셈이다. 따라서 참고도서에 관한 한, 그 프로그램의 다른 모든 차원과 마찬가지로, 겸허한 탐색과 동등함이라는 공통된 의식이 자리 잡고 있다.

첫해 프로그램에는 다음과 같은 5단계 독서활동이 포함되었다.

제1단계는 전원 꼭 구입해서 읽으라고 권유한 개론서, 케네스 리치의 『영혼의 친구』(*Soul Friend*, 역자주: 한국에서는 아침영성지도연구원이 펴냄)이다. 리치는 성공회 신자인데, 나는 그의 저서가 현재 입수 가능한 영성지도 관련 도서들 중에서 가장 간단명료하고, 균형 있고, 이해하기 쉬운 작품이라고 확신한다. 사실 그 책은 지금껏 이 주제에 관하여 기록된 책들 중에서 유일하게 포괄적이고 초교파적인 책일 것이다(본서를 저술하는 데에도 그 책이 하나의 자극제가 되었다). 그 책에는 역사와 현재의 풍토와 기도에 관한 부분이 포함되어 있으며, 영성지도와 치료, 사회정의, 화해예식에 관한 내용뿐만 아니라 선별적인 참고문헌까지 실려 있다.

리치는 천주교 전통과 성공회 전통뿐만 아니라 몇 가지 종교개혁 전통에 대해서도 정보를 제공하고 민감한 태도를 보여준다. 그는 또 유념적인 접근뿐만 아니라 무념적인 접근에 대해서도 민감한 자세를 취한다.

제2단계는 첫해의 여가시간에 읽어야 할 책들로, 영성과 영성지도에 관한 기본적인 필독서를 몇 권만 추려 낸 것이다(본서의 부록을 참조).

제3단계는 **추천도서**를 선정한 것이다.

제4단계는 특정 세미나를 위해 보통 1~2주 전에 미리 지정해 주는 지정도서와 추천도서를 포함한다.

제5단계는 참고문헌[278](또는 그 밖의 문헌) 중에서, 참가자의 지식이 특별히 모자란 부분을 채워 주는 보충도서다. 이때 우리는 그저 하나님에 대한 학문적 지식이 아니라 실존적 지식을 논증하는 작가들의 저서를 관심 있게 읽어보라고 권한다.

루이스 보이어의 역사적 시리즈는 기독교 영성에 관한 책들 중에서 가장 포괄적이고 유용한 개론서로 손꼽히고 있다(하지만 그렇다 할지라도 성서적 영성과 종교개혁적 영성에 관하여 새로운 책들이 절실히 요구되고 있는 실정이다 – 현재 입수 가능한 책들 중에는 하나도 적합한 게 없다). 이블린 언더힐의 『신비주의』(*Mysticism*) 제2부는, 보이어의 저서와 더불어, 논증과 실험을 거친 지식으로 특정 그리스도인들의 개관을 획득하는 데 가장 중요한 자료로 인정받고 있다.

앞에서 이미 말한 것처럼, **빡빡하게 꽉 짜인** 세미나 일정 때문에 참고도서에 관하여 언급할 기회가 너무 적었다. 앞으로는 이쪽에 좀 더 많은 관심을 쏟을 것이다. 참고도서에 관한 논의는 유념적, 무념적 강조와 관련하여 참가자들이 혼동을 일으키지 않도록 도와줄 수

---

278) 참고문헌 전체는 약 300개의 목록으로 이루어져 있다

도 있다.

(8) 연구

연구논문을 요구하는 데에는 다음과 같은 세 가지 기본 목적이 있다:

① 참가자가 특정 영역에 대해 좀 더 상세한 지식을 지닐 수 있도록, 특별한 흥미영역에 다가설 수 있는 기회를 제공한다.

② 특정 영역을 연구하는 과정에서 좀 더 통합적인 이해를 돕기 위해 제공되는 영성의 다양한 차원과 개인적 경험을 어떻게 연결시킬 것인지 검토할 수 있는 기회를 제공한다.

③ 다른 주제들에 비해 너무도 빈약한 영성지도 관련 출판물을 좀 더 확장시킬 수 있는 기회를 제공한다.[279]

우리는 참가자들이 가능한 한 빨리 하나의 즈제 영역을 선택하기를 원했다. 그래야만 그것을 바탕으로 한 해 동안 지속적인 경험과 독서를 유지할 수 있기 때문이었다. 프로그램이 시작되기 전에 나는 오늘 좀 더 심오한 연구가 필요한 것으로 보이는 특수 영역들의 목록을 작성해 보았다. 그리고 직원들과 어느 정도 수정작업을 거친 후에 그 목록을 참가자들에게 나눠 주었다. 반드시 그 영역들 가운데 하나를 연구해야 할 필요는 없었지만, 그래도 우리는 그 목록이 참가자들의 생각과 방향을 자극해 줄 수 있기를 바랐다.

봄학기에는 기본적인 연구 통찰에 관한 구두 프레젠테이션이 전체 그룹에게 주어졌다. 전반적으로 이 프레젠테이션은 매우 고무적인 것으로 판명되었다. 그것은 한 해 동안 참가자들이 서로 자료를

---

279) 이 논문들은 샬렘영성지도연구원 도서관에서 공식적으로 복사가 가능하다; 참가자들 나름대로 정기 간행물을 입수할 수 있기를 바란다.

공유할 수 있는 최고의 기회를 제공해주었다. 나는 그들이 이것을 어떤 통찰이나 문제를 다른 이들과 함께 테스트해볼 수 있는 기회로 삼기를 원했다.

또 나는 참가자들에게 자신의 연구 영역과 관련하여 프레젠테이션을 귀담아 들어보라고 권했다. 내 생각에 모든 지식은 서로 연관되어 있으며, 영성지도 같이 통합적인 분야에서는 통합적인 사고가 특히나 중요하기 때문이다.

(9) 자문을 위한 만남

첫해의 계획은 저마다의 참가자가 일 년에 두 번씩 네 명의 직원들과 따로 만남을 갖도록 하는 것이었다. 직원에게는 각 참가자의 상황을 좀 더 직접적으로 알 수 있는 기회를 제공하는 한편, 참가자들에게는 각 직원의 상이한 자원을 이용할 수 있는 기회를 제공하기 위함이었다.

평균으로 따지면 한 달에 한 번꼴로 이런 만남이 이루어졌다. 이 만남은 최고 한 시간 반까지 이어질 수 있었다. 단, 최초의 만남과 마지막 만남은 최초 영성수련과 최종 영성수련 때 저마다 30분 정도만 이루어졌다.

이 만남을 위해 참가자들에게 제공된 지침에는 다음과 같은 것들이 있었다:

이 만남은 다음과 같은 학습자의 활동을 짧게 검토해 보는 것도 포함될 수 있다:

① 피지도자와의 작업: 일반적인 문제나 특수한 문제나 중요한 깨달음.

② 개별훈련: 일기쓰기, 독서, 영성지도자와의 관계 등.

그리고 대부분의 시간은 학습자가 미리 선정한 특정 주제/문제/질문에 집중할 수 있다. 여기에는 다른 사람들과 실질적인 활동을 함으로써 제기된 문제들, 개념적인 문제들이 포함될 수 있으며, 이상적으로는 참가자가 만나게 될 직원의 특별한 경험과 자원에 대한 언급도 포함될 수 있다.

이때 중요한 것은 학습자가 자신의 활동을 기리 검토한 다음 협의사항을 메모해 가지고 모임에 참석해야 한다는 것이다. 일기도 이 예비 검사 작업에 사용될 수 있다. 또한 참고가 될 경우를 대비해서 일기를 만남 장소에 가져가는 것도 좋은 방법이다.

직원들은 이 만남을 통하여 학습자에게 특정 영역에 관한 심층적인 성찰의 기회를 제공할 뿐만 아니라, 학습자가 자신의 경험 속에서 프로그램의 혼란스럽거나 단편적인 차원들을 통합시킬 수 있도록 도와주고자 했다.

또한 직원들은 이 만남을 통하여 학습자들이 어떤 연구 영역을 선정하고 어느 정도 진전을 보이고 있는지, 그리고 프로그램의 특정 차원들이 지니는 가치를 어떻게 인식하고 있는지 점검해 볼 수 있기를 원했다. 특히 직원들이 거의 참석하지 않았던 또래집단의 경우는 더더욱 그러했다.

첫해의 경험을 통해 판명된 바와 같이, 수많은 참가자들이 그 만남의 "공개적 협의사항"이라는 차원 때문에 어려움을 겪었다. 대부분이 너무도 분주한 삶을 살고 있었기에, 논의할만한 문제에 대해 깊이 성찰해볼 수 있는 시간적 여유가 없었기 때문이다. 그 프로그램의 다른 모든 차원들과 비교해 볼 때, 이것은 우리가 예상했던 것보다 약간 호화롭고 선택적인 "보충"처럼 보였다.

그럼에도 불구하고, 평가시간에 학습자들은 이 모임을 이례적으로 높이 평가하였다. 그렇게 높은 점수를 준 것은 어쩌면 직원들이 일부러 시간을 내준 것에 대한 감사 표시였을 수도 있다. 하지만 좀 더 근본적으로 나는 그 모임이 참가자들의 개별적 상황을 지지하고 경청해 주는 좋은 방법이었다고 생각한다. 때로는 협의사항이 모호했음에도 불구하고, 이것은 그 프로그램을 "개인화"할 수 있는 중요한 차원이었던 것이다. 어찌 보면 이것은 앞장에서 집단 영성지도에 관하여 설명하면서 언급했던 개별 인터뷰의 기능을 수행한 셈이었다.

본디 학습자들은 직원을 영성지도자로 삼을 수 없게 되어 있었다. 평가 차원에 따라 오염되지 않은 좀 더 개방적인 관계, "좀 더 명확한" 관계를 보장하기 위해서는 "외부인"이 필요했다. 그럼에도 불구하고 이 자문을 위한 만남은 종종 학습자들의 영적인 삶을 포함하기도 했다. 이 "보강적인" 상담 기회는 수많은 사람들에게 중요한 자원이 되는 것 같았다.

아마도 가장 지속적인 대화 주제는 연구 영역이었을 것이다. 어떤 학습자들은 하나의 영역을 "선정하는" 데 특별히 어려움을 겪기도 했다. 또 어떤 사람들은 도중에 영역을 변경하기도 했다. 이 연구를 위한 해명과 확증, 그리고 자원을 장려할 수 있는 기회가 매우 중요한 것처럼 보였다.

우리가 이 영역에 관해 제시한 수정안은, 앞으로는 필수적인 만남의 횟수를 네 차례로 줄이고, 한 명의 직원과 한 번씩, 일 년 동안 골고루 나눠서 만나는 것이다. 그 외에도 특별한 도움이 필요한 때에는 얼마든지 직원과 만날 수 있다.

2년차 프로그램

두 번째 해는 "좀 더 부담 없이" 진행될 예정이다. 모임 횟수도 더 적고, 전체 참여시간도 더 짧다. 첫해의 집중적인 프로그램이 끝난 다음에는, 지속적인 또래집단하고만 접촉을 유지하게 되어 있기 때문이다. 2년차에는 첫해의 모든 차원들을 그대로 유지하되, 다음과 같은 변화를 준다:

세미나는 일주일에 한 번이 아니라 한 달에 한 번씩 개최되며, 학습자들의 합의 아래 선정된 영성지도 관련 문제들과 도서를 중심으로 한다.

또래집단은 한 달에 한 번씩 전체모임을 가진다. 직원은 저마다 돌아가며 참여하고, 충분한 공유의 기회를 제공한다. 그리고 프로그램의 다른 참가자들에게도 좀 더 폭넓은 경험을 제공하기 위해 집단을 새롭게 구성한다.

영성수련은 시작할 때 하루, 끝마칠 때 하루로 줄인다. 최초의 영성수련일은 새롭게 첫해를 시작하는 집단들의 최초 영성수련일과 겹친다. 그런 식으로 새로운 집단에게도 2년차 집단과 교류하고 학습할 수 있는 기회를 제공하는 것이다.

자문을 위한 만남도 매 학기 한 번씩으로 줄어든다. 나머지 만남은 필요에 따라 이루어진다.

참고도서는 개별적 욕구에 좀 더 초점을 맞추게 될 것이다.

연구논문도 좀 더 개별적인 초점을 지니게 된다: 영성과 영성지도에 관한 학습자의 이해, 학습자 자신의 특정 교역 상황에서 이용할 수 있는 유효한 방법에 초점을 맞출 것이다.

만일 특정 연구영역을 탐구할 만한 시간과 관심을 지닌 사람이라면 그것 역시 연구논문에 추가할 수 있을 것이다.

우리는 학습자들이 프로그램을 마친 후에도 또래집단을 형성하거나 합류할 수 있도록, 그리고 영성지도를 실천하는 한 여러 형태의 상호 감독과 후원에 이바지할 수 있도록 장려할 계획이다.

평가

우리는 학습자와 프로그램 자체를 평가할 수 있는 공식적 방법과 비공식적 방법을 둘 다 개발하였다.

1) 학습자 평가

학습자들이 영성수련과 세미나, 그리고 자문을 위한 만남에 참여할 때 직원도 비공식적으로 참석한다. 이런 만남은 프로그램의 다양한 차원들에 대한 책임감을 점점할 수 있는 좋은 기회가 되기도 한다.

또한 연구논문은 직원이 공식적으로 학습자들의 독서와 통합 활동이 어떻게 진행되고 있는지를 알아볼 수 있는 중요한 기회가 된다. 앞으로는 독서활동 쪽을 좀 더 세밀히 점검해 볼 필요가 있을 것 같다. 이를테면, 세미나에서 다룬 관련 문제들뿐만 아니라 세미나에서 읽은 책들에 대해서도 보고서를 작성하도록 하는 것이다. 2년차 집단을 위해서 우리가 현재 고려하고 있는 것은, 참가자들이 특별히 읽은 책들 중에서 가장 중요한 문장이나 단락을 몇 군데 발췌해 오라고 한 다음에, 그것을 모두 취합하여 전원에게 나눠 줌으로써 상호 계발을 꾀하는 것이다.

그런 프로그램에서는 기본적으로 성숙하고 본질적으로 의욕이 충만한 집단을 만나게 된다. 따라서 우리는 참가자들을 지나치게 구속하는 감시인 역할은 하고 싶지 않았다. 그들에게 너무나도 중요한 동기의식을 존중해 주고 싶었던 것이다.[280] 하지만 첫해의 경험에 비추어 볼 때, 이러한 동기의식도 대부분의 참가자들이 굉장히 분주한 삶을 살고 있다는 사실 때문에 상당히 상쇄되고 말았다. 이제 그들은 이 프로그램 활동을 우선순위에 둘 수 있도록 대외적인 책임의식을 충분히 지녀야 할 것 같다.

학습자들에게는 프로그램의 다양한 차원들과 관련하여 자기-평가의 기회가 주어진다. 중간고사와 기말고사를 통하여 필기평가를 받게 되는 것이다.

또 학습자들은 또래집단의 구성원들로부터 자신의 영성지도자 활동에 대한 피드백을 받을 수 있는 기회를 제공받는다. 이 특별한 차원의 중요성을 강조하기 위해서, 마지막 또래집단 모임을 갖기 이전과, 도중과, 이후에 필기시험과 구두시험 절차가 면밀히 진행된다. 또한 직원들에게 제출하는 요약보고서도 있다. 이러한 절차에는 영성지도자의 태도와 행동에서 중요한 자질의 독록을 평가하는 것도 포함되어 있다.

---

280) 참가자들의 성숙미를 존중해 준다는 차원에서 우리는 그들을 학생이라고 부르지 못하게 했다. 웨스톤과 제네럴신학대학원 프로그램에서도 학생이라는 호칭 사용을 금했다는 것은 매우 흥미로운 일이다. 거기에서는 참가자들을 "동료"(associate)라고 부른다.

2) 프로그램 평가

세미나와 자문을 위한 만남을 통하여 참가자들에게 이따금씩 질문을 던짐으로써 비공식적인 평가를 계속 실시하였다.

직원들은 매월 한 번씩 다함께 모여 프로그램의 다양한 차원들이 제대로 기능하고 있는지 평가하고 강좌를 어떻게 변화시켜야 하는지 계획하였다. 또 그들은 자문을 위해 만나온 학습자들 저마다의 발달 상황에 관하여 서로 기본적인 정보를 주고받았다. 다음번에 만나게 될 학습자에 대해 좀 더 민감해지기 위해서였다. 이 과정은 매우 중요했는데, 예를 들면 학습자의 연구 영역이 어디인지에 대한 정보를 제공해줌으로써 학습자가 새로운 직원을 만날 때마다 처음부터 다시 시작할 필요가 없게 해주었다.

공식적으로는 프로그램 내에 두 번의 면밀한 필기평가가 포함되어 있는데, 한 번은 12월 말에, 또 한 번은 최종 영성수련 기간 동안에 (자기-평가와 공동으로) 치러진다.

최종평가 때에는 프로그램의 12가지 차원에 대한 총 평점이 5.4에 달했다. (최고치인) 7부터 (최저치인) 1까지의 척도로 점수를 맨 결과였다. 각 차원들의 점수 차는 매우 근소했다. 가장 높은 점수를 받은 것은 "참가자들의 다양성"(6.1)이었고, 근소한 차이로 두 번째 점수를 받은 것이 "연구논문"(6.0)과 "피지도자들과의 시간"(5.9)이었다. 한편 가장 낮은 점수를 받은 것은 "세미나"(4.5)였으며, "독서활동"(4.6)과 "일기쓰기"(4.6)도 최하위와 별 차이가 없었다. 결과적으로 프로그램의 모든 차원들이 직원과 참가자들 양측에 충분한 가치를 지닌 것으로 판명되었다. 따라서 앞으로도 그 차원들을 전부 유지하되, 앞에서 얘기한 부분들은 따로 수정하게 될 것이다.

결론

결국 첫해의 경험을 통해 우리는 이 프로그램이 현 교육 강좌들의 틈을 메워주는, 실용적이고도 가치 있는 프로그램이라는 결론을 내리게 되었다.

다른 프로그램들에 비해 이 프로그램이 지닌 특성은 직원과 참가자들의 특별하고도 광범위한 혼합; 유념적인 방법과 무념적인 방법의 균형; 참가자의 주요 자질(자발적으로 찾아와 도움을 청하는 이들 때문에 소명의식을 확인하게 된 사람); 그리고 다양한 차원들의 특별한 배합이다.

이것이 다른 프로그램들과 가장 많이 겹치는 부분은 역사적, 신학적, 심리학적 차원의 이해에 대한 관심, 그리고 참가자의 영성지도 활동을 감독하는 데 대한 관심이다.

내 생각에, 앞으로는 그런 프로그램을 책임지고 있는 사람들이 정기적으로 전체모임을 갖는 것에 큰 가치를 부여해야 할 것 같다. 그래야만 새롭게 깨달은 것들을 즉각적으로 공유할 수 있으며, 서로가 서로를 고쳐주고 보강해 줄 수 있기 때문이다.

그런 프로그램은 전국적인 종일제 프로그램으로 실시될 수 있다. 하지만 직업과 가정에 매여서 지역을 떠날 수 없는 사람이나 종일제 활동을 할 수 없는 사람이 만일 그런 프로그램에 흥미를 느낀다면, 좀 더 "지역적인" 시간제 프로그램도 실시할 필요가 있을 것이다. 우리가 경험한 바에 따르면, 반드시 종일제 프로그램이 아니더라도 그런 프로그램의 내용과 특성은 그대로 유지되는 것 같다. 특히나 여러 해에 걸쳐 지속적으로 실시되는 프로그램은 더더욱 그러하며,

참가자들이 장기적으로 또래집단에 참여함으로써 지속적인 학습과 표출 과정에 대한 인식을 유지할 수 있도록 격려해주는 프로그램도 그러하다.

그러한 지역 센터들은 또 다른 이점을 지니고 있다. 교회 상황에서 영성지도의 재능을 확인하고, 배양하고, 사용할 수 있도록 지역적인 관심을 불러일으킬 수 있다는 점이 바로 그것이다. 또한 참가자들이 새로운 상황에서 새로운 사람을 찾아내어 작업하도록 하기보다는 지금 만나고 있는 사람을 상대로 영성지도 활동을 지속할 수 있게 해주는 것도 큰 이점이다. 새로운 사람과 작업을 하는 경우에는 프로그램이 끝남과 동시에 영성지도 활동도 그만두어야 하기 때문이다.

물론 그런 센터를 세우는 데 적합한 직원과 재원들을 찾아낸다는 것은 무척이나 힘든 일이다. 하지만 현재 실시 중인 프로그램(또는 다른 관련 경험들)을 통해 충분한 준비와 경험을 갖춘 사람들, 그리고 영성지도가 교회와 사회에 이바지할 수 있는 장기적 가치를 깨달은 사람들은 분명히 그런 어려움을 극복할 수 있을 것이다.

이제는 영성지도라는 고전적 기술과 교역실천을 다시금 실험하고 일깨워야 할 때가 왔다. 나의 바램은 샬렘영성지도연구원 프로그램과 본서에 소개한 자료들이 이 교역의 약속의식과 가능성을 제시하는 데 미약하게나마 이바지하는 것이다. 역사적으로, 이론적으로, 그리고 실제적으로 그것에 관해 언급해야 할 게 너무나도 많은데, 여기에서는 충분히 다루지 못했다. 앞으로 좀 더 심화된 대화와 글이 전개되기를 고대할 뿐이다.

지금까지 여러 차례 되풀이한 것처럼, 영성지도나 그 밖의 분야가 영적인 시각을 보증해 주지는 못한다. 하지만 나는 그것이 서서히 우리 눈에서 비늘을 제거할만한 중요한 환경을 조성해 나갈 것이라고 믿는다. 은총이 우리에게 임할 때까지 말이다. 그렇게 되면 아마도 실수하거나 비틀어곱새기는 일이 줄어들 것이고, 성령이 우리 한 가운데서 역사하시는 경이로운 방법 때문에 겁을 집어먹을 일도 줄어들 것이다.

그리고 우리를 늘 호시탐탐 노리고 있는 예이츠의 묵시론적인 악마도 우리에게서 좀 더 멀리 뒷걸음질을 칠 것이다. 그것이 하나님의 뜻이라면!

참고문헌
-샬렘영성지도연구원 영성지도 프로그램의 필독서와 특별 추천도서-

I. 주교재
- Leech, Kenneth, *Soul Friend* (London: Sheldon Press, 1977) = 신선명·신현복 옮김, 『영혼의 친구』(서울: 아침영성지도연구원, 2009).

II. 필독서
- Brockman, Norbert, "Spiritual Direction: Training and Charism," *Sisters Today* 제48권(1976), 104~109쪽.
- Connolly, William, S. J., "Contemporary Spiritual Direction: Scope and Principles," *Studies in the Spirituality of Jesuits* 제Ⅷ권.
- English, John, *Choosing Life* (New York: Paulist Press, 1978).
- May, Gerald, *Pilgrimage Home* (New York: Paulist Press, 1978).
- McCarty, S., "On Entering Spiritual Direction," *Review for Religious* 제35권 (1976), 854~867쪽.
- Steere, Douglas V., "Common Frontiers in Catholic and Non-Catholic Spirituality," *Worship* 제39권, 제10호 (1965년 12월).

III. 추천도서(특정 세미나를 위해 지정된 도서 포함)
- Aelred of Rievaulx, *On Spiritual Friendship* (Washington, D. C.: Consortium Press, 1974).
- Barry, W., Harvey, A., and Connolly, B., *Initiating Spiritual Direction I - III* (Cleveland, Ohio: Audio Communications). (테이프)
- Barry, William and Guy, Mary, "The Practice of Supervision in Spiritual Direction," *Review for Religious* 제37권, 제6호(1978년 11월).
- Barry, William and Guy, Mary, "The Prior Experience of Spiritual Directors," *Spiritual Life* 제23권(1977년).
- Bloom, Anthony, *Beginning to Pray* (New York: Paulist Press, 1970).
- Bonhoeffer, Dietrich, *Life Together* (New York: Harper, 1954).

- Bouyer, Louis, *A History of Christian Spirituality* 세 권(New York: Seabury Press, 1969).
- Browning, Don, "Method in Religious Living and Clinical Education," *Journal of Pastoral Care* 제29권, 175쪽.
- Callahan, W.R. and Cardman, F.(편집), *The Wind Is Rising: Prayer Ways for Active People* (Hyattsville, Md.: Quixote Center, 1978).
- Chapman, John Dom, *Spiritual Letters* (New York: Sheec and Ward, 1969).
- Clebsch, W.A. and Jaekle, C.R., *Pastoral Care in Historical Perspective* (New York: Aronson, 1964).
- Devers, Dorothy, *Faithful Friendship* (Washington, D. C., private printing; available at Potter's House Bookstore in D.C.).
- DeSales, Francis, *Treatise on the Love of God* (Westminster, Md.: Newman Press, 1962).
- Edwards, Tilden, *Living Simply Through the Day* (New York: Paulist Press, 1977).
- Egan, Harvey, "Christian Apophatic and Kataphatic Mysticisms," *Theological Studies* (1978년 가을), 399쪽 이하.
- Fleming, David, "Models of Spiritual Direction," *Review for Religious*, 제34권, 제3호(1976년 5월), 351-357쪽.
- Fowler, James, "Stages in Faith," *Values and Moral Development*, T. Hennessy 편집 (New York: Paulist Press, 1976).
- Geromel, E., "Depth Therapy and Spiritual Direction," *Review for Religious*, 제36권(1977년), 753-763쪽.
- Hauser, Richard, "Principles of Asceticism," *Review for Religious*, 제38권 제3호(1979년).
- Hora, Thomas, *Existential Meta-Psychiatry* (New York: Seabury Press, 1977).
- James, W., *The Varieties of Religious Experience* (New York: Modern Library, 1936).
- Jeremias, Joachim, "Being a Child," *New Testament Theology* (New York: Scribner, 1971), 제18장.
- John of the Cross, *Collected Works* (Washington, D.C.: Institute of Carmelite Studies, 1973).
- Johnston, William, *The Inner Eye of Love* (New York: Doubleday, 1978).
- Johnston, William(번역), *The Cloud of Unknowing and The Book of Privy Counsel* (New York: Image, Doubleday, 1973).

- Kepler, Thomas, *An Anthology of Devotional Literature* (Chicago: Baker Book House, 1977).
- La Place, Jean, S.J., *Preparing for Spiritual Direction* (Chicago: Franciscan Herald Press, 1975).
- May, Gerald, *The Open Way* (New York: Paulist Press, 1977).
- McNeill, J., *A History of the Cure of Souls* (New York: Harper and Row, 1951).
- Merton, Thomas, *Spiritual Direction and Meditation* (Collegeville, Minn.: Liturgical Press, 1960).
- Merton, Thomas, "The Spiritual Father in the Desert Tradition," *Contemplation in a World of Action* (New York: Doubleday, 1971).
- Merton, Thomas, *New Seeds of Contemplation* (New York: New Directions, 1961).
- Merton, Thomas, "Manifestation of Conscience and Spiritual Direction," *Sponsa Regis*, 제30권(1959년), 277-282쪽.
- Muto, Susan, *A Practical Guide to Spiritual Reading* (Denville, N.J.: Dimension Books, 1976).
- Nelson, James B., Embodiment: *An Approach to Sexuality and Christian Theology* (Augsburg, 1978).
- Peters, W., "Spiritual Direction and Prayer," *Communio* 제3권 (1976년), 357-372쪽.
- Poulain, A. F., *The Graces of Interior Prayer (Des Graces d'Oraison)* (St. Louis: Herder, 1910).
- Reed, Bruce, *The Dynamics of Religion* (London: Darton, Longman and Todd, 1978).
- Rossi, Robert, "Psychological and Religious Counseling," *Review for Religious* 제37권, 제4호(1978년 7월).
- Setzer, J.S., "When Can I Determine When It Is God Who Speaks to Me in My Inner Experience?" *Journal of Pastoral Counseling* 제12권 (1977년 가을-1978년 겨울).
- Teresa of Avila, *The Collected Works* (Washington, D.C.,: Institute of Carmelite Studies, 1976).
- Trubgpa, Chogyam, *Cutting Through Spiritual Materialism* (Berkeley, Calif.: Shambala, 1973).
- Tulku, Tarhang, *Gesture of Balance* (Emeryville, Calif.: Dharma Publications,

1977).
- Underhill, Evelyn, *Mysticism: A Study in the Nature and Development of Man's Spiritual Consciousness* (New York: Meridian, 1955), 제2부.
- Van Kaam, Adrian, *The Dynamics of Spiritual Self-Direction* (Denville, N. J.: Dimension Books, 1976), 제2부.
- Von Hugel, Friedrich, "Letter to a Confirmand," *The Spirituality of Friedrich Von Hugel* (New York: Newman, 1971), 226-236쪽.
- Walsh, W., "Reality Therapy and Spiritual Direction," *Review for Religious*, 제35권(1976년), 372-385쪽.
- Wright, J.H., S.J., "A Discussion on Spiritual Direction," *Studies in the Spirituality of Jesuits*, 제4권, 제2호(1972년 3월), 1-51쪽.
- "Direction Spirituelle," *Dictionnaire De Spiritualite*, 제3권, 1002-1214쪽
- "Spiritual Life Handbook," *Chicago Studies*, 제15권, 제1호(197년 봄).
- "Word Out of Silence," *Cross Currents*, 제24권, 제2-3호.

Ⅳ. 관련 논문들이 정기적으로 실리는 현대 정기간행물
- *Abba, a Journal of Prayer*
- *Journal of Religion and Health*
- *Cistercian Studies*
- *Contemplative Review*
- *Crux of Prayer*
- *Journal of Theology and Psychology*
- *Formational Spirituality*
- *La Vie Spirituelle*
- *Journal of Pastoral Care*
- *Pastoral Psychology*
- *Journal of Pastoral Counseling*
- *Review for Religious Spiritual Life*
- *Spirituality Today*
- *Studies in the Spirituality of Jesuits*
- *The Way*
- *Transpersonal Psychology*
- *Worship*

- Paulist 출판사는 서구 영성의 역사에 관한 고전 시리즈를 출간하고 있다. 또한 그 출판사는 기독교 영성의 새로운 역사를 포함하여, 세계의 영성에 관한 시리즈물을 새롭게 개발하고 있다.

Ⅴ. 그 밖의 도서

- Doran, R.M., "Jungian Psychology and Spiritual Direction," *Review for Religious*, 제38권, 제4,5,6호(1979년).
- Fox, Matthew(편집), *Western Spirituality* (Notre Dame: Fides/Claretian, 1979).
- Ladenthin, Thomas, "The Journal - A Way into Prayer," *Review for Religious*, 제38권, 제2호(1979년).
- Newman, Matthias, "Letter to a Beginning Spiritual Director," *Review for Religious*, 제34권, 제6호(1975년).
- Schneider, Sandra, "Training of Spiritual Guides," *National Catholic Reporter*, 카세트(Kansas City, 1978).
- Ulanov, A.B., "What Do We Think People Are Doing When They Pray?" *Anglican Theological Review*, 제60권, 제4호(1978년).
- Wallis, Arthur, *God's Chosen Fast* (Ft. Washington, Pa., 19034: Christian Literature).
- Whitehead, E. A. and J.D., *Christian Life Patterns* (New York: Doubleday, 1979).

너희는 곧 나의 친구라

지은이: 틸든 에드워즈
옮긴이: 신현복
펴낸일: 2013년 2월 1일
펴낸곳: 아침영성지도연구원
등록일: 1999년 1월 7일(제7호)
홈페이지: www.achimhope.or.kr
총 판 : 선교횃불
　　　　전 화: 02)2203-2739
　　　　팩 스: 02)2203-2738
　　　　홈페이지: www.ccm2u.com

• 파본은 교환해 드립니다.
• 이 출판물은 저작권법에 의해 보호를 받는 저작물이므로 무단전재와 무단복제를 금합니다.